만들
어진
종교

KB192763

近 代 日 本 の

만들어진

메이지 초기 일본을 관통한 종교라는 물음

호시노 세이지星野 靖二 지음 이예안·이한정 옮김

종교

글항아리

宗 敎 槪 念

일본어판 후기에도 썼지만, 무엇보다도 먼저 이 책을 읽는 독자에게 감사의 말을 전하고 싶다. 아직 만나보지 못한 독자가 이 책을 어떻게 읽을까 기대하는 마음도 있다.

2012년 일본에서 출판된 이 책은 2006년에 제출했던 박사학위 논문을 새롭게 고쳐 쓴 것이었다. 그러니까 처음 집필했을 때로부터 벌써 14년이란 시간이 흘렀다. 그동안 이 책에 관한 서평도 나왔고 관련 분야의 연구도 진척되었다. 이 글에서는 현재 단계에서 필자가 이 책을 어떻게 평가하고 있는가와, 어떻게 이 책의 논의를 이어 연구를 진행하고 있는가에 대해 약간의 보충 말씀을 드리고 싶다. 그에 앞서 이 책을 읽기 전에 염두에 두었으면 하는 점을 한 가지 말씀드리겠다.

이 책은 종교가들의 말, 즉 그들의 자기 이해에 초점을 맞춰, '종교'라는 개념이 어떻게 사용되었는가를 고찰한 것이다. 이런 시점은 필자가 의식적으로 선택했던 것이며, 또한 그로 인해 종래의 연구에 새로운 시점을 더했다고 생각한다. 그러나 이 책에서 다룬 종교가들은 반드시 '종교'라는 개념을 제도와 법에 담거나 '종교'를 학문적 권위로 말한 것은 아니다. 이러한 의미에서 '종교' 개념의 전개에 있어서 그들은 어떤 의미에서 수동적인 위치에 있었다—물론 여기에는 교섭과 재해석이 있었다—고 말할 수 있다.

이 점과 관련해, 이 책의 서평 및 다른 연구자들로부터 받았던 의견 중에는, '종교' 개념을 둘러싼 보다 큰 윤곽, 혹은 매크로적인 견지에 대해 그다지 파고들지 못했다는 지적이 있었다. 앞서 말했듯 필자는 이 책이 "종래의 연구에 대해 새로운 시점을 더한" 것이라고 생각하고 있으나, '종래의 연구'에 의해 그려진 기본적인 윤곽을 새롭게 재검토하려는 시도는 그다지 하지 않았다. 역으로 말하자면 이 책은 독자가 근대 일본에서 '종교'를 둘러싼 제도적인 전개와 종교학이라는 '종교'에 대한 학지學知가 수행한 역할에 대해서 어느 정도의 지식이 있다는 것을 무자각적으로 전제한 면도 있었을지 모른다.

본문에서도 말했는데 이 책은 스즈키 노리히사(『메이지 종교 사조의 연구明治宗教思潮の硏究』), 야마구치 데루오미(『메이지 국가와 종교明治國家と宗敎』), 이소마에 준이치(『근대 일본의 종교 언설과 그 계보近代日本の宗敎言說とその系譜』) 등의 연구를 출발점으로 하고 있다. 이들에 대한 전제 지식이 없어도 이 책에서 다룬 모든 사례로부터 각각 아주 흥미로운 논점을 얻을 수 있으리라 믿는다. 또 종교가들의 측면에서 '종교' 개념의 역사를 살펴본 이 책의 주제가 일본 이외의 지역과의 비교 연구로 전개되어 나아가길 희망한다.

그러나 만약 이 책을 읽고 근대 일본에서 '종교' 개념을 둘러싸고 전개된 큰 흐름이 명료하지 않게 느껴진다면 그것은 앞서 언급했던 이 책의 무자각적인 전제 탓일지도 모른다. 나아가 이소마에의 연구에 대해서는 한국어 번역(이소마에 준이치, 『근대 일본의 종교 담론과 계보: 종교, 국가, 신도』, 제점숙 옮김, 논형, 2016)이 나와 있으니 그 책을 참조함으로써 이 책의 논의를 좀더 잘 이해할 수 있으리라 생각된다.

'종교' 개념의 검토

다음으로 이 책의 출간 후 이루어진 '종교' 개념에 대한 연구 동향을 간단히 언급하고 싶다. 우선 '종교' 개념 그 자체에 초점을 맞춘 연구로서 이 책과 거의 같은 시기에 출판된 제이슨 아난다 조지프슨Jason Ånanda Josephson의 『일본의 종교 발명The Invention of Religion in Japan』(University of Chicago Press, 2012)을 들 수가 있다. 또한 졸리언 바라카 토머스Jolyon Baraka Thomas는 필자의 저서와 조지프슨의 저작을 종합적으로 평한 뛰어난 서평 논문 「근대 일본의 종교 개념: 도입인가 발명인가 혁신인가?The Concept of Religion in Modern Japan: Imposition, Invention, or Innovation?」(*Religious Studies in Japan*, vol.2, 2014)[1]를 썼다. 이 서평 논문의 서두에서 토머스는 조지프슨의 저작이 보다 더 광범위한 시간 축에서 외교·내정에 관한 법·제도에 주의를 기울이면서 위로부터 종교 개념 틀이 짜인 점을 폭넓게 논하고 있다고 짚는다. 이와 비교해 필자의 이 책은 한정된 시간 축에서 보다 더 개별적인 사례에 초점을 맞추고 있으며, 연구 대상이 되는 지식인의 언설에서 '종교'가 부상하는, 말하자면 아래로부터 종교라는 개념이 구성되는 과정에 주목한 것이라며 두 책을 대비시켜 말하고 있다.

'종교' 개념을 묻는 시점은 그 개념 쌍이 되는 '세속' 개념의 검토와 관련되었던 측면이 있으나, 조지프슨은 '세속'과 '종교'라는 이항 대립이 아니라, '미신' '세속' '종교'라는 세 가지 개념의 관련성에서 이들을 파악하고 있으며, 또한 이것을 일본 이외의 지역과 사회를 시야에 두고 고찰하려는 전망을 가지고 있다. 앞서 말했듯이 이 책에서는 이러한 커다란 윤곽의 검토 및 근대 일반의 문제로서 생각할 방향성을 제대로 전개하지 못했다. 하지만 역시 이 점은 중요하게 검토해야 할 사항이었으며 필자에게도 현재진행형의 과제다.

토머스도 지적했듯이 이 책은 제도와 아카데미즘에 관한 '종교', 즉 위에서 바라본 프레임을 주제로 하고 있는 것이 아니다. 이런 입장으로는 예를 들어 트렌트 맥시Trent Maxey의 『최대의 문제: 메이지 일본의 종교와 국가 형성The "Greatest Problem": Religion and State Formation in Meiji Japan』(Harvard University Press, 2014)이 있다. 여기에서는 주로 의회나 위정자들에 초점을 맞춰 '종교'가 어떻게 다루어졌는지를 '종교의 문법grammar of religion'이라는 용어를 사용해 그 변천을 검토하면서 메이지 시기 '종교'를 둘러싼 정책의 전개를 상세하게 논하고 있다. 또한 마에카와 미치코前川理子의 『근대 일본의 종교론과 국가─종교학의 사상과 국민교육의 교착近代日本の宗教論と國家─宗教學の思想と國民教育の交錯』(東京大學出版会, 2015)은 1890년대에서 1930년대까지를 대상으로 종교학자들의 논의를 주로 다루면서 종교학의 사고와 발상 양식을 문제 삼아 그것이 어떻게 국가와 관련을 맺고 있었는지를 국민교육에 초점을 맞추어 구체적으로 검토하고 있다. 이 두 권의 저서는 이 책에서 파고들지 못한 논점을 검토하고 있어 이 책과 함께 읽으면 참고가 될 것이다.

또한 아카데미즘의 문제에 대해 이전부터 도쿄제국대학 이외에서

'종교'가 어느 정도 다루어졌는지를 검토할 필요가 있음이 지적되었다.[2] 이에 대해서는 다이쇼대학 종합불교연구소의 '대학과 종교' 연구회를 중심으로 편집한 논집이 현재 두 권 간행되어 있다.[3] 이는 반드시 '종교' 개념 문제만을 다루고 있는 것은 아니지만, 좀더 개별적 사례에 의거해 대학과 종교의 관계를 검토한 것이다.

사례 연구와 '종교' 개념

이와 같이 '종교'라는 프레임 그 자체에 대한 연구는 착실하게 축적되어 왔다. 그러나 이 책이 주제로 삼은 종교가가 '종교' 개념을 아래로부터 어떻게 조직해 나갔는지와 관련해 그 재귀적인 과정을 직접적으로 다룬 연구는 아직 없었다. 그렇다고 이 과정에 대한 관심이 그동안 없었다는 말은 아니다. 오히려 근대 일본에 초점을 맞춰 종교 전통과 종교가를 검토하려고 할 경우, '종교' 개념의 역사성을 주시하는 것이 특별한 일이 아니게 되었기 때문일 것이다.

근년에 이루어진 근대 일본의 종교에 관한 사례 연구에서 실제로 어느 정도 파고들어 논하고 있는지와는 별개로, 애초에 '종교'라는 개념에는 역사적으로 구성된 측면이 있다는 언급은 이제 새로운 것이 아니게 되었다. 역으로 말하면 '종교'를 비역사적 혹은 보편적인 것으로 바라보는 관점 자체가 근대에 만들어졌다는 지적에 대한 문제 제기가 유의미했던 단계는 이미 지나갔다. '종교'라는 말의 용법과 독해 방법을 개별 사례에 입각해서—그것을 콜로니얼이면서 트랜스내셔널적인 '근대'라는 문맥에서—구체적으로 검토하는 단계에 당도해 있다고 필자는 생각한다.

물론 사례 연구에서 명시적으로 '종교' 수용 문제를 다룬 연구도 없지는 않다. 예를 들면 큰 프레임에 관한 논의이긴 하지만 한스 마틴 크레머Hans Martin Krämer의 『시마지 모쿠라이와 근대 일본의 종교의 재개념화와 세속Shimaji Mokurai and the Reconception of Religion and the Secular in Modern Japan』(University of Hawai'i Press, 2015)이 있다. 이 책은 삼조교칙三條敎則[1872년 종교소관청인 교부성이 하달한 세 가지 조항의 민중 교화 지침—옮긴이]을 비판하는 건백서를 제출해서 신정부의 종교 정책을 비판한 니시혼간사西本願寺의 유력 승려 시마지 모쿠라이를 다루면서, 근대 일본에서 '종교'와 그 개념 쌍으로서 '세속'이 어떻게 구성되었는가를 논하고 있다. 근대적인 '종교'를 생각하면서 근세의 '종宗'과 '교敎'에 대해 검토하고 있는 점, 또 시마지의 유럽 체험—시마지는 1872년에 이와쿠라 사절단과 동행해서 유럽에 건너갔다—에 대해 영문 자료에 의거해 구체적으로 검토하고 있는 점 등에서 크레머의 새로운 공헌을 평가할 수 있을 것이다.

그리고 오이카와 다카시及川高의 『'종교'와 '무종교'의 근대 남도사—국민국가 · 학지 · 민중「宗敎」と「無宗敎」の近代南島史—國民國家 · 學知 · 民衆』(森話社, 2016)은 근대 일본의 남도(오키나와 아마미)를 무대로 토착 '민속신앙'—그 자체로 민속학에 의해 구성된 개념이다—과 '종교' · '무종교' 개념의 관계에 대해 민속학의 연구 축적의 중요한 점을 짚고 또 현지 조사를 바탕으로 검토하고 있다. '종교' 개념이 지식인이 아닌 생활 세계와 어떤 관련을 맺고 있었는지, 혹은 관련을 맺고 있지 않았는지는 필자의 이 책을 포함한 이제까지의 연구에서 거의 다루지 않았던 논점이다. 오이카와는 이에 대해 새로운 논점을 제시했다고 할 수 있다.

또 하나 말해두자면, '종교' 개념을 둘러싼 논의가 근대 이후, 즉 메이지 시기 이후에 초점을 맞추는 경향에 대하여, 전근대 특히 근세에 있어서 종교적인 세계와의 연속과 비연속을 검토할 필요가 있다는 점이 지적되었다. 이는 앞으로 더욱 연구가 기대되는 연구 분야다. 예를 들어 2014년부터 2015년에 걸쳐서 나온 『일본인과 종교』라는 시리즈(전 6권)는 부제를 '근세에서 근대로'라고 하여 근세에 대한 연구와 근대에 대한 연구의 가교를 시도한 것이었다.[4]

이 시리즈는 특별히 '종교' 개념에 초점을 맞춘 것은 아니지만 오리온 클라우타우Orion Klautau는 「종교 개념과 일본—Religion과의 만남과 토착사상의 재편성」(2권 『신·유·불의 시대神·儒·佛の時代』에 수록)에서 전근대에도 주의를 기울이면서 개괄적으로 잘 정리한 논설을 기고하여 조감도를 제시하고 있다. 또 그 외 몇 편의 논문에서도 '종교' 개념 문제가 다루어지고 있거나 혹은 의식되고 있음을 볼 수 있다.

그리고 한 가지 사족을 덧붙이고 싶다. 필자는 이 시리즈에 「메이지 국가와 기독교」를 투고했는데(1권 『장군과 천황將軍と天皇』에 수록), 이는 전 6권 가운데 기독교를 주제로 다룬 몇 안 되는 논문 중 하나다. 물론 일본의 근세에서 근대라는 문제 설정에서 기독교를 다루는 데에 곤란함이 동반되는 사정은 있다(근세에 기독교는 금제禁制였으며 근대에 들어서 비로소 프로테스탄트 기독교가 초래되었다). 그러나 이는 역으로 말하면 폭넓게 '일본인과 종교'를 생각할 때 종래의 일본 기독교사 연구에서 다루기에 만족할 시점을 제공하지 못했다는 뜻이기도 할 것이다. 이 책에서는 의식적으로 기독교 입장의 논의와 불교 입장의 논의를 다루었다. 하지만 '종교' 개념의 역사적 전개를 하나의 축으로 삼음으로써, 일본 기독교사와 일본 불교사를 횡단하는 형태로 종교를 둘러싼 역사 서술이 가능하게 된다고 필자는 생각한다. 이 문제와 관련해서는 「막부 말기 유신 시기의 기독교라는 '곤란'幕末維新期のキリスト教という「困難」」(2018)[5]에서 횡단적인 연구 관점의 필요성을 논한 바 있다.

근대 불교 연구와 '종교' 개념

앞에서 말한 것처럼, 근대 일본의 종교를 둘러싼 사례 연구에서 '종교' 개념의 역사성을 언급하거나 거기에서 논의를 출발하는 방향성은 이미 새로운 것이 아니다. 하지만 특히 근년에 눈부신 진전을 보이고 있는 근대 불교 연구에서 '종교' 개념을 둘러싼 문제 제기가 생산적인 형태로 결실을 맺고 있다.

예를 들면 최근의 근대 불교 연구의 성과를 개관적으로 정리하고 있는 것으로서 트랜스내셔널적인 성격이 잘 제시되어 있는 논집인 『붓다의 변모』[6]와, 보다 폭넓은 독자를 위해 근년의 연구 성과를 알기 쉽게 제시한 『근대 불교 연구』[7] 등이 있다. 이 외의 개별 연구는 여기에서는 언급하지 않지만(『근대 불교 연구』는 충실한 참고서 안내를 싣고 있다), 대체적으로 근년의 근대 불교 연구는 근대의 '불교'가 '종교' 개념을 다소 참조하면서 자기를 편성했다는 관점을 전제로 하고 있다고 생각된다.

이 책에 대한 평가와 그에 대한 응답

서평 및 다른 연구자로부터 받은 의견 가운데는 이 책에서 다룬 사례의 대표성에 대한 의문 제기도 있었다. 즉 어떠한 기준으로 다카하시 고로와 나카니시 우시오, 혹은 우에무라 마사히사 등을 대상으

만들어진 종교

로 했는가에 대한 의문이었다.

이것은 거듭 말하지만, 이 책에서 큰 프레임을 명시하지 않았다는 문제와도 관련되며, 어떠한 전체 그림 속에 다카하시와 나카니시 등이 위치하고 있는지 알기 어렵다는 평가, 혹은 역으로 시마지 모쿠라이가 거론되지 않는 이유는 무엇인가—전술한 바와 같이 크레머가 그 후 상세하게 논하고 있다—와 같은 의견이 있었다. 어느 것이나 경청할 만한 지당한 지적이다.

돌이켜 생각해보면, 다카하시와 나카니시에 대해서는 동시대에서 그와 같은 논의를 했던 논자가 달리 없었다—나카니시의 경우에는 아마도 이노우에 엔료와 동시대적인 비교가 가능하며, 이 점은 본문에서도 언급했다—는 점 등이 그들을 다룬 이유였다고 생각된다. 그러나 이것은 어떤 의미로 소극적인 이유이며, 분명히 보다 큰 윤곽 안에서 다카하시와 나카니시를 적극적으로 평가하는 시도를 할 필요가 있었다.

특히 나카니시 우시오에 대해서는 이 책 간행 시에 선행 연구에서는 거의 언급하지 않았고 그 평가가 불명료했기 때문에 나카니시는 단지 특수한 예가 아닐까, 혹은 나카니시를 대상으로 함으로써 무엇이 보일까와 같은 의견을 받았던 적이 있었다.

그러나 근대 불교 연구의 진전과 함께 나카니시가 수행했던 동시대적인 역할이 다른 연구자들에 의해서도 논해지게 되었다. 예를 들면 근대 불교 연구를 정력적으로 견인하고 있는 오타니 에이이치는 나카시키 우시오의 '신불교'—즉, 새로운 '종교'로서의 불교— 논의가 새로운 불교 본연의 모습을 모색하는 동시대의 움직임에 큰 영향을 준 점을 지적하고 있으며[8], 근년에는 곤도 슌타로近藤俊太郎가 "나카니시의

『종교혁명론』이 청년 불교도에게 큰 영향을 주어 유력한 불교개혁 운동의 사상적 도화선이 되었다는 점은 잘 알려져 있다"[9]라고 말했다.

이 책에서 그 방향성을 제시한 것처럼 나카니시 우시오는 religion에 대한 지식을 참조하면서 새로운 '불교'를 구성하려고 했으며, 그 방향성이 동시대에 호의적으로 받아들여졌고 또 실제로 일본의 근대 불교 전개에 영향을 끼친 점은 적어도 근대 불교연구자 사이에서는 널리 받아들여지게 되었다. 이 책에서는 나카니시의 동시대적 평가를 충분하게 논하지 못했을지도 모르겠으나 이후 전개된 연구에서 나카니시와 그 논의에 정당한 평가가 부여되었다는 점을 보충하고 싶다. 또한 나카니시 우시오에 대해서는 나카니시 나오키中西直樹에 의한 일련의 귀중한 연구도 있다.[10]

나카니시 우시오는 1900년 무렵에 천리교로부터 종교에 대한 지식을 평가 받아 초청을 받고 천리교의 경전 편찬에 관여하게 된다. 메이지 중기에 새로운 '불교'를 제시하였고, 또 메이지 후기에는 새로운 '천리교'를 제시했던 점을 생각해보면 나카니시는 역시 흥미로운 인물인 동시에 종래의 종적인 '불교사'와 '천리교사'에서는 다루어지기 어려운 인물이기도 하다. 필자는 '종교'를 둘러싼 역사를 횡단적으로 파악하려는 관점에서 계속 나카니시에 대한 연구를 하고 있다. 이 문제와 관련해 최근 「나카니시 우시오—'신불교'의 창도자中西牛—「新佛教」の唱導者」(2020)[11]를 발표했다.

종교 미디어와 언설 공간

마지막으로 종교 미디어라는 연구 과제에 대해서 언급해두고 싶다. 이는 이 책의 출간 이후 필자가 진행하고 있는 연구 중 하나다.

이 책에서 제시한 것처럼 필자는 일관해서 '종교가들의 말'을 문제 삼고 싶으며 그것은 앞으로도 변함이 없다. 그리고 그 '종교가의 말'을 검토하기 위해서는 동시대의 언설 공간을 볼 필요가 있음을 깊이 의식하게 되었다. 이는 앞서 언급한 것과 같이 이 책에서 다루는 사례의 대표성을 묻는 지적과도 관련이 있다.

다시 말해 다양한 종교가들의 논의를 검토하기 위해서는 그 논의가 어떠한 맥락에서 나온 것인지를 단지 그 논의 내용만이 아니라 동기와 사회적 맥락, 혹은 수용되는 방식과 같은 것을 포함하여, 그야말로 미디어의 문제—인쇄·출판·유통과 같은 사물과 관련된 측면도 포함하여—로 파악할 필요가 있다고 생각하게 되었다. 거꾸로 말하면 동시대적으로 어떠한 언설 공간이 있었던가에 입각하여 파악하지 않으면 대상이 되는 사례의 동시대적 의의와 대표성을 제대로 논할 수 없는 것은 아닐까, 또 그 사상적 가치와는 별도로 어떻게 동시대에서 읽혔는가라는 국면에도 주의를 기울일 필요가 있는 것은 아닐까라는 문제의식이기도 하다.

이 책의 제4장에서 불교 연설을 다루어 동시대의 언설 공간에 대한 검토를 시도하고 있으며, 또 제10장에서도 『종교 및 문예』라는 종교 잡지와 그 문맥에 대한 고찰을 가하고 있다. 이러한 의미에서 이 책의 논의에서 다룬 하나의 전개로서 필자가 종교 미디어라는 연구 과제에 집중하고 있다는 점을 말씀드리고 싶다.

그리고 메이지 시기의 이론 서적 등의 간행물에 대해서는 국립국회도서관의 진력 덕분에 대부분 디지털화가 진행되어 이전에 비해 비약적으로 연구 환경이 향상되었지만[12] 유감스럽게도 잡지와 신문 등의 정기간행물에 대해서는 일본의 저작권 처리 문제 등도 있어서 좀처럼 환경이 정비되어 있지 않다.

특히 메이지 전기의 종교 잡지에 대해서는 소장 정보와 목록 등과 같은 기초적인 정보를 정리할 필요가 있는 상황이다. 이와 관련해서는 오타니 에이이치 씨를 연구 대표자로 한 공동연구 성과로서 몇몇 종교 잡지의 목차를 공개하는 '근대 일본의 종교잡지 아카이브Archival Research on Religious Periodicals in Modern Japan'라는 사이트[13]가 운영되고 있으며, 또한 필자도 현재 『명교신지』의 목차를 작성해 공개하고 있다. 이와 같은 기초적인 작업도 계속 진행할 예정이다.

그리고 근대의 활자 미디어에 주의를 기울이자면 번역을 통해서, 혹은 공간적으로 수송된 것에 의해 트랜스내셔널적인 성격을 지닌다는 측면이 있으며, 이미 근대 불교 연구에서는 이와 같은 월경越境의 성격을 의식적으로 다루고 있다.[14] 개인적으로 종교 미디어는 religion 개념/'종교' 개념을 둘러싼 전개를 일본에 한정하지 않는 방향에서 검토하기 위한 하나의 창구가 된다고 생각하며, 또 그와 같은 방향성에서 연구를 전개하려 한다.

마무리

이제 마지막이 되겠는데 우선 이 책을 '동아시아 개념사'를 생각하기 위한 책으로 선정하여 번역에 노력을 기울인 이예안 선생님과 이한정 선생님에게 감사의 마음을 전하고 싶다. 또 이 책은 한림대학교 한림과학원 '번역시리즈'의 일환으로 기획·출판된다고 들었다. 한림과학원과 이경구 원장님께도 깊은 감사의 말씀을 드린다. 또 이 책이 출판되기까지 힘써주신 글항아리 출판사와 편집자 선생님께도 사의를 표하고 싶다.

　단지 '종교'라는 개념의 이야기에 머무르지 않고, 근대 일본의 복수 종교 전통의 역사를 생각하려 한다면 '일본'이라는 지역적인 프레임을 제거하고 생각할 필요가 있는데, 이는 또한 제국과 식민지의 문제를 사상捨象함으로써가 아니라 오히려 정면으로 마주하는 것과 동시에 수행하지 않으면 안 된다. 이러한 작업에 대해 일찍이 검토할 필요가 있다고는 생각하고 있었으나 유감스럽게도 그것을 구체적으로 전개시킬 수 없었다. 이번에 이 책의 한국어 번역이 이루어진 것은 생각지도 못한 기쁨이다. 새로운 독자들이 이 책에 결여되어 있는 논점을 지적하고 발전적으로 극복하기를, 또 '동아시아 개념사'를 둘러싸고 앞으로 더욱 대화와 연구 교류로 이어지기를 희망한다.

호시노 세이지

'종교' 개념을
대상화한다는 것

이 책은 근대 시기 일본에서 이뤄진 종교 개념의 논의와 전개를 종교가의 자기 이해[1]에 초점을 맞춰 살펴본 것이다.

따라서 이 책은 '종교'를 논하지만, 비역사적인 '종교의 본질'이나 그 진위 등의 문제를 논의 대상으로 삼지 않는다. 이하의 논고는 '종교란 어떤 것인가'라는 물음이 아니라 '종교는 어떤 것으로 이해되어 왔는가'라는 물음에 인도된 것이며, 종교라는 개념이 어떻게 구성되어 왔는가를 역사적으로 묻는 관점을 전제로 한다.

종교 개념이 근대 일본의 역사 전개에서 religion에 상응하는 번역 개념으로 구성된 것이라는 점은 이미 지적된 바다.[2] 메이지明治 시기 (1868~1912) 초기에는 외교문서에서 religion의 번역어로 선택된 종교라는 말이, '법교'나 '종문'을 비롯한 다른 용어들과 병존하여 사용되었던 시기를 거쳐, 메이지 10년대에 일반화되었다는 큰 흐름이 있다.[3] 이 책은 이를 출발점으로, 그 개념이 구성되어온 과정에 주목하여, 자칫 비역사적인 것으로 이해하기 쉬운 종교 개념을 대상화하여 논의하고자 한 것이다.

물론 그 과정은 다양하며 이 책에서 다루는 사례는 일부에 지나지 않는다. 그럼에도 이 책을 집필할 때의 문제의식은, 자기 자신이 종교에 관여한다고 자인하는 종교가들이 어떻게 자신의 종교 전통을, 그리고 일반 개념으로서의 종교를 말했는가에 있다.

이 책에서 중점적으로 다루는 사람들의 대부분은, 첫째 정통적인 ('세속'적인) 학문으로서의 권위를 배경으로 종교를 말하지 않았다. 그런 의미에서 그들은 기존 연구가 중점적으로 다루어온 관학 아카데미즘의 종교학과는 다른 위치에 있었다. 근대 일본에서 종교 개념이 종교학이라는 학문에 의해서만 형성된 것은 물론 아니다. 특히 종교학이 일본에서 제도적으로 확립된 메이지 30년대 이전 단계에 종교가들은 서양의 기독교론 및 그 비판론 혹은 동시대적 학문으로서 발흥하던 비교종교학 등의 활동을 직접 참조하면서, 이것들을 자신의 변증론을 위해 재해석하고 있었다. 이 책의 사례 연구는 3부로 구성되어 있는데 이러한 수용과 재해석의 국면은 3부 전체를 통해 중요한 의미를 가진다.

둘째, 그러나 그들은 기본적으로 지식인이며 추상적인 개념을 사용하면서 자신의 생각을 언어화하고, 또한 그것들을 특정 매체를 통해 공개할 수 있었다. 그런 의미에서, 종교 개념 및 이를 둘러싼 논의에 직접 관여하지 않은 채 특정 종교 전통을 실천하고 있던 무수한 무명의 종교가들과도 역시 다른 위치에 있었다.

거꾸로 말하자면 문제는 왜 그 사람들이 종교를 말했는가다. 이에 관해서는 앞서 말한 '변증'이라는 국면이 중요하며, 이는 메이지 중기까지 특히 두드러진다. 그들은 단순히 추상적인 종교를 그 자체로 다룬 게 아니라, 다른 종교 전통과 비교하면서 자신의 종교 전통을 말하고 또 자신의 종교 전통에 대한 비판을 반박했다. 더 나아가 자신이 신봉하는 종교 전통의 진리성을 반드시 전제하지 않은 사람들에게 말을 걸 때와 같은 다양한 상황에서 개별 종교 전통을 포섭하는 총칭으로 종교라는 개념을 사용했던 것이다.

이를 전제로, 이 책은 기독교에 관여하는 자들과 불교에 관여하는 자들 사이의 경계면에서 이뤄진 논의를 중심으로 다루고자 한다. 그 지점에서 자신이 신봉하는 종교 전통이 보다 진정한 종교라고 주장할 때, 좀더 추상도가 높은 종교 개념을 필요로 했다. 또 그러한 종교 개념에 좀더 잘 부합하는 것으로서 자신의 종교 전통을 이야기했다. 이 책의 제1부에서 이러한 국면을 중점적으로 다루었으며, 제2부에서 다루는 사례에서도 부분적으로 나타난다.

이렇게 자신의 종교 전통을 변증하기 위한 종교라는 말은 결과적으로 한층 더 추상도가 높은 종교 개념을 재귀적으로 형성함으로써 널리 합의를 이루게 된다. 물론 이 과정에서 그 갈라지는 시기가 명확한 것은 아니었다. 하지만 그럼에도 신앙의 자유를 조건부로 확정한 대일본제국헌법을 시행하고, 또 그 운용에서 종교가 다루는 영역에 크게 영향을 미치게 되는 교육칙어를 반포한 1890년 전후를 하나의 전환기로 생각할 수 있다. 제2부에서는 그 시기의 종교가들의 논의가 어떻게 이루어졌으며, 어떠한 변화를 보이는지 살펴본다(이 시기에 초월성과의 관계를 본질로 하는 종교의 자기 이해가 성립된다). 나아가 한번 합의를 이루면 거꾸로 개별 종교 전통은 그에 의해 규정되는 측면이 생기는데, 이는 다음에서 서술할 논점과 함께 제3부에서 다루겠다.

셋째, 다음은 이 책의 장점이자 약점인데, 이들은 국가의 종교 행정에 관여한 것은 아니기에 그런 의미에서 종교 행정에 대해서는 다소 종속적인 위치에 있었다. 그러나 그러한 비대칭적인 관계에서도 거기에 어느 정도 종교의 재해석이 있었으며, 특히 메이지 20년대 이후 현저하게 나타난다. 이 문제는 이 책의 제3부에서 다루기로 한다.

지금까지 이 책이 논의하는 대상과 관련된 문제의식을 먼저 서술했다. 아래에서는 조금 더 내용에 입각해 조감도를 제시해보겠다.

제1장에서는 선행 연구를 정리한 뒤 이 책의 기본적인 관점을 제시했다. 우선 종교 개념의 역사성을 묻는 관점을 어떻게 종교 연구에 도입했는지, 그러한 관점에서 근대 일본이라는 '장場'을 바라본 연구가 어떻게 이루어졌는지를 개관했다. 이어서 이 책이 종교가의 자기 이해에 초점을 맞춰 근대 일본의 종교 개념의 전개를 논하는 것임을 서술했다.

제2장부터 제10장까지는 구체적인 사례를 고찰했으며, 제2·3·4장을 제1부, 제5·6·7장을 제2부, 제8·9·10장을 제3부로 한다.

제1부 '문명으로서의 종교'는 시기적으로는 주로 메이지 초기부터 메이지 10년대 중반까지를 대상으로 하며, 종교가 어떻게 새롭게 제시되고 수용되었는가라는 국면을 고찰한다. 논점 중 하나는 종교와 문명이 특히 기독교와의 관계에서 불가분의 존재로 제시되어 수용되었다는 점이다. 그 제시와 수용에 관한 문맥에도 주목함으로써 거기에서 재해석이 이루어졌다는 점도 살펴본다.

또한 이미 언급했듯이 여기에서 다루는 논의의 대부분은 기독교 및 불교의 변증이라는 문맥에서, 한층 더 추상도 높은 종교를 논하고 있다. 이는 전제가 되는 종교에 대한 공통 이해가 아직 견고하게 성립하지 않았기에 우선 종교라는 말에서부터 이야기해야 할 필요가 있었기 때문이다. 또한 거기에서 자신의 종교 전통을 변증하기 위해서 종교 개념을 사용할 수 있었다는 것이기도 하다. 그렇게 '문명'이나 '학술' 또는 '도리'나 '도덕'이라는 사항들이 종교와 결부되어 논의되었던 것이다.

제2장은 종교와 문명을 불가분한 것으로 여겼던 메이지 초기의 논의를 고찰한다. 종래 기독교가 '문명의 종교'였다는 점은 지적되어온 바다. 이 장에서는 처음에 선교사에 의해 그렇게 제시되었던 상황을 확인한다. 또한 그런 기독교 이해는 19세기의 자연신학과 결부하여 제시되었던 것인데, 유신론적 세계관을 유교적 세계관과 겹쳐서 이해한 상황을 나카무라 마사나오中村正直를 사례로 들어 살펴본다.

제3장에서는 제2장과 관련하여 종교와 전통적인 세계관의 관계를 다룬다. 메이지 10년대에 기독교의 입장에서 논의를 펼친 다카하시 고로高橋吾良(五郞)를 예로 들어 그가 기독교를 염두에 두면서 종교와 '학문'의 관계를 어떻게 논의했는가를 고찰한다. 거기에서 다카하시가 한편으로는 양자를 조화 가능한 것으로 파악했으며, 다른 한편으로는 그가 논의하는 조화는 유교적 색채가 짙은 학문론과 19세기 자연신학적 기독교 이해가 교착하는 지점에 성립했음을 살펴본다.

제4장은 이러한 종교 논의가 누구에게 어떤 형태로 제시되었는가를 고찰한다. 사례는 메이지 10년대 중반의 불교 연설이다. 불교는 반드시 불교에 적극적인 관심을 가졌다고는 하기 어려운 '중류 이상의 인사'를 대상으로, 새롭게 종교를 참조하고 또 '연설'이라는 새로운 형태로 변증되었다. 그리고 그때 사용된 종교의 내실이 '도리'나 '도덕'과

의 관계성에서 논의되고 있었다는 점도 확인한다.

　제2부 '문명에서 종교로'에서도 변증의 국면에서 종교 개념이 형성되어가는 과정을 다룬다. 제1부와의 차이는 메이지 20년을 전후하여 종교에서 독자적인 영역이 모색된 점이다. 즉, 이 시기에는 종교를 '문명'이나 '학술'에서 일단 분리하여, 그 본질을 초월성과의 결부 여부에 두는 논의가 일어났다. 이는 이후 종교를 둘러싼 논의 전개에 결정적으로 중요한 전환점이 된다. 거듭 지적하지만, 초월적인 종교라는 개념 또한 자신이 신봉하는 종교 전통의 변증이라는 문맥에서 나온 것이다. 또한 종교와 '학술', '도덕'을 조화 속에서 파악하는 관점도 종교와 다른 영역과의 위치 관계를 변화시킨 바탕 위에서 계승된 것이다.

　제5장은 메이지 시기의 지도자적 기독교도의 한 사람인 고자키 히로미치小崎弘道가 번역한 『종교요론』(1881)과 그의 저서 『정교신론』(1886)을 비교하면서, 그 안에서 종교를 어떻게 논의했는지를 살펴본다. 두 책은 모두 종교에 독자적인 영역이 있다고 주장하지만, 이는 전적으로 도덕과의 관계에서 변증된 것이며 또 그 도덕 실천의 연장선에 국가의 개화라는 상황이 놓여 있었다. 한편, 다른 점으로는 『정교신론』에서는 기독교의 전 단계로서 유교에 대해 일정하게 평가하고 있었음을 확인한다.

　제6장은 메이지 20년대 새로운 불교변증론의 사례로 나카니시 우시오中西牛郎의 논의를 중심으로, 이를 이노우에 엔료井上円了의 논의와 비교하면서 검토한다. 이노우에는 철학을 참조하여 불교를 변증했는데, 나카니시는 이를 비판했다. 즉, 학지學知에 의한 종교 변증론은, 학지에 의한 종교 비판으로 반전反轉될 수 있다는 것을 나카니시는 인

식하고 있었나. 종교의 본질은 오히려 초월성과의 관계에 있다고 논한 것이다. 그러나 나카니시 또한 인간 이성의 범주를 넘지 않는 것으로서 초월성을 파악하고 있었으며, 이는 메이지 후기 종교론에서 말하는 초월성 이해와 차이가 있었음을 살펴본다.

제7장은 메이지 시기 지도자적 기독교도의 한 사람인 우에무라 마사히사植村正久를 중심으로, 메이지 10년대부터 20년대에 걸친 종교 이해의 변천 과정을 검토한다. 우에무라는 메이지 10년대에는 기독교와 문명, 즉 종교와 문명을 불가분한 것으로 이해했으나, 서양 체험 및 자유주의적 기독교 이해의 일본 유입 등을 계기로 종교와 문명을 분리하게 된다. 종교는 초월성과의 관계를 본질로 하는, 다른 영역으로 환원되지 않는 독자적인 것으로 논해졌으며, 또한 이는 비교종교 연구에 의해 규명되었다고 논해진 상황을 살펴본다.

제3부 '종교와 도덕의 재배치'는 제1부부터 이어진 종교와 '도덕'의 관계가, 제2부에서처럼 종교 개념을 초월성에 기반하는 것이라 할 경우 어떻게 재배치되는가를 살펴본다. 시기적으로는 메이지 20년대 중반을 중심으로 메이지 후기까지 포함한다. 교육칙어와 그 운용에 나타나는 국민 도덕적인 '도덕'이 문제가 되는 것은 물론이거니와, 이전에 기본적으로는 조화 속에서 파악되던 종교와 '도덕'의 관계를 새롭게 재해석할 수 있게 된다.

거기에서는 다양한 논의가 이루어지는데, 제2부에서 언급한 것과 같이 종교 개념을 초월적인 것으로 보는 이해는, 종교를 이념적으로 도덕의 상위에 두는 논의와 결부된다. 이로 인해 종교에 의해 도덕을 대상화하는 통로가 확보되었다. 그러나 그와 동시에, 이념으로서의 종교에 의해 실천으로서의 도덕이 좀더 잘 이루어진다는 논리에서, 거꾸로 도덕의 실천을 곧 종교의 실천이라고 하는 방향의 통로도 열렸다는 점을 살펴본다.

제8장은 '우치무라 간조內村鑑三 불경 사건'과 '교육과 종교의 충돌 문제'를 중심으로 '도덕'과 종교의 문제를 검토한다. 여기서 문제는 국민 도덕적인 도덕에 기독교 등의 종교는 반드시 필요한 것은 아니다 또는 불필요하다는 입장이었다. 이에 대해 많은 기독교도는 도덕과 종교는 모순 없이 결부된다고 반론했다. 그러나 우에무라 마사히사는 종교와 '도덕'이 각각 다른 영역을 다루는 것이라고 제시하는 한편, 종교야말로 사람에게 도덕을 행하게 하는 것이라고 주장하고 그럼으로써 '도덕'에 대한 종교의 이념적 우위성을 확보했다. 그 주장이 기독교의 어떤 해석과 결부되어 있었는지도 살펴본다.

제9장은 교육과 종교의 충돌 문제에 관한 나카니시 우시오의 논의를 살펴본다. 나카니시는 종교를 초월성을 다루는 것으로 보고, 그렇기에 비국가주의적인 것이 될 수 있음을 인정했다. 하지만 동시에 일본에서 믿는 종교는 일본 고유의 역사에 근거한 국체와 충돌해서는 안 된다고 봤다. 그리고 일본의 기독교는 일본에 입각하여 재구성할 필요가 있음을 유니테리언적인 기독교 이해를 참조하면서 설파했다. 그리하여 나카니시는 종교에 독자적 영역을 승인하고 동시에 그것이 국체와의 관계에서 제약을 받고 있다는 구도를 말한 것이다. 이는 근대 일본에서 종교를 생각하는 데 시사적인 논의가 될 것이다.

제10장은 더 이상 종교란 무엇인가를 적극적으로 논의할 필요가 없어진 메이지 후기에 종교가들이 자신의 종교 전통을 그 자체로 반성적으로 탐색해가는 국면을 검토한다. 1911년(메이지 44) 창간된 『종

교 및 문예』라는 잡지를 중심 사례로 하여, 그 시기 일본인 기독교도가 기독교를 지적·반성적으로 파악하고자 한 신학 연구가 발흥했던 점, 그리고 그것이 종교를 실존적으로 희구했던 젊은 층과 결부되어 있었던 점을 살펴본다.

마지막으로 부언하자면, 이 책은 분명 종교 개념의 역사성에 주목하여 이를 검토한 것이다. 하지만 이러한 고찰은 결코 종교라는 개념의 구축성을 폭로하고 사장하기 위해서가 아니다.

분명 종교라는 개념은 그 내실의 엄밀한 정의는 불가능하겠지만, 유연한 외연을 가진 것으로서 연구자들을 포함하여 널리 합의를 얻고 있다고 할 것이다. 예컨대 나는 무엇이 종교인가/아닌가라는 판단을 일상적으로 내리고 있으며,[4] 그런 의미에서 나를 포함한 우리는 종교란 무엇인지를 알고 있는 것이 된다. 그런 점에서 우선, 종교라는 개념이 사실성을 가진다는 점은, 고찰에 들어가기 전에 확인해둬야 할 사항이다.

그렇기에 이 책은 그런 사실성을 부정하는 형태로 종교 개념을 논하고자 한 것은 아니다. 그러나 동시에 '지금·여기'라는 사실성에 의거하여, 이를 비역사적인 것으로 본질화·규범화해버리는 인식 방식은 해체되어야 한다는 입장이다. 그리고 그것은 지금·여기의 사실성이 어떤 과정을 거쳐 구성되어왔는가에 관한 계보학적 고찰—즉 근대 일본에서 전개된 종교 개념에 관한 고찰—에 의해 가능할 것이라 생각한다.

제2부 문명에서 종교로

제5장 고자키 히로미치의 기독교·종교 이해의 구성

제6장 나카니시 우시오의 종교론

제7장 문명에서 종교로: 메이지 10~20년대 우에무라 마사히사 종교론의 변천

제 1 장
종교 개념의
역사성이라는
관점

서론
종교 개념을 역사 속에서 이해한다는 것

　종교 개념[1]의 역사성은 이 책이 주안점을 두는 부분 중 하나다. 먼저 선행 연구를 정리하면서 어떤 계기로 그런 관점이 학문적 연구에 도입되었는지를 개관하고, 그 위에 이 책을 자리매김하고자 한다.

　먼저 종교를 역사 속에서 파악하려는 시도는 언어론적 전회 이후 지知의 존재 방식과 호응하는 것임을 전제해두자. 언어론적 전회 이후 표상과 실재의 소박한 대응 관계는 의문시되었다. 개념이라는 것이, (비언어적일 수 있는) 보편적 본질을 언어로 표현했다기보다는 다양한 계기를 거쳐 구성되었다고 여겨지기 시작한 것이다. 그렇기에 어떤 개념에 대한 고찰은 그 본질로 회귀하는 방향이 아니라, 그것이 언설로서 성립하는 경우까지를 포함해 그 역사를 묻는 계보학적 형태로 이루어진다. 이 책 또한 그러할 것이다.

　물론 개념에 대한 이런 계보학적인 추적은 종교만을 대상으로 하는 것은 아니다. 그러나 종교 개념은 그 주변의 다른 개념들에 비해 역사성에 대한 물음이 비교적 늦었다고 할 수 있다. 이는 종교의 본질은 언어화할 수 없는 비역사적인 것이라는 개념 규정이 일반적으로 널리 합의되어 있었기 때문이라고 생각된다(이 책은 그런 개념 규정의 사실성을 먼저 받아들이고 그 역사성을 묻는 자세를 취한다). 그럼에도 1990년대 이후에는 지속적으로 관련 연구가 나오고 있다. 아래에서는 우선 기초적인 사실을 확인한 다음 선행 연구의 방법론적 논의를 개관하고, 마지막으로 근대 일본에 입각한 연구를 언급함으로써 이 책의 관점을 거듭 확인하고자 한다.

종교 개념과
관련 연구

1. 자연적 종교로의 전개

'종교'라 함은 개별 종교 전통을 가리킴과 동시에 그들을 총칭하는
종교 일반을 가리킨다. 이러한 이중성은 근대적 종교 개념의 특징이
다. 그 역사적 전개를 거슬러 올라가면, "17세기경 '자연적 종교natural
religion' 개념의 태동에서 그 결정적인 단절면을 찾을 수 있다"고 이다
아쓰시飯田篤司는 지적한다.[2] 이 책에서는 자연적 종교[3]라는 개념을, 개
별 종교 전통과 반드시 관계 짓지 않고도 탐구할 수 있는 보편적 종
교성을 의미하는 것으로 본다.[4] 하지만 그런 보편적 종교성을 상정함
으로써 개개의 종교 전통을 종교로서 인지하는 것이 가능해진다는
의미에서 이 자연적 종교는 근대적 종교 개념에 결정적인 영향을 끼
친 것이다.

그러므로 자연적 종교의 계보를 거슬러 올라가면 자연신학natural
theology이나 이신론Deism 등 근대 기독교 신학과 밀접하게 관련된 개

념군에 이르게 된다. 이에 대해 개관해두고자 한다.

자연적 종교의 연원으로서의 자연신학

자연적 종교가 상정하는 보편적 종교성은 인간의 이성을 통해 도달할 수 있다는 함의가 강하다. 반면, 이와 대조적인 사고로 계시종교 revealed religion가 있다. 여기서는 종교의 본질이 계시, 즉 초월적인 무언가가 인간에게 작용하는 데 있다고 본다.

이 계시종교와 자연적 종교라는 개념은, 계시에 근거하여 신을 논하는 계시신학revealed theology과 인간 이성에 근거해 신을 논하는 자연신학이라는 기독교의 신학 범주를 직접 이어받은 것이다.[5] 기독교의 근본에 계시신학이 있다는 것은 분명하지만 자연신학에 대해서도 신약성서에서 전거를 찾는 것이 가능하다.[6] 또한 "깨달아 아는 것을 추구하는 신앙fides quaerens intellectum[7]"이라는 말에서 볼 수 있듯 역사적으로도 자신의 종교 전통을 지적知的으로 파악하고자 하는 행위에는 정통성이 부여되어왔다. 그러나 동시에, 토마스 아퀴나스가 신에 대한 이성적 탐구는 계시에 의해 완성될 필요가 있다고 했듯, 서양에서 중세까지 기독교가 전개될 때 자연신학은 어디까지나 계시신학을 보완하는 것으로 이해되었던 점도 지적되어야 한다.

이에 비해 종교개혁기 이후 칼뱅주의자들은 기존 교회에 대한 비판과 동시에 계시의 우월성을 강조하고 자연신학적인 기독교 이해를 비판했다. 반면 이에 대항하여 적극적으로 자연신학의 의의를 인정하는 논의가 기독교 전통의 내부에서 발생하기도 했다.

예를 들어 17세기 영국에서는 케임브리지·플라톤 학파[8] 사람들이

르네상스기 피렌체의 플라톤주의[9]를 받아들여, 계시신학에만 의거할 것이 아니라 자연신학 또한 인정할 필요가 있다고 주장했다. 이렇게 케임브리지·플라톤 학파 사람들은 자연신학적 기독교 해석을 적극적으로 옹호했는데, 이는 추상적인 종교를 논의한 것이 아니라 어디까지나 기독교 해석을 둘러싼 것이었다. 즉 인간 이성으로 신을 탐구하는 것이 계시에 근거하는 기독교 신앙과 조화를 이룬다는 확신이 있었던 것이다.[10]

이신론에서 자연적 종교로

그러나 케임브리지·플라톤 학파 사람들에게 보였던 "종교가 이성에 부합한다는 것을 증명하려는 의도"가 "종교적 진리의 매개로서 계시의 타당성을 의심"하는 일과 결부될 때 그것은 이신론이 되며,[11] 그때 자연신학적 기독교 해석이 전면에 나온다.

오늘날 이신론자라 불리는 사람들의 사상에는 계시의 중요성을 강조하지 않는다는 점을 제외하고는 반드시 명확한 공통점은 없으며, 이신론은 가족적 유사성으로 파악되어야 할 애매한 개념[12]에 머물러 있다. 그럼에도 우선 중요한 인물로 에드워드 허버트Edward Herbert(1583~1648)를 들 수 있다.

허버트는 사상적으로 동시대의 케임브리지·플라톤 학파 사람들과 많은 부분을 공유하며 르네상스나 고전으로 회귀하는 자세를 보였다. 하지만 이에 더하여 자연신학적인 인간지人間知에 의해 신을 탐구하는 것을 더욱 중요하게 생각하고 "내성內省을 권위나 전통보다 상위에 두고 진리를 가늠할 때의 새로운 기준으로 삼았다."[13] 이런 자세는

만들어진 종교

허버트가 정식화한 "종교에 관한 공통 관념"에서 신과 인간 개인의 관계에 초점을 맞추고, 교회나 성서 또는 역사적 계시에 대해서는 언급하지 않은 점[14]에서 확인할 수 있다.

분명 허버트의 자기 이해에서는, 이들 '공통 관념'에 근거한 종교는 반드시 기독교와 분리된 것은 아니었다.[15] 그러나 그 논의는 종교의 본질을 비기독교화하고 또한 인간 개인에 입각해 파악한다는 틀을 설정했으며, 그 연장선상에서 자연적 종교 개념이 한층 더 뚜렷하게 형성되어갔다.[16] 그러나 역사적 현상으로서의 이신론은 인간 이성에 대한 회의 또는 그 권능의 한계에 부딪혀 쇠퇴하게 된다.[17] 피터 해리슨Peter Harrison은 허버트의 논의가 종교 그 자체를 인간에게 생득적a priori이라고 보는 근대의 슐라이어마허나 오토의 논의로 이어진다고 평가했다.[18]

지금까지 근대적 종교 개념에 연결된 개념들이 기독교 전통의 전개로부터 도출되었다는 점을 확인했다. 물론 이는 단순히 사상적인 문제로서 있었던 것만은 아니다. 예를 들어 보편적인 종교를 주장하는 것은 기존 교회에 대한 비판을 의미하기도 하며, 실제로 이신론자들은 교회와 성직자를 비판하기도 했다.[19] 이렇게 보면 앞에서 말한 상황은, 교회와 사회의 관계 속에서 다양하게 수행된 기독교를 재해석하려는 움직임 중 하나[20]로 봐야 한다. 여기서는 다만 기독교 신학의 전개에서 기독교를 넘어선 곳에 보편적 종교 즉 자연적 종교를 설정하는 계기가 생겼음을 지적해두고자 한다.[21]

그렇다면 지금까지의 논의는 이 책의 주제인 근대 일본의 종교 개념의 전개와 어떤 관련이 있는가. 우선은 근대 영어권에서 이루어진 'religion' 논의와 연결된다는 점에 큰 의미가 있다. 메이지 시기 일본에 온 선교사 대부분이 미국 출신으로 영어 문서를 교육과 전도에 활용했기 때문에, 당시 일본인 기독교도들의 다수는 주로 영어권 논의를 참조하면서 기독교의 변증론을 구성하고 있었다. 이에 대응한 불교도들 또한 논의를 전개할 때 기독교도들이 참조했던 종교를 어떤 형태로든 염두에 둘 필요가 있었다. 서구의 종교·기독교 이해가 근대 일본의 종교 논의에도 유입되었던 것이다(구체적으로는 2, 3장 참조).

2. 종교 개념 연구 개관

다시 한번 근대적 종교 개념의 역사성에 관한 선행 연구에 초점을 맞추면, 이미 이소마에 준이치磯前順一가 상세히 정리한 바 있다(이소마에 2003, 서장). 후지와라 사토코藤原聖子의 북가이드(후지와라 2003) 및 북미 종교학을 중심으로 한 소개(후지와라 2005, 서장 및 보론 2), 후카사와 히데타카深澤英隆의 포괄적인 논고(후카사와 2004, 2006)도 있다.

여기에서는 이소마에 등의 정리를 참고하면서 큰 흐름을 살펴보고자 한다.

연구 전사前史

이미 지적된 바와 같이, 종교 개념의 자명성이 근본적으로 의문시되기 이전부터 그 내실에 대한 고찰은 시작되었다. 종교의 학적 탐구에 대해서는 에릭 샤프Eric Sharpe가 고대 그리스부터 현대에 이르기까지의 연구사를 검토한 바 있다(Sharpe 1986). 또한 종교 개념의 내실에 관해서는, 윌프레드 C. 스미스Wilfred Cantwell Smith가 종교를 누적적 전통과 신앙으로 구분한 다음 다시 이 신앙을 종교의 본질로 설정하는 작업을 시도했다(Smith 1991[1962]).

샤프의 시도는 종교를 둘러싼 학적 탐구의 역사에 관한 선구적인 업적이지만 종교 그 자체는 문제 삼지 않았다. 한편 스미스는 종교 개념의 역사성에 대해 누적적 전통이라는 말로 지적하고, 그러한 누적적 전통과 우선적으로 구별되어야 할 내실로서 신앙이라는 개념을 제시했는데, 이는 정제된 종교의 본질 개념으로 이해할 수 있다. 그렇기에 양자 모두 종교라는 개념 그 자체의 계보를 문제시했다기보다는, 오히려 그런 연구의 전사로 자리매김된다(이소마에 2003, 참조).

종교 개념의 피구속성에 대한 시선

앞서 근대적 종교 개념 성립에는 이신론 및 자연적 종교라는 배경이 있었으며, 더 나아가 그런 개념들이 도출된 모태로 기독교 전통을 지적하는 논의가 있음을 확인했다. 아래에서는 왜 그런 관점이 생겨났는지를, 즉 종교 개념의 역사성이 어떤 계기를 통해 문제시되었는지를 살펴보고자 한다.

우선 아사드Talal Asad의 지적을 들 수 있다(Asad 2004[1993]). 아사드는 종교 개념에 대해 보편적 정의를 내릴 수 없다고 말한다. 이는 모든 종교 전통을 포섭하는 종교 개념은 있을 수 없다는 주장은 아니다. 또한 개별 종교 전통은 추상적인 종교 개념에 회수될 수 없는 부분이 있다는 (일종의 상식적인) 주장으로 읽혀서도 안 된다.

아사드는 애초에 무언가를 종교로 인식할 때 대상을 종교라는 범주로 분절하는 사고법, 더 나아가 그것이 수행되는 기제 자체를 문제 삼는다. 그가 문제시하는 것은 종교라는 것이 원래 사회의 하위 기능의 하나라는 인식적 양태—그로부터의 일탈은 개별 사례에서 변칙으로 이해된다—이며, 또한 개별 종교 전통은 총칭으로서의 종교의 본질을 분유分有하는 것이라는 근대적 사고 양식 자체다.

이런 관점에서 본다면 아사드의 기어츠Clifford Geertz 비판은 종교라는 개념을 좀더 타당하게 정의하려는 시도로 해석해서는 안 된다. 아사드는 기어츠의 종교 정의가 일견 보편적인 것으로 제시되어 있지만 그 내실은 서양 근대라는 역사적 장場에 구속되어 있으며, 단적으로 근대 프로테스탄트·기독교의 양태에 잘 맞아떨어진다는 점을 지적한다. 즉 기어츠와 같이 보편적 종교 개념을 정의하려는 시도는 (의식적이든 무의식적이든) 필연적으로 고유의 문맥에 구속된다는 점을 서술한 것이다.

또한 이런 피구속성에 대해 아사드는, 특히 근대 세계에서 권력의 비대칭성을 아울러 생각한다면 역시 서양에서 나온 종교 개념이 종교로 지칭되는 것(예를 들어 이슬람)을 압도적인 힘으로 재편해가는 양상을 논했던 것이었다.

종교 개념과 사회의 상호 운동

종교라는 개념에 내포된 이러한 권력의 작동은 단순히 개념들 차원에만 국한되지 않는다. 예컨대 식민지 문제에서 그것은 하나의 중핵으로 나타난다. 데이비드 치데스터David Chidester는 남아프리카를 사례로 종교 개념이 통치 권력과의 관계 속에서 정책으로 편입되어 토착 전통들을 수행적으로 재편해가는 과정을 살펴보았다(Chidester 2010[1996]).

치데스터의 논고에 대해서는 "피식민자 측의 주체 편성 문제는 그다지 언급하지 않았다"[22]는 지적이 있다. 토착 엘리트에 의한 종교 개념의 재해석 과정에 대해서는 예를 들어 스기모토 요시오杉本良男가 비서구사회에서 기독교 이외의 종교 전통이 어떻게 종교로 번역되어 왔는가를 개관한 바 있다(스기모토 2003).[23] 리처드 킹Richard King은 인도를 사례로 토착 엘리트가 서양의 시선을 내면화하는 형태로 자신의 전통을 재편해가는 과정을 논했다(King 1999).[24]

또한 데릭 피터슨Derek Peterson과 대런 월호프Darren Walhof는 정치와 종교라는 이분법 자체가 역사적 구성물이라는 입장에서 논문집을 펴냈다(Peterson and Walhof eds. 2005). 그 안에는 근대 일본 관련 논고도 수록되어 있는데, 세라 탈Sarah Thal은 신도神道 비종교설에 보이는 것과 같은 뒤틀린 종교 양상을 다루고 있다(2005). 이들 연구는 단순히 식민지라는 문제에 그치지 않고 종교 개념을 둘러싼 투쟁을 사회와의 왕복운동에서 파악하는 관점을 제시하고 있다. 동시에 그 관점은 종교 개념의 형성 과정에 대해 종교학이라는 하나의 학문 영역과의 관계를 과도하게 강조하는 것[25]을 상대화한다는 의미가 있다.

물론 이렇게 말한다고 해서, 현실에서 종교라는 개념이 널리 합의를 얻고 있다는 사실성—연구자 자신도 그러한 '종교' 개념과 단절된 곳에서 종교를 논하는 것은 불가능하다[26]—에 전면적으로 의거해야 한다는 것은 아니다. 오히려 종교 개념을 구축하는 과정과 그 과정에서 사회와의 상호 관계를 계보학적으로 고찰함으로써 종교 개념이 보편적인 것으로 널리 합의를 얻고 있다는 상황에 의존하는 자세를 완화시킬 수 있다고 생각한다.

3. 근대 일본의 종교 개념

이런 종교 개념을 새롭게 묻는 일은 근대 일본이라는 장場에서 어떻게 논의되어 왔으며 또 어떻게 논의하는 것이 가능할까.

앞서 언급한 이소마에 준이치는 일련의 논문을 수록한 저작(이소마에 2003)에서, 근대 일본의 종교 개념에 관한 선행 연구를 정리하고 있다(관련하여 이소마에 2008a도 참조). 이소마에는 일본에서 이루어진 종교 개념 연구의 선구적인 작업으로 비교사상사연구회(1975), 스즈키 노리히사鈴木範久(스즈키 1979), 야스마루 요시오安丸良夫(야스마루 1979) 등을 들고 있다. 그리고 그 후의 전개로 이소마에 자신의 연구와 야마구치 데루오미山口輝臣(야마구치 1996, 1999), 시마조노 스스무島薗進(시마조노 1998, 2001a, 2001c)를 거론하고 있다.

또한 헬렌 하대커Helen Hardacre는 신도와 국가에 대해 논한 책에서 번역 개념인 종교의 전개를 언급하고 신도神道가들이 그에 어떻게 대응했는지를 간결하게 서술하고 있다(Hardacre 1989).

근년에는 호리에 노리치카堀江宗正가 종교 개념을 재검토하는 논고를 서평으로 다뤘다(호리에 2004). 호리에는 이소마에의 저작 이후 나온 두 권의 논문집(이케가미池上 외 편 2003, 시마조노島薗·쓰루오카鶴岡 편 2004)을 언급하면서, 종교 개념 연구가 앞으로 어떻게 진행되어야 할 것인가를 주시하면서 논의하고 있다.

또한 그 후 하야시 마코토林淳와 이소마에 준이치가 책임편집해 출간한 『계간 일본사상사』 72호(2008)는 '근대 일본과 종교학 학지學知를 둘러싼 내러톨로지'라는 제목으로 특집을 편성했다. 게재된 논문들은 다양한 방면에서 근대 일본의 종교와 종교학을 고찰한 것이다. 이와 관련하여 이시다 요시카즈石田慶和(1993)는 주로 메이지 말기 이후의 전개에 주안을 두었지만, 그 이전의 상황도 전사前史로 언급하면서 일본 종교철학의 전개를 개관하고 있다.

빌리프와 프랙티스

이들 선행 연구에서 지적되어온 큰 논점으로 우선 프랙티스practice에 대한 빌리프belief의 우월이라는 문제가 있다.

여기서 프랙티스는 의례의 실천 등 비언어적 관습 행위를 말하며, 빌리프는 교의 등 언어에 의해 명시된 개념화된 신념 체계를 가리킨다(King 1987). 종교 개념이 구성되는 과정에서 빌리프에 초점이 맞춰졌으며, 그 한편으로(적어도 언설 차원에서) 프랙티스에는 적극적인 관심이 주어지지 않았다는 점은 아사드가 이미 지적한 바 있다(Asad 2004[1993]).

이소마에는 이를 근대 일본이라는 상황에 입각해 고찰하면서 'religion'의 번역어로서, 근세에 유통된 프랙티스적인 측면을 가리키는 '종지宗旨'나 '종문宗門'이 아니라 빌리프적인 측면을 가리키는 '종교'라는 말이 사용되었으며, 그 배경에는 프로테스탄트·기독교를 일종의 모델로 한 'religion' 이해가 있었다고 지적했다(이소마에 2003 1부 1장).

여기에서 이소마에는 '종지'나 '종문'이라는 용어는 'religion'의 프랙티스적인 측면을 가리킨다고 하면서 그것들이 근세에는 오히려 빌리프적인 측면을 가리키는 '종교'보다 널리 사용되었음을 지적한다. 근대 일본에서 프랙티스적인 측면과 빌리프적인 측면의 '역전 현상'을 말하는 것이다.[27] 반면, 하야시 마코토는 '종교'라는 말은 '종지'나 '종문'의 연장선상에 위치시킬 수 있다고 보고 있다.[28]

하야시는 근세에 '종지'나 '종문'이 그 내실은 윤리나 민간전승과 "근접하면서도 선을 긋는"[29] 것으로 그대로 '종교'로 이어진다고 보았다. 이른바 '전통의 창조'적인 시점을 취하는 논의에서 근대와 그 이전의 단절이 강조되기 쉬운 점을 아울러 고려하면 우선 이 자체로 중요한 지적이라 할 수 있다.[30]

이에 근거하여 하야시는 '종지' '종문'이 "공권력의 행정 용어"[31] 즉 권력에 의해 뒷받침된 제도적 범주인데 비해, '종교'는 "서구의 정교분리, 신앙의 자유라는 과제를 받아들여 정치권력과의 거리를 함의한 말"이 되어 "정치권력과의 관계에 커다란 전회가 일어났다"[32]고 지적했다. 즉, 다루는 영역은 근세에서 근대에 걸쳐 연속성이 있지만 정치와의 관계를 어떻게 볼 것인가라는 점에서 큰 변화가 생겼다는 것이다. 그리하여 근대에서 종교는 권력으로부터 규정되지 않는 형태로 종교라는 범주 그 자체의 근거를 제시해야 했다―특히 종교 외부에 대해―는 것이다.

자기 이해의 언설로서의 종교

이 문제에 대해서는 시마지 모쿠라이島地黙雷(1838~1911)의 종교론에 대한 후지이 다케시藤井健志의 고찰이 하나의 사례로 참고가 된다

(후지이 2001). 후지이는 우선 "현세에서 혹은 외면으로는 세속의 법에 따르며(속체俗諦), 내심으로 타력 신앙을 가지고 내세에서는 정토왕생을 이룬다(진체眞諦)"는 "근세적 진속이체론眞俗二諦論"[33]이 근세의 진종眞宗에서 행해졌음을 지적한다. 이는 하야시가 '종지' '종문'을 권력에 뒷받침되는 제도적 범주로 서술했듯이, 정치적인 것(=속체)과 종교적인 것(=진체)이 조화 속에 있다는 전제 아래, 더 나아가 후자가 전자에 의해 제도적으로 뒷받침되는 상황에서 성립하는 논의였다.

이에 비해 막부 말기부터 메이지 초기에 걸쳐 복고신도復古神道가 정치적인 후원을 얻어 정통성을 확보했는데, 이는 또한 이른바 폐불훼석廢佛毁釋에서 보이는 것과 같은 불교 비판으로 귀착되기도 했다. 이른바 속체에 의한 진체의 부정이며, 그러한 사태를 상정하지 않았던 '근세적 진속이체론'의 근저를 뒤흔드는 것이었다고 후지이는 지적한다. 메이지 초기에 시마지 모쿠라이가 새로운 형태의 종교 개념을 주창한 것은 이를 반격한 논의로 이해해야 한다는 것이다.

시마지가 1873년을 전후해 집필한 「삼조교칙비판건백서三條敎則批判建白書」에 대해서는 정교분리나 신교의 자유의 주장이라는 측면과, 천황에 대한 존숭이라는 양 측면을 볼 수 있다는 지적이 있어왔다. 이에 대해 후지이는 "시마지의 근본적 문제의식"에 초점을 맞출 필요가 있다며 다른 시각을 요청했다. 그에 따르면, 정치와 종교의 명확한 분리[34]는 복고신도와 신도적 요소 일부를 정치 영역에서 분리하고, 동시에 진종의 근거를 종교라는 정치로부터 자율적인 영역에 두려는 의도였다.[35]

이러한 후지이의 논의는 다음과 같은 상황을 보여준다. 즉, 근세부터 존속해온 특정 종교 전통에 익숙한 종교가가, 근대가 되어 근세와는 다른 형태로 자신의 종교 전통을 위치시킬 필요, 즉 자기 이해를 재편성할 필요에 부딪혔다는 점을 말이다. 따라서 새롭게 종교라는 개념을 내세운 것은 자기 이해의 재편성을 수행한 하나의 사례인 셈이다.

근세에서 근대로 이어지는 동안 종교라는 것의 위상에는 큰 변화가 있었다. 우선 하야시가 지적한 대로 그것이 다루는 영역에 있어서는 근세와 근대가 크게 다를 바 없었지만, 정치와의 위치 관계라는 측면에서는 변화가 컸다. 불교를 예로 들자면, 근대에 들어 불교는 근세의 '정치적 승인'을 잃어버리고 사회 안에서 자신의 자명한 위상을 상실했다고 말할 수 있다. 이런 상황에서 시마지는 우선 종교 그 자체가 자율적으로 존재할 수 있다는 데서 자신의 논의를 출발시킨다. 이는 진종의 존재에 근거를 제공하고자 시도한 것이며, 진종의 종교로서의 자기 이해를 새로 구축하여 제시하고자 한 것이었다.

여기에서 자기 이해라고 말하는 바의 의미는 진종이 어떤 것인지를 진종의 전통(또는 진리성)을 반드시 공유하지 않은 사람들에게 이야기하는 상황을 염두에 둔 것이다. 예를 들어 일종의 불교 교학, 종학宗學 및 기독교 신학과 같이 기본적으로 그 종교 전통의 내부에서 유통되는 말들, 환언하자면 그 종교 전통의 진리성이 전제되어 있는 상황에서 성립하는 말들과는 구별되어야 할 것이다.[36] 이 책은 이러한 '자기 이해의 언설'을 주로 다룬 것이다. 그러므로 개별 종교 전통의 진리성은 그 개별 종교 전통 외부에 있는 축軸—단적으로는 총칭으로서의 종교—을 참조하여 말하지 않을 수 없으며, 혹은 그 축을 말하는 것부터 시작할 필요가 있었다. 그리고 이소마에가 지적한 것과 같은 종교 개념에서 빌리프적 측면은 개별 종교 전통에서 신앙 실천과는 일단 구별되는 곳(다음 절에서 서술하듯이 거기에는 상호 운동이 있지만)의 이런 자기 이해의 위상 속에서 나타난다.

물론 시마지 모쿠라이가 종교 개념을 언급한 것은 진종의 근거 마련을 목적으로 한 것으로, 종교 그 자체에 대한 논의를 직접적인 목적으로 한 것은 아니다. 아래에서 살펴볼 내용에서도 마찬가지로 다양한 입장에서 다양한 목적으로 종교라는 것이 논의되고 있다. 그러나 여기서 지적하고 싶은 것은 그런 개별적 말들이 갖는 의도와는 우선 분리된 차원에서, 종교라는 개념을 둘러싼 합의가 유연하게 형성되어가는 면이 있었다는 점이다. 그리고 그러한 종교라는 개념이 개별 종교 전통에서 자기 이해로서 받아들여져 재귀적으로 개별 종교 전통을 바꿔가는 국면이 있었다는 점이다.

개별 종교 전통의 종교화

일찍이 야스마루 요시오는 민중 종교가 문명화된 질서로 재편성되어가는 중층적 과정을 언급한 바 있다(야스마루 1992).[37] 이에 대해 가쓰라지마 노부히로桂島宣弘는 종교라는 개념과의 상관관계에 초점을 맞춰 민중 종교의 '종교'화 과정을 논했다(가쓰라지마 1999, 2005a, 2005b).

가쓰라지마는 1991년의 논문에서 금광교金光教가 '민중 종교'에서 '교파신도'로 전환된 상황을 논했다(가쓰라지마 2005a 제6장). 그리고 교파신도가 종교라는 시선 아래 성립된 점(가쓰라지마 1999 제9장) 및 그러한 종교인 교파신도로서 금광교가 자신을 재규정해가는 과정을 고찰했다(가쓰라지마 2005a 보론 3). 그 작업을 거쳐 최근 논고에서는 금광교를 하나의 사례로 들어 '종교화' 즉 "교의, 교칙을 가진 '문명'의 언설로서의 종교상을 스스로 수용해가는 과정"[38]을 논하고 있다.

　그 논문에서 가쓰라지마는 종교라는 개념이 한편으로 종교가 아닌 것을 상정함으로써 성립하는 개념이라고 지적한다. 즉 어떤 종교전통이 스스로를 빌리프적인 측면에 중점을 두는 종교로서 규정하는 한, 단적으로는 질병 치유를 위한 기도 행위 즉 실용적 측면에서 파악되어야 할 신앙 실천은 종교가 아닌 것으로 자리매김 된다. 그리고 그렇기에 종교로서의 자기 이해에는 이의적二義的인 것 혹은 부정되어야 할 것으로 간주되어가는 상황—기도 행위는 정부의 단속 대상이 되었다—이 있었음을 금광교 교조 아카자와 분지赤澤文治를 사례로 서술하고 있다(가쓰라지마 2005b).

　또 제이슨 조지프슨은 불교철학자 이노우에 엔료에 초점을 맞춰, 메이지 중기 이후 이노우에의 논의에서 종교와 미신이라는 이항대립적 도식이 보인다고 말한다. 그리고 불교를 종교로 논하는 일이 불교로부터 미신을 배제하는 일과 동시에 이루어졌음을 지적하고, 불교의 종교화에 관해 논하고 있다(Josephson 2006).

　한편, 후쿠시마 신키치福嶋信吉는 종교라는 개념으로 파악할 수 있는 것이란, "다른 프레임에서 생긴 일"[39]인 신앙 실천의 양상, 예를 들어 금광교나 천리교天理教 신자들이 사실성을 가지고 존속해온 '오미치お道'라는 신앙 세계가 있음을 지적한다(후쿠시마 2004). 이는 개별 종교 전통의 재귀적인 자기 구성 과정이 종교 개념을 참조하는 형태로 이루어지지만, 거기에 포함될 수 없는 사항을 회수 또는 절단해버리는 형태로 이루어지는 것은 아님을 보여준다.

　그러나 후쿠시마는 이 '오미치'라는 말은, 신자 사이에서 실감으로 소통되는 것이라고 말한다.[40] 그런 의미에서 '오미치'와 같이 종교로 회수될 수 없는 측면은 개별 종교 전통 내부에서 유통되어온 실천-언설과 강하게 결부된 것으로 생각할 수 있을 것이다.

그리고 이와 같은 관점에서 본다면, 후쿠시마가 '금광교' 혹은 '천리교'의 신자들 사이에서 '오미치'로 인식된 사항을 사례로 말한 점을 부연해, 다른 종교 전통에서도 마찬가지로 그 내부에 종교로 회수될 수 없는 것으로 이해되는 실천-언설을 상정할 수 있다. 그리고 그것들은 후쿠시마가 말했듯, "당사자의 소박한 이야기"[41]로서 그 종교 전통에 대한 반성적 파악과 구분되든지 또는 적극적으로 종교는 아니라는 형태로 자기 이해의 언설로 받아들일 수 있다.[42] 그러나 그러면서도 종교라는 일반 개념 아래 그 본질을 분유하는 개별 종교 전통이 존재하고 있다는 지배적인—또는 특정 종교 전통의 외부에 있는—언설과 병존해왔다는 이해도 가능하다. 예를 들어 후쿠시마가 '오미치'를 논한 '천리교'에서도, 종교 교단으로서 '천리교'가 있다는 것은 공적인 자기 이해로서 우선 전제되어 있는 것이다.[43]

이렇게 보면, 어떤 종교 전통 내부에 종교로 완전히 회수되지 않는 신앙 실천이 있다는 지적은 대단히 중요하다. 그렇지만 동시에 그런 신앙 실천은 그 종교 전통이 확보한 종교로서의 자기 이해를 허무는 것이 아니다. 이념적으로 단순화하면 양자는 다른 틀, 즉 내부에서 유통하는 언설과, 외부와의 왕래에서 제시된 언설이 병존하고 있다고 생각할 수 있다.

이렇게 '오미치'라는 말에 지시되어 있듯, 어떤 종교 전통에서 신앙 실천과 언설은, 이것을 어떻게 개념화하여 기술해갈 것인가라는 방법론의 재검토를 포함해 앞으로 고찰되어야 할 문제다. 이 책에서는 이 문제를 직접 다루지는 않는다. 이하의 고찰은 개별 종교 전통으로부터 나온 언설과 종교 개념이 구축되어가는 과정의 상관관계를 주제로 하는 것이다. 종교와는 다른 신앙 실천과 언설은 이 책의 주제와 관련이 있는 범위 내에서, 한정된 관점에서 언급할 것이다.

국가신도와 종교 개념

앞에서는 종교 전통이 스스로를 종교로 재편해가는 과정에서 프랙티스적 측면을 소극적으로 평가하는 경향이 있었던 점을 서술했다. 여기에서는 개별 종교 전통을 떠나 보다 매크로한 차원에 초점을 맞춰, 종교 개념이 구성되어가는 과정은 신도의 일부 요소를 종교가 아닌 것으로 상정해가는 과정과 밀접하게 관련 있으며 그렇기에 이른바 국가신도 문제와 결부되어 있는 점을 언급해두고자 한다.

근년 들어 시마조노 스스무는, 종래의 국가신도라는 개념에는 협의와 광의의 용법이 있는데 그것을 혼동하여 사용하고 있기[44] 때문에 논의가 애매해졌다고 지적하고 개념을 재검토한 적이 있다(시마조노 2001a). 거기에서 협의의 용법이란 종교 제도에서 신사신도와 교파신도를 구분할 때[45] '신사신도'를 가리킨다. 광의의 용법이란 전형적으로는 무라카미 시게요시村上重良의 『국가신도』(1970)에 서술되어 있듯 "국가가 신도적인 사상 및 실천을 국민 통합의 지주로 사용해온 그 총체를 가리키려는 용법"[46]이다. 그리고 협의의 용법에서는 사상이나 이데올로기적인 측면이 다루어지지 않았으며, "근대 신도 속의 국가나 천황 숭배와 깊이 연관되는 국면"[47]을 파악할 수 없다고 지적한다. 한편 종래의 광의의 용법에는 거기에 포함된 요소를 한 묶음으로 보기 위한 근거가 약하다는 문제가 있음을 인정하지만 그럼에도 그것을 재

만들어진 종교

검토하는 편이 좀더 생산적이라고 하고 있다.[48]

이런 문제의식에서 시마조노는 '제사' '치교治教' (협의의) '종교'라는 세 영역의 관계에서 광의의 '국가신도'를 논하고 있다(시마조노 2001a, 2001b, 2004). 협의의 '종교'란 시설이나 인적 조직을 둔 뚜렷한 종교집단만을 지칭한다. 그런데 유교적 전통이나 신도적 전통에는 그런 종교집단과 관계를 맺지 않고도 "사람들의 귀의심, 구도심, 숭경심을 끌어내 유지 가능한 측면"[49]이 있다. 이는 협의의 '종교'와는 구별되는 '치교'(또는 '황도'나 '교학')라는 말로 표현된다. 여기에서 협의의 '종교'와 '치교'는 모두 넓은 의미의 '교'에 포함된다. 그런 '교'와 구별되는 영역으로서 '제' 즉 '제사'가 있으며, 이는 유신 정부가 "왕정복고란 곧 제정일치로 돌아가는 것"이라고 말한 것처럼, 그 정치 이념의 중핵에 위치한 사항이었다.[50] 이렇게 보면, 메이지 원년(1868)의 이른바 신도 국교화 정책은 이 제정일치의 구조에 넓은 의미의 '교'까지 편입시키고자 한 것이었으며, 이는 제정일치를 목표로 한 것[51]이었다고 생각할 수 있다.

이후 우여곡절을 거쳐 '일본형 정교분리'가 성립하고[52] 신도는 신사신도와 교파신도로 구분되었다. 이는 광의의 '교'로부터 협의의 '종교'로서의 측면을 잘라서 교파신도(와 다른 종교 전통) 쪽에 내어주고, 신사신도 쪽은 '제사'와 '치교'란 측면을 유지하게 하는 구도의 성립으로 이해할 수 있다.

전술한 것처럼, 국가신도의 협의의 용법은 이 신사신도를 가리키며, 거기에서 중요하게 다뤄져 온 것은 '제사'의 측면이었다. 그러나 신사신도에 '제사'뿐 아니라 '치교'라는 광의의 '교'에 관계하는 측면이 유지되었다는 시마조노의 지적은 신사신도의 사상·이데올로기적 측

제1장 종교 개념의 역사성이라는 관점

면을 고찰하는 단서가 된다. 구체적인 논점으로 언급되어 있는 교육이라는 측면—교육칙어는 1890년에 나왔다—과의 관계(시마조노 2001a, 2004)는 앞으로 한층 고찰되어야 할 사항이다.

이렇게 시마조노는 근대 일본의 종교 구조에 대해, 한편으로 '제사'와 광의의 '교' 중에 '치교'를 다루는 광의의 국가신도를 두고 다른 한편으로는 광의의 '교' 중에 협의의 '종교'를 두어, 양자가 이중구조를 이룬다고 보았다.[53] 이 책도 이러한 "분업을 내포한 이중구조라는 시점"[54]을 유지하지만, 이하의 논의는 그런 구조 자체가 아니라 협의의 종교로서 규정되어가는 개별 종교 전통 쪽에 초점을 맞춘다. 또한 거기에서 종교로서의 자기 이해가 어떻게 변천해왔으며 그로 인해 개별 종교 전통이 어떻게 재귀적으로 재편되었는가라는 역동적인 과정에 주목한 것이다.[55]

즉 '일본형 정교분리'에서 양자를 구분하는 틀이 성립했다고 하지만, 그 구분의 경계는 자명한 것이 아니라 그 자체가 역사적으로 구성된 것이다.[56] 그리고 그렇게 이해함으로써 근대 일본에 고유한 종교 구조의 구성이라는 문제와 전술한 종교 개념의 역사성이라는 문제가 맞물리게 되는 것이다.

그리하여 개별 종교 전통 안에서 발생한 언설 역시 이러한 근대 일본의 종교 구조 형성에 참여하는 것이었다. 예컨대 시마지 모쿠라이의 종교론에 나타난 종교 개념이 신도비종교론에 연계되는 구조를 가지고 있었다고 지적되듯이 말이다(후지이 2001). 이렇게 보면 개별 종교 전통으로부터 나온 자기 이해의 언설을 검토하는 작업은 근대 일본의 종교 구조의 구성에 대한 논의와 연결되는 것이다. 특히 전술한 시마조노의 논의와 관련하여 광의의 '교' 중에서 '치교'와 협의의 '종교'를 구분하는 과정 즉, 개별 종교 전통이 어떻게 '치교'적인 것—예를 들어 도덕과의 관계에서—을 처리할 것인가 등이 하나의 논점이 될 것이다.

소괄

선행 연구를 살펴보면서 검토한 것처럼, 근대 일본에서 종교라는 것은 처음부터 명료한 윤곽을 가지고 자명하게 존재했던 것이 아니다. 즉 특정 종교 전통의 내부으로부터 외부를 향한 언설에서는 종교라는 독자적 위치를 확보하기 위해 빌리프적 측면을 강하게 내세울 필요가 있었다. 그리고 다른 어느 곳으로도 회수될 수 없는 독자적인 것으로 자기 이해를 구축하고 그것을 제시할 필요에 맞닥뜨렸다. 또한 그런 언설이 재귀적으로 어떤 종교 전통을 종교화하게 된다. 그리고 한편으로 이런 자기 이해의 위상과 함께 협의의 종교가 사회에서 하나의 하위 시스템으로 성립해간다는 위상이 있다. 거기에서는 제사나 치교 또는 도덕이나 교육이라는 종교의 인접 영역들과 구분됨으로써 독자적인 종교라는 영역의 외연이 널리 합의를 얻어가게 된다.

제
3
절

결론
종교 개념을
다시 이해한다는 것

그럼 왜 새로이 종교 개념을 다시 이해할 필요가 있는가.

일찍이 야스마루 요시오는 역사가가 자신의 존재구속성을 자각하는 일이 자의적인 역사 기술을 피하는 길이 될 수 있다고 말했다.[57] 이 지적을 종교 영역에 대한 역사적 고찰에 대입해본다면 애초에 무비판적으로 종교 개념을 분석 개념으로 사용한 것을 우선 문제시하여야 할 것이다.

이 장에서 확인했듯이 근대적 종교 개념은 역사적으로 구성되어온 것이다. 그렇기에 과거의 사실과 현상에 대해 분석자가 자명한 것으로 보는—즉 '지금·여기'에서 사실성을 지니는—종교 개념을 분석 개념으로 투영한다면 역시 제대로 논의할 수 없는 부분이 생긴다.

예를 들어 시마조노 스스무는 제2차 세계대전 때부터 오늘날에 이르기까지 일본에서 초월적 보편성으로서 종교가 규정력이 있었음을 마루야마 마사오 등을 언급하면서 말한 바 있다(시마조노 2004b). 그런데 이는 거꾸로 말하자면 특정한 종류의 종교 이해만이 일본종교사를 거슬러 올라가 투영되어 있었다는 말이 된다.

마루야마의 논의에 관해 말하자면, 종교는 자율적인 개인을 윤리적으로 근거 지어주는 것이며 또 그런 개인은 근대화 추진에 큰 힘이 된다고 전망한다. 이러한 베버적인 견해가 프로테스탄트·기독교의 특정 측면과 친화적이라는 것은 말할 필요도 없다. 실제로 근대 일본 기독교사에서 초월적 보편성을 갖는 종교로서의 기독교가 '근대화'와 결부되어 논의된 측면이 있다.[58] 이에 대해서는 어떤 특정한 '기독교'만을 시야에 둔 것은 아닌가라는 비판이 있다.[59]

또한 스에키 후미히코未木文美士는 마루야마 마사오의 가마쿠라 신불교 이해를 비판적으로 논했다. 그 논점의 하나는 프로테스탄트·기독교를 모델로 한 근대적 종교를 불교에 대입시켜 이해한 것이라는 점이었다.[60] 그리고 이와 관련하여 오타니 에이이치大谷栄一는 그러한 불교 이해, 나아가 그런 이해가 도출된 종교 이해가 종래의 일본 근대 불교 연구를 상당 부분 규정해왔음을 지적했다.[61]

근년 들어 가쓰라지마 노부히로가 민중 종교의 종교화 과정에 대해 논의하고 있음은 앞에서 언급했다. 가쓰라지마는 연구자가 근대적인 시선으로 연구를 수행함으로써 대상의 타자성을 배제하고 있지는 않은지 자문하면서 다음과 같이 썼다. "종교라는 개념 자체가 민중 종교 교조들의 언설이나 행위에 대해 사전에 다양한 억제와 은폐를 초래하는 개념으로 작용하는 게 아닌가."[62]

가쓰라지마는 단순히 그런 종교 개념을 방기해야 한다고 주장하는 것이 아니다. 오히려 이를 바탕으로 종교 개념의 성립에 수반하는 민중 종교의 종교화와 그에 수반하는 비종교적인 것의 억압 과정[63]을 대상화할 필요성을 주장하고 있는 것이다.

이와 같은 상황에서 본다면, 특히 종교 개념이 널리 합의를 획득해 가는 메이지 시기 일본에서 종교 개념의 역사성에 주목함으로써, 한편으로는 종교를 또 다른 한편으로는 그로부터 어긋나는 개별 종교 전통의 양상을 보다 잘 고찰할 수 있게 될 것이다. 또한 그런 의미에서 종교 개념이 구축되는 과정의 고찰은 개별 종교 전통에 대한 더 나은 고찰을 위한 하나의 문맥을 제공한다는 의의가 있다.[64] 그리고 이는 단순히 민중 종교에 한정된 것이 아니라 불교나 기독교도 각각 종교화해가는—동시에 종교 개념이 구축되어가는 과정에도 참여해 가는—것이기도 한 것이다.

종교 개념의 재해석과 그 행방

마지막으로, 이렇게 종교 개념을 다시 검토하는 작업이 어디를 향해 가야 할지에 대해 부언하고자 한다. 호리에 노리치카(호리에 2004)처럼, 종교 개념의 역사성에 주목하여 그것이 서양 또는 프로테스탄트·기독교의 무게에 눌린 것이라는 지적은, 일본에는 그러한 종교에서는 파악할 수 없는 특수한 종교성이 있다는 논의로 연결되기 쉽다.

그런데 그런 논의는 두 가지 지점에서 틀렸다고 생각한다.

첫째, 애초에 종교 개념의 역사성에 주목한 것은, 종교 개념이 역사적인 개념임에도 불구하고 마치 비역사적인 본질적 개념인 것처럼 취급되어왔으며 그로 인해 '종교'다/아니다라는 구별이 폭력성을 띠고 이루어진 것에 대한 이의 제기라는 의미가 있었다.

물론 일본이라는 장소에 입각해서 보면, 서양으로부터 온 종교 개념으로는 쉽게 설명할 수 없는 면이 있다고 지적하는 건 의미가 있다.

이 책도 그것을 하나의 목적으로 한다. 하지만 만약 거기에서 한달음에 비역사적인 '일본적 종교성'과 같은 것을 상정해버리면 이는 또 다른 종류의 본질 개념을 설정하는 것에 다름 아니다.[65] 그렇다면 거기에도 이의 제기가 필요할 것이다.

둘째, 그렇게 '일본적 종교성'이라는 것을 비역사적인 것으로 상정한다면, 근대적인 종교 개념 이후의 역사적 변화가 사상捨象된다. 그러나 현대 일본의 종교 개념에 초점을 맞춘다면, 물론 거기에 전통 문제[66]를 포함시키지 않을 수는 없지만 역시 근대 이후의 변화가 큰 의미를 갖는다. 그뿐 아니라 오히려 일본 문화론이나 일본인론과 결부된 '일본적 종교성'에 관한 논의가 출현한 것 자체도 역사적 고찰 대상으로 삼아야 할 것이다.[67]

이 책은 이러한 상황을 직접 다루지는 않는다. 그러나 기본적인 문제의식으로 염두에 두고 있다. 그리고 '근대 일본에서 이루어진 종교 개념의 전개'를 고찰함으로써 종종 규범적으로 작동하기 쉬운 '지금' '여기'의 종교 개념을 풀어내고 대상을 보다 잘 이해하기 위한 하나의 관점을 제공하고자 한다.

제 1 부

문명으로서의
종교

제 2 장
개화·종교·기독교

서론

'문명의 종교'를
다시 생각한다

1. 우에무라 마사히사 논의의 양의성:
기독교와 서양을 둘러싸고

"정통적인 복음주의적 입장의 대변자"[1]로 불리는 우에무라 마사히사[2]는 일본기독교회의 지도자적 존재로 일본 기독교계에서 영향력이 컸던 인물이다. 그가 문필 활동에 나선 초기인 1878년에 기독교의 의의를 호소하는 논설을 썼는데, 거기에서 동시대 일본인 기독교도를 비판하여 다음과 같이 말하고 있다.

내가 평소 세상의 기독교도를 보건대, 항시 준비하여 네 안에 있는 소망의 이유를 말하라 하는 성어聖語를 여전히 따르지 않고, 기독교는 문화가 융성한 서구 나라들이 우러러 믿는 바이니 어찌 이를 의심할 것인가라고 말한다. 혹은 그 선교사들은 모두 박학한 인사, 식견 높은 군자이니 그들이 제정한 규율은 아마도 오류가 없을 것이며, 따라서 아직 신학의 단서도 모르는 우리 일본 신자들이 그 규율을 왈가왈부할 수 없다 말한다. 아, 신자의 비굴함 또한 심하구나! 개화의 주창자이자 자유민권의 선도자가 될 중대한 책임을 짊어진 신자가 그러함을 보니 실로 긴 한숨을 쉬지 않을 수 없다.[3]

기독교를 "문화가 융성한 서구 나라들"에서 성행한다는 이유로 수용하거나, 선교사가 "박학한 인사, 식견 높은 군자"이므로 그들의 말을 믿는다는 태도를 '비굴'하다고 우에무라는 비판한다. 성서('성어')야말로 기독교의 근거라고 말하고 있는 것이다. 오로지 '서구 나라들'과 연관이 있다 해서 기독교를 수용하는 것에 대한 비판적인 관점과, 이 '비굴함'에 빠지지 않기 위한 주체적인 기독교의 획득이라는 문제의식을 볼 수 있다. 이런 자세는 이후 외국계 미션으로부터 독립한 교회 형성 사업 등으로 연결되는 것이라고 볼 수 있다.

그러나 우에무라 자신의 기독교 이해에서 서양 국가들의 역사적·사회적 배경과 기독교가 명확하게 단절되어 있었던 것은 아니다. 예를 들어 같은 시기의 논설[4] 중에서, 그것이 "교법敎法의 진위를 정하는 데 충분하지 않다"고 유보하면서 "성교[기독교]를 믿는 자는 불학무지한 자들만이 아니다. 그중에는 당대에 탁월한 자도 적지 않다. 뉴턴, 로크, 스튜어트, 패러데이, 케플러 등은 유명하다"고 말하며, 이는 "기독교를 도외시해서는 안 되는 증거로 충분"하다고 말한다. 게다가 과거의 역사에 보이는 기독교에 대해, "로마·그리스의 이학理學을 압제하고 다른 나라들의 종교를 제거하여 율법을 혁신하고 악풍을 세정하고 덕교를 흥기하고 학제를 개량하여 이제는 곧 코란, 젠드·아베스타[조로아스터교의 경전 『아베스타』의 주역서—옮긴이] 등 교전들을 땅에서 사라지게 하려 하니 어찌 감탄할 사실이 아닌가"라고 서술한다. 서양 국가들의 발전을 기독교와 밀접하게 연관지으면서 그 작용을 "역사책에서 지금껏 보지 못했던 기적"으로 높이 평가한 것이다.

이렇게 보면, 당시의 우에무라에게 기독교와 서양의 관계는 양의적인 것으로 파악되고 있었음을 알 수 있다. 즉, 서양의 것이라는 점에서 기독교 수용은 부정되지만, 동시에 서양으로부터 유래했기에 완전히 떨쳐버릴 수도 없는 것으로 파악되었던 것이다.

2. 메이지 시기의 '개화'·'문명'

그런데 앞의 인용문에서 우에무라는 "개화의 주창자이자 자유민권의 선도자가 될 중대한 책임을 짊어진 신자"라고 말했는데, 이는 당시의 우에무라가 기독교도로서 자의식을 표명한 것이라고 말할 수 있다. 그러면 이 '개화의 주창자'라는 자세는 기독교도인 것과 어떤 논리로 연결되는 것일까. 이 문제를 생각하기 위해 우선 메이지 시기의 '개화' 또는 그 동의어로서 '문명'이 어떻게 이해되고 있었는지를 살펴보자.

'개화'·'문명' 개념의 분절

우선 개화와 문명이라는 용어 자체에 대해 말하자면, 후쿠자와 유키치가 『서양사정 외편』(1867)에서 'civilization'의 번역어로 '문명개화'를 사용했으며 그 후 그런 의미로 '문명'과 '개화'가 각각 단독으로

도 사용되게 되었다고 한다. 그러므로 이 장에서 말하는 '문명'과 '개화'는 모두 'civilization'을 가리키는, 기본적으로 호환 가능한 개념으로 다루기로 한다.

이 '개화'라는 용어가 일반적인 한자어가 아니었던 것[5]과 비교하여, '문명'이라는 용어의 어원은 한문 고전으로 거슬러 올라갈 수 있다.[6] 현대 일본어에서 사용하는 '문명'은 개략하자면 각각 배경이 다른 세 가지 의미를 담고 있다. 아래와 같이 정리할 수 있다.

① '문명'은 선善과 인류가 진보한 결과로서, 서양의 소산이지만 일본도 서양을 모델로 삼아 문명을 획득할 수 있다고 하는 사고방식. 이는 메이지 초기에 영어 civilization 개념의 번역어로서 도입된 것이며, 일본의 근대화와 밀접한 관계가 있다.

② '문명'을 '정신적 문화'와 대비하여 '물질적 문명'으로 파악하고, '문화'를 보다 높은 가치로 인정하는 사고방식. 이는 독일어 Kultur 개념의 영향을 받은 것으로 다이쇼 시기(1912~1926) 이후 일반화된다.

③ '문명'을 어떤 일정한 인간 집단의 총체적 소산이라고 파악하는 사고방식. 이는 미국의 문화인류학 등의 영향을 받은 것으로 일본에서는 제2차 세계대전 이후 일반화되었다.[7]

우선 이 장에서는 주로 메이지 시기를 대상으로 하므로 아래에서 언급하는 문명 개념에 ③의 의미는 포함되지 않는다. 즉, ③의 특징인 문화상대주의적 태도, 환언하면 문명에 복수성을 인정하고 각각에 가치를 매기지 않는 자세는, 설사 개별 사상가에게 그런 계기가 보인다 할지라도 동시대적으로 일반적인 용법이었다고는 할 수 없다.

또한 ②의 용법은 독일적인 지知의 영향을 받은 것인데, 시대적으로는 1900년대에 들어와 사용되기 시작했다.[8] 예를 들어 메이지 전기에 영학英學[영어로 쓰인 영어권의 학술·기술에 관한 학문—옮긴이] 교육을 받은 우치무라 간조나 우에무라 마사히사는 문화에 관한 문제를 거의 거론하지 않았다.[9] 그와 달리 우에무라의 제자로 독일에 유학했던 다카쿠라 도쿠타로高倉德太郎(1885~1934)에게 문화는 중요한 문제였다.[10] 세대적인 대조성을 선명하게 확인할 수 있다.

운동체로서의 문명

이렇게 보면 메이지 시기, 특히 메이지 중기까지 사용되었던 문명 개념에 대해서는 기본적으로 ①의 의미로 생각할 수 있다. 이에 관해 다시 동시대적 견해를 몇 가지 확인해두자. 우선 메이지 시기 일영사전에서 문명은 다음과 같이 정의되어 있다.

Bunmei 文明 n. Enlightenment; civilization; refinement[11]

여기에서 문명의 영어 번역으로는 역시 civilization[12]이 제시되어 있으며 이에 더하여 Enlightenment(계몽)와 refinement(진보·향상)도 같이 놓고 있다. 당시 사용되고 있던 문명에는 이러한 개념들도 포함되어 있었음[13]을 확인할 수 있다. 노르베르트 엘리아스가 지적하듯 원래 civilization은 보편적 진보계를 상승시켜가는 방향성을 가진 운동인데,[14] 그렇다면 이 시기의 문명도 미개에서 반개, 그리고 문명[15]으로 간다는 운동체적인 성격을 내부에 포함하는 것이었다고 할 수 있다. 그리고 '개화'라는 용어는 '문명'의 운동체로서의 측면을 잘 보여주고 있는 것이다.

'인간의 지덕의 진보'로서의 문명

또한 후쿠자와 유키치는 "문명이란 사람의 몸을 안락하게 하고 마음을 고상하게 하는 것을 말한다. 의식衣食을 풍요롭게 하고 인품을 고귀하게 하는 것을 말한다"고 한다. 더 나아가 "또한 사람에게 안락과 품위를 얻게 할 수 있는 것은 사람의 지덕이므로, 문명이란 결국 인간 지덕의 진보라고 말할 수 있다"[16]고 말한다. 여기에서 "인품을 고귀하게 하는" 것이나 "인간 지덕의 진보"가 문명이라 생각되고 있음을 확인할 수 있다.

강조해두고 싶은 점은, 당시의 문명에는 전술한 문명 개념 ②에서 언급한 것과 같은, 정신문화와 대비되는 물질문명이라는 함의가 거의 없다는 점이다.[17] 즉, 이 단계에서 문명은 정신과 물질을 모두 포섭하고 또 그 총체가 진보해간다는 구상으로 파악되었던 것이다.[18]

3. '종교'와 '개화'의 위상

앞의 절에서 동시대적인 문명·개화 개념을 확인했다. 그렇다면 '개화의 주창자'는 기독교도와 어떤 논리로 이어져 있는 것일까.

메이지 초기에 종교 일반을 둘러싼 논의에 주목해보면, 전형적으로는 『명육잡지明六雜誌』의 일부 논설에서 그러하듯 전술한 개화라는 관점에서 기독교를 호의적으로 받아들이곤 했다. 예를 들어 막부 말기에 막부의 명령으로 네덜란드에 유학했던 명육사明六社 동인 쓰다 마미치津田眞道[19]는 우선 "법교[종교]의 목적은 대개 개화되지 않은 민을 이끌어 선도善道로 나아가게 하는 데 있다"고 하여 종교의 목적을 개화에 두었다. 그런 다음에 "지금은 천하 인민 일반의 개화를 돕는 데 기독교만 한 것이 없다"고 하여, 그러한 종교로서 가장 잘 기능하는 것으로 프로테스탄트·기독교를 들고 이를 채용할 것을 주장했다.[20]

쓰다가 개화를 추진하는 것으로 종교를 파악하고 있었다면, 양자를 분리하는 시점도 존재했다. 같은 명육사明六社 동인으로 쓰다와 함께 네덜란드에 유학했던 니시 아마네西周[21]를 보자. 그는 정치와 종교('교')의 관계를 논한 「교문론敎門論」에서 '학술'과 '교문[종교]'을 대비되는 것으로 파악하고, '학술'은 인지를 여는 것인데 반해 '교문'은 인지가 닿지 않는 믿음에 근거한 것으로, '학술'이 발달하면 '천박하고 조잡한 믿음'은 부정된다고 했다.

이러한 니시의 논의를 학술에 의한 종교 비판으로 이해한다면, 그러한 사고방식은 1880년대 전반에 성행했던 진화론의 입장에서 나온 기독교 비판으로 이어진다고 이해할 수 있다. 그러나 여기에서 주목하고 싶은 점은, 니시가 "그렇지만 문교가 차츰 발전하면 믿는 바도 저절로 높아진다"고 하여, '학술'의 진보에 따라 보다 높은 '믿음信'이 성립한다고 말한 것이다.[22] 즉 니시는 종교가 개화와 근본적으로 배치된다고 주장한 것은 아니다. 쓰다와 니시는, 자리매김은 상이하지만 종교와 개화가 조화하는 지점이 존재한다는 사실을 긍정하고 있었던 것이다. 여기에서 거론한 쓰다와 니시의 논의는, 일본이라는 국가가 개화를 획득하기 위한 처방을 모색한다는 문맥에서 나온 것이다. 이

만들어진 종교

를 좀더 넓게 당시의 계몽 지식인이 종교를 보는 시선 문제로 이해한다면, 오로지 개화라는 관점에서 종교를 공리적으로 논하는 태도는 어느 정도 공통적으로 보이는 것이라고 하겠다.[23]

이렇게 계몽 지식인들이 개화를 위한 도구라는 측면에서 종교를 파악했지만, 우에무라에게는 그들과 결정적으로 다른 점이 있었다. 자세한 내용은 뒤에서 다루겠지만, 시대적으로 다소 뒤인 우에무라의 논설에는 종교에 대한 근원적인 확신이 있었다. 더 정확하게 말하자면, 종교를 추구하는 마음('종교심')은 인간에게 본래적인 것이라는 확신이 있었으며, 이 확신은 평생 일관되게 지속되었다.[24]

거기에서 언급된 종교의 내실에 어떤 것이 함의되어 있는가, 예를 들어 어디까지 기독교 신학에 입각하여 정통적인 것이었는가 등의 문제는 별도로 검토할 필요가 있다고 생각한다. 여기에서는 적어도 당시의 우에무라가 종교(심)에서 개화만으로 환원될 수 없는 무언가를 보고 있었다는 점은 지적해둘 필요가 있다.

그러나 거기에서 종교 그 자체에 명확한 윤곽이 부여되지 않았다는 점도 분명하다. 전술한 인용에서 당시의 우에무라가 기독교도와 '개화의 주창자'를 직결시켰던 것을 확인했는데, 이는 우에무라의 말에서도 쓰다가 말한 것과 같은 종교와 개화의 밀접한 관계를 확인할 수 있음을 보여준다. 즉 우에무라는 인간존재가 종교를 추구하는 지향성을 확신했는데, 거기에서 지향하는 종교에 대해서는 명료하게 말하지 않고, 개화는 그 막연한 종교의 내측에 불가분한 속성으로서 편입되어 이해되었던 것이다. 이미 살펴본 우에무라의 기독교와 서양의 관계를 둘러싼 양의적인 이해 방식도, 이와 같이 기독교라는 종교와 서양 국가들을 모델로 삼은 개화가 명확하게 분리되지 않았던 점에서 비롯된 것이라고 할 수 있을 것이다.

　앞서 인용한 우에무라의 논설이 게재되었던 『칠일잡보七一雜報』는 1875년(메이지 8)에 창간된 일본의 선구적인 기독교 잡지로서, 특히 이 시기의 지면 내용은 "이교異敎사회의 계몽과 개화를 도모하는 태도가 현저"하다고 평가된다. 또한 이는 미국 선교사의 전도 방침과 관련된 것이었다는 지적이 있다.[25] 그렇다면 지금까지 살펴본 우에무라와 같은 사람들의 기독교·종교 이해에 선행하여 애초에 기독교와 종교는 어떤 것으로 제시되어 있었던 것일까.

제시된
기독교와 종교

그럼 관점을 바꿔서, 메이지 초기에 기독교를 일본에 도입한 선교사들이 기독교를 어떠한 것으로 제시했는가를 살펴보자.

1859년 미국의 한 신문 기사는 일본에 최초로 기독교 선교사가 파견된 것을 보도하면서, 그들은 기독교를 전함과 동시에 "자연과학과 농업의 관련성을 철저히 가르치기 위해, 노동력 경감을 위한 기계나 유익한 발명을 소개"한다고 썼다.[26] 이렇게 선진 서양의 지식과 기독교를 동시에 전한다는 의식은 당시의 선교사들이 스스로 지니고 있던 것이었다.

1. S. R. 브라운에 대해

우선 실제로 메이지 초기 일본에서 전도 활동을 펼친 미국 선교사의 사례로, S. R. 브라운Brown(1810~1880)[27]의 일본 전도에 대한 동기 및 자세를 확인해두자. 그는 우에무라 마사히사에게 교육을 통해 영향을 주기도 했다.

일반적으로 이 시기에 미국에서 일본으로 건너간 선교사의 배경에는, 신앙 부흥 운동과 결부된 반동적인 종교적 정열이 존재한다고 지적된다. 18세기 후반부터 19세기 초반에 걸쳐 미국 사회는 외국 이민 수용에 따른 인구 증가 등의 요인으로 사회가 변동하는 시기였다. 종래의 촌락공동체가 부득이하게 변화를 겪는 한편 도시 중산계층이 대두하고 있었다. 이러한 사회적 배경의 영향으로 도시 중산계층이 지지하는 계몽주의적·자유주의적 기독교는 세력을 키웠으며, 종래의 촌락공동체에서 전통적인 퓨리턴적 기독교는 약화되고 있었다.

그 가운데에서 퓨리턴적 배경을 갖는 기독교는 19세기 초반에 구대륙으로부터 유래한 복음주의를 받아들이면서 자기 혁신의 길을 모색하게 된다. 그 혁신 중 하나는 종래의 주지적 기독교에 복음주의가 리바이벌, 즉 정서적 회심을 초래한 것이며 이는 신앙 부흥 운동의 형태로 나타났다.

또 하나의 혁신은 구대륙의 해외 선교를 모델로 해외 선교가 시행되었다는 점이며, 이 해외 선교에는 미국에서 붕괴 중이던 퓨리턴 전통을 이교異敎의 선교 지역에서 다시 건립하자는 반동적이며 적극적인 의미가 부여되었다. 이러한 점에서, 리바이벌로 강화된 신앙은 이교의 땅에 복음을 전파하고 신의 나라를 건설한다는 방향으로 나아갔던 것이다.[28]

이 영향으로 브라운에게 복음주의적 정신과 외국 전도 정신이 보인다는 지적이 있다.[29] 이 '복음주의'에 관해 브라운은 반드시 리바이벌적인[30] 기독교를 설파한 것은 아니었으나, 역시 신앙 부흥 운동에 영향을 받았다. 그는 기독교에 대한 강한 확신이 있었으며, 종래의 일본 전통을 배척하고 기독교를 직접 이입하려는 태도 그리고 그런 방법으로 일본에 기독교를 확산시킬 수 있다는 낙관적인 전망을 보인다.[31] 이 낙관적인 확신은 일본이 총체적으로 문명화(서양화)하는 중이라는 인식에 기초한 것이며, 그 조류를 거스르는 움직임은 신의 의지를 거스르는 것으로 여겨져 부정되었다.[32]

이와 같이 브라운은 기독교를 일본 땅에 직접적, 대결적으로 이식하고자 시도했다. 그런데 그때 브라운이 제시하고자 한 기독교는 그 배경인 서양적인 것과 명확하게 분리되어 있지는 않았다고 할 수 있다. 즉 브라운에게 사회의 서양화를 추진하는 것은 곧 기독교 수용을 촉진하는 것이며, 그 반대 또한 참으로 생각되고 있었다. 그리고 이는 19세기 서양 사회의 문명관 즉 미개관이 전형적으로 나타난 것 중 하나라고 할 수 있다.[33]

2. W. A. P. 마틴과 『천도소원』

조금 더 시대를 거슬러 올라가 일본 전도에 선행해 시행되었던 중국 전도에 대해서도 살펴보자. S. R. 브라운이나 J. C. 헵번Hepburn(1815~1911)과 같이 중국에서 전도 활동을 한 후 일본으로 건너간 선교사도 있었다. 그리고 후술하겠지만 중국 전도에 사용되었던 한문으로 된 기독교 문서가 일본에 유입되어 메이지 초기 기독교 이해에 큰 영향을 미치게 된다.

중국에 간 선교사들이 서양의 학술과 기독교를 함께 설파하려 했음은 이미 지적된 바다.[34] 예를 들어 윌리엄 마틴William Martin (1827~1916)[35]은 신학교를 졸업할 때 "물리·과학 지식 활용을 기독교 전도의 유효한 수단으로 삼을 것"[36]을 말하고, 전도를 위해 과학적 지식을 활용하는 자세를 표명했다고 한다.[37] 그의 저작은 기독교 교리서 이외에 어학, 과학, 철학, 교육, 법률 등 여러 분야에 걸쳐 있는데, 동시에 그 저작들 안에서는 일관되게 기독교 전도를 의식하고 있다.[38]

『천도소원』과 자연과학

마틴이 저술한 다양한 저작 가운데, 기독교를 직접적으로 다룬 교리서로 『천도소원天道溯原』(1854)이 있다. 『천도소원』에 대해서는 몇몇의 선행 연구[39]가 있다. 그에 따르면 이 책은 기독교 변증을 위해 중국 고전에서 인용하여 유교 전통과의 연속성을 의식했다는 점, 자연과학의 지견을 사례로 사용했다는 점 등에서 당시 중국 지식인에게 받아들여지기 쉬운 형태로 기독교를 제시했다고 평가된다.[40]

이 책은 상중하 3권으로 되어 있다. 상권은 자연계의 사물에 질서와 법칙성이 보인다는 것을 천문학 등 당시의 과학적 지견을 사용해 예시하고, 그런 다음에 그러한 질서나 법칙성은 신의 창조에 기인하는 것이라 하여 신의 존재를 논하는 내용이다.[41] 중권에서는 『성서』의 기술은 진리이며 기독교는 올바른 종교라는 변증과 다른 종교 전통에 대한 비판이 세계 역사 등을 언급하면서 되어 있다. 그리고 이렇게 상권과 중권이 신의 존재나 기독교의 진리성을 변증하는 것인데 비해 하권은 기독교의 교의 해설에 할애하여, 그리스도에 의한 속죄나 그의 부활 또는 삼위일체나 성령에 대해 설명하고 있다.

책의 내용 중 자연과학과의 관련성은 상권에서 특히 현저하다. 요시다 도라吉田寅는 이러한 과학적 지식에 의한 신의 변증에 대해 아편전쟁을 직접적 계기로 하여 서양의 과학에 적극적으로 관심을 갖기 시작한 중국 지식인에게 호소력이 있었다고 설명한다.[42] 이렇게 본다면 확실히 이러한 기독교 전략에는 자연과학적인 면에서 뒤처졌다고 파악되었던 중국 사람들에게 자연과학적 지식과의 친화성을 강조함으로써 기독교의 진리성을 주장하는 방편으로서의 측면이 있었다고 생각할 수 있다.

그러나 '방편'이라는 인식이 성립하기 위해서는 종교와 과학이 각각 다른 영역을 다룬다고 하는 합의가 존재할 필요가 있다. 현대에서는 대개 전제되는 이런 합의도 역사적으로 구성된 것이며, 특히 다윈의 『종의 기원On the Origin of Species』(1859)이 출판된 19세기 중반에 그 둘의 구별을 전제 조건으로 간주할 수는 없을 것이다.

3. 자연과학과 19세기의 자연신학

여기에서 생각해야 할 점은 기독교와 과학 사이에 정합을 구하려는 시도가 동시대적으로 이루어졌다는 점이다. 『천도소원』 상권에 자연법칙의 존재를 신의 존재의 변증에 연결하는 논의가 보인다고 앞에서 지적했는데, 이는 19세기 자연신학에서 논의되던 신에 의한 디자인 논의와 연결되어 있다.

이 디자인 논의는 우선 인간 이성에 의한 세계 탐구는 세계에 질서적인 법칙성이 있음을 밝힌다고 한다. 그리고 그 질서는 신이 그렇게 세계를 설계(=디자인)했기 때문에 존재한다고 주장하여, 창조주로서의 신의 존재를 변증하는 것이다. 이 논의는 반드시 신의 계시를 필요로 하지 않고 이성의 행사에 의해 신의 존재를 변증할 수 있다고 하는 점에서 역사적 전개로서는 바로 이신론적인 자연신학이 강조하는 귀결 중 하나[43]다. 특히 19세기 전반 영국에서는 윌리엄 페일리William Paley(1743~1805)의 저작이 이러한 자연신학적인 디자인 논의에 광범위하게 영향을 미쳤다.[44]

페일리는 『자연신학Natural Theology』(1802)의 첫 부분에서 유명한 '시계의 비유'[45]를 사용한다. 그는 시계 내부의 기계적인 부품을 자세히 묘사한 뒤, 만약 올바른 지식을 가진 자가 시계를 관찰한다면 내부의 기계장치가 규칙에 따라 어떤 목적을 가지고 움직이고 있다는 것을 이해할 수 있을 것이라 한다. 그리고 만약 그것을 이해할 수 있다면 그러한 기계장치를 디자인한 존재가 없으면 안 되는 것도 동시에 이해하는 것이라 한다. 이 비유는 이후의 자연신학 저작에서 많이 사용되었는데, 후술하듯이 나카무라 마사나오도 이 비유를 사용했다.

목적론적인 진보

페일리의 시계 비유를 예로 든 디자인 논의가 동시대적으로 널리 받아들여졌던 것은 빅토리아시대의 영국을 특징짓는 시간 축에 따른 상승(즉 진보)이라는 사고방식에 이중의 의미로 적합했기 때문이었다. 한편으로 신의 디자인을 좀 더 잘 이해하기 위해서는 인간의 올바른 지식이 필요하다고 전제하고 새로운 자연과학적 발견이 올바른 지식을 향해 열려가는 과정으로 파악되었다. 다른 한편으로는 발견된 자

만들어진 종교

연과학적 사실을 시간 축에 따라 배치함으로써, 과거에서 현재로 오면서 더 많은 새로운 발견이 있어왔던 점 즉 인간 지식의 진보, 그 자체가 신의 디자인에 의한 것이라고 이해되었던 것이다.

이렇게 목적론적teleological인 진보, 즉 세계가 신의 디자인에 따라 진보하고 있다는 사고방식에 의해 자연과학적 탐구와 신의 존재를 어긋남 없는 형태로 파악하는 것이 가능해진다. 예를 들어 다윈의『종의 기원』은 현대의 생물학적인 관점에서 보면 가치판단을 내포하지 않는 무목적적無目的的인 진화를 주장한 점에서 그 의의를 인정받고 있다. 하지만 보울러Peter J. Bowler는 다윈 논의의 이론적 잠재력을 인정하는 한편, 동시대의 수용을 보면 오히려 목적론적 진보로 파악되고 있었다는 점을 지적한다.[46]

과학과 기독교의 조화

이렇게 보면, 이들 기독교 해석은 과학과 기독교 사이에 정합을 구하려는 시도의 하나였지만, 이는 19세기 중반을 지나면서 문제에 부딪힌다. 지질학, 고고학, 자연인류학 등의 분야에서 왕성하게 새로운 발견이 있었는데 그것들은 대개 성서의 세계 창조 기술과 과학이 어긋나고 있음을 알려주는 것들이었다. 그리고 역사적인 전개에서 볼 때 원래 자연과학적인 탐구가 추진된 이유 중 하나는 신의 세계 창조를 증명하려는 동기이기도 했으나, 이러한 과학적 발견으로 인해 성서의 기술에서 과학적 진리성을 찾으려는 입장은 더욱 신빙성을 잃게 되었다. 이에 따라 자연신학에 대해서도 의문이 제기되었다.[47]

한편으로 이러한 비판적 견해가 제기되었으나, 종교와 과학의 관계가 급속하게 변화했던 것도 아니었다. 이에 관해 브룩은 "1800년부터 1850년에 이르는 시기에 대해 말하자면 과학은 자연신학의 숨통을 끊은 것이 아니라, 그 다양화를 촉진했다고 말하는 편이 정확할 것이다"라고 평가한다.[48]

즉, 동시대적 문맥에서는 새로운 과학적 지식이 기독교 비판에 이용되는 것과 동시에, 목적론적 진보 논의처럼 그러한 지식을 포섭한 형태로 기독교를 재해석하는 시도도 촉발시킨 것이다. 그리고 특히 후자는 전문가보다는 오히려 광범위한 독서인을 대상으로 한 대중서에서 19세기 후반까지 유통되었으며,[49] 나아가 『천도소원』과 같이 '문명'에 속하지 않은 사람들에게 기독교를 제시할 때에도 그 모습을 드러냈다.

소괄

1871년 『뉴욕타임스』에 "기독교에 대한 편견은 머지않아 문명의 영향 앞에 무릎을 꿇을 것이다"[50]라고 기술되어 있듯, 분명 기독교는 문명과 중첩되어 파악되고 있었다. 특히 미개 즉 비서양에는, 기독교 수용과 자연과학적 지식 수용을 일체로 제공하였으며 또 그것은 단순한 방편에 그친 게 아니라 서양, 엄밀하게는 19세기 영어권의 동시대적 기독교 해석의 영향을 받은 것이기도 했다. 브라운이 "서양의 언어, 학예에 관한 지식"은 기독교 수용에 연계된다고 말한 것[51]도 이러한 문맥에서 이해할 수 있을 것이다.

물론 이러한 기독교만이 제시되었던 것은 아니며,[52] 또한 제시된 기독교가 직접 이식되었던 것도 아니었다. 그것이 어떻게 바뀌 읽혔는지는 다음 절에서 다루겠다. 여기에서는 메이지 초기 일본에 제시된 기독교에는 개화와의 관련성이 그 내부에 편입되어 있었다는 점, 그렇기에 기독교를 모델로 삼아 도출된 추상도 높은 종교라는 것에도 개화와의 관계가 편입되어 있었다는 점을 지적해두고자 한다.

제
3
절

수용된
기독교와 종교

이렇게 제시된 기독교·종교는 어떻게 이해되고 있었는가. 여기에서
는 전술한『천도소원』이 막부 말기부터 메이지 초기에 걸쳐 일본에
서 어떻게 수용되었는지를 나카무라 마사나오의 논의를 중심으로 살
펴보자.

1.『천도소원』의 일본 수용

일본어를 아직 자유자재로 사용할 수 없던 선교사들과 한문 소양
을 지닌 구 무사계급 지식층, 이들 쌍방의 요구에 부응하는 형태로,
메이지 초기 일본 전도에서는 중국에서 사용되었던 한문 기독교 문
서가 큰 역할을 했다는 점은 이미 거론했다.[53]『천도소원』은 그중에
서도 대표적인 포교서로 간주된다.

예를 들어 우에무라 마사히사는 그 책을 "유학자의 비루함을 깨고,

만들어진 종교

기독교의 진리를 깨닫게 하는 비범한 힘이 있다"고 말하면서 "문장이 우아하고 논의가 정갈하니 이를 읽고 기독교를 신봉하기에 이른 사람을 헤아릴 수 없다"고도 회고했다.[54] 또한 이부카 가지노스케井深梶之助(1854~1940) 및 니지마 조新島襄(1843~1890)도 이 책과 관련이 있다.[55] 더 나아가 1911년 출판된 『기독교도 열전: 신앙 30년』에서도 당시를 회고하여 『천도소원』이 직접 또는 간접적으로 입신의 동기가 되었다고 기록한 사람이 많다.[56]

한편, 불교 쪽에서 펴낸 기독교 배척서에 특히 이 책에 대한 언급이 많다.[57] 이 밖에도 실제로 나카무라 마사나오에 의한 훈점본[58]이나 의역본(『천도소원해』『계몽천도소원』)[59]이 판을 거듭하여 널리 유통되었던 것으로부터도 이 책의 영향력이 컸다는 것을 알 수 있다.

2. 나카무라 마사나오의 종교·기독교론

전술한 것처럼 메이지 전기의 계몽 사상가 나카무라 마사나오中村正直(1832~1891)는 『천도소원』에 훈점을 달았는데, 그 『천도소원』 해석을 검토하기 전에 나카무라가 종교와 기독교를 어떻게 이해하고 있었는가를 개관해보자.

나카무라 마사나오의 종교 이해

나카무라 마사나오의 기독교·종교 이해에 대해서는 이미 선행 연구가 있다.[60] 그 논의를 개괄하면, 막부 말기에는 양학에 관한 논의는 보이지만 기독교 언급은 없었다. 이에 비해 1866년부터 1868년에 걸친 영국 유학[61]을 직접적인 계기로 기독교에 접근했으며, 1874년 세례[62]를 받기에 이르렀다. 그러나 그의 기독교 해석은 유교라는 사상적 기반에 강한 근거를 둔 것으로, 차츰 정통적인 기독교에서 멀어져 만년에는 유교로 회귀하게 되었다고 한다.[63]

나카무라가 종교 일반을 이해한 방식에 대해서는, 우선 보편적인 '리理'에 대해 확신이 있었음이 지적되고 있다.[64] 이러한 '리'의 보편성은 주자학 전통으로부터 내재적으로 나온 것인데, 나카무라는 특히 그러한 성격을 강조하여[65] 동양이나 서양 또는 유교 전통이나 기독교적 전통을 불문하고 보편적으로 '리'가 존재한다고 생각했다. 이 연장선상에서 나카무라는 '리'를 보다 잘 현현시키는 것으로서 기독교를 수용한 것으로, 역으로 말하자면 나카무라에게 기독교는 '리'에 합당한 범위 내에서 의미 있는 것이었다. 이에 관해서는 나카무라의 텍스트에 입각하여 후술하겠다.

덧붙여, 종교 일반의 위치 부여에 대해서는 "나카무라의 경우에는 피안인가 차안인가를 둘러싼 종교와 도덕의 구별이 애초에 존재하지 않는다"[66]라는 지적이 있다. 본디 주자학에서 '리'는 궁극적으로 도덕법칙이며, 그렇기에 그에 기반한 세계 이해에는 오늘날의 관점으로는 '종교'와 '도덕', 더 나아가 '과학'으로 분절되는 사항이 함께 들어가게 된다.[67] 이는 나카무라 개인을 넘어 동시대적으로 종교를 자율적인 것, 즉 과학이나 도덕 등과 구분되는 것으로 파악하는 시점이 거의 보이지 않았다는 상황과 연결하여 생각해야 하며, 이에 관해서는 뒤에서 언급하겠다.[68]

만들어진 종교

나카무라 마사나오의 기독교 이해

나카무라가 막부 말기에 경험한 영국 유학이, 기독교 이해를 주체적으로 구축해가는 계기가 되었음은 이미 지적했던 바다. 여기에서는 귀국 후 그의 기독교 이해의 전개를 간단하게 살펴보자.

나카무라는 막부의 신하였기 때문에 귀국 후에는 도쿠가와 가家 등이 스루가駿河 후추府中의 성주로 봉해지자 그에 따라 시즈오카靜岡로 부임했고, 1872년 메이지 정부에 초빙되어 도쿄로 가기 전까지 시즈오카 학문소에서 한학 교수로 교육에 종사했다. 옛 막부의 신하 출신으로서의 생활은 그다지 만족스럽지 못했으며 이 시기의 문서에는 괴로운 심경을 토로한 것도 있다.[69] 그런 가운데 집필한 「경천애인설」(1868)과 「청질소문請質所聞」(1869)이라는 두 논설이 메이지 초기 나카무라의 기독교 이해를 드러내는 것으로 주목받아왔다.

이 시기 나카무라의 기독교 이해에서는 우선 '천'이 중심적 위치를 차지하고 있었다. 이를 나카무라는 "천이라 하고 상제라 하고 신이라 하고(진일眞—의 신. 귀신의 신과 혼동하지 말 것) 조화의 주재라 하니 이름은 다르지만 뜻은 하나다"[70]라고 풀이하고 있다. 이렇게 천은 '귀신'이 아니라 '진일의 신'으로서의 신God[71]이며, '조화의 주재'라고 여기고 있다.

이에 근거하여 「경천애인설」의 제목대로 '경천애인'[72]을 설파한다. 우선 '경천'에 대해, 천은 인간을 낳은 아버지로 이해되며 그렇기에 인간은 당연히 천을 공경해야 한다고 한다. 또한 천과 인간 사이에 부자 관계를 상정하고 이와 더불어 인간과 인간 사이에 형제로서의 관계를 설정하며, 그러한 관계에서 애愛를 '애인'으로 서술하고 있는 것이다.[73]

거기에서 '경천'이 '애인'이라는 인륜에 연결되어 있듯이, 나카무라에게 천은 도덕규범과 결부되어 있는데, 그것은 천을 "상벌출척賞罰黜陟"을 주관하는 것으로 이해하고 있는 점에서 확인할 수 있다.[74] 도덕과의 이러한 결합에 대해 고이즈미 다카시小泉仰는 "유학적 응보주의"를 지적한다.[75] 다만, 나카무라는 천은 무형이면서 마음을 가진다고도 하고 있어[76] 그 점에서 어느 정도 인격적 신과 관련된 요소[77]가 보인다.

그러나 동시에 나카무라의 천(신)에 대한 이해에서는, 천과 인간은 '리'와 직접 이어지며[78] 천과 인간을 매개하는 것(이를테면 그리스도)은 반드시 필요하다고 간주되지 않는다. 이를 염두에 두고 다음에서 『천도소원』과 비교해보자.

3. 나카무라 마사나오와 『천도소원』

그리스도론의 결여

고이즈미 다카시는 『천도소원』과 나카무라의 저작을 대상으로, 신이나 초월성 또는 기독교의 교의에 관계되는 용어의 사용 횟수를 비교 검토하여,[79] 『천도소원』에 보이지만 나카무라가 사용하지 않은 용어를 아래와 같이 정리했다.

'耶和華(야훼)' '阿羅訶(아라하)' '天父' '三位一體' '神子' '神人之中保' '神人兩性' '基督' '耶蘇' '十字架' '彌施訶(메시아)' '聖靈' '復甦' '福音' '聖餐' '十誡' '使徒' '宣敎 傳道' '偶像'[80]

만들어진 종교

이와 같이 나카무라는 '삼위일체' '신의 아들' '부소'라는 신학적 개념 또는 더 직접적으로 '기독'이나 '야소'라는 그리스도에 관한 말을 사용하지 않는다. 앞서 본 것처럼 신과 사람을 직결시키는 나카무라의 신 이해에서는 양자를 매개하는 것이 반드시 필요한 것은 아니다. 나카무라의 논의에 신과 인간을 매개하는 그리스도의 위격이나 그 역사적·특수적 현현인 예수에 대한 언급이 없는 것은, 그러한 신에 대한 이해에서 나온 것이라고 생각할 수 있다. 즉 나카무라는 그리스도론을 빼고 자신의 기독교 이해를 구축했던 것이다.

자연신학적 논의에 대한 호응

이러한 나카무라의 기독교 해석에 대해 선행 연구에서는 유교의 영향이 지적되었는데, 여기에서는 그러한 해석을 가능하게 하는 기독교 이해가 『천도소원』에 제시되어 있었다는 점을 언급해두고자 한다.

앞서 말했듯이 『천도소원』은 상중하 3권으로 되어 있으며 주로 정통적인 기독교 교의를 설명하는 부분은 하권이며, 나카무라가 사용하지 않은 용어는 이 하권에 집중되어 있다.[81] 한편, 주로 상권에 보이는 19세기 자연신학적 신에 대한 논의, 즉 자연계의 사물에 질서와 법칙성이 보이는 것을 과학적 지식으로 예시하고, 그런 다음 그러한 질서나 법칙성을 신의 디자인에 의한 것이라고 함으로써 신을 변증하는 논의는, 나카무라가 세계를 관통하는 '리理'를 주재하는 것을 천天이라고 파악하고 있었던 것과 잘 호응하는 것이다.

이에 대해 나카무라가 실제로 당시 자연신학적 기독교 이해에 관심을 보였던 것은, 예를 들어 『격물탐원』[82]이라는 자연신학 해설서에 기고한 서문에서 전형적인 자연신학 비유를 사용하여 논의하는 데서 볼 수 있다.

「격물탐원 서」(1878)의 첫머리에 나카무라는 전술한 '시계의 비유'를 사용하여,[83] 시계의 정밀함을 생각하면 반드시 그것을 만든 자가 상정된다고 하면서, 그로부터 인간과 만물을 만든 자도 있게 된다고 말한다.[84] 그러므로 만물로부터 거슬러 올라가 주재신에 도달할 수 있다고 결론을 내린다.[85]

이로부터 나카무라의 자연신학적 기독교 이해 또는 신 이해를 볼 수 있는데, 다른 한편 이 「격물탐원 서」에 대해서는 거기에서 '주자학적 격물'을 읽을 수 있다는 지적이 있다.[86] 이렇게 본다면 나카무라의 주자학 이해는 자연철학이 곧 도덕철학에 연계되는 것까지 포함하여 자연신학적 신 이해와 호응하는 것이었으며, 또한 그렇기에, 그리고 그런 한도 내에서 자연과학적인 지식과 기독교—양자는 일치한다고 여겨졌다—를 받아들였다고 할 수 있다. 그리고 그런 확신 아래 나카무라는 "지금 태서의 나라들이 말하는 바의 진신眞神은 곧 상제다. 대순大舜은 옛적에 숭사崇祀하던 바였다"[87]라고 말했던 것이다.

만들어진 종교

제
4
절

결론
동태動態로서의
제시와 수용

　이상으로 이 장에서는 우선 메이지 초기에 우에무라 마사히사가 기독교를 이해할 때 그것이 서양에서 온 것이라는 이유만으로 수용하는 것에는 비판을 가함과 동시에, 역시 서양에서 유래한 점을 의식하면서 논의했다는 점을 언급했다. 그리고 거기에서 우에무라가 동시대적인 이해를 공유하는 형태로 '기독교도'와 '개화의 주창자'를 결부시켜 파악했던 상황을 서술했다.

　이렇게 '문명의 종교'로서 기독교를 파악한 것은, 단순히 일본인이 개화라는 관점에서 기독교를 재해석한 것으로 이해해서는 안 된다. 기독교를 제시한 선교사들 사이에서도 그러한 이해가 견지되고 있었다. 더 나아가 그런 제시는 단순한 선교 방편이 아니라 오히려 자연과학과의 관련을 기독교 변증에 포괄하려 한 당시 자연신학과의 관계에서 파악해야 한다고 했다.

　그렇다면 이러한 성격의 기독교는 어떻게 다시 읽혔는가. 이를 나카무라 마사나오의 기독교 이해에 입각하여 확인해보았다. 나카무라에 대해서는 유교적 소양에 기초해 기독교를 재해석했다는 지적이 있어왔지만, 오히려 19세기의 자연신학에 유교적 세계관이 호응하는 요소들이 있었다. 이렇게 보면 개화와 종교가 밀접하게 관계하는 가운데 제시된 기독교를 나카무라는 전통적 지知의 양태와 연속하는 것으로 보고 해석한 것이 된다.

이렇게 이 장에서는 개화와 불가분한 것으로서 기독교가 제시되었으며, 그것이 유교 전통과 접속하는 형태로 재해석된 국면을 살펴봤다. 이러한 기독교 이해는 좀더 추상도 높은 종교 그 자체에 대한 이해에도 어떤 종류의 규정을 부여해나가게 된다. 다음에서는 그것이 어떻게 개별 종교 전통을 신봉하는 자들의 자기 이해와 맞물려가는지 검토하겠다.

제 3 장
이학과 종교:
메이지 10년대의 학문과
종교의 위상

제
1
절

서론
학문과 종교의
조화라는 주장

이 장에서는 메이지 10년대에 '학문'과 '종교'―각각의 내실에 대해서는 별도로 검토한다―의 관계가 어떻게 이해되었는지에 대해, 다카하시 고로高橋吾良[五郎][1]의 논설을 중심으로 고찰한다. 다카하시가 당대에 어떤 위치에 있었는지는 후술하기로 하고, 우선 왜 학문과 종교 문제를 다루는가를 말해두고 싶다.

이 책 제2장에서는 기독교도들의 논의에서 개화와 종교 그리고 기독교가 일체가 된 부분을 확인할 수 있다고 서술했다. 이 장에서는 외연이 애매한 그러나 그렇기에 큰 힘을 가졌던 개화라는 개념보다는, 학문이라는 한정된 측면에 주목한다. 그리고 거기에서 학문과 종교가 어떤 위치 관계에서 파악되었는지 고찰하고자 한다.

이 문제를 거론하는 전제로, 일반적으로 근대에는 학문과 종교가 각각 다른 영역을 다룬다고 널리 합의하고 있었다고 일단은 말할 수 있다. 이 책 후반에서도 이 둘을 구분하는 사고방식이 내면화되어가는 국면을 다룬다. 그러나 이 장에서는 우선, 학문과 종교를 분리할 수 없는 것으로 파악하는 논의가 당시 기독교도들 사이에서 활발했던 점에 주목한다.

이는 당시 학문과 종교에 대립의 계기를 보는 시점이 존재하지 않았음을 의미하는 것은 아니다. 이미 학문과 종교 또는 학문과 기독교는 반드시 조화하는 것은 아니라는 논의는 다양한 진폭으로 등장했다. 이 장에서는 이에 대해 어떤 논리로 학문과 종교가 조화될 수 있다고 논의되었는지, 그 주장에 따라 무엇이 기획되었는지를 다카하시의 논의에 입각해서 살펴보고자 한다.

더하여 또 다른 논점으로, 학문과 종교의 조화에 대한 다카하시의 주장에서 근세 이래의 전통적 지식 또는 학문론, 단적으로는 유교 전통에 근거한 논의가 어떻게 관계하고 있는가라는 점에도 주목한다. 거기에서 전통적 지知가 어떻게 재해석되어 다시 이야기되고 있는지, 그것은 이후의 종교 논의에 어떻게 관여하는지 등을 염두에 두고 논의를 진행하겠다.

다카하시 고로와
『육합잡지』

우선 다카하시 고로와 『육합잡지六合雜志』에 대해 살펴보자. 이 잡지에는 학문과 종교에 관한 논의가 다수 게재되었으며, 다카하시도 활발하게 논설을 기고했다.

1. 다카하시 고로

약력

다카하시 고로에 대해서는 그의 자필 이력서가 도쿄도 도정사료관東京都都政史料館에 소장되어 있다고 스즈키 노리히사鈴木範久가 밝혔다.[2] 이에 의거하여 약력을 정리하면 다음과 같다.

다카하시는 1856년 6월 에치고越後 가시와자키柏崎의 쇼야莊屋 다카하시 산자에몬高橋三左衛門의 3남으로 태어났다. 교육에 관해서는 우선 1868년에 다카사키高崎로 나와 사토 잇사이佐藤一齋의 수제자 이치카와 사콘市川左近의 사설학교에서 배웠다. 그리고 1871년 가을부터 1873년 가을에 걸쳐 다카사키 번교藩校의 국학교사 다나카 마타타로田中又太郎(1843~1873, 田中亦太郎)에게 신전神典(신도의 성전으로 여겨지는 문헌)과 국학을 배웠다. 또한 승려 마키노 사이류牧野再龍에게 한학을 배우고, 부근의 조동종曹洞宗 류몬사龍門寺, 진언종眞言宗 호보사法峯寺, 정토종淨土宗 쇼잔사松山寺 등에서 불경을 연구했다.

이후 양학을 배우고자 상경하여, 우선 오가타주쿠緒方塾에서 우에무라 마사히사와 알게 되었으며, 1875년 요코하마의 S. R. 브라운의 사설학교에서 영학을 배웠다.[3] 브라운의 비서가 되었으며 그의 감화를 받아 1867년 12월 요코하마카이간교회橫浜诲岸教会에서 J. H. 발라James Hamilton Ballagh(1832~1920)에게 세례를 받았다.

또한 다카하시는 1874년경부터 열린 성서 번역사업에 협력자[4]로 관여해 1880년 『육합잡지』(후술함) 창간과 더불어 왕성하게 언론 활동을 했다. 이 장에서는 주로 이 시기의 언론 활동을 살펴본다.

이후 1887년에 도쿄로 간 후 니혼영학관日本英學館, 와세다전문학교早稻田專門學校, 간다국민영학교神田國民英學校, 도요영화학교東洋英和學校 등에서 영학을 가르쳤다. 또한 민우사民友社에 사우로서 협력하여, 1887년 2월 15일 출간된 『국민지우國民之友』 창간호에 기고했다(민우사와의 관계는 1893년경까지 지속되었다). 1892년 11월에 이노우에 데쓰지로井上哲次郎가 공개한 「종교와 교육의 관계에 대한 이노우에 데쓰지로의 담화」를 발단으로 하는 교육과 종교의 충돌 사건에 즈음해서는, 이노우에에 대해 반박 논진을 펼쳐(관련 논설은 『배위철학론排僞哲學論』(1893)에 수합되어 있다), 이노우에 대 다카하시의 논의로 거론되기도 했다고 한다.[5] 또한 1893년 9월부터 릿쿄立教학교 교수가 되어 이후 다양한 분야에서 번역 및 저술 활동을 했다. 만년에는 코란 번역에 관여했으며 심령학에도 관심을 가졌다. 1935년 9월 7일 사망했다.[6]

선행 연구

다카하시 고로에 대한 선행 연구로는 우선 에비사와 아리미치海老澤有道가 작성한 저역서 목록(간행본에 한정)[7]이 있으며, 성서 일본어 번역 사업에 있어 다카하시의 위치를 논한 논고가 있다.[8] 기초 자료로는 이 목록 외에 『근대문학연구총서』 제3권에 수록되어 있는 「다카하시 고로」[9]도 유용하다. 또한 전술했듯이, 스즈키 노리히사는 다카하시의 자필 이력서의 존재를 밝히는 한편, 교육과 종교의 충돌 논쟁에 초점을 맞춰 이노우에 데쓰지로가 기독교는 불충불효라고 한 비판에 대해 다카하시가 어떤 논리로 반론했는가를 고찰한 바 있다.[10]

이 장에서 다루는 다카하시의 메이지 10년대 논설에 관계되는 것으로는, 우선 스기이 무쓰로杉井六郎의 연구가 있다.[11] 스기이는 『육합잡지』에 게재된 다카하시의 논설에 대해, 창간 시점인 1880년부터 1888년 무렵까지를 망라하여 다루면서, 다카하시의 언론 활동에 대해 개관적인 조감도를 제공했다. 그러나 한정된 지면에 많은 논설을 다루고, 또한 『육합잡지』에 초점을 맞춘 연구인 관계로 다른 간행본 등 저작에 대해서는 언급이 적다. 이렇게 보면 개별 논문에 대한 고찰은 여전히 전개할 여지가 있으며, 이하 이 장에서는 스기이의 우수한 업적을 전제로 하면서 조금 더 깊이 검토해보고자 한다.

다음으로 같은 시기 불교 전통과의 관계라는 관점에서는, 우선 『조동종선서曹洞宗選書』 제6권 「교의편·대외래對外來사상」에 다카하시의 『불도신론佛道新論』과 「무해남침변망霧海南針弁妄」(『불교신해佛教新解』 부)이 수록되어 있으며,[12] 권말에 다카하시의 약전略傳과 해제가 붙어 있다.[13] 이 해제는 다카하시의 논의를 전통적 불교학에 대해 근대 서양 문명의 입장에서 이루어진 것이라고 봤는데, 전술한 바와 같이 이 장에서는 그 '근대 서양 문명'의 내실, 더 나아가서는 전통적인 사고방식과의 연속성에 주목한다.

또한 이케다 히데토시池田英俊는 불교 비판론에 대한 불교 측의 반론에 착목한 연구에서, 다카하시를 언급했다.[14] 여기서 이 문제를 본격적으로 논의할 수는 없지만, 이케다가 다카하시의 논설을 "가능한 한 경론經論의 원문을 근거로 한 실증적인 내용인 만큼 풍부한 설득력이 있다"[15]고 평가한 것을 지적해두고 싶다.

2. 『육합잡지』

개요

『육합잡지』는 도쿄기독교청년회[16]가 창간한 "기독교의 입장에 선 종합잡지"[17]이며, 창간호는 1880년 10월 11일에 발행되었다.[18] 이후 1921년 2월 1일에 이르기까지 내용 면에서 변화를 보이면서 약 40여 년에 걸쳐 간행되었다.

이 장에서는 다카하시의 논설과 더불어 주로 창간 당시의 『육합잡지』를 다룬다. 우선 창간호에 기고된 「발행 취지」[19]에서는 종교가 개인의 덕의나 사회의 관점에서 필요하며 따라서 강구되어야 할 필요가 있다는 것, 또한 기독교에 대한 오해는 풀려야 한다는 것을 말한다. 종교의 필요성을 주장하고 동시에 기독교 변증을 하는 논법은 종교라는 것에 대한 동시대 비판에 대항한다는 측면이 있으며, 후술할 다카하시의 논의에도 유사한 입론 방식이 뚜렷하게 보인다는 점을 지적해두고자 한다.[20]

더 나아가 그러한 논의는 같은 잡지의 창간에 관해 "일본 프로테스탄트의 제1대에 의해 세상의 지식인, 청년 서생을 대상으로 한 종교, 지식의 '지남서指南書'로서 생겨났다"는 평가가 있듯이[21] 기독교계 내부만을 대상으로 한 것이 아니라 '세상의 지식인, 청년 서생'을 명확하게 대상으로 설정한 것이었다.[22]

덧붙여 『육합잡지』는 이 장의 논의에 한정해보면 지식인 및 서생에게 기독교를 변증하기 위한 것으로 이해할 수 있지만 차츰 유니테리언의 자유주의적 기독교 이해를 표방하여 1898년 4월 25일 호에서 유니테리언 기관지 『종교』와 합병했다.

선행 연구

『육합잡지』가 복간될 때[23] 색인 및 스즈키 노리히사에 의한 해설이 별책으로 나왔다.[24]

선행 연구로는 우선 총 목차와 2권 분량의 연구논문집이 도시샤대학 인문과학연구소에서 간행되었다.[25] 이 논문집은 3년에 걸친 공동연구의 성과이며, 이외에 많지는 않지만 다른 연구 성과도 있다.[26]

만들어진 종교

제
3
절

다카하시 고로의 '종교'와 '이학'

「종교와 이학의 관섭 및
그 긴요함을 논함」(1880)을
중심으로

다카하시 고로가 '종교'와 '이학'의 관계를 어떻게 이해하고 있었는가에 대해, 『육합잡지』 1~4호에 걸쳐 게재된 논문 「종교와 이학의 관섭關涉 및 그 긴요함을 논함」[27]을 중심으로 살펴보자.

다카하시의 문제의식

우선 이 논문을 집필한 다카하시의 문제의식을 확인해두자. 첫머리에서 다카하시는 "학문은 종교의 적이다"라는 입장이 연설이나 신문 잡지 등에 보인다고 지적하면서 그런 견해는 틀린 것[28]이라고 주장한다.

다카하시는 그런 논의가 나온 근본적 이유는 애초에 "사람이 지知를 닦고 도를 구하지 않기"[29] 때문이라고 하면서, 많은 사람이 "생활과 직업에 쫓겨" 그럴 여유가 없다고 말한다.[30] 그렇기에 "사회의 상류에 있는 지식인, 학자"는 "대도원리大道遠理"를 추구하여 그런 사람들을

선도할 책임이 있다는 것이다.[31]

여기에서 다카하시가 종교와 학문을 대립하지 않는 것으로 이해하고 있음은 명백하다. 이러한 인식은 지덕의 향상에 의해 도달한다고 보고, '지식인, 학자'는 사람들을 그 방향으로 이끌 책임이 있다고 논하고 있다. 앞에서 『육합잡지』가 서생이나 지식인을 대상으로 한 것이라는 점을 확인했는데, 이 논문 또한 '지식인, 학자'를 대상으로 하고 있음을 알 수 있다.

이하에서 다카하시 논문의 내용을 살펴보려 하는데, 그의 논문은 논지가 앞뒤로 중복되어 있기에 몇 가지 주제를 중심으로 개관하고자 한다.

1. 종교와 이학의 어의語義

우선 다카하시는 "우리 나라의 언어는 아직 학문상의 명칭을 명확하게 정하지 않았으므로 우선 여기에서는 위에서 사용한 '종교'와 '이학'의 의미를 해설할 필요가 있다"[32]고 하면서 '종교'와 '이학'이라는 말의 의미를 설명할 필요성을 말한다.

종교

'종교'에 대해서는 다음과 같이 말하고 있다.

야소교, 회회교, 불교 등과 같이 교를 가리킨다. '교' 중의 종파를 말하는 것이 아니다. 그렇다면 왜 종교라고 이름 붙였는가 묻노니 사람들이 사용하는 말일 뿐 아니라 달리 대신할 적당한 명칭이 없기 때문이다. 생각건대 '교'라는 글자는 실로 이에 걸맞다고 할지라도 단지 '교'라고만 말하면 그 의미가 지나치게 넓어서 그 뜻을 얻기 힘들다. (…) ('지나'의 '교문' '교법'이라는 번역어 사용을 거부한[33] 뒤) 이러한 연유로 나는 만족스럽지는 않지만 결국 종교라는 말을 선택하게 되었다. 서양어를 아는 사람은 말할 필요도 없이 벌써 생각났을 것이다. 종교는 영어로는 '릴리전'이라고 말하고 불어로는 '를리지온'이라고 말하며 독일어로는 '렐리기온'이라고 말한다. 이들 말은 라틴어에서 나온 것이다.[34]

우선 "'교'라는 글자는 실로 이에 걸맞다"고 하여 '교'가 근본적인 요소를 가리키는 것으로 놓여 있고, '종'에 대해서는 적극적인 의미가 부여되어 있지 않다. 그리고 '종교'가 선택된 이유에 대해서는 이미 사용되고 있다(=사람들이 사용하는 말)는 점에 더하여, '교법'이나 '교문'등 다른 말은 적당하지 않다(=달리 대신할 적당한 명칭이 없다)라는 소극적인 이유가 부언되어 있다. 또한 '종교'(근본적으로는 '교')의 내실에 대해서는 여기에서는 더 이상 언급되어 있지 않다. 뒤에서 다카하시의 종교 관련 논의를 살펴볼 때 자세히 검토하겠지만, 여기에서는 그가 종교를 서양어 religion에 상당하는 것으로 보고 있었다는 점을 지적해둔다. 이로부터는 '종교가 religion의 번역 개념이다'라는 말이 당시 사람들에게도 통용되는 것이었음을 알 수 있다. 그렇다면 그 종교에는 무엇이 함의되어 있었는가, 또는 religion으로 이해되었던 것은 무엇인가라는 점을 검토할 필요가 있다. 아래에서 고찰해보자.

이학

한편 '이학'에 대해서는 다음과 같이 말하고 있다.

모든 학문의 학문, 즉 천문, 전기, 지학, 금석학, 과학, 물리, 동식물학, 생리학, 수학, 산학, 생명학, 사회학, 인심학人心學, 논법 등 모든 학문을 총괄하여 정리理에 의거해 추론하고 옛 학문을 익혀 새 학문을 이해하며, 조화造化의 깊은 뜻을 분명히 하고 인력이 닿는 곳의 실제 이치에 달하여 지극한 진실을 얻는 학문을 가리킨다. 이 말 또한 충분하지 않다고 생각하지만 달리 이에 대체할 말이 없으므로 이를 채용한다. 그런데 위의 해석에 의거해 보면 이 말은 그리스어 필로소피아에 해당하는 것이 분명하다. (…) (사마천 『사기』의 '호학好學', 키케로의 '지혜를 추구하는 것' 등을 참조할 것) 필로소피아라는 말은 이렇게 그 시작은 그리스에서 일어나 차츰 다른 나라로 퍼져 오늘날은 구미의 많은 나라가 이를 사용하게 되었다. 나는 지금 이를 이름 붙여 '이학'이라 부른다.[35]

여기서 다카하시는 '이학'을 다른 학문 분야의 상위에 있는 '모든 학문의 학문'이라고 하며, 또한 필로소피philosophy의 번역어라고 한다. 이렇게 '이학'을 필로소피의 번역어로 삼는 것은 다카하시의 개인 견해는 아니다. '이학'의 어의 변천에 대해서는 "원래 송학·주자학을 가리켰으나 막부 말기부터 영어 필로소피의 번역어가 되었으며 이윽고 피직스physics의 번역어가 되었다"[36]고 한다.

여기에서 다카하시가 염두에 둔 필로소피란 인문과학의 한 분야로서의 철학이 아니라, "모든 학문의 학문" 또는 "정리에 의거해 추론"한다는 태도 또는 방법론으로서 파악되는 것이었다. 다카하시는 뒤 단락에서 '학문'이라는 말 뒤에 "이는 학문 전체를 가리키는 것으로 내가 말하는 이학과 다르지 않다"고 각주를 붙였는데, 여기에서도 '이학'(또는 '학문')이 총체로서의 학문으로 이해되고 있음을 볼 수 있다.[37]

더 나아가, 이렇게 필로소피 또는 학문 그 자체를 가리키는 것으로서 '이학'과, '송학·주자학'으로서 '이학'의 관계에 대해, 다카하시는 다른 문장에서 왕양명의 "정리를 추구한다"는 말 그리고 주자의 "조리를 얻는다"는 말을 학문 행위를 나타내는 것으로 원용하고 있다.

그런 한편으로, 왕양명과 주자의 학문에 대한 비판도 보이기 때문에, 반드시 송학과 학문 그 자체가 직결되어 있던 것은 아니다. 하지만 기본적으로는 송학의 연장에 '이학'이 놓여 있었다고 생각할 수 있을 것이다. 이런 다카하시의 학문론에 대해서는 송학에 대한 비판을 포함하여 뒤에서 서술하겠다.

종교와 이학의 위상

우선, 다카하시 자신이 "아직 학문상의 명칭"이 확정되지 않았다고 말했듯이, 종교와 이학이라는 말 그리고 개념 그 자체가 널리 공유된 것이라고는 할 수 없던 시대 상황을 확인해둘 필요가 있다. '종교'라는 용어가 '교법'이나 '교문' 더 나아가 '법교'·'종문'·'종지' 등 중에서 릴리전religion의 번역어로 선택되어 일반화된 것은 메이지 10년대라고 한다.[38] 이런 사정을 함께 고려하면 다카하시의 논의는 종교라는 용어법이 널리 합의를 얻어가는 과정을 정적으로 기술한 것이라기보다는, 오히려 그 과정에 참여하는 것이었다고 할 수 있다.

또한 그렇게 보면, 다카하시가 말하는 종교와 이학의 문제는 반드시 현대적 관점에서 종교와 자연과학의 관계[39]를 묻는 것이 아니다. 그의 물음은 한편으로는 '교'로서의 종교, 다른 한편으로는 인간지人間知에 의한 세계 탐구의 총체—즉 다카하시에 의하면 학문 그 자체 —를 두고, 이 양자의 관계를 묻는 것이었다.

결론을 미리 말하자면 양자는 궁극적으로 일치하는 것으로 논의 된다. 여기에서는 다카하시가 논의의 전제로 종교와 이학의 역사적 출현이 아니라 그 내실, 즉 비역사적이면서 보편적인 출현에 대해 논 의한다는 것을 지적해두겠다. 다카하시는 아래와 같이 서술한다.

종교·이학은(주에서 말한 바와 같이)[40] 각별한 하나의 것을 가리키지 않 는다. 모든 형체를 버리고 오로지 그 내용만을 말하는 것인 바, 고금의 이학자·종교가가 이학과 종교를 채용하매 완전히 진실을 잃는 경우가 있는 것은 이학·종교를 함부로 오용한 것이라고 할 것이다.[41]

여기에서 다카하시는 "모든 형체를 버리고 오로지 그 내용만을 말" 한다고 하여, 논의 대상은 '내용', 즉 비역사적·보편적인 종교와 이학 이며, '형체' 또는 '각별한 하나의 것'이라는 역사적·특수적인 현상은 아니라고 한다.

이렇게 문제 설정을 한 다음 다카하시는, 역사상의 종교와 이학 비 판은 이를 행한 '이학자·종교가'에 의해 '함부로 오용된 것'에 대한 것 이라고 한다. 종교나 이학 그 자체는 잘못되지 않았다는 것이다.

이는 한편으로는 현실태로서의 종교·이학에 보이는 문제를 가지 고 종교 또는 이학 그 자체를 비판하는 회로를 봉쇄한 것이었다. 하지 만 다른 한편으로는 무오류성infallibility(절대 확실)이 담보된 종교·이학 그 자체 즉, 그 본질과 대조시킴으로써 역사에서 '이학자·종교가' 의 오류―예를 들어 불교나 신도에서의―를 지적하는 시도로 연결 된다.[42]

2. 종교와 이학의 상호관계

위에서 서술했듯이 다카하시는 종교와 이학을 분리할 수 없는 것 이라고 파악했다. 이는 예를 들어 다카하시가 야코비의 말 "사람의 영 혼은 진정한 이학에 의해 정태애안靜泰艾安을 얻으며, 마침내 경건하게 신에게 봉사하기에 이른다"[43]를 반복하여 인용하고 있는 점에서 확인 할 수 있다. 여기에서 올바른 이학은 인간에게 안녕(=정태애안)을 가져 다주고 또한 "신에게 봉사하"게 인도한다고 이해되며, 그렇기에 이학 과 종교는 분리할 수 없다고 한다.[44] 다카하시는 이렇게 양자의 관계 가 조화적이며 불가분한 것임을 전제로 제시한 다음 논의를 전개하 면서, 우선 양자의 기원을 말한다.

이학의 기원

다카하시는 "기이하다는 생각은 이학의 연원이다"[45]라고 한 아리스 토텔레스의 말을 인용하면서, 이학의 기원을 "기이하다는 생각"(현대어 번역은 '경이'[46])에서 찾는다. 다카하시에 따르면 그것은 인간에게 본래 적인 것으로 인간이 인간을 둘러싼 세계(=외물)와 접촉할 때 생기는 것이다.[47] 그리고 세계가 '기이'하다는 인식은 단순히 거기에 머무르지 않고 반드시 그 '기이'의 탐구로 인간을 추동한다. 이 '기이하다는 생각'에 촉발되어 세계를 해명하고자 하는 영위가 이학이라는 것이다.

이어서, 이러한 행위는 최초에는 구체적인 일의 현상事象을 대상으로 하지만,[48] 차츰 그런 현상을 인식하는 인간 내면에 관해 탐구하는 방향으로 나아간다고 한다.[49] 다카하시는 이를 그리스, 인도, 중국의 사례를 들어 설명하면서, 어느 경우에도 이학은 '기이하다는 생각'에 근거하는 것임을 재확인한다. 또한 이학은 "세상이 열려 인간 지식이 진보하는 데 따라"[50] 변한다는 사실, 즉 "이학 진보의 법"[51]이 있다고 말한다.

종교의 기원

다카하시는 종교의 기원 또한 '기이하다는 생각'[52]에 있다고 보고 그 이유를 다음과 같이 서술한다.

> 경건하다는 생각은 실은 우주만물의 절대미를 느끼는 데서 나오기 때문이다. 그리고 그 절대절미를 느끼는 감각과 사상은 위에서 서술했듯이 온전히 조화주재造化主宰가 특별히 인류에게 부여한 성性으로부터 나온다. 나는 이를 '기이하다는 생각'이라 부르겠다.[53]

여기에서 다카하시는 "조화주재가 특별히 인류에게 부여"한 "기이하다는 생각"에 의해 인간은 "우주만물의 절대미를 느끼"며, 그로부터 ("조화주재"에 대한) "경건하다는 생각"이 생긴다고 한다.

이 '조화주재'는 신과 동등한 것으로 파악되고 있는데,[54] 다카하시

는 이러한 신 즉 '조화주재'에 대한 '숭봉'이야말로 종교의 근본적 요
소라고 보고 있다.[55] '기이하다는 생각'에서 종교 행위로 연결되는 회
로를 설명했다고 할 수 있다.

결절점結節點으로서의 '조화주재'

지금까지의 다카하시의 논의에서는 이학과 종교가 불가분한 것이
라고 전제하고, 이학이 '기이하다는 생각'에 근거하고 종교 또한 '기이
하다는 생각'에 근거한다고 했다. 더 나아가 이 '기이하다는 생각'이
'조화주재'에 의해 인간에게 부여된 것이라고 했다.

그러나 설사 이학과 종교가 동일한 기원으로부터 생겼다 하더라도
그것이 그 둘의 분리 불가능성을 논증하는 것은 아니다. 그 둘의 연
결은 별도로 근거를 찾을 필요가 있다. 이에 관해 다카하시는 다음과
같이 서술한다.

> 거듭 말하건대, 종교는 앞에서 말한 것처럼 생겨났으며 결코 허망한 것
> 이 아니다. 왜냐하면 인간의 심성에 우주의 경이를 관찰하여 그 묘리를
> 추론할 능력이 있기에 나온 것이기 때문이다. 진정 인간은 만물의 리理
> 를 추구할 능력이 있으며 영국 시인 테니슨의 말처럼 만물은 인간에게
> 책과 같은 존재다. 그렇기에 사람들은 이를 정밀하게 연구하며 그렇기에
> 각종 발명이 다대하여 더욱 진신眞神이 존재함을 알게 된다.[56]

다카하시는 인간에게 "만물의 리를 추구할 능력"이 있다고 하며,
그 "만물의 리"의 탐구 결과로서 "진신(진일의 신)이 존재함을 알게 된

다"고 말한다. 즉 여기에 서술되어 있는 것은 이학의 영위가 '진신'의 인지에 이르는 회로이며, 이러한 종교의 영위도 이학의 영위도 궁극적으로는 '조화주재'로 이어진다는 것이다. 즉 '조화주재'를 결절점으로 하여 종교와 이학의 연계가 담보되어 있는 것이다.

3. 종교의 내실에 대해

이렇게 다카하시에게 이학과 종교의 기원론은 최종적으로 '조화주재'를 결절점으로 양자를 연결하는 것이었다. 그런데 그 '조화주재'가 무엇인지 거의 설명하지 않기에 논리가 명쾌하다고는 할 수 없다. 이에 대해 다카하시가 논리를 세울 때 염두에 두었다고 생각되는 사항 특히 동시대의 기독교 해석에 주목할 필요가 있다고 생각한다. 그 전에 먼저 다카하시의 말에 의거하여 종교와 이학의 내실을 조금 더 검토해두자.

기독교 해석에 대해

다카하시가 종교라는 것을 말할 때 거기에는 기독교가 중첩되어 있다고 일단은 말할 수 있다. 그런데 그 기독교는 어떤 기독교인가? 다카하시는 '종교의 근간'에 대해 독일의 작가 조이메[57]의 말을 인용한다.

종교는 이 세상을 건너가는 최상의 차량이다. 재앙이 있을 때는 가장 위안이 된다. 종교의 근기根氣는 진신의 존재를 믿는 확고부동한 신념이다. 또한 진신의 선견보리先見保釐(포어제훙Vorsehung, 프로비던스providence 와 같다)를 믿고, 도덕이 가장 존귀한 것임을 믿고, 인류 영혼의 불멸을 믿고, 미래의 상벌을 믿는 견고 불멸의 신념이다.[58]

분명 위의 짧은 인용문만으로는 다카하시의 기독교 이해, 예를 들면 다카하시가 "진신의 선견보리"라고 한 곳에서 프로비던스라는 개념을 어떻게 이해했는가라는 문제 등은 검토할 수 없다. 그렇지만 적어도 위의 인용에서 그리스도에 대한 언급이 존재하지 않는다는 점은 확인할 수 있다.

여기에서 "진신의 존재를 믿는" 것을 "종교의 근기"라 하고 또 위에서 살펴봤듯이 "조화주재"를 "진신"과 같다고 한 것 등에서 다카하시가 종교를 유신론적인 것으로 파악한 것은 분명하다. 하지만 그 신이 그리스도라는(또는 아니라는) 논의는 그의 글을 통해 알 수 없다.

이러한 기독교론의 결여는, 이 시기 일본인 기독교도들의 논의에 어느 정도 공통적으로 보이는 특징이기도 하다.[59] 그렇다면 다카하시는 신이 어떻게 인간과 관계한다고 생각했는가.

구원에 대해

다카하시가 신과 인간의 관계를 어떻게 이해했는가를 '구원'이라는 측면을 통해서 살펴보자. 그는 다음과 같이 말하고 있다.

[야코비의 말[60]을 근거로] 종교는 단지 사람의 신체에 평안을 얻게 할

뿐 아니라 귀중한 영혼을 구원하는 것이다. 왜냐하면 종교는 사람들에게 천지의 도리(공도公道), 즉 진신의 성의聖意를 전하여 그들로 하여금 악도惡道에 빠지지 않게 하기 때문이다.[61]

이는 "종교의 근기"[62]에 대해 서술한 부분에 있는 언급인데, 종교는 "영혼을 구원하는" 것으로 생각되고 있었음을 알 수 있다. 분명히 이는 야코비의 말에 의거하여 서술한 부분이다. 그러나 굳이 이를 인용하고 있다는 점에서 다카하시가 "영혼을 구원"한다는 것에서 무언가 적극적인 의미를 발견했다고 추측할 수 있다.

그렇다면 이 "영혼을 구원"한다는 것은 무엇인가. 다카하시는 종교에 의해 인간이 구원을 받는 이유로, 종교가 인간에게 "진신의 성의"인 "천지의 도리"를 전하고, 그에 따라 인간이 "악도"에 빠지는 것을 막기 때문이라고 한다. 이러한 논리에 따르자면 '영혼'의 구원은 인간이 나쁜 길에 빠지지 않는 것과 연결되어 있는데, 이 '악도'는 오로지 이 세상에서의 인간 행위와의 관계에서 이해된다. 이는 예를 들어 '악도'에 대치되는 바람직한 인간 모습이 '행위를 단정'하게 하는 것 혹은 '소행을 정선正善'하게 하는 것이라고 여겨지는 점에서 확인할 수 있다.[63] 이렇게 보면 다카하시에게 구원이란 행위 규범에 관한 윤리적 측면이 강하게 드러난 것으로 이해할 수 있다.

그렇다면 이러한 구원에서 '진신'은 어떤 위치에 있는가. 이에 대해서는 다음과 같이 서술한다.

사람이 만약 정도를 가고자 한다면 반드시 진신의 성의 즉, 천지의 공도를 알아야 한다. 진신의 성의를 알 때 자제하는 힘을 얻는다. 왜냐하면 진신이 지성지선하며 상벌을 주관하심을 알기에 자연스레 천지의 공도에 따라 그 행위를 바르게 하게 되기 때문이다.[64]

인간이 "진신의 성의" 또는 "천지의 공도"를 아는 것은 바르게 처신하기 위해 중요하다고 한다. 더 나아가 그것들을 앎으로써 "자제하는 힘"을 획득하고 "자연스레 천지의 공도에 따라 그 행위를 바르게 하게 되"는 것이라 말한다.

그러나 이 구원을 단순히 외면적인 도덕의 실천으로 이해해서는 안 된다.[65] 전술했듯이 실천적으로는 도덕의 준수에 초점이 맞춰져 있다. 그런데 그때 인간과 신은 분리되어 있는 것이 아니라, 인간은 "진신의 성의" 또는 "천지의 공도"를 "앎"으로써 신과 관계된다는 것이다. 즉, '지'를 매개로 인간은 신을 인식하기에 이른다는 것인데, 그때 신 자체를 직접적으로 '안다'는 논의가 아닌 점에는 유의할 필요가 있다. 즉, '안다'는 것이 가능한 것은 '진신의 성의' 또는 '천지의 공도'뿐이며, 그것들을 '안다'는 것으로부터 '진신'을 인정하기에 이르는 과정에 대해서는 자명한 것으로 서술되어 있지 않다. 이렇게 본다면, 다카하시는 논의에 선행하여 '지'의 대상이 되는 것에 '천지의 공도', 즉 '진신'의 '성의'를 중첩시키고 있었다고 생각할 수 있다.

또한 이러한 '지'가 올바른 행위로 귀결한다는 것이 논증 없이— '자연스레' 이루어진다고—서술되어 있다. 이에 관해서도 지덕의 조화가 논의의 전제로 놓여 있으며 혹은 적어도 양자가 모순된다는 관점이 존재하지 않음을 확인할 수 있을 것이다. 다음 절에서 이학의 위상에 대해 고찰할 때 이러한 '지'에 대한 문제도 함께 생각해보도록 하자.

다카하시의 종교

앞에서 구원이라는 국면을 다루었는데, 이는 확인했듯 다카하시 자신이 종교에서 구원을 적극적으로 평가했기 때문이다.

그러나 동시에 거기에서 이해되고 있는 구원이라는 것은, 우선 단적으로는 예수 그리스도에 의한 속죄에 관한 논의가 빠져 있듯이, 이른바 정통적인 기독교 해석에 입각한 것은 아니었다. 또한 신 또는 초월성과의 관계에 주목하지 않은 것은 아니지만, 실천적으로는 인간의 도덕적 처신이 결정적인 쟁점이 되어 있었다. 이렇듯 다카하시에게 구원은 반드시 초월성과의 사변적 또는 내면적 관계를 전면에 내세우지 않은 것이었음을 알 수 있다.

물론, 이렇게 서술함으로써 다카하시의 기독교 이해가 충분하지 않았다거나 그 종교 이해가 지나치게 윤리적이라거나 하는 평가를 내리고 싶은 것은 아니다. 그 역사적 위치에 대한 평가는 아래에서 검토하겠다. 여기에서는 우선 다카하시가 구원과 종교를 그러한 것으로 제시했다는 점을 확인해두자.

4. 이학의 내실에 대해

이어서 이학의 내실에 대해 확인해보자. 앞에서 살펴봤듯이, 다카하시가 말하는 이학은 학문 그 자체를 의미하는 것이었다. 그는 우선 대전제로 학문 그 자체는 "유용하고 역량 있다"[66]고 한다.

그러나 동시에 그 '역량'을 과신해버리면 "학문을 무용하게 만들어버리게 된다"[67]고 말한다. 예를 들어 학자들이 자신의 지견이 한정적임에도 불구하고, "전체를 봤다고 교만"하고 "오인하고 잘못 믿어"버려서 "천부의 능력을 십분 계발하지 못하고 끝내 혼미한 중에 끝나게 되는"[68] 경우가 그에 해당한다고 하면서, 독일의 라우파크[미상]의 말에 의거해 서술하고 있다. 여기에서 비판하는 것은 "학자의 교만, 과시"[69]이며, 학문 그 자체라기보다는 학자의 '편견'을 문제시하고 있다고 할 수 있다.

'인성의 리'와 '천지의 리'- 송학에 대한 비판

이렇게 다카하시는 학문에서 '편견'을 버리는 것이 필요하다고 말하고, 중국 고전에서 예시[70]를 구하는데, 정자나 주자를 끌어오면서 특히 '리理'에 대한 주자의 논의에 편견이 보인다고 한다. 어떤 점에서 편견이라는 걸까.

결론을 먼저 밝히자면, 그가 비판하는 것은 자기 내면에 천착하는 학문 행위의 방식이다. 다카하시는 주자의 다음 말에 편견이 드러나 있다고 한다.

마음心은 일신一身의 주를 이룬다. 하지만 그 체體의 허령虛靈은 천하의 리理를 관장하기에 족하다. 리는 퍼져서 만사에 있다. 하지만 그 용用의 미묘함은 실로 한 사람의 마음에서 벗어나지 않는다. 애초에 내외의 정추精粗로 논할 것이 못된다.[71]

말하건대 천하의 물物의 리를 궁리하여 그 극에 이르는 때에는 중물衆物의 표리 정추精粗가 이르지 않는 곳 없으며, 내 마음의 전체全體 대용大用하여 분명하지 않은 곳 없다.[72]

첫 번째 인용에서는, 인간의 '마음'이 '천하의 리'에 직결한다 또는 '만사에 존재하는 '리'는 인간의 '마음'을 봄으로써 미뤄 가늠할 수 있다고 한다. 이는 인간의 마음으로부터 만물의 리에 이르는 회로를 말한 것이라고 할 수 있다. 또한 두 번째 인용에서는, "천하의 물物의 리"를 규명하면 반드시 "내 마음"에 대해 분명해진다고 하며, 거꾸로 만물의 리로부터 인간의 마음에 이르는 회로가 서술되어 있다고 이해할 수 있다.

이들 문장을 인용하면서 다카하시는, 주자가 "인성의 리와 천지의 리를 섞어서 하나로 만들어"버렸으며, 첫 번째 인용과 같은 사고법의 결과, 두 번째 인용과 같은 말을 하기에 이르렀다고 비판한다. 즉 다카하시는 '인성의 리'를 연구하는 것이 '천지의 리'를 밝히는 일에는 연결되지 않으며, 마찬가지로 '천지의 리'로부터 '인성의 리'가 밝혀지는 일은 없다고 생각했다. 인간의 마음에 관계하는 '인성의 리'와 만물의 리인 '천지의 리'는 직결될 수 있는 것이 아니라고 생각한 것이다.[73] 이러한 관점은 이어지는 왕양명 비판에서 명료하게 확인할 수 있다. 다카하시는 다음과 같은 왕양명의 말을 인용한다.

> 외사외물外事外物의 리를 추구하는 일에 이르러서는 나는 곧 짬이 없다. 결국 오직 이면裏面을 향해 공부할 뿐이지 외면을 향해 깨닫는 일 없다.[74]

이에 대해 다카하시는 "불리佛理를 채용하는 양명과 같은 학자는 외물의 리의 추구를 좋지 않다고 한다"면서 불교(=불리) 비판을 시사하고[75] 내면만을 연구하는 학문 영위를 비판한다. "외물의 리"에 대한

만들어진 종교

연구의 중요성을 설파한 것이다.

더 나아가 다카하시는 학자 일반이 진리에 도달하지 못한 원인으로 "사물의 리를 추구하지 않고 오로지 심상에 대해서만 이해하고 공부한 까닭에 결국 그 진리를 발견할 수 없었다"[76]면서 동일한 취지를 서술한다. 또한 이에 대해 "치지致知에 전념하고 격물格物에 이르지 못"[77]했다고도 논하고 있어, 내면에 대한 탐구를 '치지', 외물에 대한 탐구를 '격물'로 이해하고 있음을 확인할 수 있다. 그리고 내면에만 경도하는 것을 "학문의 원리를 오인"[78]한 것이라고 비판하는 데서 볼 수 있듯이, 외물에 대한 탐구 즉, '격물'의 시도를 '학문의 원리'로 놓고 있는 것이다.

"사물의 리를 구색鉤索하는 학문"과 인간의 '제복禔福'

이렇게 다카하시는 학문 그 자체 또는 이학[79]의 영위를 "사물의 리를 구색하는" 것 즉 외물(=사물)에 대한 탐구가 불가결한 것으로 파악하고 있었다.

이렇게 외물의 탐구를 주목하는 것은, 이학의 대상은 구체적인 사건 및 현상으로부터 인간 정신으로 향한다고 했던 서술과 어긋나는 것처럼도 보인다. 하지만 적어도 다카하시는 왕양명이나 주자에 의해 설파된 학문의 모습을 불충분한 것으로 파악하는 한편, 천문학이나 고고학의 지견을 논의의 근거로 채용하고 거기에 학문으로서 신뢰를 두고 있었다고 이해할 수 있다.

그런데 이러한 다카하시의 논술 방식을, 학문을 자율적인 자연과학 분야로 분절해가는 것으로 이해해서는 안 된다. 다카하시는 이어서 "이와 같이 겸덕謙德을 품고 이학으로 나아갈 때 진리는 그 사람의 것으로 제복이 몸에 모인다"[80]고 말하여, 편견을 버리고 올바르게 이루어지는 학문 영위의 결과로서, 인간은 '제복' 즉 편안하고 복 있는 상태에 도달한다고 봤다. 즉 이학의 영위는 인간의 '제복'으로 이어진다고 본 것이다.

그러나 이렇게 학문과 인간 마음의 평안이 결부되는 근거에 대해, 다카하시는 논리적으로 말하고 있지는 않다.[81] 이로써 그가 논의에 선행해서 학과 덕의 조화를 제시했음을 알 수 있는데, 그러한 학과 덕의 관계를 잘 표현한 다카하시의 진화론 이해를 확인해두자.

학과 덕 - 다카하시의 진화론 이해

다카하시는 진화론(=변천론)[82] 그 자체에 대해서는 "리가 없지는 않다"[83]고 하며 일정한 평가를 한다. 그런데 한편, 그것이 세상에 성행하는 상황에 대해서는 비판을 가한다. 미리 말해두자면, 그것은 자연과학 이론으로서 타당성을 따지는 것이 아니라 인간의 양심 문제에 초점을 맞춘 것이었다.

우선 다카하시는 가상의 적으로, 인간의 양심은 교육에 의해 생긴다는 입장과, 신을 믿는 마음은 인간의 신체와 정신이 계발됨에 따라 생겨난다는 입장을 든다.[84] 이어서 인간의 양심이나 신을 믿는 마음이 인위적 혹은 관계론적으로 구성된다는 생각은 고대로부터 부정되어왔다고 비판한다.[85] 그럼에도 라 로슈푸코La Rochefoucauld (1613~1680), 엘베시우스Helvétius(1715~1771), 장자 등[86] 틀리게 생각하는 자는 이후에도 끊이지 않았으며, "통상의 변천론자"는 그런 사

람들의 주장을 반복하고 있는 것이라고 이해하고 있었다.[87]

여기에서 다카하시는 "변천의 진리에 달하지 못한" "통상의 변천론자"를 문제시한다. 그렇다면 무엇이 변천의 진리라는 것인가. 다카하시는 "인간의 형해形骸·정신의 능력에는 변경이 없다. 다만 미개와 개발과 타락이 있을 뿐이다"[88]라고 하여, '변경'과 '미개·개발·타락'을 구별한다.[89] 그에게 있어 '인간의 형해·정신의 능력'은 본래적인 것이며, 신체적·정신적으로 열려가는 데 따라 개시되거나(=개발), 열리지 않은 채 머물러 있거나(=미개) 또는 한번 열렸던 것이 다시 '타락'하는 일은 있다. 그러나 아무 것도 없는 데서 변화하여 생기는(=변경) 것은 아니라는 것이다.

그리고 다카하시는 인간의 '형해·정신'이 불변이었다는 근거를 역사, 특히 고고학적 또는 자연인류학 지식에서 찾는다. 예컨대 고대 인간의 두개골이 현재의 인간 것과 다르지 않다는 점에서 '형해'의 공통성을 말하고, 동물의 조각이 출토되는 일 등으로부터 '상고의 개화'를 논하고 '정신'의 공통성을 논하고 있다.[90]

이와 같이 다카하시는 인간 양심의 본래성은 학문에 의해 근거지어진다고 했는데, 그 학문은 전술한 것처럼 외물에 대한 연구(고고학 및 자연인류학)로서의 학문이었다.

보편적 도덕률의 확신

이렇게 다카하시는 '인간의 형해·정신의 능력'의 본래성·비역사성을 주장하는데, 이는 보편적 도덕률의 존재에 대한 주장으로 이어진다. 그는 우선 드레이퍼William Draper의 말을 인용하여 "선악 도덕의 염원, 회개 기도의 효험을 믿는 염원, 상벌 및 내세의 존재를 생각하는 염원"은 "어떤 종교를 믿는 사람이라도 모두 한결같이 갖는 염원"이며, 이는 또한 "인간의 두뇌 구조에 귀결되는 일"이라고 제시한다.[91] 그리고 이에 의거하여 "씨는 생리학자인 까닭에 이런 추측을 했다. 그가 만약 인심학자人心學者였다면 반드시 이를 인간의 성性 내부에서부터 천리에 따라 생기는 것이라고 했을 것"이라고 부언한다.[92]

여기에서 다카하시는 종교 전통에 관계없이 인간에게 보편적 도덕률이 존재한다고 한 드레이퍼의 말을 긍정하고, 더 나아가 그것이 귀착되는 곳으로서 드레이퍼가 말한 "두뇌의 구조"를 지적한다. 그리고 그에 더하여 그런 도덕률은 인간의 본래적 성질 내부로부터 '천리'에 따라 생겨난 것이라고 하는 것이다.

덧붙여 이러한 도덕률의 내실에 대해서는, 예를 들어 구약성서 십계를 다소 바꿔서 인용하기도 했다.[93] 기본적으로 "인간의 성 내부로부터 천리에 따라 생기는 것"[94]이며, "그 단멸할 수 없는 천품의 성 내부로부터 자연스럽게 생기는 것"[95]이라고 이해했다.

즉, 이러한 도덕률은 인간의 내부로부터 '자연스레' 생기는 것이며 또한 그러한 것이 '천리'에 맞는 것이라고 한다. 그런 까닭에 그 도덕률의 근거는 더 이상 언급되지 않고, 역으로 현행의 도덕적 덕목을 곧장 보편적 도덕률의 현현으로—또는 환언하자면 선이라고 여겨지는 것을 곧장 보편적 선으로서—승인하는 방향으로 나아갈 수 있게 된다. 예를 들어 다카하시는 인간의 양심(=시비지심是非之心)에 관한 논문에서 인간에게는 본래적으로 선악을 변별할 능력이 있다고 하는데,[96] 거기에서 구체적인 덕목으로 거론되는 "군부에 충효하는 것"에 대해 그것이 선善인 까닭을 설명하는 일은 없다. 단지 독자에게 "광인

을 제외하면 누가 이를 거짓되고 망령된다고 할 수 있는가"라고 말할 뿐이다.[97]

다카하시의 이학

앞에서 말했듯, 우선 논의의 전제로 인간 양심의 본래성이나 보편적인 도덕률이라는 덕에 관한 사항이 이학이나 학문 논의, 즉 학學의 문제 내부에 편입된 것으로 이해되고 있었음을 확인할 수 있었다.

그 연장선상에서 다시 학문론에 주목해보자. 다카하시는 주자·왕양명을 원용하여 '인성의 리'만을 탐구하는 그들의 학문 자세를 비판했다. 그리고 그 한편으로 고고학이나 천문학 등 자연과학을 염두에 두고 이들을 외적 세계에 대한 학문적 탐구, 즉 '천지의 리'의 탐구로서 높이 평가했는데, 이는 어떻게 위치시킬 수 있을까.

우선 이렇게 '인성의 리'와 '천지의 리'에 대한 탐구를 구분하여, 후자를 학문의 근본으로 높이 평가하는 다카하시의 자세는, 일견 인간 마음의 문제와는 분리된 자율적·객관적 학문을 지향하는 것처럼 보인다. 하지만 이미 살펴봤듯이, 애초에 학과 덕은 불가분한 것으로 전제되어 있었다. 그렇기에 그의 자세를 그러한 근대적 전문지專門知로서의 학문, 단적으로는 도덕이나 종교와는 다른 영역을 다루는 것으로 합의되어 있는 근대적 자연과학에 대한 지향으로 이해하는 것은 타당하지 않다.

오히려 다카하시의 주자·왕양명 비판으로부터 읽을 수 있는 것은, 인간 양심의 본래성이나 보편적 도덕률의 존재는 인간의 심리를 천착하는 형태로는 확증될 수 없다는 입장이다. 이런 의미에서 다카하시

는 자기 내면을 추구함으로써 초월성과 직접 결합할 수 있다는 입장을 취하지 않았다.[98]

그러나 그러한 초월성 이해는 신과의 단절을 강조하거나 또는 불가지론으로 이어지는 것은 아니었다. 다카하시에게 외적 세계의 탐구는 필연적으로 조화주재의 존재를 확증하는 것이었다.[99] 또한 그렇기 때문에 보편적 도덕률의 존재와 인간 양심의 본래성을 명확하게 하는 것이었다. 그 점에서 외적 세계에 대한 탐구로서의 학學의 영위는 역시 덕德의 문제에 귀착—애초에 전제되었던 결론이었다—하게 되는 것이다.

이렇게 다카하시에게는 애초에 학문이 도덕론의 틀에서 분리되어 있지 않았으며 또한 외적 세계의 탐구가 궁극적으로 조화주재를 매개로 하여 인간 덕성 문제로 연계되어 있었다고 할 수 있다.

제
4
절

결론

학문과 종교의 조화와
그 귀결

이상에서 다카하시의 종교와 이학에 관한 논의, 즉 종교와 학문의 관계에 대해 살펴봤다. 우선 종교에 관해 다카하시는 종교가 "영혼을 구원하는" 것을 중시했다. 그렇지만 그 구원에 대해, 초월성으로부터 인간에 대한 작용이라는 계기는 언급하지 않고, 인간의 주체적인 노력, 단적으로는 도덕적 처신에 의해 달성될 수 있는 것으로 서술했다.

더욱이 다카하시는 도덕적인 처신은 신—좀더 엄밀하게는 신의 '성의'인 '천지의 공도'—을 앎으로써 가능하게 된다고 했다. 이로부터는 도덕적 처신이 곧 신의 뜻에 맞는 것이라는 논의도 나오며, 이는 이후 도덕과 종교의 문제와 연관이 된다. 또한 '안다'는 것이 강조되었던 것처럼, 거기에서 종교와 인간의 지知, 즉 학문이 연결된다. 이렇게 보면 덕과 그 실천을 내포하는 다카하시의 학문론은 종교론과 호응하는 것이었으며, 또 그 학문론을 주자학적 학문론의 연장으로 이해할 수 있다[100]는 의미에서 반드시 완전히 새로운 것은 아니었다.

동시에, 전통적인 세계관에 끌려가는 형태로 근대적 학문이 종교적으로 읽힌 것이라는 식으로 이해해서도 안 된다. 예를 들어 다카하시가 우주에 법칙성이 있는 것은 천문학에 의해 규명되었다고 말했을 때, 그는 참조해야 할 천문학자로 리처드 프록터Richard Proctor의 이름을 거론했다. 프록터는 천문학 지식과 더불어 자연계에 신의 디자인이 있음을 설파했었다.[101] 다카하시가 참조했던 것은 이렇게 자연신학적인 문맥에서 파악된 과학이다. 거기에서 도출된 학문이 종교와 조화를 이루는 것은 이른바 예정된 결론이기도 했던 것이다.

결과로서의 주지적 종교 이해의 전경화

지금까지 다카하시에게 인간의 지적인 탐구가 필연적으로 신에 이른다는 확신—그렇기에 신에 관한 논의인 종교는 지적인 탐구와 어긋나는 것이어서는 안 된다—이 있었음을 검토했다.

물론 이렇게 인간의 지적인 영위를 전면에 내세운 종교 이해가, 동시대적으로 유일한 종교 이해였던 것은 아니다. 예를 들어 기독교에 대해 말하자면 1882년 나루세 진조成瀨仁藏는 다른 교회에는 "신앙보다 지식을 중시하는" 경우가 있다고 비판하고,[102] 구원 또는 그리스도에 이르기 위해서는 '이론'이 아닌 '체험'(='실험')이 필요하다고 말했다.[103] 또한 1883년에는 대부흥revival이 일어났다.[104]

그렇지만 다카하시를 중심으로 살펴본 것처럼 메이지 중기 무렵 종교에 관한 언설에서 더 큰 영향력이 있었던 것은 지知나 리理 그리고 도덕과의 관계에서 종교를 말하는 논의였다. 오히려 나루세나 대부흥의 담당자들은 자신이 이해한 '기독교'를 설득력 있게 표현할 수 없었던 것이다.

물론, 다카하시의 논의는 단순히 추상적인 종교를 논한 것이 아니라 기독교의 변증이라는 목적을 위한 것이었다. 그리고 이 장에서 살펴본 것과 같은 종교 이해는 한편으로 다른 종교 전통에 대한 비판에 활용되었다.[105] 그러한 기독교 변증론의 국면에서 다카하시가 논의한 주지적인 종교 이해가 반복되었다. 더욱이 반전하여 불교의 변증론에서도 그러한 종교 이해가 채용되어 다시 반복되었다.[106] 이를 계기로 전적으로 종교를 주지적으로 다루는 논의가 전경화되어 종교 그 자체에 대한 이해에 재귀적으로 편입되어간 것이며, 다카하시의 논의는 그에 이르는 길을 보여주었다.

제 4 장

불교를 연설하다: 메이지 10년대 중반의 '불교 연설'의 위상

서론
왜 '불교'를
'연설'하는가

이 장에서는 메이지 10년대 중반의 '불교 연설' 기획 즉 "불교 전통에 반드시 적극적인 관심을 갖지 않은 사람들에게 불교를 이야기하는 시도"에 초점을 맞춰서 살펴본다.

아래에서는 이러한 '불교 연설'의 성격을 한편으로는 동시대의 연설 행위의 실천과 관련해서, 다른 한편으로는 설교 등의 전통적 행위와 관련해서 검토하겠다. 그전에 우선, 선행 연구를 개관하고 이 장의 고찰 범위를 정리해두고자 한다.

1. '불교 연설'

'불교 연설'이라는 행위는 '불교를 연설'하는 것'을 의미한다. 이는 넓은 의미로는 메이지 10년대부터 메이지 20년대 초반까지를 하나의 정점으로, 전국 각지에서 다양한 모체에 의해 불교 연설(회)이나 불교

강담(회)이라는 이름 아래 시행된 각종 실천을 포함하며, 청중 앞에서 말하는 이른바 '연설'만으로 한정하지 않는다.

반기독교 운동의 장으로서의 불교 연설

이러한 광의의 불교 연설에 관한 선행 연구로는, 우선 반기독교 운동이라는 관점에서 다룬 것을 언급할 필요가 있다.

예를 들어 오하마 데쓰야大濱徹也는, 메이지 10년대 중반에 해당하는 1881~1882년경의 연설(회)이나 강담(회)에서 직접적인 폭력 행사나 배야서의 배포[2] 등의 다양한 반기독교 운동이 전국 각지에서 일어난 상황을 다루고 있다(오하마 1979). 사카구치 미쓰히로坂口滿宏는 불교 강담회를 반기독교 운동의 장으로 파악하고 그 모체인 불교계 결사에 관해 폭넓게 사료를 조사하여 논했다(사카구치 1989). 특히 오하마는 동시대 사회경제적 상황을 감안하면서 그러한 운동에는 타자로서의 '야소'를 배제함으로써 촌락공동체 질서를 유지하고자 했던 성격이 있었다고 논하고 있다. 이는 야스마루 요시오의 논의와 연결되는 것으로(야스마루 1992 참조), 광의의 불교 연설의 실천을 생각하는 경우 감안할 필요가 있다.

그러나 사카구치는 불교 결사를 광역적·개명적·호법적인 것과 지역적·배야排耶적인 것의 두 가지 유형으로 구분하고(사카구치 1989, 138쪽) 불교 강담 내용 또한 다양했음을 서술한다(사카구치 1989, 153쪽). '불교 연설'은 단일하지 않은 모체에 의해 기획되어 다양하게 실천되었으며, 단순히 반기독교 운동의 장으로서만 (또는 개명적·호법적인 것으로서만) 설명할 수 있는 것은 아니다.

화경회와 그 주변의 불교 연설

앞에서 광의의 불교 연설에는 반기독교 운동의 장으로서의 측면이 있음을 확인했다. 이를 전제로 아래에서는 주로 화경회和敬會라는 불교 결사 주변의 '불교 연설'에 초점을 맞춘다. 화경회는 제종諸宗의 유력자를 발기인으로 하고 오우치 세이란大內靑欒[3]을 발기인 대표로 하여 1879년 1월 도쿄에서 결성된 제종파 협동諸宗派協同 불교 결사의 선구[4]다. 이 회의 활동이 최전성기를 맞이한 것은 메이지 10년부터 17년(1877~1884) 무렵이라고 한다. 이 회의 결성 의도에 관해 이케다 히데토시池田英俊는 화경회 지회 규칙을 언급하면서 다음과 같이 평가하고 있다. 즉 "호법애국의 정신으로 성립한 이 회에서 널리 연설을 함으로써 도道의 정사正邪를 판별하고 인심의 안전 도모를 목표로 지식과 도덕이 병행하는 개명 세계를 지향한다. 교화의 대상을 개명기 지식인에게서 찾고 그 목표를 달성하기 위해 절복折伏적 연설로 교화 활동을 전개"하고자 했다.[5]

이케다는 화경회가 '연설'을 시행하고 있었음을 언급하고 있다. 화경회와 불교 연설의 관계를 보면, 우선 이 회에 의한 제1회 불교 연설이 1881년 9월 3일 도쿄 아타고시타愛宕下 세이쇼사靑松寺에서 개최된 이후 정기적으로 시행되었다. 이는 유사한 종류의 시도로는 이른 시기[6]에 이루어진 것이다. 거기에서 시행된 불교 연설의 일부는 연설 필기로 『명교신지明敎新誌』나 『불교연설집지佛敎演說集誌』에 게재되었다. 후술하겠지만, 불교 연설의 지침서에서는 그러한 연설 필기를 견본으로 삼도록 장려하고 있어, 거기에서 시행된 연설은 일종의 전형으로 유통되었다.

더욱이 이 회는 불교 연설의 강사 파견 요청을 받는 창구가 되어 각지에 결성된 화경회 지부나 같은 종류의 불교 결사와 상호 협력 아래 실제로 강사를 각지에 파견하고 있었다.[7] 이렇게 보면 화경회와 그 주변에서 이루어진 불교 연설을 일정 정도의 질적인 결속과 공간적 확산을 갖는 것으로 파악할 수 있을 것이다.

또한, 이 장에서 불교 연설에 관해 논하는 것과 관련하여, 실제로 발화된 연설과 연설 필기라는 형태로 남겨진 텍스트(특히 속기가 실용화되기 전인 이 시기에는)에는 차이가 있다는 점, 더욱이 그러한 발화가 이루어진 장을 텍스트로부터 직접 발견하는 것은 불가능하다는 점[8]을 거듭 확인해두고 싶다. 아래에서는 불교 연설의 의도나 이념을 우선 중점적으로 다룰 것인데, 이에 더하여 비판이나 반박 등도 살펴봄으로써 보다 중층적인 모습을 그려보고자 한다.

제
2
절

'불교 연설'의 위상 – '연설' '설교' '불교 연설'

우선 '불교 연설'이 어떤 것으로 기획되었는가를 오우치 세이란의 「화경회 불교 연설 개장의 취지和敬會佛教演說開場の旨趣」(1881)[9] 등 『명교신지』 게재 논설 및 화경회의 규슈 연합지부 간사이며 연설의 명수로 알려진 가토 에쇼加藤惠証[10]가 쓴 불교 연설 지침서『변사 필휴 불교 연설 지남辨士必携佛教演說指南』(1882, 이하『지남』[11]) 등을 통해 살펴보자.

1. 대상의 설정

오우치 세이란은 제1회 불교 연설회에 임해 다음과 같이 말하고 있다.

본회에서는 종전에 회우를 위해 정기적으로 실시한 강의 외에 금회 연설의 자리를 열기에 이르렀다. 그 취지는 요컨대 세상의 사대부, 학자,

서생 등이 나아가서 강의를 들을 짬이 없고 물러앉아 설교를 듣기는 성가시다 하는 기근機根을 가진 사람들을 위해 강의와 설교의 중간 즈음에서 불교의 이치와 취지를 간단하게 포연布演하기 위해서다.[12]

인용 첫 머리에서 서술하고 있듯이 화경회는 종래부터 정기적으로 "회우를 위해" "강의"를 해왔다.[13] 이에 비하여 "불교 연설"은 "회우"가 아닌 "나아가서 강의를 들을 짬이 없고 물러앉아 설교를 듣기는 성가시다 하는 기근을 가진 사람들" 즉 불교 전통에 적극적인 관심이 없는 사람들을 대상으로 시행한다는 취지가 언급되어 있다. 다른 곳에서는 그런 사람들을 "본회에서 가장 정빈正賓으로 인정하는 청중"이라고 말하는 점에서도 알 수 있다.

불교 비판이라는 배경

그렇다면 왜 이런 사람들을 대상으로 '불교 연설'이 시행되어야 하는가. 오우치는 이런 사람들의 전형으로 '사대부, 학자, 서생'을 거론하고 있다. 또 이들을 다른 곳에서는 '중인 이상'이라고 바꿔 부르고 있다. 그런 사람들 사이에서 종교라는 것을 불필요한 것 또는 몽매한 자를 위한 것이라고 보는 경향 그리고 불교를 그런 것으로 보고 비판하는 경향이 보인다는 것은 이미 많이 지적되어왔다(오우치의 인식에 대해서는 후술).[14]

물론 이러한 불교 비판에 대해서는 불교 전통과 관계된 자로부터 반박이 나왔다. 이와 관련해 가토 에쇼의 「불교 연설 개회의 이유」[15]를 살펴보자. 가토는 청중인 "육군 장교, 지방 관리, 법관, 군구群區 관리,

현회縣會 의원, 정당 사원, 기자 그 외 신사, 학사貴紳學士 각위 및 신불교도직紳佛敎導職 분들"을 대상으로 다음과 같이 말한다. 즉, "여러분이 불교를 꺼리고 싫어하는" 이유로 "승려의 학술" "신자의 체제" "학사의 망령된 생각" 이 세 가지를 들고, 이 가운데 "학사의 망령된 생각"에 대해 교의 해석과 관련하여 다소 상세한 논의를 하고 있는 점은 부정하지 않는다.[16] 하지만 앞의 두 가지에 대해서는 "공리空理"에 능하고 "개명에 뒤쳐"진 "어리석은 중愚僧"의 존재나 불교 신자 중에 "불학不學"의 "노파치옹老婆痴翁"이 있다고 하여 불교 그 자체가 '야만'이라고 단정할 수는 없다는 논리로 반비판을 하고 있다. 여기에서 가토는 "어리석은 중"의 존재나 신자 중 "노파치옹"이 포함되어 있다는 점은 인정하고 있으며, 이 점에서는 비판받을 수 있다고 서술한 것이다.

이러한 인식은 예를 들어 같은 시기에, 불승 교육을 다시 생각해야 한다는 논의에서도 보인다. 거기에서는 불교 전통 외부에 대해서는 불교가 반드시 몽매한 자를 위한 것이 아니라는 자기 이해를 제시하고, 내부에 대해서는 그에 근거하여 스스로를 재편성할 것을 주장하는 두 방향의 주장이 나오게 된다. '불교 연설'의 기획도 그러한 자세, 특히 전자와 관련해서 이해할 수 있다.[17]

불교를 둘러싼 언론

이렇게 본다면, 이러한 비판과 반비판에서 불교를 비판하는 자들에 의해 설정된 불교 비판의 논리—불교는 몽매한 자를 위한 것이다—는 어느 정도 공유된 것이라고 하겠다. 여기에서 다시 오우치의 「취지」의 논지를 따라가보자. 그 이유는 결론부터 말하자면, 오우치는 그런 논의가 성립하는 '장場'을 의식하고 있었으며, 또한 그런 관점에서 새로운 매체(미디어)로서 '불교 연설'을 파악하고 있었다고 생각하기 때문이다.

우선 오우치는 "중인 이상"을 일률적으로 불교에 대해 비판적이라고 파악하지 않았다. 우선 자력성도문自力聖道門인 천태·진언·선종 등에는 "사대부, 학생 등의 이른바 중인 이상"이 적지 않다고 하면서, "중인 이상"과 그 외의 구별보다는 "중인 이상"의 사람들의 불교 전통에 대한 적극적인 관심의 유무에 초점을 맞추었다.

더군다나 오우치는 불교 연설을 여는 이유로, 첫째 "아직 불법의 진리를 들어 알지 못하기" 때문에 불교 비판을 용인하는 사람들을 "포섭攝取"할 것, 둘째 적극적으로 불교를 비판하는 자들, 특히 "천주교, 그리스교, 야소교 등의 이단 외도"를 "절복"시키는 일을 지적한다. 후자는 특히 기독교의 불교 비판에 대해 반박한다는 의미에서는 단순한 대응관계다. 반면, 전자는 조금 복잡하다. 즉, "불교와 인연을 맺지 않은 사람들"은 "불교가 어떤 종교인지 그리고 어떤 이학인지를 모르는 것은 당연한 일"[18]이다. 본래는 "모르는 것은 모른다고 하여 그대로 두는 것도 가능"하다. 그렇지만, 그런 사람들이 "우둔한 남녀들의 말을 듣고 고루한 유학자들의 말을 믿"고서는, "불교는 우둔한 남녀들을 속이는 망설妄說이며 인류의 도를 깨고 국가를 어지럽히는 해악도 적지 않아 생각 있는 사람들이 상대할 것이 아니"라고 치부하는 것이 문제다. 그렇기에 그런 사람들을 "포섭"하는 것이 필요하다는 것이다. 오우치는 불교 비판이 널리 행해지고 있는 상황을 인정하지만 그 근거는 박약하다고 봤다. 그런 의미에서는 불교를 비판하는 언설에 대해 불교 전통 내부에서 대항 논리가 나오지 않은 것을 문제시한 것은 아니라는 점을 우선 지적할 수 있다. 실제로 호법론의 전개에서 보이듯, 근세 이래 불교 비판에 대한 반비판은 불교 전통 내부에서 지속적으로 시도되었다. 오우치가 "근세 고루한 유학자, 국학자"에 의한 불교 비판을 천박한 것이라고 하는 것도 그러한 상황이 염두에 있었기 때문일 것이다.

오히려 이 "포섭"에서 문제가 되는 것은, 그러한 불교 전통 내부에 축적된 불교 비판에 대한 대항적 언설이 불교에 관심을 갖지 않은 사람들에게 도달하지 않았다는 점이며, 더 말하자면 그런 사람들에게 불교가 어떤 것인지를 제시하는 데 성공하지 못했다는 점이었다.

물론 실제로 불교 연설의 대상으로 설정된 사람들이 어떻게 불교 비판을 내면화·주체화했는가 또는 하지 않았는가라는 점은 또 다른 문제다. 또한 불교 연설이 제시하고자 한 불교의 자기 이해, 즉 불교가 어떤 '종교'나 '이학'인가 하는 것이, 불교라고 불리는 중층적·복수적인 종교 전통에 관여하는 사람들에게 즉시 공통의 자기 이해로서 성립해나간 것도 아니었다. 오히려 '불교 연설'은 그러한 종교로서의 불교라는 공통 이해를 조성해가는 하나의 계기였다고 생각한다.

이러한 점을 염두에 두면서 그렇지만 여기에서 오우치가 '불교 연설'의 기획에서 대상으로 설정한 사람들에게 어떤 메시지를 발신하는가라는 문제뿐 아니라, 어떻게 메시지를 전달할 것인가 하는 수법과 실천, 즉 매체(미디어)의 문제에 초점을 맞추고 있었다는 점을 지적해 두고 싶다. 그렇다면 그러한 불교 연설과 종래부터 불교 전통 내에서 이루어진 '설교' 등의 행위가 어떤 위치 관계에 있는가를 묻지 않으면 안 된다. 다음에서 검토해보자.

2. '강의' '설교' '연설'

'강의'에 대해

오우치는 「취지」에서 "불교 연설"은 "강의와 설교의 중간에 있"는 것이라고 했다. 강의에 대해서는 "널리 경·율·론經律論의 삼장三藏에 걸쳐 문장 및 구절을 모두 해석하고 현묘한 의미를 탐색하여 이를 실지 수행에 시험하는 것을 말하는" 것이며, 주로 성도문聖道門과 관계된다고 했다. 이렇게 '강의'는 기본적으로 불교와 관련된 텍스트를 해석하는 것으로 여겨졌다. 이는 화경회의 '강의'가 법화사기연기法華私記緣起나 마가지관원돈장摩訶止觀圓頓章 등 특정 텍스트를 다루는 방식으로 이루어졌다는 데서도 확인할 수 있다.[19]

이러한 강의는 불교 텍스트 해석에 대해 논하는 것인 이상, 입론은 종학宗學의 축적을 이어 받아 기본적으로 다른 불교 텍스트와 그 해석의 상호 참조에 의해 이루어지게 된다. 이른바 어떤 불교 전통의 자기 이해를 그 불교 전통의 내부에 유통하는 언어로 설명하는 논의가 되는 것이다. 더 말하자면, 그 불교 텍스트의—나아가서는 불교 그 자체의—진리성은 입론의 전제가 되어 있기에, "불교는 어떤 종교인가 또 어떤 이학인가"를 "모르는" 사람들에게 제시하는 것은 아니었다. 이 의미에서 오우치가 이미 서술했듯이 '불교 연설'은 '강의'와는 별도로 기획되지 않으면 안 되었던 것이다.

그러나 부언해야 할 점은, '불교 연설' 기획에서 '강의'에 부정적인 언급이 보이지 않는다는 점이다. 위의 인용에서 오우치가 "나아가서 강의를 들을 짬이 없고 물러앉아 설교를 듣기는 성가시다"라고 말했듯이, '강의'는 연설보다 어떤 의미에서 '나아가서' 있는 것이라고 여겨졌다. 이는 후술하듯이 『지남』에서 '설교'가 비판적으로 논의되고 있는 점(=물러앉아 있는 것)과 대조를 이룬다.

그 배경에는 앞에서 확인한 불교의 몽매함을 비판하는 풍조가 불교 관계자들에게도 공유되어 있었음을 알 수 있다. 이 또한 오우치가 불교는 종교와 이학의 성질이 있다[20]고 했듯이, 자신의 종교 전통에 대한 지적인 반성성反省性을 평가하고 있었던 것이기도 하다. 이러한 자세는 불교 전통에 입각해 말하면, 서양적인 학문 수법을 들여온 근대적인 불교학의 시도로 이어진다. 또한 종교 일반과의 관계에서 말하면, 교의와 그 해석을 중심으로 한 주지적 자기 이해를 평가하고 또 그것이 요청되는 바탕이 된다고 할 수 있을 것이다.

'설교'에 대해

한편 오우치는 「취지」에서 '설교'에 대해, "대개 일어일구를 찬제贊題로 하여 간신히 일법일문一法一文의 취지를 설파하고 그 법문에 상당하는 근기의 중생을 위해 신심信心을 일으켜 행업行業을 하게 하는 것을 말하"며 주로 정토문과 관련된다고 말한다. 이렇게 첫머리에 제문을 내세우고 예시를 섞어가면서 그 제문을 해석하여 최종적으로 교훈을 설파하는 설교는 근세 이래 해왔던 것이다.[21] 그리고 그런 '설교'에서 설파되는 이야기는 대다수 설교자가 반복해서 말함으로써 조성되어온 것이다.[22] 이는 '예능적인 표출'을 가진 '절담설교節談說教'로 이루어졌으며, 설교자는 일정한 수련을 필요로 했다고 한다.[23]

이렇게 보면 '설교'는 우선 내용 면에서 어떤 주장을 전하기 위해 일회성으로 한정되는 근대적인 연설과는 성격이 다르다. 또한 예를 들어 『지남』에서 "설교성說敎聲"은 연설에 부합하지 않는다[24] 하여, 이야기되는 내용이 아니라 이야기라는 신체적 실천 그 자체[25]를 문제삼는 지적에서 볼 수 있듯이, '예능적인 표출'이라는 수법도 연설과는 다른 것으로 이해되고 있었다.[26]

이러한 '설교'에 대해 '연설'의 기획에서는 비판적인 시선을 보낸다. 그 비판은 단순히 '설교' 그 자체에 대한 것이라기보다는 '설교'의 수행에 관한 장場 혹은 거기에 수반하는 이미지에 대한 것이다. 이에 관해 가토 에쇼는 다음과 같이 말하고 있다.

종래의 설교는 완고한 노인네와 노파들의 것으로 들을 만한 것이 아니라는 망상을 학자, 신사에게 심어줬으므로, 우리가 아무리 설교를 통해 중등 이상의 사람들을 인도하고자 해도 종문에 들어오는 것조차 꺼리는 관습이 있으니 실로 곤란한 일이다.[27]

여기에서 가토는, "설교"가 "학자, 신사"에게는 "완고한 노인네와 노파들"의 전유물로 전혀 들을 만한 것이 못 되는 것으로 여겨져 "중등 이상의 사람들"에게는 유효성이 없는 수단이라고 이해했다.[28] 그렇기에 하나의 방편으로 연설이라는 체제로 불교 연설을 시행한다고 말한다. 실제로 『지남』에는 '설교'와 대비되는 의미에서 '연설'의 실천이 많이 설파되고 있다.

한편, 여기에서는 근세부터 시행되어온 '설교'를 언급하지만, 사카구치 미쓰히로는 메이지 초기에 '설교'가 시보試補 이상의 교도직에만 인정되었던 점을 지적한다. 그리고 이에 비해 불교 연설의 시도는—후술하겠지만 기독교도들의 연설 활동에 대한 대응 중 하나로—연설

자의 자격 요건을 따지지 않았으므로 널리 행해질 수 있었다고 지적한다.[29]

'연설'에 대해

이와 같이 '강의'도 '설교'도 아닌 '불교 연설'은, 동시대의 '연설'을 모델로 한 것이었다. 효도 히로미兵藤裕己는 메이지 초기 스피치의 번역어로 정착한 '연설'[30]에 대해, 불특정다수를 청중으로 하는 것이며, "지식이나 정치의 대중화라는 문명개화 시대의 기운 속에서, 비로소 필요성이 인식된 언어 행위"라고 말한다.[31] 그리고 '연설'이, 그때까지 주로 사용되었던 '신문'[32]과 비교하여 보다 광범위한 사람들에게 발신 가능한 것으로서, 메이지 10년경부터 정치 운동의 수단[33]으로 왕성히 시행된 점, 그리고 조속히 정부의 통제 대상이 된 점 등을 개관했다.

이렇게 보면 '연설'은 메이지 초년부터 메이지 10년대에 걸쳐[34] 새롭게 주목받은 언어 활동 형태라고 할 수 있다. 그런데 한편으로 효도도 지적하듯이 그 실천에는 라쿠고落語[한 사람의 연기자가 주로 골계스러운 이야기를 몸동작을 섞어가면서 말하는 예능으로 한곳에 앉아서 한다.—옮긴이]나 고단講談[한 사람의 연기자가 무용담, 복수, 정치 등에 관한, 주로 역사 이야기를 박자를 섞어가면서 관객에게 전하는 예능으로 책상을 앞에 두고 앉아서 진행한다.—옮긴이]이라는 종래부터 있던 문화 전통과의 연속성도 존재했다고 한다.[35] 그렇기에 불교 연설에 대해서도, '연설'을 하고, 또 듣는 실천이 널리 이루어진 새로운 시대 상황에 영향을 받은 측면과, '강의'나 '설교'라는 종래에 가르침을 설파하는 양식과의 연계성을 모두 고려해야 할 것이다. 그러나 전술한 것처럼 불교 연설을 주창하는 자들의 의도를 감안할 때, 그런 것들과 구별되는 새로운 시도로 이해되고 있었다고 할 수 있겠다.[36]

기독교도 연설과의 관계

그리하여 불교 연설은 "요즈음 세간에서 행해지는 서양"의 방식으로 "출가와 재가가 함께 모인"[37] 사람들이 불교를 논하는 장으로 마련되었다. 오우치가 서술했던 것처럼 반드시 불교에 적극적인 관심을 가지지는 않은 사람들에게 '불교는 어떤 종교'이며 '어떤 이학'인가를 쉬운 언어로 제시하고자 기획된 것이었다. 한편, 같은 시기에 혹은 다소 이른 시기에 기독교도에 의해 연설이 행해졌던 상황도 지적해둘 필요가 있다.

전술했듯이 '불교 연설'은 '강의'나 '설교' 등 기본적으로 불교에 적극적인 관심을 가진 사람들에게 이야기하는 것과 다른 형태로 새롭게 기획되어야 했다. 이에 비해, 같은 시기 기독교도들은 선교사들의 행위를 모델로 해서[38] 기독교도가 아닌 사람들을 대상으로 이야기할 필요가 있었다. 교회의 조직 기반이 견고하지 않았기 때문이다. 실제로 1879년 말부터 '연설회'의 이름을 내건 기독교 연설이 성행했다.[39]

이러한 기독교 연설 중에는 불교에 비판적인 내용도 있었는데,[40] 오우치는 「취지」에서 불교를 비판하는 기독교도를 '절복'시키는 것이 불교 연설을 기획한 목적 중 하나라고 밝혔다. 이 점을 함께 생각하면, 불교 연설에는 기독교 연설에 대한 반박과 더 나아가 기독교 배척 운동으로서의 성격이 있다고 할 수 있다.

한편으로, 오우치나 다른 일부 불교가들은 이미 "도시 지식인 언론 결사" "도시 민권과 언론 결사"라고 평가되는 공존동중共存同衆에 참가하고 있었으며 그곳에서 연설을 실천하고 있었다.[41] 이를 고려하면 연설이라는 수법에 대한 착목은 이미 있었던 것이며, 단순히 기독교 연설에 대한 대항으로서 또는 배야 운동과의 관련 속에서만 불교 연설을 이해하는 것은 타당하지 않을 것이다.

만들어진 종교

제
3
절
'불교 연설'에 보이는
불교·기독교

아래에서는 『불교연설집지』(이하 『집지』)에 게재된 논설(대부분이 연설 필기)을 중심으로, 종교·불교·기독교가 어떻게 논의되었는지 살펴보자.

1. '불교'에 대해

'불교 연설'에서 '불교'란 종종 불교를 통틀어, 또는 초종파적인 '불교'를 의미한다.[42] 이와 같은 이해를 전제로, 『집지』에서 '불교'란 무엇인가를 다룬 글로는 우선 후쿠다 교카이福田行誡[43]의 논설이 있다. 그는 수많은 불교 경전 중에 근본적인 것으로 "제악막작諸惡莫作, 수선봉행修善奉行, 자정기의自淨其意, 시제불교是諸佛教"라 말한 '통계게通誡偈'를 거론하고,[44] 『집지』 창간호 첫머리부터 5회에 걸쳐 해설했다.[45] 분명히 이 칠불통계게는 오늘날에도 "하나의 게偈(불경에서 부처의 가르침이나

덕을 칭송하는 운문 형식의 시)에 불교 사상을 요약한 것으로 이해되기도 한다"[46]고 한다. 후쿠다의 논설은 칠불통계게의 문언을 한 구 한 구 해설한 것으로, 왜 칠불통계게가 옳은가 또는 왜 불교가 진리인가는 논하지 않았다. 그런 의미에서는 오히려 '강의'에 가까운 듯 생각된다.[47] 또한 후쿠다가 이를 실제로 연설했다는 기록은 보이지 않는다.[48]

한편, 분명히 연설로 행해진 것으로는 야마모토 간쓰山本貫通의 「영향설」이라는 연설 필기가 있다. 거기에서는 우선 물질세계의 현상은 모두 '영향'이라는 원인과 결과의 관계로 설명된다고 하며, 그 연장에서 불교의 '삼세인과의 도리'를 이해할 수 있다고 주장했다.[49]

야마모토의 논의는, 불교에서 '인과의 도리'가 진리이므로 '영향' 관계라는 인식의 방식이 나왔다고 하는 것이다. '인과의 도리'의 진리성은 논증할 필요가 없는—즉 논의의 구성으로서는 '영향' 관계라는 세계의 이해 방식에 의해 '인과의 도리'의 진리성을 변증하는 것이 아닌—것이라고 한다. 이런 의미에서 야마모토의 논의는 앞서 언급한 후쿠다와 마찬가지로 불교의 진리성 그 자체에 대한 것은 아니다. 그러나 그는 다음과 같이 논하기도 했다.

> 이런 일들〔=사물에 인과관계가 보이는 것〕은 제군이 숙지하는 바이며 또한 불가에서만 이런 생각을 하는 것은 아니다. 유학자는 천지 사이 감응이라고 말하고, 너로부터 나와서 너에게 돌아간다고도 말하며, 서양인 또한 인과의 일을 말하여 항시 원인과 결과 등을 말할 명목을 가진다. 그리하여 그러한 것은, 생각건대 이러한 인과의 리理는 조금도 왜곡해서는 안 되는 것이 있기 때문이다.[50]

야마모토는 인과의 도리가 불가에서만 생각하는 것이 아니라 "유학자"나 "서양인"에게도 보인다고 한다. 이로부터는 불교의 진리성을 보편적인 진리성과 관련지어 논하는 태도, 더 말하자면 불교는 근세 이래 배불론의 담당자 중 하나였던 유학자나 문명의 담당자인 서양에서도 행해질 수 있는 진리라고 하는 태도를 확인할 수 있다.

종교의 기준으로서 '도리'

물론 야마모토의 논의는 불교의 진리성이 보편적이라는 것을 주장하기 위해 서술된 것이며, 논리적으로는 불교의 진리성으로부터 보편적 진리성이 도출되어 있다. 그런데 이 둘의 관계에서 말하는 논의의 틀을 뒤집으면 불교는 보편적 진리성을 체현하기 때문에 진리라는 주장이 될 수 있다.

이에 대해 히라마쓰 리에이平松理英는 우선 모든 '교법'은 '신信'을 근간으로 한다고 하면서, 그 다음에 그러한 '신'은 무엇을 목적으로 세워져야 할 것인가를 논하고 있다.[51] 거기에서 히라마쓰는 신도나 성직자의 인품 또는 특정 국가와의 관계를 목적으로 하는 '신'을 세우는 것을 부정한다.[52] 더욱이 그리스도의 부활을 염두에 두고 기적의 설파에 의거해 '신'을 세우는 것에 대해서도, "이적異蹟[=기적]은 오히려 종교를 해롭게 하는 것이라고 생각한다"[53]라고 배제한 후 다음과 같이 말한다.

그렇다면 여러분 안에서는 '너는 무엇을 신앙의 목적으로 하는가'라는 의심이 들 것인데 나는 이에 대답하건대 오직 두 글자로 하겠다. '도리'

가 그것이다. 도리에 맞지 않는다면 야소耶蘇도 신도神道도 회교回教도 모두 믿지 않아도 좋다.[54]

여기에서 '교법'이라는 총칭으로서의 종교, 즉 개별 종교 전통을 포섭하는 범주는 '도리'를 목적으로 하는 것으로 상정되어 있다. 그렇기 때문에 개별 종교 전통이 참인지 아닌지는 '도리'에 근거하여 판단되어야 한다는 것이다.

물론 히라마쓰가 이렇게 말한 것은 불교는 '도리'에 맞는(그리고 기독교는 '도리'에 맞지 않는)다는 확신[55]에 근거한 것이었다. 그때 "선인선과·악인악과의 도리는 시방삼세十方三世를 관철해도 틀림이 없고 사람들 각자의 업에 이끌려 선악 두 길로 향하는 것이다"라고 한다. "선인선과·악인악과"라는 인과의 논의가 "시방삼세를 관철해도 틀림이 없"는 보편적인 '도리'라고 생각되고 있다.

이렇게 본다면, 야마모토의 논의도 히라마쓰의 논의도 모두 불교의 인과 논의는 '도리'에 맞는 것이다, 또는 인과 논의야말로 '도리'라고 하는 입장을 출발점으로 하며 그렇기 때문에 불교는 진리라고 논의한 것이었다고 말할 수 있다.

그러나 다른 한편으로 각각의 논리 구성은 차이를 보인다. 야마모토의 논의는 불교의 인과론이 진리이기 때문에 세계를 인과론으로 파악할 수 있다고 했다. 그런데 이와 비교하여 히라마쓰의 논의에서는 우선 총칭으로서의 종교는 '도리'에 맞는 것이 아니면 안 된다고 하여, 이른바 개별 불교 전통을 초월한 곳에 평가 축이 설정되어 있다. 불교의 인과론이 그 '도리'라는 평가 축에 부합하기에 불교는 올바르다고 논한 것이 된다.

즉, 어느 쪽 논의도 불교의 진리성은 전제인 동시에 결론이었다. 그렇지만 야마모토의 논의 구조에서 불교의 진리성은 소여의 것인 반면, 히라마쓰의 경우 불교의 진리성은 이념적으로는 그 자체로 담보되지 않고 '도리'라는 보다 상위의 평가 축에 입각하여 판정된 것이었다.

물론 히라마쓰의 주안점이 이런 논리 구성 자체에 있었던 것은 아니다. 또한 거기에 서술되어 있는 '도리'가 불교 전통 속에서 도출된 인과 논의와 중첩되어, 일종의 순환논법—그렇기에 야마모토의 논의와 히라마쓰의 논의는 뒤집어질 수 있다—을 구성하고 있기 때문에 수행적으로 모순이 생기지는 않는다.

더 나아가, '도리'를 문제로 하는 자세 자체는, 불교 연설회 등의 자리에서 무상으로 대량 배포된 배야서인 후지시마 료온藤島了穩의 『야소교의 무도리耶蘇教の無道理』가 바로 기독교의 '도리 없음'을 문제로 하고 있듯이, 근세부터 행해지던 배야론排耶論의 연장에서 이해할 수도 있을 것이다.[56]

그러나 배야론에서는 애초에 기독교와 불교를 다 같이 종교라는 범주에서 이해할 필요가 없었고, 그렇기 때문에 기독교 비판에 사용된 논리가 불교를 규정해가는 사태는 논리적으로 있을 수 없었다. 이에 비해, 히라마쓰가 기독교 비판을 염두에 두고 "만약 도리에 맞지 않는다면 야소, 신도, 회교 모두 믿지 않아도 좋다"고 말했을 때, 종교 일반을 판단하는 기준으로서의 '도리'는 명백하게 하나의 종교 전통인 불교의 상위에 상정되어 있는 것이 된다.

이렇게 본다면, 히라마쓰의 주장에 보이는 논리는—히라마쓰의 의도와는 별개로—불교 전통이 '도리' 또는 종교 일반을 규정하는 판단 기준에 입각하여 재귀적으로 재편성되는 회로를 여는 논리였던 것이다.

2. '기독교'에 대해

앞에서는 '불교 연설'에 보였던 불교 관련 논의를 중심으로, 도리를
총칭으로서의 종교에 관한 기준, 즉 개별 종교 전통이 균일하게 파악
되어야 할 기준으로 상정하고, 그로부터 불교를 변증하는 자세가 있
었음을 검토했다. 그리고 그것이 이념적으로는 불교 전통 자체의 재편
성 가능성을 갖는 것이었다는 점을 서술했다. 이 절에서는 그런 태도
가 기독교에 적용될 때 어떤 논의가 이루어졌는지를 살펴보자.

스가 료호普了法는 「외교품평外教品評」[57]에서, 신에 의한 천지창조의
논리는 파탄되었으며, 설사 신에 의한 천지창조를 인정한다 하더라도
그것이 신이 상벌을 주관함을 의미하지는 않는다고 말했다. 그리고
스가는 이를 근거로, "오늘날 개명한 인종을 가르치기에 부족하다"고
서술했다. 이런 논의는 같은 시기의 배야론에 자주 보이는 논리를 답
습한 것이라 할 수 있다.

그러나 스가는, 무도리無道理를 이유로 기독교를 버려야 한다고 말
한 것은 아니었다. 스가는 우선 그런 문제를 내포하는 기독교를 위해
"시의에 따라서는 그들을 위해 도모할 바가 있다"면서 이렇게 말한다.

내 생각에는, 우선 천지창조의 허담을 삭제하고 오직 신의信義·애인愛人
등 수신의 한 길만을 두거나 혹은 천지 신조神造의 설도 있어 신은 그렇
게 정교한 기량으로 대단히 우리를 위해 애쓰셨기에, 천지의 주인인 우

리는 주인의 도를 이행하여 영원히 신을 사역[58]하며 또 그 상벌출척을 관장해야 할 것이라고 잘못된 부분을 고친다면, 이로써 금후 개신의 기운에 적합할 것이다.[59]

여기에서 스가는 천지창조 이야기를 삭제하거나, 신에 의한 천지창조를 인정한다 하더라도 인간이 인간의 상벌을 관장하도록 한다면, 기독교도 "금후 개신의 기운에 적합"하다고 말하고 있다. 문제가 되는 것은 도리에 맞지 않는 성서 기술이며, 그 부분을 삭제하는 방식으로 기독교를 재해석해야 한다고 했다.

그러면 그렇게 재해석된 기독교의 내실에는 무엇이 상정되어 있는 걸까. 앞의 인용문에서도 스가가 기독교의 "신의·애인 등 수신의 한 길"로서의 측면에 일정한 평가를 하고 있음을 알 수 있는데, 또한 같은 글의 첫머리에서 스가는 다음과 같이 쓰고 있다.

우리 불교는 광대한 것이므로 근래 유행하는 야소교라 해도 우리는 굳이 배격하지 않는다. 시험 삼아 그들의 말을 듣자니, 신의를 지켜라, 사람을 사랑하라, 폭행을 삼가라하매, 돌연 그 말을 들으면 역시 수신의 일단이며 심히 빈척擯斥할 것만은 아니다. 실로 사회에 필요한 교훈이다. 만약 야소교를 위와 같은 말에 머무르게 할 수 있다면, 또한 우리 불교 무량의 법문 중에 취해도 된다.[60]

기독교에서 설파된다 하는 "신의를 지켜라" "사람을 사랑하라" "폭행을 삼가라"는 덕목을 "사회에 필요한 교훈"이라 하며, 그 점에서 스가가 기독교에서 "수신의 일단"으로서 일정한 의의를 발견했음을 알 수 있다. 그리고 스가는 불교를 상위에 두고 수신의 방편으로서의 기독교를 "계제階梯"로 위치시킨다.

> 이는 내가 그들 교敎를 위해 도모하는 바다. 나는 본디 야소교에 가담하는 것은 아니지만, 우리 불교에는 본디 무량의 법문이 있으며 무진의 방편 신통神通이 있으므로 사람들에게 적어도 미망과 깨달음의 승침迷悟升沈의 이치를 알게 하는 데 족한 계제라면 미물이라 해도 이를 버리지 않는다.[61]

즉, 스가는 도리에 맞는 기독교의 모습으로 "수신의 일단"으로서의 측면만을 취하고, 또 그렇게 함으로써 불교와 기독교 사이에 "계제"라는 형태로 우열이 있는 연속성을 발견한 것이다. 그 의미에서 "수신"과의 관계에서 불교와 기독교를 포섭하는 장—총칭으로서의 종교라는 인식 틀에 친화적인—이 설정되어 있는 것이라고 할 수 있다.

이외에도 '수신'과의 관계에서 불교와 기독교의 연속성을 보는 논의로는, 오우치 세이란의 「파사의 용심破邪之用心」이라는 연설 필기를 들 수 있다. 오우치는 구체적으로 성서와 불교 경전의 일부를 들면서 다음과 같이 서술한다.

> 나는 그 신약전서를 읽고 마태 제5장 및 제67장을 숙독하매 거의 우리 불교의 소승제교를 읽는 것 같았다. 그 어구 또한 42장경 혹은 법구경 등을 방불케 하는 것이 많다.[62]

여기에서 오우치는 신약성서 마태전의 서술을 불교 경전에 비교하고 있다.[63] 더 구체적으로는 다음과 같이 말한다.

[신약성서 마태전] 제9장의 17절[64] 이하에, 네가 만약 입생入生하고자 한다면 마땅히 계誡를 지켜야 한다. 무슨 계입니까 물으니, 야소가 말하건대 살인하지 말라, 도둑질하지 말라, 위증하지 말라, 네 부모를 존경하라, 또 이웃을 네 자신처럼 사랑하라고 말한다. 이는 불교의 4중금重禁이다. 네 부모를 존경하라는 말을 계에 포함시킨 것은, 범망경梵網經에 효를 이름하여 계로 삼게 한 것과 같다.[65]

이렇게 신공동역新共同譯에서 "살인하지 말라, 간음하지 말라, 도둑질하지 말라, 위증하지 말라, 부모를 공경하라, 또 이웃을 자신과 같이 사랑하라"(마태복음서 제19장 18~19절)라는 서술이, 살생·투도偸盗[도둑질]·음婬·망어를 금하는 '불교의 사중금' 및 범망경의 '효'와 중첩되어 있다고 지적한다. 또한 이런 사항들은 다른 부분에서는 "타인을 이롭게 하고 사람을 구하는 정신이 언외에 가득 차서, 대단히 군자의 기상에 넘치는"[66] 것으로 높이 평가되어 있다.

물론 이러한 오우치의 주장이 불교와 기독교가 같다고 주장하는 것은 아니다. 같은 글에서 오우치 주장의 초점은, 연설 제목이 '파사의 용심'이듯이 기독교 비판에 있어 취해야 할 방법을 말하는 데 있었다. 그 점에서 오우치는 구약성서에 보이는 서술과 같이 기독교 논의 중에 일견 도리에 맞지 않는 부분을 지적하고 비판하는 것이 아니라,[67] 위에서 보듯 기독교 중에 취할 수 있는 부분을 거론한 다음, 그것이 불교에 포섭되는 것임을 제시함으로써 기독교도를 불교로 선도해야 한다고 한 것이다.[68]

그러나 논의를 하는 과정에서는 불교와 기독교 사이에 '수신'의 차원에서 일종의 공통성이 발견되었고, 그것은 '불교'와 '기독교'를 도리라는 기준에서 파악한 귀결이었다.

만들어진 종교

결론

말해진 것과
말해지지 않은 것

이 장에서는 우선, '불교 연설'이 '강의'나 '설교'라는 종래의 교화 방법이 상정하지 않았던, 불교 전통에 그다지 적극적인 관심을 두지 않은 사람들에게, 연설이라는 수법—몸짓이나 발화 방법이라는 신체적 동작까지를 포함하여—을 사용해 그 사람들이 이해할 수 있는 말로 '불교'를 설명하기 위해 기획된 것이라는 점을 살펴봤다.

연설된 종교

그리고 그때 연설된 '불교'와 '기독교'의 내실에 관해 검토했다. 우선 '불교'를 보면, 의도로서는 불교의 변증이면서도, 구성 틀로서는 '도리' 를 종교에 관한 평가 기준으로 설정한 논의가 있었다는 점, 그리고 그 것은 '도리'에 의해 불교가 규정될 가능성을 가지는 것이었다는 점을 말했다. 또한, 그런 태도에서 '기독교'를 보는 경우에는 기독교로부터 '수신修身'에 관한 부분을 부분적으로 취하는 형태로 전개될 수 있다는 점, 그 '수신'과의 관계를 매개로 불교와 기독교 사이에서 연속성을 보는 논의가 이루어졌음을 확인했다.

이렇게 '불교 연설'에서 '불교'나 '기독교'를 논하는 행위는, 양쪽 모두 불교의 진리성을 변증하기 위한 것이었다. 동시에 '도리'라는 평가 축을 종교 일반에 관한 것으로 설정하고 혹은 그와 관련하여 '수신'이라는 덕목의 수행에 관한 기능적 측면을 공통적인 것으로 추출하는 것이었다. 그럼으로써 '불교'와 '기독교'를 비교하여 논의하기 위한 장, 즉 종교라는 범주를 설정하는 것이기도 했다.

또한 불교의 진리성을 논증하기 위해 종교라는 것에 입각해 논의를 진행한다는 장의 설정, 그리고 거기에서 '리'나 '도리'를 쟁점으로 한다는 입론의 구성 틀 자체는, 동시대 기독교도들이 기독교의 진리성을 논증하기 위해 사용한 것이기도 했다(제3장 참조). 이런 측면을 생각한다면 양측의 논의에서 결론은 양립할 수 없지만 논의의 구성 틀, 즉 총칭으로서의 종교의 위상은 공유되었던 것이다.

이렇게 '도리'를 문제로 하는 종교 이해는, 한편으로는 개별 종교 전통의 내부에서 자신의 종교 전통을 지적으로 파악해가고자 하는 행위[69]로 연결되었다. 그리고 다른 한편으로는 비합리적인 측면을 배제한 곳에서 종교 그 자체를 탐구해가자는 방향성—메이지 20년대 이후 유니테리언의 시도 그리고 종교학이라는 학문과의 연결—으로 이어지게 된다.

연설되지 않은 종교

이렇게 '불교 연설'에서는, 총칭으로서의 종교를 어떤 형태로든 상정하고 그로부터 불교 전통을 논의하는 자세가 보였으며, 그때 이념으로는 '도리' 그리고 그 구체적인 모습으로는 '수신'이라는 측면에 초점이 맞춰져 있었다. 마지막으로, 그렇게 이야기된 종교와는 다른 위상에서 파악되고 있었던 '불교'를 언급해두고자 한다.

전술했듯이 '불교 연설'은 특히 '설교'와의 대비에서 파악되었다. 그런데 『변사 필휴 불교 연설 지남』을 저술한 가토 에쇼는 '설교'를 단지 부정해야 할 것으로 보지는 않았다. 분명히 가토에게는 애초에 『지남』을 저술했듯 '불교 연설'이 필요하다는 인식이 있었지만, 다른 한편으로 「불교 연설 개회의 이유」(이하 「이유」로 약칭)에서 "불교 연설"은 "어쩔 수 없는 방편"이라고 했다. 불교에 적극적인 관심을 두지 않은 사람들에게 불교를 설파하기 위해서라는 것이다. 그러한 의미에서는 '불교 연설'의 의도를 잘 표현한 것이지만, 마지막 부분에서 가토는 "나는 이 연단을 물러나기 전에 여러분에게 말하겠노라"면서 다음과 같이 부연한다.

대저 인지가 개진한 오늘날에는 저들 영감, 아녀자를 상대하는 옛 수단인 설교는 도저히 학자의 귀에 적당치 않기 때문에 고상한 연설을 듣는 것이라고 생각하는 사람도 있겠지만 결코 그렇지 않다. 설교를 고상하게 해도 연설은 아닌 것이며, 설교를 한층 비근하게 한 것이 연설이다. 이렇게 말하면 제군은 화를 내겠지만 대저 제군은 세간의 도道 즉 학문·지식·작위·재산 등은 상등사회이지만 출세간 즉 종교의 일에 이르러서는 오히려 영감, 아녀자에 미치지 못한다 할 것이다.

가토는 연설이 설교보다 고상한 것은 아니라고 한다. 그리고 종교라는 점에서 본다면 연설의 청중으로 상정되어 있는 세속의 상류라 하는 사람들은, 오히려 설교를 듣는 사람들에 미치지 못한다고 한 것이다.

여기에서 가토는 종교는 '출세간'이라고 하여, '도리'나 '수신'에 완전히 회수되지 않는 '형이상의 것'인 '안심安心'이나 '오도悟道'[70]야말로 중요하다는 관점을 드러낸다. 하지만 그 내실에 대해서는 "명사明師 밑에서 배우"고 "설교"를 들으라고 말하는 데 그친다. 이는 가토가 중요하다고 파악한 '안심'이나 '오도'라는 것을, 불교 전통 외측의 언어 즉 '불교 연설'로는 말할 수 없었다는 것이며, 또한 종교를 도리나 수신이 아닌 것으로 말하기 위한 보편적 어휘가 존재하지 않았다는 것이기도 하다.

만들어진 종교

제 2 부

문명에서 종교로

제 5 장
고자키 히로미치의
기독교·종교 이해의 구성

제
1
절

서론
고자키 히로미치의
『종교요론』과 『정교신론』

이 장에서는 고자키 히로미치小崎弘道가 J. H. 실리Seelye의 저작 『길, 진리, 생명The Way the Truth and the Life』(1873)을 번역한 『종교요론宗教要論』(1881)과, 고자키 자신이 저술한 『정교신론政教新論』(1886)을 상호 대조하면서, 그가 『종교요론』의 논의를 『정교신론』에서 어떻게 수용하고 바꿔 읽기를 시도하는지 살펴본다.

제
2
절

『종교요론』

　『종교요론』은 실리의 저작 『길, 진리, 생명』의 초역[1]이며, 여기에 니지마 조新島襄와 번역자인 고자키 자신의 서문을 첨부하여, 1881년 긴자 주지야十字屋에서 출판되었다. 고자키에 대해서는 후술하기로 하고, 우선 실리에 대해 개관해둔다.

　실리는 목사이며, 철학 연구 및 정치 활동에도 종사했으나, 애머스트대학에서 교육활동을 한 사람으로 이름이 알려져 있다.[2] 애머스트대학에서의 활동을 일본과 관련하여 살펴보자면, 우선 1867년부터 1870년까지 니지마 조를 지도했다. 니지마는 『종교요론』 서문에서 실리의 인물됨에 대해 "아, 선생님 같은 분은 학식이 풍부하시고 교육방법에 통달하셨을 뿐 아니라, 덕망이 높고 품성 바르며 그 용모도 위대하시고 말씀은 간결하시다. 한번 본 사람은 모습을 우러르고 인품을 찬탄해 마지않으니, 어찌 희대의 석학이라 하지 않겠는가"[3]라고 서술하고 있다. 책의 선전을 위한 과도한 문장임을 감안하더라도, 두 가지는 확실하다. 니지마가 실리에게 배웠다는 것[4]과 그에 대해 높이 평가하고 있었다는 점이다. 또한 우치무라 간조[內村鑑三]가 실리에게 훈도를 받은 것도 잘 알려져 있는 사실이다.[5]

또한, 교육 활동을 통한 직접적 영향 관계는 없지만, 우에무라 마사히사는 노년에 실리의 책을 회고하며, "[그 책에 의해] 기독교와 문명의 관계, 인류의 관계 등에 대해 신선한 사상을 받고, 기독교가 동양의 국민들에게 장래의 사활 문제인 것을 생각하지 않을 수 없었으며, 그렇기에 기독교의 진리에 대해 착안점을 일변하기에 이르렀다고 생각되었다"고 서술하고 있다.[6]

이렇게 보면, 번역된 그의 저작이 당시 일본의 기독교계에서 어느 정도 영향력이 있었다고 생각할 수 있겠다. 또한 종교 일반의 관점에서는, 우선 이 책은 종교라는 말이 일반화되는 시기에 간행되었다고 할 수 있다.[7] 그리고 이는 단순히 종교라는 용어의 사용 문제에 그치지 않는다. 이 책은 내용 면에서도—기독교에만 집중된 종교이기는 했지만—종교와 사회, 종교와 문명의 관계를 논하고 있어 하나의 모델로서 종교가 논해지고 있었다. 과연 그 책에서는 무엇을 종교의 속성으로 파악하고 있었는지 살펴보자.

1. 『종교요론』에 대해

『종교요론』은 전체 4장으로 「제1장 문명의 목적을 논함」, 「제2장 기독교는 탐구할 필요가 있음을 논함」, 「제3장 생명의 빛을 논함」, 「제4장 인간이 구원되는 데 신의 도움이 필요함을 논함」으로 구성되어 있다. 여기에서는 제3장과 제4장에 서술되어 있는 기독교의 교의적인 면을 직접 거론하지는 않고, 이 책에서 다루고 있는 종교에 대해 살펴보기로 한다.

문명의 목적과 종교

이 책은 우선 제1장 제목에도 제시되어 있듯 '문명의 목적'에 대해 논하고 있으며, 제1장 첫머리에는 당시의 세계 상황이 서술되어 있다. 구체적인 예로는 미국 남북전쟁에서 북군이 승리한 일, 일본이 메이지 유신에 의해 군주전제에서 벗어난 일, 중국이 미국에 유학생을 보내기로 결정한 일 등을 지적하고 이들을 정리하여, 세계는 문명을 향해 진보하고 있다고 한다. 그런데 이어서는, "대저 인류가 가장 희망해야 할 목적은 어디에 있는가, 지금의 지식인이 가장 원하는 진보는 어떤 것인가"라며 문명의 목적 자체를 묻는다.

이에 대해 실리는 우선, "형체상 개화, 즉 문명 예술의 진보로써 가장 희망해야 할 것이 있다"라면서 철도, 전기, 발명, 더 나아가 제조무역의 진흥 등 물질적·기술적인 측면에서의 향상을 문명 진보의 최대 목적으로 하는 사고방식을 거론한다. "그리하여 인간의 공공의 도가 비로소 세워져 각국은 사적 이익을 멀리하고 공익을 좇아 두텁게 우의를 쌓고 쟁투를 종식함으로써 문명의 고상한 지위에 도달할 수 있다"라고 말한다. 물질적·기술적인 발전이 세계 평화를 가능하게 한다는 입장인데, 실리는 이에 대해 두 가지 문제를 지적한다.

첫째, "이러한 형체로서의 예술은 스스로 진보할 힘이 없다" 즉 물질적인 기술은 그것만으로는 진보해가지 않는다는 것이다. 그 예로 이집트나 마야, 아스테카 등의 고대 유적을 들어, 고대의 뛰어난 건축

술은 모두 멸망해버렸다고 지적한다. 그리고 "형체적 예술을 고도로 발달시키는 것은 정신적spiritual 발동"이라고 말한다. "정신적 발동"에 의해서만 물질적인 기술의 진보가 가능해진다는 것이다.

둘째, 물질적인 진보의 연장선상에 평화가 가능하다는 주장에 대해, 남북전쟁을 언급하면서 그 주장을 물리친다. 여기에서 실리는 "형체로서의 진보가 정신적 발동을 일으키는 것이 아니라, 형체적 진보가 오히려 정신적 발동으로부터 만들어지는 것이기 때문이다"라고 서술한다. "정신"이 "형체"를 진보시키는 것이며 그 반대는 아니라는 것이다.

이렇게 물질적인 측면에서의 진보를 문명의 목적으로 하는 것을 배척한 다음, "정신적 발동"에 대한 논의가 이루어진다. 우선 실리는 지식과 교육에 대해 언급한다. 지식이 필요한 것은 말할 것도 없지만, 이를 인간 궁극의 목적(=인간의 진정 가장 좋은 극점)이라 할 수는 없다고 한다. 이유는 "지식으로 쌓은 문명은 스스로 진보할 힘이 없"기 때문이다.

이에 관해 실리는, 고대 아테네가 "시민이 지식에 맹진하고 정련하기를 고금에 비견할 데가 없었"던 반면 "풍속은 가장 추악한 도시"였다고 지적한다. 고도의 지식을 자랑했던 고대의 아테네가 도덕적으로 타락해 있었다는 예를 든 것이다. 이어서 "지식은 원래 도덕을 견고히 하고 추악한 폐습을 억제하는 데 티끌만큼도 공력을 보탤 수 없다"라고 한다.

여기에서 중요한 것으로 상정된 "도덕virtue"이란 무엇인가. 실리는 "소크라테스가 공부로 좋은 인생을 만든다고 말했지만, 우리는 그러한 징후를 발견하지 못했다"라며 소크라테스의 장광설이 아테네 인민의 도덕을 유지하는 일에 실패했음을 언급한다. 그리고 도덕은 도덕 자체만으로 힘을 갖는 것이 아니라 도덕이 효력을 지닐 수 있게 하는 무언가가 있어야 한다고 한다. "어떤 도학의 설교도 타력他力에 의하지 않으면 사회에 발동을 부여해 사람들의 사상 행위에 효험을 발휘하게 할 수 없다" "역사를 펼치고 성리를 배우고 도덕으로 나아가고 또 인심을 활발하게 하기 위해서는 지식 외의 어떤 힘이 없으면 안 된다" 등등으로 말이다. 이 "타력"을 결여한 도덕은 "훈계하거나 명령하고 금지할 뿐"으로 어디까지나 의무나 명령에 머문다. "[그런 도덕은] 품행을 바르게 할 수는 있어도 내부의 의지를 바꿔 덕행에 활발한 발동을 부여할 수는 없다." 타력을 결여한 도덕은 주체적으로 선을 행하게 하는 것이 불가능하다는 것이다.

이렇게 "형체적 진보"를 뒷받침하는 "정신적 발동"에 있어서 지식과 도덕을 문명의 목적으로 하는 관점이 배척되고, 최후에는 종교 문제가 거론된다. 그는 도덕이 도덕이기 위해서는 "타력"이나 "지식 외의 힘"이 필요하다고 했다. 이에 관해 실리는, 인간이 "스스로의 완전한 자유와 진정한 애심으로 자연히 진리와 정의를 행한다" 즉 주체적인 선善의 수행은, 신("상제")으로부터 "활동력"을 부여받음으로써만 가능해지는 것으로, "이를 야기하고 이를 영존하는 데 종교의 세력을 제외하고 달리 구할 방도가 없다"며 종교만이 인간에게 그러한 방향성을 부여할 수 있다고 한다.

따라서 실리는 "[물질적 기술·지식·도덕 등이 아무리 성행하더라도] 종교를 제외하면 인류에게 적절한 행복을 얻게 해줄 것이 없다"고 말한다. 종교만이 인간을 행복하게 해줄 수 있으며 그러하기에 종교가 문명의 목적이라고 말하는 것이다.

이러한 실리의 지식·도덕과 종교에 대한 이해 방식은 교육자로서 일관된 것이며, 1872년에 모리 아리노리森有禮가 일본의 교육에 대해 자문했을 때 다음과 같이 대답한 데서도 알 수 있다. 즉, "만약 우리 학교가 종교적 정신으로 교육하고 감화시키지 않는다면, 아무리 교양을 널리 섭렵한다 해도 결코 사람을 경건하고 유덕하게 하지 못한다." 교육은 중요하지만 지식만으로는 도덕을 유지할 수 없다면서 "진정한 종교를 바탕으로 삼을 것"을 호소하고 있다.[8]

종교와 기독교

이렇게 실리는 물질적 진보가 문명의 목적이라는 사고방식을 배척하고, 정신적인 것에 주목했다. 그리고 정신적인 면에서도 단순한 지식·도덕이 아니라 인간에게 주체적으로 선을 행하게 하고 그로써 행복을 가져오는 종교가 문명의 목적이라고 봤다. 그러나 그가 말하는 종교는 종교 일반이라기보다는 역시 기독교다. 그러면 어떤 논리로 기독교가 변증되며 다른 종교가 배척되는 것일까.

우선 실리는 "종교는 두 종류뿐"이라 말한다. "첫 번째는 사람이 만든 것으로 인간의 궁리에 의거해 신에게 봉사하는 것이다. 두 번째는 진신眞神이 존재하여 완전히 신의 방법에 의거해 사람을 찾아 구하고자 하는 것"이라고 한다. 인간이 창출한 종교와 신으로부터 부여받은 종교를 구분한 것이다. 그리고 기독교만이 후자이며 "이 점에서 다른 종교와 크게 다르다"고 말한다.

이렇게 기독교를 다른 종교와 구별한 뒤 타 종교를 배척하는 논리로 현세적인 힘과의 결합을 거론한다. 예를 들어 이슬람("회회교")이

만들어진 종교

행해지는 이유는 "오직 검위劍威에 기대서일 뿐"이며 그 "완력"에 의한 것이라고 한다. 또한 불교에 관해서도 찬드라굽타나 아소카왕 등을 언급하여 "이 교가 여러 나라에 만연하여 극히 성대해진 것은 우선 정치적 권력에 기댔기 때문"이라 한다. 한편, 기독교에 대해서는 초기 교단시대의 박해나 로마 제국 초기의 탄압 등을 언급하면서 다음과 같이 말한다. "기독교는 병력이 없지만 마침내 병력을 이기고 로마 제국의 일부에 지나지 않는 가난한 읍에서 태어난 무학 불문의 일개인으로 하여금 이를 창립케 했다. 조금도 정권을 갖지 못했지만, 세계에 비할 바 없는 지대지강한 로마 정부도 결국 그 교령을 받들기에 이르렀다." 현세적인 힘의 박해를 당해도 교세를 확대함으로써 기독교의 진리성이 나타난 것이라고 한다.

또한 종교의 순수성 문제도 거론한다. 불교가 토착의 "미신습속과 혼합 적응"해온 것에 비해 "이 교[기독교]는 다른 종교와 섞이지 않고 모든 곳에서 다른 교를 파각하여 정복"해왔다는 것이다. 다른 종교와 접촉한 결과 "두 교가 혼합된" 것도 아니고 "한 교의 완력과 폭위에 의해 다른 한 교를 억압한" 것도 아닌, "자기의 교력에 의해 다른 교를 쓰러뜨리고 자기 교를 십분 배식한 것은 오직 기독교뿐"이라 한다. 기독교가 다른 교와 혼교하지 않고 그 순수성을 간직한 채 교세를 신장시켜온 것이 기독교가 진리라는 증거라고 한다.

이 말들은 어디까지나 기독교의 변증론이지만, 그 변증의 논리에서 무엇을 종교의 바람직한 속성으로 여기는가를 확인할 수 있다. 그것은 첫째 현세적 권력과의 직접적 결합의 부정이며, 둘째 종교적 진리의 순수성이었다. 그리고 이러한 종교로서의 바람직한 속성은 기독교에만 부합하는 것이라고 하며, 그 귀결로서 기독교 이외의 종교는 오로지 부정되어야 할 것이라고 한 것이다.

2. 독해 방식

이렇게 『종교요론』에서, 종교는 물질적·기술적 발전을 가능하게 하는 정신적인 것으로 상정되었다. 그리고 그러한 종교 중 유일하게 올바른 종교로서 기독교 변증은 세속적인 권력과의 단절, 종교적 진리성의 순수성을 말함으로써 이루어졌다.

그런데 왜 이런 주장이 설득력을 가졌으며 번역되기에 이르렀을까. 실리는 기독교 이외의 종교는 현실 권력과 결탁되었거나 토착 전통과 섞였다는 점에서 배척했다. 그와 동시에, "대저 이들 중교衆敎[인간이 만든 종교]를 한데 모아도 결코 사회에 조금의 진작과 격동을 나타내지 못하고, 또한 영혼에 조금도 생생한 감화를 주지 않는다"고 하여 인간 개인이나 사회에 주는 영향력의 결여도 지적했다.

그리고 이 관점에서, 대조적으로 기독교는 "정신적 발동"으로서 사회를 문명으로 이끄는 것이라 한다. 기독교가 역사적으로 게르만족을 교화하여 야만에서 문명으로 나아가게 했듯[9] 동시대적으로도 "사람들이 이 교[기독교]에 복종하는 정도"에 따라 완전한 사회에 가까운 것이라고 말한다. 그렇기에 "진실로 인류를 사랑하고 돌보는 현자는 반드시 만국인을 야소기독 및 그 활발한 진리의 권하權下에 복종시키는 데 착안해야 한다. 이를 알지 못하고 함부로 그 끝을 잘라내면 무엇으로 진정한 문명 제도를 사회에 충만시킬 수 있을 것인가"라 말한다. 오히려 문명을 행하기 위해 기독교가 필요하다고 서술되어 있

만들어진 종교

는 것이다.

여기에서 다시 우에무라 마사히사의 말로 돌아가보자. 우에무라는 『종교요론』이 "기독교와 문명의 관계"를 다루고 "기독교가 동양인들에게 장래의 사활 문제인 것을 생각하지 않을 수 없었으며, 그렇기에 기독교의 진리에 대해 착안점을 일변하기에 이르렀다고 생각되었다"고 서술하고 있다. 여기에서 실리가 서양의 문명적 우월성의 인식에 근거하여 기독교와 문명의 관계를 말하고 있었던 것과 호응하는 형태로[10] 우에무라가 기독교와 문명의 관계라는 관점에서 이 책을 읽었던 측면이 있었다.

이러한 이해는 『종교요론』에 실린 니지마 조의 서문에서도 볼 수 있다. 니지마는 실리의 이 연설은 우선 "무엇이 문명의 기초이며 국가의 융흥, 안녕을 조성할 것인가를 논증하여 일일이 실증하는" 것, 즉 기독교가 문명의 기초임을 설명하는 것이라고 한다. 또한 그것이 일본의 문명화와 관계하여, 만약 일본에 기독교가 채용된다면 "우리의 나쁜 풍습도 개선될 것이며 진실된 문명도 기대할 수 있다"고 한다. 니지마도 일본의 문명화와 기독교 수용을 밀접한 것으로 생각하고 있었던 것이다.[11]

이로써 실리의 주장과 니지마·우에무라의 수용 방식 사이에서 서로 호응하는 부분을 확인했다. 그리고 이것이 전제로 작용하면서 논의의 설득력을 뒷받침하고 있었으며, 이 점에서 기독교를 모델로 이야기되는 종교 일반의 모습 또한 바람직한 종교의 모습으로 수용되어간 것이라고 생각할 수 있다. 그러나 그 역시 직접적인 수용은 아니며, 거기에서 재해석이 이루어진다. 아래에서 고자키 히로미치를 예로 들어 그의 종교 논의를 살펴보자.

제
3
절

『정교신론』

여기서는 고자키 히로미치의『정교신론』(1886)을 중심으로, 그가 번역한『종교요론』의 논의와 호응하는 점과 달리하는 점을 살펴보자. 우선, 당시의 고자키가 어떤 상황에 놓여 있었는지를 간단히 언급해둔다.

1. 당시의 고자키 히로미치

고자키 히로미치(1856~1938)는 이른바 구마모토 밴드에 속하며, 도시샤同志社·조합교회組合敎會와 특히 관계 있는 기독교도다.[12] 당시의 고자키는 1879년(메이지 12)에 도시샤를 졸업한 후, 초청을 받아 도쿄로 가서 같은 해 12월 신사카나마치新肴町교회를 설립하는 것과 동시에 안수례按手禮를 받았다. 이 신사카나마치교회는 1882년(메이지 15)에 신사쿠라다초新櫻田町교회로 개칭했으며, 같은 해 9월에 일본기독교회와 합병하여 도쿄제일기독교회가 되었다. 이 교회는 이후 1891년(메이지 24)에 레이난자카교회靈南坂敎會로 개칭하여 현재에 이른다. 또한 고자키는 1886년(메이지 19)에 반초교회番町敎會도 창립했다.

고자키의 도쿄행은 그의 적극적인 의지에 따른 것은 아니었지만, 도쿄에서의 전도 활동은 당시 미국해외선교회American Board of Commissioners for Foreign Missions의 계획에는 없던 것이기도 해, 고자키의 개인적인 의향이 강하게 발휘되었다. 그리고 이 시기의 고자키는 우에무라 마사히사, 다무라 나오오미田村直臣와 함께 도쿄기독교청년회를 조직하여 『육합잡지』를 발간했다(1880). 또한 기독교서적 출판사인 경성사警醒社를 세워 『도쿄매주신보東京每週新報』를 간행(1883)하는 등 적극적인 활동을 하고 있었다.[13]

2. 『정교신론』의 종교론

이러한 상황에서 도쿄에 있던 고자키는 1881년에 『종교요론』을 간행하고, 그 후 얼마 지나지 않아 이 시기의 대표적 저작인 『정교신론』을 1886년에 출간했다. 『정교신론』이라는 제목에서 알 수 있듯이, 고자키의 논의에서 '정교'가 중심적인 문제의 하나였음은 이미 지적된 바 있다.[14] 고자키 자신도 『정교신론』은 유교와 기독교를 "철학적·종교적으로 논의하는 것이 아니라, 정치사회라는 하나의 관점에서 관찰하여" 양자를 비교한 것이라고 말하고 있다.

이 책의 문제의식에서 보면, 애초에 고자키가 말한 '종교'나 '정치'의 내실이 어떤 것인가라는 점이 검토 대상이 된다. 하지만 이 문제는 논의를 개관한 뒤에 고찰하기로 하고, 아래에서는 우선 어떤 종교의 모습이 바람직한 것으로 논의되고 있는지, 그것이 『종교요론』에 서술되어 있던 것과 어떤 관계가 있는지를 살펴보자.

기독교와 문명

우선, 기독교 수용이 일본의 개화와 결부된다는 것이 논의의 출발점이며 결론이기도 하다. 즉 문명과 기독교는 불가결하다는 인식 아래, 일본이 개화하기 위해서는 기독교가 필요하다는 주장이다. 이는 실리의 주장과 호응한다고 말할 수 있다.

『정교신론』에서 고자키는 기독교와 문명의 관계에 대해 많이 언급하고 있다. 예를 들어 머리말에서 이 책의 목적을 "국가 개명의 기초는 첫째로 기독교에 있음을 알리고 우리 나라 신문명의 진보에 미진하나마 도움이 되도록 하는 것"[15]이라고 서술하고 있다. 또한 마지막 장의 첫 부분에서는 "우리 나라 문명을 기독교적 반석 위에 놓고, 종교와 정치를 자유롭게 운동하게 한다면 국운이 장구하고 진보가 확실함은 결코 의심할 수 없다"[16]고 말하고 있다. 일본의 문명화를 위해서는 기독교가 불가결이라고 생각하고 있음을 알 수 있다.

이러한 기독교와 문명의 관계를, 특히 제10장과 제11장 「기독교와 문명의 관계」를 중심으로 조금 상세하게 살펴보자. 고자키는 "기독교 국가의 문명"과 "기독교 외의 문명" 두 종류를 상정하고 있다. 그리고 후자가 반드시 진보하는 것만이 아니라 퇴보할 수도 있는 데 비해[17] 전자는 "일정한 방향에 따라 진행하는" 것이며, 이 둘의 차이는 기독교에 의해 문명에 "생명"이 부여되어 있는지 아닌지에 있다고 말한다.

만들어진 종교

이런 의미에서 기독교를 행하는 것이 곧 문명인 것은 아니며, 고자키에 의하면 "구미 문명의 큰 원인은 기독교에 있다"는 말은 "구미 문명에 특별한 정신과 생명을 주어 사회를 조화롭게 하고 침윤시키는 것"을 가리킨다.

여기에서는 기독교와 문명의 관계라는 사회적 측면에 논의의 초점을 맞췄지만, 이는 고자키가 개인과 종교의 관계를 고려하지 않았다는 것은 아니다.[18] 그러나 이마나카 간시今中寬司가 이미 지적했듯이, 여기에서의 논의는 역사·문명이라는 측면에 중점이 있으며, 그로부터 기독교가 변증되어 있다고 말할 수 있다.[19] 그리고 후술하겠지만 여기에서 논의되고 있는 종교적 도덕은 국민적 도덕으로 확장되어 이해되기도 한다.

도덕과의 관계-세속도덕과 종교도덕

앞에서 확인했듯 기독교는 문명과 결부된 것으로 생각되었다. 그렇다면 그 기독교를 모델로 한 바람직한 종교는 사회 안에서 어떤 위치에 있으며, 어떤 기능을 하는 것인가?

이미 살펴봤듯이, 실리는 도덕을 주체적으로 행하게 하는 것으로 종교를 상정하고 있다. 고자키의 논의에서도 도덕과의 관련에 초점이 맞춰져 있으며, 특히 제 7·8장 「종교도덕의 필요」에서 논의되고 있다. 이 때 '종교도덕'은 "국가의 원기이자 생명이다" "국가를 결합하여 사회를 연계하는 그물망"이자 "국가를 강고하게 하여 정체政體를 견고하게 하는 기초"라고 하여 오로지 국가·사회와의 관계에서 파악되었음을 확인할 수 있다. 이는 물론 고자키가 『정교신론』을 저술할 때 설정한 관점에 근거한 것이다. 그 관점에서 보면 인간이 도덕과 마주하는 방식은 국민[20]으로서 도덕과 마주하는 방식처럼 파악되는 것이다.

이러한 '종교도덕'은 주로 세속도덕과 대항 관계에서 논의되었는데, 그때 문제가 되는 것은 '감화력'과 '권위'다. 이 '감화력'은 '도리'가 아니라 선을 향하는 '감정'을 불러일으키는 것이며, 선을 체현하는 이상적 모습으로부터 받는 감화의 힘이라고 한다. 또한 '권위'에 대해서는 "이를 침범하고 파괴하여 누구도 이를 질책하는 자 없는 때에는 어떻게 이를 실행할 것인가"라고 하여, 악에 대한 심판으로 서술한다.[21] 고자키는 세속의 도덕은 이 '감화력'과 '권위'가 결여되어 있는 반면, 종교의 도덕은 "감화력이 없을 때가 없으며 인간을 초월한 것을 믿는 이상 다소 권위가 없을 수 없다"며 둘을 구비하고 있다고 한다. 이로써 종교에 근거한 도덕의 필요성을 호소하고 있었던 것이다.

이 논의는 종교로 도덕을 뒷받침할 필요가 있다는 것을 주장한 것이며, 큰 맥락에서 『종교요론』의 도덕 논의와 공통되는 부분이다. 그러나 "내부의 의지를 개량"하여 도덕을 행하게 한다는 실리의 논의와 이곳의 '감화력' 논의가 호응하지만, 고자키의 '권위' 논의에 상당하는 부분이 『종교요론』에는 보이지 않는다는 점을 지적해두고 싶다.

정교의 일치에 대한 비판-유교주의 문제

이렇게 종교는 도덕을 근거 짓는 것이며, 그 도덕은 국가를 문명으로 나아가게 하는 데 불가결한 것으로 서술되어 있다. 그렇다면 이 경우 종교와 정치의 관계는 어떻게 생각되고 있는 걸까.

우선 『종교요론』에 서술되어 있듯 종교와 현실 권력과의 직접적인 관계는 부정된다. 예를 들어 일본의 불교를 들어 "정부에 의뢰하여 근근이 생명을 유지하는 데 불과하다"며 비판한다. 그러나 『정교신론』이 주로 비판의 대상으로 삼는 것은 유교에서의 정치와 종교의 결부[22]다. 불교 또한 "중국으로 건너간 이래 유교주의로 크게 그 정신을 변화시켰"기 때문에 정치와 결합하게 되었다고 말한다.

그리하여 비판은 유교적 정교일치로 향하게 된다. 우선 문명 서양에서 정교가 분리되어 있기 때문에 유교에서의 정교 결합이 자동으로 배척되는 측면이 있다.[23] 그러나 고자키는 단순히 그러한 입장에서만 유교적 정교일치를 비판하는 것이 아니다. 도덕을 근거 짓는 것으로서의 종교라는 측면에서도 유교를 비판하고 있으며, 거기에서 좀더 중층적인 논의가 이루어진다.

우선 고자키는 유교가 설파한 도덕에 대해, "유교는 단순한 도덕종교이므로 인심을 유지하는 데 족하지 않음을 알고" 있었지만, 그 해결책으로 "정교를 하나로 함으로써 목적을 이루고자" 한 것이 잘못되었다고 말한다. 이는 앞에 말한 '감화력 및 권위'와 관련된 것인데, 거기에서는 기독교와 유교 사이에 일종의 연속성이 상정되어 있다. 이에 대해 고자키는 다음과 같이 서술한다.

그 성덕과 광휘가 사람에게 접하고 그 위의威儀와 덕용이 사람을 감동시키며 이에 더하여 상벌의 대권을 주관하고 지극한 인과 애의 마음으로 인류를 통어하는 자가 있다면, 사람이 선에 몸을 담고 도를 향해 나아가는 신속함이 사두마차도 미치지 못할 바로다. 이것이 태서국들의 수신학에서 상제의 신앙을 도덕의 기본으로 삼는 이유다. 유교에서 성현의 군을 얻어 왕도를 펼쳐 천하를 평정하고자 하는 뜻을 생각건대 이외

에는 없다.[24]

고자키에 따르면, 유교는 도덕을 단순한 세속도덕으로 삼은 것이 아니다. "태서국들의 수신학"처럼 '감화력'과 '권위'가 있는 '교'를 개입시키고 있다. 이런 유교에 대해 고자키는 "정교를 일치시킴으로써 국가의 진정한 다스림治을 도모하기에 이르러서는 진리의 일단을 드러내고, 은근히 기독교 천국의 교지에 합치하는 바가 있다"고 일정하게 평가한다.

그렇다면 어떤 점에서 유교의 정교일치가 비판을 받은 것일까. 우선 정교가 일치하는 경우에는 정치적 군주인 '왕王'이 도덕적 '감화력'과 '권위'의 원천이 된다. 그런데 그 경우에 현실의 '왕'이 반드시 충분한 덕을 갖추고 있다고 할 수는 없다고 비판된다. 이는 기독교가 초월자인 상제를 근원으로 삼고 있는 점과 대비된다. 더 나아가 '왕'도 인간이기 때문에 "동등한 인류[왕]에게 무상의 권력을 부여하여 정치·종교·학문을 포함한 일체의 인사人事를 일임하는 것"의 문제도 지적된다.[25] 이런 지적의 배경에는 신 앞에서의 인간의 평등이라는 사고방식이 있다. 그로부터 또한 "인민은 군주 혹은 정치의 소유물과 같으므로 사람들은 개인으로서 권리를 가질 수 없고, 자기 권리가 없으므로 자유도 없다"며 유교주의 사회제도에서는 신분제도나 군신관계, 나아가서는 여성의 지위 등에서 문제가 있다는 비판이 도출되어 있다.[26]

종교적 진리의 문제-종교로서의 유교의 위치

앞서 확인했듯, 최종적으로 유교적 정교일치는 비판되었지만 동시

만들어진 종교

에 유교는 단순한 세속도덕이 아니라 '교'에 근거한 도덕이라는 점에서 일정한 평가를 받았다. 여기에서는 『정교신론』이 『종교요론』과 확연하게 다른 점으로서, 기독교와 다른 종교의 관계를 살펴보자.

고자키는 제9장 「유교와 기독교」에서 "자연自然·천계天啓"라는 모든 종교에 적용할 수 있는 두 가지 구분을 말하고 있다. 이에 따르면 자연종교는 "사람으로부터 나와서 사람의 궁리로서 신을 추구하고 절대에 도달하고자 하는" 것이다. 또한 이는 "한 국가, 한 지역, 한 인종에서 행해지는 것으로 교리가 매우 불완전하며, 대개 종교적 진리의 일단을 대표하는 데 불과"하다고 지적한다. 이와 비교해 천계종교는 "신으로부터 나와서 신의 방법으로 사람을 추구하고 이를 구원하고자하는 것"이며, "전 세계 인류 일반의 종교로서 그 교리는 완전무결, 절대종극이며 모든 종교적 진리를 함유한다"고 말한다. 구체적으로는 "불교, 브라만교, 회회교[이슬람] 등"이 자연종교이며 "천계교는 유일하게 기독교 하나뿐"이다.

이 구분은 『종교요론』에서 종교를 둘로 구분해 논의한 것과 닮아 있다. 그러나 고자키는 이 둘 사이의 단절보다는 기독교를 더 높은 위치에 두면서 연속성을 보고 있다.

> 자연종교에는 일신교도 있고 다신교도 있고 범신교도 있다. 또한 도덕교도 있고 부도덕교도 있다. 또한 낙천교도 있고 염세교도 있어, 그 형상은 천차만별이라고 하지만 모두 적극적인 점 혹은 소극적인 점으로부터 기독교에 이르는 계제 준비가 아닌 것이 없다.[27]

분명히 논의의 중점은 다른 종교가 '가교假教'이며 진정한 종교인 기독교로 가는 '계제'라고 하는 점에 놓여 있다. 그런데 여기에서는 모든 '자연종교'에 대해 어떤 형태로든 기독교로 향하는 연속성이 모색되었음을 지적할 수 있다.

3. 주장의 배경

이와 같이 『정교신론』에서 세속도덕에 대해 종교도덕이 필요하다고 호소하는 점, 유교주의적인 정교일치를 배척하면서 그 연장·완성으로서 기독교의 필요성을 변증하는 점을 확인할 수 있었다. 그리고 이들을 관통하는 논의의 전제로 기독교와 서양 문명이 분리되지 않는 것으로 이해되었던 점도 살펴봤다.

마지막으로, 이 주장이 나온 배경에 대해 약간 보충해두고자 한다. 고자키는 1886년에 반초교회를 설립했는데, 이 교회에는 구화주의의 영향을 받은 정부 고관이나 유력자가 많이 찾아왔다.[28] 이 점을 생각해보면 이 『정교신론』도 직접적으로는 고자키가 말하는 "중등 이상의 사회"를 대상으로 한 논의였던 것이며, 서양 문명을 이상으로 삼은 점이나 종교와 사회의 관계라는 어떤 의미에서는 천하국가의 관점에서 논의를 전개한 점은 그러한 청중을 상정했기 때문이라고 할 수 있다. 그리고 유교와 기독교를 완전히 단절시키지 않고, 기독교를 유교의 상위에 있는 완성된 종교로 논했던 점도, 단순히 고자키 자신의 유교적 소양에 기인하는 것이라기보다는, 그런 청중을 시야에 넣은 주장이었다고 생각할 수 있다.

또한, 종교도덕 주장의 배경에는 "종교무용론에 대한 반격"[29]의 의

만들어진 종교

미도 있다. 이 경우의 논적으로는 스펜서의 무신론적 진화론이나 콩트의 불가지론, 그 이론을 원용하여 종교를 불합리하며 불필요한 것으로 본 아리가 나가오有賀長雄 등의 논자를 상정하고 있었다.[30] 이는 또한 이 책 제3장에서 논한 다카하시 고로의 입장과 충돌하는 것이었는데, 그러한 '종교무용론'에 대해 고자키는 반론—그러나 과학과의 친화성은 더 이상 강조되지 않는다[31]—한 것이다.

결론
종교와 기타 종교들

메이지 초기에 기독교가 문명의 종교로 이해된 측면이 있다는 것은 이미 서술했다. 이 장에서는 어떤 기독교 이해와 종교 이해가 제시되었으며, 그런 이해가 어떻게 수용되었고 또 바뀌 읽혀졌는지를『종교요론』과『정교신론』을 중심으로 살펴봤다.

종교는 인간에게 정신적 영향을 주고 도덕을 주체적으로 행하게 한다고 얘기되었다. 또 그러한 '종교도덕'은 주로 국가·사회와의 관계에서 자리매김되었다. 정교분리가 올바른 것이라고 주장하지만, 그 경우 종교가 뒷받침하는 도덕—고자키에게는 오로지 국민에게 있어서의 도덕—이 정치와 대립하는 사태는 상정되어 있지 않았다. 이들의 논의에서 종교는, 도덕이라는 장場에서 정치와 조화를 이루며 상보하고 문명을 향해 예정조화적으로 진보해간다고 여겨졌다.

고자키는 기독교라는 올바른 종교가 정치를 이끌어간다는 구도[32]를 견지했던 것처럼 보인다. 하지만 대립의 계기를 생략하고 양자의 조화가 소여의 것으로 놓여있는 경우에는, 오히려 정치의 현 상태

만들어진 종교

를 추인하는 것으로서 종교가 상정된다. 그리고 고자키가 정교의 조화를 성립시키고, 종교·기독교 변증의 근거로 삼았던 도덕이라는 장_場 그 자체의 자리매김이 메이지 20년대에 들어서면서 문제시된다. 이에 대해서는 이 책 제8장에서 다시 서술하겠다.

　또한 이 장의 첫머리에 얘기했듯 종교라는 인식 틀 자체가 구축되는 과정에 초점을 맞춰『정교신론』에서 종교라는 영역이 어떻게 다뤄졌는지에 주목했다. 우선『종교요론』에서는 기독교의 진리성이 다른 종교 전통에 대해 전투적·배타적인 형태로 제시되었던 데 반해,『정교신론』에서는 종교적 진리성을 완성시키는 데 있어 기독교가 타 종교보다 상위에 있는 것으로 논의되었다는 점을 지적할 수 있다.

　이렇게 복수의 종교 전통 사이에 단계적인 연속성을 상정하는 사고방식, 총칭으로서의 종교라는 이해 방식으로 연결된다. 이는『종교요론』과『정교신론』의 발화 자리가 상이했기 때문이기도 하다. 또한 고자키가 전자를 번역한 다음 후자를 공표하는 사이에 축적된 논의들—단적으로는 기독교와 불교 각각의 입장에서 이루어졌으며, 결과로서 쟁점을 공유하게도 된 상호 비판—의 영향을 받기도 했을 것이다. 어느 쪽이든 간에 종교에 대한 언설의 축적은 근대 일본에서 종교라는 개념의 공통 이해를 형성했으며,『정교신론』또한 그 과정에 참여했던 것이다.

제 6 장
나카니시 우시오의
종교론

제
1
절

서론

불교변증론에서
바람직한 종교

이 장에서는 불교 쪽에서 다룬 기독교론의 한 예로 나카니시 우시오中西牛郎[1]의 종교론을 메이지 중기의 불교변증론에서 큰 영향력을 지녔던 이노우에 엔료井上円了[2]의 논의와 비교해보자. 나카니시가 불교를 칭송하고 기독교를 비판했음은 물론이다. 거기에서 논의된 바람직한 종교가 어떤 것인지 살펴보자.

나카니시에 관한 선행 연구는 많지 않다.[3] 하지만 동시대 자료에서는 그를 적극적으로 평가하고 있다.[4] 특히 불교 개량을 추진하려 했던 젊은 재가불교도들이 나카니시를 호의적으로 읽었다. 이와 관련하여 나카니시의 논의를 메이지 후기 신불교도 동지회로 이어진 불교 개량운동의 흐름 속에서 자리매김하는 연구가 근래에 이루어지고 있다.[5]

그러나 여기서는 이러한 논의를 바탕으로 나카니시의 불교변증론이 어떠한 종교 이해에서 성립했는가를 고찰한다.

180   만들어진 종교

메이지 중기까지의
개관

1. 불교가 처한 상황과 배야론

당시 불교가 처한 상황을 살펴보자. 우선 1868년의 신불분리령과 그 결과로 이루어진 소위 폐불훼석廢佛毁釋이 있다. 이를 중요한 계기로 삼아 종파마다 교단 형성이라는 조직 수준에서, 나아가 통불교적인 '불교'라는 자기 인식의 수준에서 스스로를 새롭게 구성하고 다잡을 필요가 있었다. 이러한 분위기에서 부정적 이미지를 지녔던 외래 종교 기독교를 배격함으로써 스스로의 존재 기반을 확보하려는 움직임이 생겨났다.

앞서 부정적 이미지라고 말한 것은, 1873년에 금교령禁教令이 철폐되고 묵인되는 상황이 될 때까지 기독교는 여전히 금지 대상이었고 활동 지역이나 교도의 확대는 현실적으로 제한을 받았기 때문이다. 분명히 배야서排耶書는 막부 말기와 메이지 초기에 걸쳐서 활발하게 출판되었다. 하지만 그것은 예를 들면 기독교는 외국의 앞잡이라는 어조[6]에서 볼 수 있듯이 근세의 배야론을 직접 답습한 것이다. 불교도와 기독교도의 사이에 실질적인 관계는 그다지 보이지 않았다.

따라서 이때 '야소'는 실제 기독교 조직과 반드시 접점을 갖는 것이 아니다. 야스마루 요시오가 지적했듯 반문명·반야소라는 민중의 세계관과 친화적 형태로 이른바 타자·적의 이미지로 기능했다.[7] 앞서 말한 배야서 역시 부정적 이미지의 증폭 상승에 역할을 담당했다.

그리고 이와 같은 이미지가 전제된 다음에 일본인 기독교도가 일정한 숫자에 도달해 지방 전도를 시작한 1870년대 후반부터는 실제로 불교 신자의 활동과 기독교도의 활동이 교착되었다. 이러한 현상은 한편으로는 연설과 잡지 등 언론 활동에서 나타났다. 다른 한편으로는 토착 전통과 대치하는 형세로 기독교 전도가 이루어졌고 또한 직접 폭력을 수반한 반기독교 운동이 광범위하게 펼쳐졌다.

2. 기독교가 처한 상황과 변증의 논리

실제 전도에 종사했던 기독교도들은 이러한 반기독교 운동으로 인해 각기 어려운 상황에 몰리게 되었다. 하지만 불교 쪽의 배야론은 기독교의 변증론 차원에서는 그리 직접적인 반박 대상이 되지 못했다. 앞서 언급한 대로 불교 쪽의 배야론이 새롭지 않은 이유도 있다. 하지만 이른바 문명개화나 구화주의의 영향을 받아서 교세를 계속 확대한 기독교를 '문명의 종교'로 말함으로써 불교는 그저 낡고 폐기해야 할 대상으로 치부될 수 있었다.

이렇게 보자면 이 무렵 일본의 기독교계에서는 오히려 진화론·불가지론不可知論에 의한 기독교 공격이 더욱 긴요한 문제로 등장했다. 1877년부터 1879년에 걸친 모스의 반기독교적 진화론 강좌를 시작으로 과학적 관점에서 기독교에 대한 비판이 나왔고 종교를 비합리적이고 불필요한 것으로 생각하는 사고가 소개되었다. 이 무렵 기독교도들이 펼친 대다수 언론 활동이 그러한 주장에 대한 기독교의 변증에서 이루어졌다. 예를 들면 『칠일잡보』나 『육합잡지』와 같은 기독교 잡지의 논설이 그렇다. 특히 다카하시 고로의 논의(이 책 제3장 참조)나, 야마자키 다메노리의 『천지대원인론』(1881), 우에무라 마사히사의 『진리일반』(1884), 고자키 히로미치의 『정교신론』(1886) 등의 저작도 마찬가지다.

다시로 가즈히사田代和久는 "'문명'의 정당성, 우위성을 둘러싼 충돌"[8]이라는 표현으로 기독교와 진화론의 상극을 말했다. 하지만 이는 처음에 기독교와 문명의 결속을 받아들일 때에 전제라고 여겨졌던 만큼 당시 일본인 기독교도들에게는 아주 큰 문제였다.[9]

따라서 이 무렵 기독교 변증의 논의도 기독교를 문명과 분리한 후 종교로서의 독자성·필요성을 논하기보다는 문명과 기독교는 조화를 이룬다는 점에 새삼 호소하는 일이 많았다.[10] 기독교만이 문명과 조화로울 수 있다는 이 주장은 불교와 유교 등 다른 종교는 문명과는 어울리지 않는다는 배척 논의를 초래했다. 앞서 보았듯이 이 무렵 기독교도가 상정하는 바람직한 종교의 모습에서 문명과의 관계성은 중요한 위치를 차지했다고 할 수 있다.[11]

제
3
절

이노우에 엔료

이러한 상황에서 불교 쪽에서 새로운 기독교 비판 논의가 이루어 졌다. 세리카와 히로미치芹川博通는 불교 입장에서 제기된 배야론을 세 시기로 구분한다. 제1기를 근세 초기, 제2기를 근세 말기부터 근대 초기까지, 제3기를 메이지 중기 이후부터로 설정하면서, 세리카와 는 메이지 중기 이후의 배야론이 이전과는 질적으로 다르다고 말한다. 대표적 논객으로는 이노우에 엔료, 나카니시 우시오, 기타바타케 도류北畠道龍, 미즈타니 닌카이水谷仁海, 다이도 조안大道長安 등을 거론한다.[12]

이들의 기독교 비판 논리는 종래와는 한 획을 긋는 것이었다. 단적으로 말하면 기독교도가 위급한 문제로 파악하고 있던 문명과 기독교가 상극이라는 문제를 논점으로 삼았다. 예를 들면 성서의 내용을 논의 대상으로 하여 기독교는 진화론·불가지론에 의해 그 모순을 비판받고 있다고 지적했다. 그에 반해 불교는 모든 학문과 정합적이기 때문에 불교가 기독교보다 우월하다고 주장했다.

미네시마 히데오峰島旭雄는 이러한 논의가 "(서양)철학과 과학을 바탕으로 불교를 이론적으로 변호하고 기독교를 배격하는 경향"을 지닌다고 지적하고서 대표적 인물로 이노우에 엔료를 거론한다.[13] 아래에서 이노우에의 논의에 나타난 논리를 살펴보자.

1. 『진리금침』

이노우에의 기독교 비판 논의는 1885년 『파사신론破邪新論』, 1885년 『기독교의 난목難目』, 1886년 『진리금침眞理金針·초편』, 1886년 『진리금침·속편』, 1887년 『진리금침·속속편』, 1887년 『불교활론佛教活論·서론』, 1887년 『불교활론·파사활론破邪活論』, 1888년 『종교신론』, 1890년 『불교활론·현정활론顯正活論』 등에서 살펴볼 수 있다.[14] 여기서는 대표 저작 『진리금침』을 분석해본다.

이노우에는 『진리금침·초편』 「기독교를 배척하는 것이 이론에 맞는가」에서 성서에서 볼 수 있는 창조설과 진화론의 상극 등을 지적했다. 그리고 기독교의 가르침이 문제가 있는 반면 불교의 인과론은 도리에 따른 것이라고 주장했다.

또한 『진리금침·속편』 「기독교를 배척하는 것이 실제에 맞는가」에서는, 국가와의 관계에서 볼 때 종교가 국가의 국제관계·정치·도덕·교육·개명 등 실천적인 측면에서 가지는 '실익'을 논점으로 삼았다. 기독교는 "진리에 위반되며 개명을 방해하고, 국익을 초래하지 않는" 데 반해 불교는 그렇지 않다고 주장하고 있다. 그러나 현재 불교 자체가 '실익'을 가져오는 것이 아니기 때문에 '실익'을 위해서는 불교 개혁이 필요하다고 논하는 점에는 유의해야 한다. 이노우에는 진리·개명·국익을 종교의 판단 기준으로 삼았던 것이다.

그리고 『진리금침·속속편』의 「불교가 지력智力과 정감을 완전히 갖춘 종교인 까닭을 논한다」에서는 기독교가 "정감 일변도의 종교"임에 비해 불교는 성도문聖道門이 지력知力의 측면을 담당하고 정토문淨土門이 정감의 측면을 담당하고 있어서 "지력과 정감 양면이 완전한 종교"라고 논했다. 이러한 불교 우월성의 변증은 이노우에의 1888년 『종교신론』에서도 볼 수 있으며 진리성에서 불교가 더욱 뛰어나며 기독교까지도 포용하는 종교라고 말했다.

2. 주지적인 종교 이해

이노우에는 『진리금침·속속편』에서 종교에 '지력智力'과 '정감' 양측면이 있다고 말했듯이 종교와 관련된 정서적이고 감정적인 측면을 완전히 무시하지 않았다. 하지만 불교의 우월성을 '지력의 종교'라는 점에서 찾아냈다. 예를 들면 "종교는 반드시 정감에서 생겨난다고는 할 수 없다. 비록 고대 종교는 순전히 사람의 상상에서 일어난 것이라 정감에 속한다고 해도, 오늘날의 종교는 도리에 적합한 만큼 지력에서 생겨났다고 말하지 않을 수 없다"라는 종교관을 표명했다. 또한 기독교에 대해서도 『진리금침·초편』에서 "내가 야소교를 배척하는 것은 (…) 오늘날의 학문과 이치에 적합하지 않"기 때문이라고 했다. 이노우에는 종교의 지적 측면을 좀 더 높게 평가했다.

『진리금침』만이 아니라 당시 이노우에의 종교 이해에 주지적인 측

만들어진 종교

면이 있다는 점은 선행 연구에서도 지적되었다.[15] 그러나 이와 같은 주지적인 종교 이해는 이노우에 개인의 자질로만 보기 어렵고 동시대적 종교 이해와 관련지어 생각해야 한다. 이와 관련해서는 나카니시 우시오를 논할 때 뒤에서 함께 살펴볼 것이다.

나카니시 우시오

여기서는 나카니시 우시오의 기독교 비판·불교 변증의 논리를 주로 1889년의 저작인 『종교혁명론』[16]에 의거해서 살펴보자.

나카니시는 이 시기에 속세에 있는 불교도로서 불교혁신론을 제창했다. 『종교혁명론』 서두의 집필 이유에서 그는 "우리 나라 불교의 쇠퇴함을 개탄함" "승려 및 신도를 타일러 깨우치게" 하기 위해서 "붓으로 온 천하의 불교 신자에게 호소하기" 위해서라고 말했다. 또한 책의 마지막 장 제목을 「구불교를 일변시켜 신불교를 이루지 않으면 안 된다」고 붙였다. 이어서 나카니시는 『조직불교론』(1890), 『종교대세론』(1891), 『신불교론』(1892), 『불교대난론佛敎大難論』(1892) 등을 저술하고, 잡지 『경세박의經世博議』(1890~1892)[17]의 주필을 맡아 활발하게 불교에 대해 논했다.

그러나 『종교혁명론』이 우선 다룬 것은 바람직한 종교에 관한 논의다. 단적으로는 기독교 비판이자 동시에 불교의 변증론이다. 나카니시는 불교 개혁의 문제를 단순히 일본만의 문제가 아니라, 불교와 "세계

만들어진 종교

문명의 대기운"의 관계에서 인식해야 한다고 보았다. 세계 종교의 동향에 근거하여 기독교보다 불교가 바람직하다고 말한 것이다.[18]

1. 『종교혁명론』에 보이는 종교의 의미

1) 종교심의 분석 - '자연교'와 '현시교'

먼저 서두에서 나카니시는 서양 학자들의 학설을 바탕으로 종교를 '자연교Natural Religion'와 '현시교Revealed Religion'로 구분하는 사고방식을 밝혔다. 자연교는 인간이 자연스럽게 갖추고 있는 종교심이 나타난 것으로, '이철이학理哲二學(=과학과 철학)에 의해서 구체적으로 연구되고 진보된 것이라고 한다. 그리고 인간의 지적 영위의 결과로 나타난 '자연교'와 대비되는 형태인 현시교顯示敎는 "성서, 신불, 예언자, 구세주가 있고 그 외에 보통 인간의 능력을 초월하여 인간의 지력이 도저히 연구해낼 수 없는 바를 나타내며 영원무궁한 운명을 보여주는 것"[19]이라고 말한다. "지력의 추리"가 도달하지 못하는 것, 인간을 초월한 것을 감득한 바가 '현시교'라고 한다.

나카니시는 "자연과 현시를 종교의 2대 요소"로 보고 이 두 가지는 모두 종교에 불가결한 요소이고 모든 종교는 두 가지 측면을 갖추고 있다고 말한다. 따라서 둘 중 하나만을 가진다면 그것은 종교가 아니다. 예를 들면 유교에 대해서는 "유교에 현시는 없"기 때문에 종교가 아니라고 논했다.[20]

나카니시는 이러한 입장에서 "야소교와 불교는 모두 인간자연의 천성에 근거하는 점에서 결코 다르지 않다. 또한 현시를 포함하고 있다는 점에서도 결코 다르지 않다"[21]라고 한다. 즉 기독교와 불교는 두 가지 측면을 모두 구비했다는 것이다. 그래서 나카니시는 기독교가 천계교天啓教임에 비해 불교는 철학교라는 사고방식—이는 기독교 변증도 불교 변증도 될 수 있다—을 배척하고 현시교와 자연교의 순서로 논의를 전개했다.

2) 종교는 현시에 의해서 존재한다 - '현시교'의 측면

나카니시는 "인간 지력이 알 수 있는 범위에 관계된 현시는 가치 있는 것이 아니다. 이른바 종교의 진정한 현시는 과학과 철학이 닿지 않는 범위에 있다"[22]고 하면서 먼저 종교의 현시적 측면은 인간 지력이 미치지 않는 곳에 있다고 말한다. 이와 같이 현시를 인간 지력이나 과학·철학과 분리한 다음 '현시'의 진위를 판단하는 기준을 다음과 같이 말한다.

이른바 인간의 지력이 미치지 않는 바는 도리를 초월한 것으로 결코 도리에 반하는 것이 아니다. 생각건대 도리를 초월함about reason[23]이란 통상의 추리, 학술의 지식으로 도달할 수 없다. 도리에 반함contrary to reason이란 하나를 둘이라하고 원인 없는 결과를 낳는 것처럼 인간 사상의 법칙에 반대되는 것이다. 그렇다면 현시가 표명하는 바는 추리, 지식으로 바로 도달할 수 없다고 하지만, 어떻게 인간 사상의 법칙에 반대되는 것을 믿을 수 있겠는가. 그렇다면 이 차별이 현시의 진위를 판단하는 하나의 커다란 표준임을 알아야 할 것이다.

만들어진 종교

이 외에도 나카니시는 현시를 받은 자가 "그 품위는 도덕세계 인류의 모범"일 것, 현시자가 자연교를 일으키는 경우에 그것이 "과학과 철학의 진리"에 합치할 것, 또 현시가 "무한의 감정, 무한의 욕망"이라는 "인류 일반의 종교심"에 만족을 주어야 한다는 등 몇 가지[24] 기준을 제시했다. 하지만 위의 인용에서 말한 "도리를 초월"하는 것이지만 "도리에 반"하는 것은 아니라는 점, 즉 지적인 연구의 결과로 도달될 수는 없지만, 동시에 "인간 사상의 법칙"에 역행하지 않는다는 점이 불교와 기독교의 비교에 있어서 가장 중시된다.

이와 같이 '현시'의 진위 판정 기준을 설정한 후 우선 나카니시는 예수 그리스도가 계시를 받은 사람(=현시자)이라는 근거로 "죽은 사람을 일으키고, 병을 치료하고 귀신을 내쫓고, 바다를 걸으며, 파도를 진정시키고, 물을 변화시켜 술로 만들고, 다섯 개의 떡을 5000명에게 나눠주고 또 스스로 죽음에서 살아나서 승천한 것과 같은" 여러 가지 기적을 든다. 그리고 이러한 기적들은 "인간 목전目前의 도리에 반하는 것"이라고 한다. 따라서 기적을 근거로 기독교의 현시를 주장하는 것은 역으로 현시의 진리성을 의심하게 한다고 지적한다. 여기에서 종교를 판단하는 기준의 하나로서 '인간 사상의 법칙'이나 '인간 목전의 도리'가 자리하고 있음을 알 수가 있다.

3) 종교의 진화 - '자연교'의 내실

다음은 인간이 지적으로 연구해서 만들어낸 '자연교'에 대한 논의다. 나카니시는 그 변천을 다신교polytheism에서 일신교monotheism로 이르며 최종적으로는 범신교pantheism에 도달한다는 도식으로 논한

제6장 나카니시 우시오의 종교론

다. 나카니시는 이것이 역사적 사실이며 시간의 축에 따라서 진화한다고 했다. 이는 "종교 진화의 삼대 계급으로서 사회 문명의 진보를 구별한다"[25]는 그의 말에 명확히 나타나 있다.

그리고 나카니시는 동시대적 상황으로 "인간 지성이 크게 진보해 더욱 폭 넓고 정교해짐에 따라 일신교 또한 그 세력을 잃지 않을 수 없다"[26]라고 말하며 인간 지력의 진보로 일신교 세력이 쇠퇴한 지금이야말로 비로소 범신교의 단계로 옮겨가고 있다고 전제했다. 그 이유로 그는 "만일 신이 만유의 밖에 있고 만유는 신의 밖에 있다고 말한다면 이 둘이 병립하여 각각은 상대적인 것이 되기 때문에 절대적이지 않다. 둘이 분리되어 서로 유한함으로써 무한하지 않다"[27]라며 일신교의 모순을 지적한다. 즉 일신교의 논리로는 무한한 만유를 만들어내는 절대자·창조자인 신이 있다. 그런데 그 일신이 만유에 포섭될 수 없는 유한한 것이 되므로 논리적 모순을 일으킨다는 것이다.

이와 같이 일신교와 범신교를 비교해 나카니시는 "신체神体를 우주만유 밖에 세운다면 신과 만유가 격리되어 일신교가 되고, 신체를 우주만유 위에 세운다면 신과 만유가 일치해서 범신교가 된다"[28]고 하여 범신교가 '인간 지성'에 입각하여 도리를 갖추었다고 했다. 그러므로 나카니시는 "사상의 자유가 이미 발달했고 이철이학(=과학과 철학)이 이미 진보했다면 사회 인심은 마치 환천희지歡天喜地하며 개선가를 부르고 범신교를 맞이하려는 모습과 같다. 왜냐하면 이철이학이 아니면 범신교의 진리를 드러낼 수 없고 범신교가 아니면 이철이학의 종국을 맺을 수 없다"[29]고 말하여 인간 지성(="이철이학")의 진보와 발맞추어서 범신교가 등장한다고 논했다. 이에 관해 별도로 "일신교의 본진을 공격하여 무너뜨리고 범신교를 승리로 이끄는 것은 철학의 논리에 따라야 한다"[30]고 말했듯이 인간 지성을 하나의 판단 기준으로 하고 있다.

4) 진리에 합하는 순전한 종교-불교의 변증

이와 같이 불교가 한층 더 고도의 인간 지성에 적합한 범신교인 반면 기독교는 일신교라 하고 이에 의거하여 먼저 자연교의 측면에서 기독교에 대해 불교의 우월성을 논했다.

그러나 동시에 불교가 단순한 인간 지성의 범위를 넘어서서 종교인 이유는 초월성과의 교섭을 다루는 현시교의 측면까지도 갖추고 있는 점에 있다고 했다. 나카니시는 "불교가 자연교에 불과하다고 한다면 헤겔, 루소 등 여러 사람이 세운 철학과 조금도 다르다고 볼 수 없다"[31]라며, 불교가 만일 자연교의 측면만을 갖는다면 그것은 철학과 다를 바 없다고 했다. 또한 불교가 지닌 종교적 성격에 대해서 "무한심의無限心意의 목적을 보여주고 인성을 개발시키며 무한심의와 일체가 되는 길을 설득함에 이르러서는 참으로 불교가 현시교인 이유가 생기며 불교의 올바른 종교적 이유는 어쩌면 여기에 있을 것이다"[32]라며 초월성(=무한심의)과의 관련을 언급했다.

또한 2장에서 말한 현시교의 논의를 불교에 적용시켜 석존은 '인간 모범Human Type' '인간 발달Human Development' '인간 덕성Human Virtue' '인간 진보Human Progress'의 여러 측면에서 뛰어나며[33] 모범적 인격으로 인해 석존은 '현시자'일 수 있다고 했다. 이와 같이 불교의 '현시'적 측면을 논한 다음에 불교는 "범신교로 기초를 삼는 현시교"[34]라고 말했다.

2. 나카니시 논의의 특징

이렇게 주로 종교 이해에 초점을 맞추어 『종교혁명론』의 논의를 개관해보았다. 이어서 이 논의의 특징을 살펴보겠다.

종교의 틀-'현시교' '자연교'라는 분류의 위상

앞서 본 것처럼 이노우에는 기독교의 불교 비판에 정면으로 대항하는 형태로 독자적인 종교철학적 틀을 갖춰 논의를 진행했다. 이에 비해 나카니시는 종교를 논하면서 기독교 입장의 종교론에서 보이는 논리나 개념틀을 부분적으로 공유했고 불교의 입장에서 그 개념을 넓혀서 논의를 진행했다.

나카니시는 '현시교Revealed Religion'와 '자연교Natural Religion'라는 분류를 사용했다. 이는 기독교신학의 계시종교와 자연종교에 각각 대응되는 것이다.[35] 또한 고자키 히로미치도 『정교신론』에서 종교를 '천계'와 '자연'으로 구분했다.[36]

기독교의 입장에서 이루어진 논의에서 보자면, 예를 들어 고자키는 기독교만이 신으로부터 주어진 종교이며 불교는 인간이 만들어낸 종교라고 주장했다. 하지만 나카니시는 모든 종교는 양쪽의 측면이 있다면서 기독교는 현시교이며 불교는 자연교라는 주장에 반박했다.

나카니시는 '현시교'가 포함되는 범위를 확대하여 불교도 그런 성격이 있다고 했다. 결론적으로 불교의 우월성을 변증하나 종교의 속성이라는 측면에서 종교라고 이름붙이는 한, 종교 전통에서는 모두 공통된 것이라고 논했다. 모든 종교 전통을 종교로서 동일한 자격으로 파악한다는 측면을 우선 주목해보면, 이러한 논의 틀은 개별의 종교 전통을 각각 중립적으로 비교한다는 종교에 대한 학문적 태도로 이어지는 것이라 할 수 있다. 나중에 나카니시는 일본의 종교학의 성립과 관련된 유니테리언에 잠시 참가하기도 했다. 이는 나카니시의 이러한 종교 인식 방법과 무관하지 않을 것이다(제9장 참조).

현시교의 위상-이노우에와 비교하여

앞서 말한 대로 이노우에 엔료의 기독교 비판은 그 이전과 비교해 혁신적이지만 나카니시는『종교혁명론』의 서언에서 "근래의 저명한 불교활론佛教活論은 탁견으로 나를 자주 감복시키기에 충분하다. 또한 그 저자는 내가 존경하지만 불교에 대한 논의는 나의 소견과 다르다"며 이노우에의『불교활론』과 그의 불교론에 위화감을 표명했다. 이노우에와 나카니시 모두 불교가 종교로서 우월성(그리고 불교의 개혁)을 갖는다고 말했으나 그 논리에는 각각 공통점과 차이점이 있다.

먼저 둘의 공통점을 보면 불교는 기독교보다 과학이나 철학이라는 인간지人間知와 더 조화를 잘 이룬다는 사고방식이 있다. 이는 이노우에의 불교 변증을 이루는 근거의 중심이며 또한 나카니시의 '자연교' 논의 중 '이철이학'과 불교의 관계 대목에서 볼 수 있다.

차이점으로는 종교에서 인간 지성으로 납득할 수 없는 측면에 대한 인식이 있다. 앞서 말한 대로 이노우에는 종교를 '지력의 종교'와 '정감의 종교'로 나누고 '지력의 종교'를 더욱 뛰어난 종교라고 했다. 이와 비교해 나카니시는 종교를 인간지에 호응해 구성된 '자연교'와 그것만으로는 인식할 수 없는 '현시교'의 두 측면으로 인지하고, 종교라는 것은 양면 모두를 갖는다고 했다. 그리고 특히 불교와 '철리哲理'의 관계에 대해서 다음과 같이 말했다.

> 우리 나라에서 불교를 논하는 자는 왕왕 종교가 무엇인지를 알지 못한다. 말하자면 우리 불교는 철리哲理에 일치하는 것이고 철리를 응용하는 것이다. 공연히 철리에 일치한다고 진정한 종교라고 할 것인가 (…) 종교가 종교인 이유는 단순히 자연교가 아니기 때문이 아닌가.[37]

나카니시의 논의에서 종교가 종교인 이유는 '현시교'의 측면에서 추구되었으며 인간지에 적합한 것이 더 좋은 종교임을 의미하지는 않았다.

현시자와 도덕

그렇다면 나카니시가 말하는 현시교에는 어떠한 특징이 있을까? 먼저 그의 논의에서는 '현시자'라는 특정한 인격에 도덕과 관련하여 초점을 맞추고 있다. 나카니시는 불교가 현시교인 이유를 붓다(=석존)가 '현시자'인 점에서 구한다. 붓다가 현시자인 근거는 고결한 인격 때문이다. 이 관점에서 나카니시는 붓다의 대자대비가 예수보다 위라고 했다. 하지만 "나는 야소교의 교리에는 조금도 감응하지 않지만 야소라는 인물에는 크게 감복하는 바가 있으며 이것이 내 양심의 빛"[38]이라며 예수 그리스도라는 '인물'을 일정하게 평가하고 예수 그리스도를 '현시자'로 인정했다.

나카니시에게 현시교는 단순하게 추상적인 초월성·진리가 아니라 현시자라는 인격으로 이해되고 있다.[39] 그리고 예를 들면 "붓다는 진리의 실체이고, 정신의 이상이며, 도의의 세력이고, 우리의 자모이며 진여의 현시자이고 만법의 해석자이고 중생의 제도자이며 우주의 조화자"[40]라고 말하듯이 단순히 도덕적인 측면에서만 이해되는 것은 아니다. 하지만 그의 현시자 이해는 도덕적 모범으로서의 측면에 명확히 초점을 맞추고 있다.

현시와 이성

또 다른 특징으로 '현시'와 이성의 관계를 지적할 수 있다. 앞서 말한 대로 나카니시는 현시가 인간지를 뛰어넘는다고 했다. 하지만 동시에 인간 이성(=reason)과의 관계에서 이성에 반대되는 것(=contrary to reason)은 아니라고 했다. 따라서 나카니시의 논의에서 '현시'는 초월성과의 관계에서 인식할 수 있지만 인간 이성과 상극되는 사태는 상정하지 않았다.

거꾸로 말하자면 "보통 자연의 이치에 반하는 기묘하고 기이한 현상은 결코 사람이 확신할 수 있는 것이 아니다"[41]라는 말에서 드러나듯이 '자연의 이치'에 부합하지 않는 것은 배척되었다. 나카니시는 인간 이성과 어긋나는 것을 현시라는 말에 포함시키지 않았다. 더욱이 종교가 종교인 이유를 현시로 파악했던 점에 비춰보면 나카니시에게 종교는 인간지의 범주를 크게 뛰어넘는 것이 아니었다.

이러한 사고방식의 동시대적인 측면에 대해서는 나중에 말하겠다. 하지만 인간 이성에 반하지 않는 '현시'라는 사고방식은, 인간지와 고결한 인격성이 서로 대립되지 않는다는 전제에서 인식되었다. 앞서 말한 도덕적인 인격성에 초점을 맞춘 '현시자'의 이해와 정합성을 갖는다고 할 수 있다.

3. 메이지 20년대 전후의 종교

그렇다면 동시대적인 종교를 둘러싼 논의에서 나카니시의 종교론이 갖는 특징은 어느 지점에 자리할까?

인간지와 종교

나카니시의 논의에서 '현시'는 인지人智를 초월하는 동시에, 그러나 인간지人間知의 범주를 넘어서지 않는 것이었다. 이것은 당시 시대적 특징에서 말해진 종교론이다.

이노우에의 논의 및 같은 시기의 기독교 변증 논의, 그리고 나카니시의 '자연교' 논의에서 종교로서의 우위성을 변증할 때 인간지와의 정합성이 하나의 논거로 여겨지며 양자는 서로 어긋나지 않는다고 했다.

이것은 원래 인간의 지성으로 종교를 논하는 것이 가능하다는 사고방식에 근거한 것이다. 이노우에와 나카니시의 논의에서 보듯 이러한 사고방식 안에서 복수의 종교 전통을 이성적이며 학술적으로 비교·검토해가는 저술이 나왔다.

그러므로 나카니시가 종교의 초월적 측면을 반복해서 말했음에도 이것이 반드시 현대적 의미의 초월성—즉 인간지나 이성적인 연구의 직접적인 연장선상에 위치하지 않거나 과학적인 지知와는 위상이 다르다고 이해되는 것—으로 다가오지 않는 것은 나카니시의 사고방식이 갖는 시대적 특징 때문이다.

과도기로서의 나카니시 논의

하지만 이노우에와 나카니시의 비교를 통해 알 수 있듯, 이노우에는 종교를 지적으로 깊이 연구할 수 있다는 자세를 취했다. 반면에 나카니시는 종교가 인간지를 넘어선 것—그것에 반하는 것은 아니라고 보류하면서—이라고 했다.

종교의 초월성 측면에 주목한 종교 이해는 1897년 이후에 들어서서부터 기요자와 만시淸澤滿之, 아네사키 마사하루姉崎正治, 쓰나시마 료센綱島梁川, 이와노 호메이岩野泡鳴 등으로 대표되는 하나의 조류를 형성했다. 종교는 개인 내면의 정신성, 신비주의적인 체험이라는 사항과 관련하여 초월성도 인간지와 분리된 것으로 이해되었다.

복수의 종교 전통을 비교하는 시도에서도 이노우에의 연구는 불교적 입장이 분명하기 때문에 학문으로서 종교학 계보에는 들지 않는다.[42] 그럼에도 이노우에는 비교적 냉정한 입장에서 불교와 기독교 비교를 논리적으로 수행하려 했다. 이는 종래의 배야론이나 기독교 변증의 논의가 자신 이외의 종교 전통을 단순하게 배척했던 태도와 다르다.

이러한 의미에서 나카니시의 논의는 종교의 본질을 초월성에서 계속 찾으면서 복수의 종교 전통을 비교하는 시도를 학문적으로 수행했다는 점에서 과도기적 논의[43]로 받아들여진다. 그리고 종교의 본질이 같다고 상정함으로써 오히려 종교를 같은 자격으로 비교하는 게 가능해지는 근대 종교사의 한 장면을 보여주었다.

종교와 일본

인간지에 어긋나지 않는다는 전제에서, 거꾸로 인간지와의 관련 속에서 이해되는 종교는 말할 것도 없이 동시대 사상 조류의 제약을 받는다. 특히 이와 같은 나카니시의 논의가 나온 메이지 20년대는 구화주의에 대한 반동으로 국수주의가 발생한 시기였다. 나카니시가 이상적인 인격의 모습—종교의 요청에 의해 논해졌던—을 '일본'적인 것과[44] 연결시켜 논한 배경을 시대 상황과 관련지어 볼 수 있다.

특히 '외교外敎'로 비판을 받고 있던 기독교와 관련해 나카니시의 입장은 분명했다. 그는 일본 기독교 문제의 하나로 "외국인의 사상과 감정에서 벗어나, 신앙 조항이 속박하고, 자기 영성의 발동에 따라 '바이블'을 해석하여, 영묘 활동의 진리를 발휘해서 이를 우리 국가의 특성에 적합하게 하지 못했다"[45]고 했다. 여기서 '자기 영성의 발동'을 '국가의 특성에 적합하게 하는 것'과 연결해서 논하고 있다. 더욱이 그것이 외적 요청보다는 '영묘 활동의 진리'라는 점에서 나카니시가 말하는 바람직한 종교의 모습을 확인할 수 있다.

그러나 이와 같은 종교 이해는 나카니시 개인의 자질에만 국한되는 것은 아니다. 예를 들면 이노우에 엔료도 정교사政敎社 기관지인 『일본인日本人』의 창간호에 일본인이 일본인인 이유는 불교에 있다라는 내용의 논설을 게재했다.[46] 또한 외래 종교라고 비판 받는 기독교에서도 기독교와 '일본'적인 것은 큰 문제였다. 자유기독교의 유입을 중요한 계기로 해서 일본에 알맞은 기독교를 모색하고 있었다.[47] 예를 들면 가나모리 미치토모金森通倫[48]는 1891년에 '신신학新神學'으로 불린 자유기독교의 입장을 취함으로써 반초番町교회의 목사직을 사임했다. 당시에 출판한 『일본 현재의 기독교 및 장래의 기독교』에서 그는 일본적 기독교의 모습을 말했으며 이는 커다란 반향을 불러일으켰다. 나카니시는 이 책에 대한 호의적인 서평을 『경세박의』에 실었다.[49]

'종교와 일본'의 문제는 뒤에서도 언급하듯이 나중에 교육칙어에 초점을 맞추어 이 문제와 국체사상의 관계성을 묻는 형태로 보다 구체적인 모습을 띤다. 나카니시의 논의를 뒤에서 다시 언급하겠지만 (제9장) 이런 정황을 고려한다면 특히 메이지 중기 이후 일본에서는 일반적으로 개별 종교 전통의 바람직한 모습으로 우선 일본적인 것이 이야기된 측면이 있었음을 알 수 있다. 그리고 기독교나 불교의 개별적인 종교 전통에서도 이러한 상황을 받아들여 스스로를 재규정해 가는 과정을 확인할 수 있다. 여기서는 충분히 다루지 못했으나 나카니시가 주장한 불교 개혁도 이러한 불교의 재규정이라는 관점에서 생각할 수 있다.

제
5
절

결론

이성의 한계 내에서의 종교

기독교와 불교를 불문하고 근대적인 인간지와의 관련 속에서 종교를 논했던 메이지 20년대에 나카니시 우시오는 초월성과의 관련성만이 종교를 종교답게 한다고 했다. 그는 종교를 종교로서 비교하는 자세에서 적어도 그러한 방향으로 이어지는 이론적인 틀을 갖고 있었다.

그러나 이와 동시에 인간지와 관련해서 종교를 논하는 동시대적인 사고방식의 영향을 받았다. 초월성에 대한 이해가 인간지와 완전하게 분리되는 것은 아니라고 그는 지적했다. 나카니시의 한계는 시대적인 영향에서 국가와 연결된 점에 있었다.

만들어진 종교

제 7 장
문명에서 종교로:
메이지 10~20년대 우에무라 마사히사의
종교론의 변천

제
1
절

서론
기독교와 여타 종교의
단절과 연속

"생각건대 신불의 두 교가 오늘날 세상에 가까스로 그 존재를 유지할
수 있었던 것은 관습의 음덕과 고식姑息의 여택 덕분이다. 또 세상 사람
들이 그 사상을 형체상으로만 사용하여 종교를 도외시했기 때문이다.
풍조가 한번 바뀌고 종교 논의가 사회에서 일어나면 두 교는 필연코 산
산이 무너질 것이다."(『진리일반』 1884)

"지금 가령 모든 종교를 완전히 없앤 후에 기독교를 우리 나라에 들여
오고자 한다면 전도에 불편함이 얼마나 클 것인가. 불충분한 종교라고
해도 일시적으로 종교상의 희망, 관념, 감각 등을 유지하는 효력이 있으
니 이는 의심할 여지가 없다."(「종교의 진가眞假를 분별하는 표준」 1890)

여기 두 인용문은, 다른 종교 전통에 대한 우에무라 마사히사의
이해가 변화하고 있음을 보여준다. 앞의 인용에서 '신불의 두 교'는 사
회에서 '종교 논의'가 일어난다면 붕괴된다고 말하고 있다. 그러면서

선택되어야 할 종교인 기독교와 대비하여 신불의 두 교는 이른바 종교가 아니라고 이해되고 있다. 한편 뒤의 인용에서는 '모든 종교'는 '불충분'하지만 '종교상의 희망, 관념, 감각 등을 유지하는 효력'을 지닌 것으로 이해되며, 마땅히 존재해야 할 기독교와 함께 부족하나마 종교라고 간주된다.

그렇다면 이러한 변화가 왜 생겼을까. 이 장에서는 메이지 10년대부터 20년대에 걸친 우에무라의 종교에 대한 논의 방식의 변화를 다루겠다.

이 변화를 논하려면 먼저 우에무라가 무엇을 종교라고 말했는가를 봐야 한다. 이는 동시대적인 종교를 둘러싼 상황, 즉 다른 모든 영역과 분리하여 종교라는 영역이 설정되고 있다는 점과 관련이 있다. 이 점을 이해한 뒤 같은 시기 기독교의 위치와 우에무라의 개인적인 계기에 주목하고자 한다.

메이지 10년대−
문명과 진화론

우에무라 마사히사[1]는 메이지 시기에 지도자적인 위치에 있던 일본 기독교도다. 후지미초富士見町교회 목사, 도쿄신학사 신학교장, 일본 기독교회 전도국 이사장,『복음신보福音新報』발행인 등의 요직을 거치면서 당시 기독교계에 큰 영향력이 있었다.

서두에서는 1884년에 우에무라가 쓴『진리일반』을 인용했는데 그가 언론에 공식적으로 글을 발표하기 시작한 것은 1877년 이후의 일로 추정된다.[2] 그의 전 생애에서 언론 활동의 중심은 1890년에 창간된『복음주보福音週報』(나중의『복음신보』)에 있었다. 여기에서는 우에무라가 비교적 초기에 발표한 논설인 1880년의「종교론」을 같은 시기의 다른 논설과 함께 언급하면서 메이지 10년대에 우에무라의 종교론이 어떤 특징을 가지고 있었는지를 고찰한다.

1. 「종교론」(1880)

「종교론」은 『육합잡지』 제2호에 수록되어 있다.[3] 우에무라가 안수 례를 받고 정식으로 시타야下谷일치교회의 목사가 된 것은 1880년이 다. 같은 해에 고자키 히로미치, 유아사 지로湯淺治郞 등과 도쿄 기독교 청년회를 조직했다. 앞서 언급했던 것처럼 『육합잡지』는 이 모임의 회 지로 "세상의 오류를 바로잡아 기독교 진리를 일반에게" 알릴 목적으 로 창간되었다. 우에무라의 논고는 크게 세 가지의 주장을 담았다. 즉 종교를 구하는 마음이 원래 인간에게 존재한다, 문명의 진보는 종교 비판으로 이어질 가능성을 지니나 올바른 종교는 문명과 조화를 이 룬다, 올바른 종교인 기독교가 일본에 수용되어야 한다는 세 가지 내 용이다.

우에무라는 인간이 종교를 구하는 마음을 '봉교심奉教心' 또는 '봉교 奉教하는 마음'이라고 하고, "봉교하는 마음은 이와 같이 깊이 인성에 고착되어 잠시라도 떠나지 않는다"라고 했다. 그리고 이러한 본래성 주장의 근거를 역사에서 구하며 "고금 나라들의 역사를 접함에 천하 의 어떤 나라도, 어떤 인민도 종교를 받들지 않는 자는 없다"라고 말 했다. 무종교라는 입장은 그 존재는 승인하지만, '봉교하는 마음'이 '외 부의 것'에 의해서 저해된 결과라고 여겼다.

종교를 추구하는 마음의 본래성이라는 것은 앞의 두 번째 주장인 문명과 종교의 관계와 연관된다. '봉교하는 마음'의 본래성을 말하고 한편으로 우에무라는 "종교의 품위는 개명開明될 때마다 스스로가 차 등을 둔다"고 하여 종교는 문명의 정도에 따라 차이가 생긴다고 했다. 즉 문명의 정도에 관계없이 인간은 본래 종교를 원하나 그러한 요구에 응하려는 종교들은 문명에 따라서 차이가 있다고 한 것이다.

그런데 무신론적 진화론에서 전형적으로 볼 수 있듯이 문명, 즉 무종교라고 주장하는 입장이 존재하지만 우에무라는 이에 대해서는 부정적이었다.

그 나라의 문명이 점점 진화하면 인민은 이전 교법의 부족함을 알게 되고 배교의 설을 일으켜서 결국 무종교의 인민이 되는 일이 있다. 그렇지만 이른바 자연은 공허空虛를 혐오한다Nature abhors vacuum는 도리에서 인민이 지닌 천성적 봉교의 요구는 반드시 곧 강제 수면에서 깨어나 종교의 공급을 갈망하는 염원을 발한다. 만일 이때 순수한 정교正敎를 전달하여 그 요구에 응하지 않는다면 다시금 맹신으로 치우치니, 다시 이전의 열악한 상태에 빠지게 될 것이다.

우에무라는 문명의 진보에 따라서 종래의 종교가 부정되는 일은 있을 수 있다고 말했다. 하지만 그가 말하는 중점은 그러한 상황에서도 종교를 구하는 마음은 소거될 수 없다는 것이다. 이는 종래의 전통적인 종교의 '종전 교법'이 아닌 '순수한 정교'인 기독교에 의해서만 만족된다고 말했다(기독교가 '순수한 정교'라는 논리에 대해서는 뒤에서 말하겠다).

이러한 생각에서 결국 '종전 교법'과 '순수한 정교'의 대비를 일본에 적용시켜 '불필요한 것'이며 '헛되이 온 나라가 비용을 지불하게 하는' 종래의 종교를 바꿔, 일본에서도 새롭게 기독교를 선택하고 받아들여야 할 것이라고 주장했다.

만들어진 종교

2. 참조 축으로서의 (서양) 문명

「종교론」에서 우에무라는 '순수한 정교'만이 문명의 진보에 수반하는 종교 비판에 대항할 수 있는 유일한 종교라고 말했다. '순수한 정교'와 대비되는 '종전 교법'은 인간이 원래 그것을 구한다는 점에서 종교라고 간주되었다. 하지만 문명을 기준으로 하여 '순수한 정교'와 '종전 교법'은 구분되었다. 결국 '순수한 정교'와 '종전 교법'은 문명이라는 참조 축으로 비교되지 종교라는 독자 영역의 내부에서 비교되지 않았다.

따라서 기독교가 '순수한 정교'라고 하는 것도 문명과의 결합에서 나온 발상이다. 이는 양의적이기도 하다.[4] 역시 서양 국가들과의 결부라는 관점이 겹쳐져 있다. 다시 「종교론」에서 인용을 해보자.

> 버클의 말에 따르면 종교 논의는 옛날에 활발했지만 오늘날에 이르러서는 모든 사람이 형체상의 일에만 열심이라 한다. 이 말은 사실에 반하는 매우 그릇된 학설이다. 왜냐하면 우리가 구미 여러 나라의 현상을 자세히 관찰해보면 19세기인 오늘날에도 봉교의 마음은 더욱 세력을 발하고 있지 전혀 쇠퇴의 기미가 보이지 않기 때문이다.

우에무라는 서양에서 종교적 논의가 활발하지 않다는 버클의 논의를 반박했다. 그가 보기에 서양에서는 현재도 여전히 종교는 융성했다. 그러나 현실의 서양에서 기독교가 점하는 위치는 상대적으로 저하되고 있었다.[5] 나중에 말하겠지만 우에무라 자신도 처음 서양에 갔을 때 미국과 영국의 기독교에 환멸을 느꼈다.

그러나 어쨌든 현실의 서양 국가들은 당시의 우에무라에게 기독교의 낙원으로 보였다. 문명이 진보한 서양은 기독교의 나라라는 우에무라의 인식은 기독교는 문명과 조화를 이루는 종교라고 말하는 「종교론」의 주장을 뒷받침하고 있었다.

3. 진화론과의 상극

기독교와 서양·문명을 불가분이라고 여기는 우에무라의 기독교 이해는 그의 독자적인 생각이라기보다 19세기 해외 선교에서 제시된 기독교 이해와 비슷하다고 할 수 있다(제2장 참조). 그렇다면 왜 이 무렵에 문명으로 종교를 말하고 기독교를 변증했던가를 생각해야 할 것이다.

메이지 초기에 문명과 기독교의 관계는 기독교 외부에서도 전제로 삼았던 것이며 그 예는 『명육잡지』에 실린 몇몇 논설에서 단적으로 볼 수 있다.[6] 그러나 메이지 10년대에 상황은 바뀐다. 1877년부터 1879년에 걸쳐 도쿄대학에서 있었던 모스의 반기독교적인 진화론 강좌에서 전형적으로 볼 수 있듯이, 서양 문명의 담당자인 과학은 기독교와 서로 융합되지 않는다는 주장이 일본에서 통용되었다.[7] 이러한 사태는 문명과 기독교를 하나로 생각했던 일본인 기독교도들에게 커다란 충격이었다.[8] 그로 인해 양자의 관계를 다시 인식하지 않으면 안 되었다.

이렇게 보자면 위의 「종교론」에 보이는 것처럼 문명과 기독교가 상극이 아니라는 주장은 진화론의 기독교 비판에 대한 반박으로 이해

만들어진 종교

할 수 있다. 이는 당시 일본 기독교계의 시급한 과제였다.[9] 우에무라도 "이학理學을 얕게 아는 사람은 무신론을 주장하지만 이학을 깊이 공부한 사람은 신앙에 도달한다"라는 베이컨의 말을 인용했다. 또한 "대략 구미의 학술이 종교와 멀다고 하거나 이를 물과 불처럼 상극이라고 심하게 말하는 자는 외양만 보는 견해라 말하지 않으면 안 될 것이다"[10] 등의 말에서 보듯 진화론을 염두에 둔 '구미의 학술'과 기독교의 밀접한 관계를 힘주어 주장하고 있었다. 그리고 이 무렵 우에무라의 대표 저작 『진리일반』은 진화론이 신의 존재를 부정할 수 없으며, 더욱이 진화론은 만물의 주재자인 신의 존재를 상정해야 타당해진다는 기독교의 변증을 설명한 것이었다.[11] 이 책은 당시 커다란 반향을 불러 일으켰다. 진화론과 기독교가 상극이 아니라는 주장으로 가장 성공한 결과였다.[12]

4. 메이지 10년대의 기독교와 문명

종교를 문명으로 말하는 것 자체는 선교사에 의한 제시나 메이지 초기의 논의와 비교해 새롭지 않았다. 그러나 이 시기의 논의는 우선 진화론—즉 문명의 담당자로서의 과학—의 기독교 비판에 대한 반박의 성격이 있었다. 그리고 문명과 기독교가 조화한다는 주장은 앞서 「종교론」에서 확인했듯이, 기독교 이외의 종교는 문명과 상극이 되고, 따라서 기독교를 선택해야 한다는 기독교의 적극적 변증이었다. 즉 기독교가 문명과 조화를 이룬다는 생각에서는 다른 종교 전통과 문명이 상극임을 말하고 있으며, 기독교를 문명과 관계 지어 변증한 것이다.

이렇게 보자면 이 시기의 우에무라는 주로 문명과 관련하여 종교를 말하고 있으며 종교의 내실은 명료하게 말하지 않았다. 그러나 이것은 문명으로만 종교를 말하는 방식 즉 후쿠자와 유키치 등의 계몽사상가가 메이지 초기에 갖고 있었던 "종교가 일본 국가에 유용한지 아닌지를 평가하려는, 내셔널리즘을 뒷받침하는 공리주의적 종교관"[13]과 완전히 중첩시켜서는 안된다. 일본과 문명이라는 의식에서 우에무라도 공통된 생각이 있었다고 해도 우에무라에게는 종교를 추구하는 마음의 본래성에 대한 언급이 있었다. 종교의 자율적인 위치에 대한 의식, 적어도 그 맹아를 우에무라에게서 볼 수 있다. 따라서 자율적인 종교와 참조 축인 문명의 혼연일체가 이 무렵 우에무라의 종교 이해에 내재해 있었다고 생각할 수 있을 것이다.[14]

그러나 우에무라의 입론은 문명적인 서양 국가들은 기독교 나라라는 인식에서 가능했다. 그럼 그 전제가 무너지는 경우에는 어떻게 종교를 설명할 것인가?

제
3
절

전환점–
서양 인식과
기독교 이해의 전환

1. 서양 체험 – 서양 인식의 전환

우에무라는 1888년부터 1889년에 걸쳐서 처음 미국과 영국을 여행했다.[15] 하지만 현지의 견문에서 미국 기독교의 모습에 실망감을 느꼈다. 예를 들면 부인인 스에노李野에게 보낸 편지에서 "이 나라에는 나쁜 사람이 많고, 위선자도 특히 많습니다. 종교는 일본의 교회처럼 소박하고 성실하지 않으며 (…) 여기의 학문과 문명이 이 정도라면 일부러 보러 올 필요가 없었다는 생각이 누누이 듭니다. (…) 교회는 절과 같고 목사는 승려와 같아 정말 싫습니다"[16]라고 말했다. 또 미야베 후미오미宮部文臣에게 보낸 서간에는 "미국은 풍요롭고 번화한 땅이며 보고 들을 때마다 감탄하지만 종교도 학술도 우리가 예전에 예상했던 정도는 아닙니다"[17]라고 썼다. 현실의 미국에 실망한 우에무라의 모습이 엿보인다.[18]

우에무라의 실망은 기독교의 낙원으로 생각했던 서양 모습과 현실의 서양이 괴리가 있다고 인식했기 때문이다. 그 실망은 1880년대 전반에 우에무라의 논의를 뒷받침하던 서양 국가들과 기독교와 문명의 연결점에 대한 재인식을 필연적으로 촉구하게 된다.[19]

그 결과 종래에 품고 있던 '문명의 종교'라는 이념적인 우에무라의 기독교 이해가 바뀐다. 즉 애매한 의미의 이상적인 모습에서 변화해 사회 개량에 적극적으로 종사하는 기독교를 실천적인 모델로 선택한다.[20] 여기서는 우에무라가 기독교와 문명적인 서양 국가들 사이에 직접적인 결합을 상정할 수 없게 되었음[21]을 확인해두겠다.

2. 자유기독교 – 기독교 이해의 전환

우에무라의 첫 번째 서양행은 그의 사상 형성에서 의미가 큰 것이었다. 한편 같은 시기에 일본 기독교계에서는 자유기독교의 여러 교파(보급복음교회·유니테리언·유니버설리스트)[22]가 일본 선교를 시작하고 있었다.

자유기독교의 특징

물론 이들 세 교파 사이에도 차이가 있었지만[23] 이들을 총칭해서 '신신학新神學' 또는 '자유기독교'라고 한다(이 책에서는 '자유기독교'로 통일). 그 이유는 이들에게는 어느 정도 공통적인 기독교의 자유주의적 해석 태도, 특히 19세기부터 20세기 초에 걸쳐 활발했던 신학 운동인 '프로테스탄트 자유주의Liberal Protestantism'[24]와 관련해서 파악할 수 있기 때문이다.

자유기독교의 기독교 해석에 대한 태도는 기독교의 전통적이며 권위적인 역사적 배경으로부터 기본적으로 자유롭고자 했다. 또한 인간의 이성으로 신앙의 본질을 추구하려고 했다. 이러한 태도에서 방법론은 성서의 고등비평을 수반했고 전통적인 권위·교의·신조의 합리화가 시도되었다.[25]

이러한 합리화의 지향성과 맞물려 자유기독교에서는 신神의 초월적 측면보다도 윤리적 측면을 강조하는 경향이 있었다. 그래서 "신이란 일반적으로 받아들일 수 있는 시민적 덕목의 다른 이름"[26]이라고 했다. 또한 그리스도를 이상적인 도덕적 인격으로 묘사했다. 그러나 합리적인 재해석의 시도에서 그 이성을 성립시키고 있는 장場을 다시 묻는 예언자적인 역할은 강조되지 않았다.

근대 일본에서의 자유기독교

메이지 초기에 기독교는 문명과 불가분의 관계로 제시되었고 현지의 전통은 서양 문명으로 대체해야 할 것으로 인식되었다. 이에 대해 자유기독교의 선교사들은 종교적인 진리에 도달하는 길은 보편적인 인간의 이성에 기초하는 것이고, 현지 전통은 모든 사회·문화적 상황에 자리할 수 있는 것이라며 일정하게 평가했다. 예를 들면 1884년에 조직된 보급복음교회는 선교 원칙으로 교의보다 구제, 문화보다 도덕을 강조했다.[27] 이 경우에 "일본 인민이 도덕종교에서 진보를 원한다면 기독교가 아니고는 길이 없다"라는 확신을 갖고 있었다. 이와 함께 "이 진화를 위해 일본은 종교도덕에 관한 종래의 것을 모두 버리고

바꾸어 과거와 완전히 절연하여 새롭게 하라는 것이 아니다"[28]라고
했다.

이렇게 보자면 자유기독교의 유입은 이전부터 문제시되었던 일본
의 사회·문화적 상황에 입각한 기독교 해석을 주체적으로 할 수 있
는 한 계기가 될 수 있다.[29] 이로써 종래의 기독교 이해가 안고 있던
서양과의 연결 지점을 끊을 수 있는 것으로 새롭게 제시된다. 서양 기
독교를 일본 토양에 심는 것이 가능함을 새롭게 인식할 수 있게 된
것이다. 이런 자유기독교 해석의 결과로 일본 전통을 살린 '일본적 기
독교'에 한껏 근접했다고 여기는 기독교 이해가 생겨났다고 강조되었
다. 하지만 최종적으로는 이러한 기독교 이해를 배척하는 우에무라도
먼저 이전의 기독교 이해에 대한 전환을 거친 다음에, 그것을 배척함
으로써 주체적인 기독교 해석을 할 수 있었다고 말할 수 있다.[30]

또한 이와 같이 특정한 사회·문화적 배경과 분리된 종교적 진리를
상정함으로써 그 종교적 진리를 강구하려는 시도가 이루어진다. 이렇
게 종교를 강구하는 방식은 동시대의 사건이라 할 수 있는 근대적인
종교학 성립과 관련이 있다. 종교적 진리가 특정 종교와 어떻게 관련
을 맺는지는 별도로, 종교를 종교 영역에서 이야기하는 논의 방식의
창출로 이어지는 것이라고 할 수 있을 것이다.[31]

메이지 20년대-
종교라는 영역

그렇다면 우에무라는 서양 인식과 기독교 이해의 전환을 거치면서 종교를 어떻게 말했을까. 먼저 그의 논의 가운데 종교의 위치를 살펴보자.

처음 서양에 다녀온 뒤 1년의 준비를 거쳐서 우에무라는 1890년에 『일본평론』『복음주보』를 창간한다.[32] 『복음주보』는 주로 전도자의 관점에서 쓰였고 독자로 기독교도를 상정했다. 이에 비해 『일본평론』은 보다 넓은 시야를 가지고 동시대의 『국민지우』『여학잡지女學雜誌』와 같이 '종합평론지'의 성격을 띠었다.[33]

그런데 우에무라는 서양에 다녀온 후 실천해야 할 모델로 사회 개량에 종사하는 기독교를 선택했다. 이를 위해 두 잡지 모두 사회 개량에 적극적으로 참여할 것을 말했다. 사회평론도 활발하게 이뤄졌다.[34] 그렇다면 이러한 주장과 종교는 어떤 관계에 있었을까. 우에무라는 『일본평론』 창간에 즈음해 다음과 같이 말했다.

사람은 종교적인 존재자Being다. 종교를 진실로 받들어야 비로소 진정한 사람일 수 있다. 한 개인이 그러하며, 한 나라 역시 다를 바 없다. 종교를 진정으로 받들지 않으면 사회국가 기관이 완전하지 않으며, 평안한 활동의 근간이 견고하지 않다. 그리하여 생명을 건전하게 유지하기를 어찌 바랄 수 있을 것인가 (…) 우리의 진정한 종교는 부처에 있지 않고 신도에 있지 않다. 오직 기독교에 있음을 확신한다.[35]

먼저 인간을 '종교적인 존재자'라고 하여 종교는 인간에게 본래적이라는 기존의 「종교론」 논의와 같은 입장을 보인다. 또한 종교와 인간 관계의 연장에서 종교와 국가의 관계가 되풀이된다. 우에무라는 올바른 인간이 올바른 종교로 인해서 생겨나듯 올바른 사회와 국가는 올바른 종교에 의해서 생겨난다고 했다. 나아가 개개인이 올바른 종교를 선택하고 그 연장에서 올바른 사회와 국가가 성립한다고 보았다.[36] 그렇기 때문에 올바른 국가로 이어지는 사회 개량은 결과적으로 올바른 종교인 기독교를 믿고 살아가는 개인으로부터 이루어진다고 여겼다.[37]

1. 「종교의 진가를 판단하는 표준」(1890)

당시 우에무라는 사회 개량과 사회평론 의식을 강하게 가지고, 올바른 종교인 기독교를 선택한 개인이 이 일을 담당해야 한다고 생각했다. 그렇다면 기독교의 올바름은 무엇이 보증했을까? 이미 문명과 서양 국가들과의 관계에 의해서 기독교를 말할 수는 없었고 기독교

만들어진 종교

의 올바름은 종교로서의 올바름으로 이야기해야 했다. 이런 경우에 문명과 분리된 종교의 내실은 어떻게 인식되고 있었을까? 그리고 그렇게 문명과 분리된 종교로서의 기독교를 어떻게 말했을까? 「종교의 진가眞仮를 판단하는 표준」을 통해 고찰해보자.[38]

종교의 성질

우에무라는 종교를 다음과 같이 정의한다.

> 널리 만국을 통하고 보편적으로 인생의 역사와 관련을 맺는 종교란 대관절 무엇인가. 근래에 비교어학과 비교문학 등이 일어남에 따라 비교종교라는 것이 일어났으니, 그 수준이 높지는 않지만 진보가 대단히 빠르다. 우리 나라의 신도神道도 이미 서양어로 번역되었다. 동시에 고고학과 언어학이 매우 진보하여 종교 안에 포함된 일반적 요소를 추출해 상호 대조하고 비교한다. 이로써 모든 종교의 일반적 성질이 명백해졌다. 종교가 지닌 일반적 성질이 무엇인가? 말하건대 종교는 자연 이상의 유심자Persona와 인간의 관계를 밝히며 그 결합을 긴밀하게 하는 것이다.[39]

우에무라는 종교에 공통된 성질로서 '자연 이상의 유심자와 인간의 교섭을 명료하게 지적하고 종교라는 이름은 우상숭배에서 불교에 이르기까지 모두 여기에 포함된다고 했다.[40] 이러한 (다소 인격적 [유심]인) 초월성과 인간의 교섭이 종교의 공통된 성질이라고 정의되었다. 그런데 이는 '고고학·언어학' 등과 함께 '비교종교학'의 성과를 빌린 것이라는 점에 주목해야 한다. 우에무라가 말하는 비교종교학은 19세기 후반 유럽에서 성립된 학문이다. 그에게는 동시대의 선진 학문이다.[41] 우에무라가 논거로 든 비교종교학이 구체적으로 누구의 업적을 가리키는지는 불명확하다. 하지만 어쨌든 비교종교학이라고 하는 종교 그 자체를 다루는 학문에서 입론의 근거를 찾고 있다. 모든 종교에 공통되는 종교의 성질을 초월성과 관련하여 말하고 있음을 알 수 있다.

앞서 말한 「종교론」에서 종교의 공통성은 인간이 종교를 추구하는 마음에 있었다. 하지만 여기서는 인간이 추구하는 복수의 종교의 공통성에 관심을 두고 있다. 이전의 「종교론」과는 달리 모든 종교를 종교답게 하는 종교로서의 성질을 말하는 점이 우에무라의 변화를 나타낸다.

종교들의 관계

종교의 본질을 정의하고 이로 인해 복수의 종교를 종교 영역에서 말할 수 있게 되었다. 하지만 그때 기독교와 그 밖의 종교는 어떠한 논리로 어떻게 배치되었는가?

먼저 우에무라는 복수로 존재하는 종교 간에는 "세상의 각종 종교의 득실과 장단이 서로 같지 않으며 정사正邪와 진가眞假의 차이"가 있다고 했다. 이들 '진가'의 차이를 지닌 종교들의 관계를 그는 다음과 같이 말하고 있다.

종교의 진보는 흡사 도카이도東海道의 역참과 같다. 설령 하룻밤 숙박이라고는 해도 이곳이 없다면 수도에 들어갈 수 없다. 불충분하더라도, 세상에 여러 종교가 없다면 거리에 객사가 없는 것과 같아 사람 마음이 모두 암매暗昧에 빠질 것이다. 종교적 감각이 둔해지고 끝내는 진정한 종교를 만나도 이것을 이해하고 터득하지 못할 것이다.[42]

우선 여기서는 종교는 진보함으로써 진정한 종교로 다가선다는 생각을 확인할 수 있다. 하지만 진정한 종교로 다가서는 '도중의 종교'도 문자 그대로 거점(=역참)으로서의 존재 의의가 승인되고 있다.

물론 기독교 이외의 종교를 인정하는 것은 기독교가 진정한 종교로서 진보의 정점에 있다는 상정에 비해 과도기적 양상이기는 하다. 그러나 이 장의 서두 인용을 통해 대비한 것처럼 메이지 10년대 논의에서 우에무라는 기독교 이외의 종교는 종교로서의 의의를 적극적으로 인정하지 않았다. 따라서 진보의 도식을 매개로 하여 양자 사이에 단절이 아닌 연속성을 상정한다는 게 이 시기 논의의 특징이다.

'진가'의 기준

그렇다면 이들 종교들의 '진가'는 무엇으로 판단할 수 있는가. 종교의 본질은 초월성과 교섭하는 데 있기에 종교 밖의 것과 관련한 논증은 배척되었다.

어떤 사람은 나라를 표준으로 삼아 종교의 진가를 판단해야 제대로라고 하는데 이는 매우 이상한 논리다. (…) (학문은 나라를 표준으로 하지 않는다) 그 대도는 만국에 통한다. 그런데 세상 사람들은 나라를 표준으로 하여 종교를 논하려고 한다. 이는 매우 잘못된 것이라 하지 않겠는가.

여기서는 "대도는 만국에 통한다"라고 했다. 이로써 종교의 보편성이 이야기되며 나라와 결합하여 종교를 변증하는 방법이 부정되고 있다. 나라와 결합하는 것을 부정하여 서양 국가들의 종교라는 변증이 배척되었다. 또한 종교의 보편성에 의거해 일본에서도 기독교가 적용될 수 있다는 주장이 이루어진다(시대 배경과 관련해서는 뒤에서 논의). 나아가 '그 교를 위해서 죽는 사람' '봉교자 수' '신봉하는 식자識者 수'[43] 등으로 종교를 판별하는 것도 잘못으로 지적된다. 다만 이는 앞에서 말한 전환을 거친 후의 이야기다.

이렇게 우에무라는 종교가 아닌 것과 관련된 종교 변증을 부정하고 종교는 그 내실로 증명해야 한다고 주장했다. 종교적 진리의 판단 기준은 두 가지 위상에서 논해졌다. 하나는 종교 그 자체에 내포된 성격, 다른 하나는 그러한 성격을 가진 종교와 인간의 교섭이라는 위상이었다.

우에무라는 "종교는 보통임을 요한다"라는 말로 종교의 성격을 논했다. '남녀노소'와 '지자, 우자, 현자, 불초'를 막론하고 "만국에 통하고 만민에 합당한" 것이 올바른 종교이며 보편적이어야 한다고 주장했다. 또한 "진정한 종교는 절대적 진리"라며 상대적(=대립적relative)이 아닌 절대적 진리의 필요를 호소했다. 올바른 종교는 보편성을 지니면서 동시에 절대적 진리를 갖추지 않으면 안 된다고 했다.

이어서 그는 올바른 종교와 인간이 어떻게 교섭하는가를 "진정한 종교는 도덕의 완전한 모범을 보여야 한다"라고 말했다. 또한 "가장 고상하고 완전한 도덕의 모범을 보이는 것"이 바른 종교라고도 하여, 도덕의 모범이 될 것을 말했다. 그리고 모범에 접한 인간은 필연적으로 덕육을 행하며 "진정한 종교는 과불급지 않고 인성을 발육하고 조화롭게 개발시킬 힘을 반드시 가진다"라고 했다. 올바른 종교는 인간의 지정의知情意 모든 측면을 발육해서 "원만하게 하는" 것이라고 했다. 우에무라가 말하는 올바른 종교는 도덕의 모범으로 인간을 성장시키는 것이어야 했다.[44]

기독교가 이러한 기준에 가장 잘 맞는 종교로 변증되며[45] 그 변증이 종교의 영역에 입각해서 이루어지고 있음을 확인할 수 있겠다.

2. 종교의 보편성

이렇게 우에무라는 「종교의 진가를 판별하는 표준」에서 기독교 변증을 종교의 영역에서 했으며, 서양 국가들이나 문명과 분리된 보편적인 진리성을 주장했다. 앞서 말했던 전환을 계기로 이러한 주장이 가능했다. 여기서는 우에무라가 종교의 보편성을 말한 의미를 시대배경과 관련하여 고찰하겠다.

기독교가 서양 종교가 아니라 보편적인 진리를 지닌 것이라는 주장은 기독교가 일본에서도 적용될 수 있다는 주장이다. 이 주장의 배경에는 기독교가 서양 종교이기 때문에 일본에 어울리지 않는다는 비판을 상정할 수 있다. 일본의 국력이 계속 증가하던 1880년대 후반에는 일본의 독자성·문화전통에 대한 재검토가 이루어졌다. 예를 들면 정교사로 대표되는 국수주의의 발흥에서 그 전형을 찾아 볼 수 있다. 국수주의는 일본의 독자성을 모색하는 것이었는데 문명화=서양화라는 면에 치우쳐 추진하면 일본의 독자성이 상실될 위기가 있다는 배경에서 성립했다.[46] 1870년대 후반에 기독교는 서양의 종교이자 문명의 종교로서 자기를 증명하고 있었다. 그러므로 국수주의 입장에서 보면 기독교는 서양 종교로 비판받을 수 있었던 것이다.[47]

기독교 입장에서 종교의 보편성을 말하는 것, 즉 일본의 독자성 위에 기독교가 성립한다는 주장은 이러한 비판에 호응하는 것이었다. 하지만 이는 비판에 대한 응답으로서 성립했다기보다는 오히려 기독교도들에게도 (어느 의미에서 훨씬 민감하게) 일본의 독자성이 문제시되었기에 나왔다고 봐야 한다. 앞서 말했듯, 기독교를 일본적인 것으로 끌어들여 이해하는 일본적 기독교라는 기독교 해석은 자유기독교에 의해 서양과 기독교가 단절된 지점에 일본(적)이고 싶다는 주체적인 의지를 더한 것이었다.[48]

우에무라는 그러한 단순한 해석을 선택하지는 않았다. 하지만 그 역시 일본의 독자성에 대해서는 생각하지 않을 수 없었다.[49] 그렇다면 우에무라가 종교의 보편성을 주장한 것은 국수주의가 성립되는 시대적 배경에 우에무라 식으로 대응한 결과라고 할 수 있다.

3. 도덕과의 관련

이렇게 종교는 초월성과 교섭하는 문제를 다루며 보편적이고 절대적 진리를 가진다고 이해되었다. 하지만 여전히 그 진리성을 무엇으로 판단할 것인가라는 문제가 남는다. 우에무라는 진리성을 어떻게 말했을까.

이미 살펴보았듯이 종교에 내포된 진리는 보편적이며 절대적인 것으로 받아들였다. 우에무라는 각 종교가 내포하는 종교적 진리를 직접 비교해서 논하지는 않았다. 그 진리성이 결과로서 인간에게 초래하는 도덕적인 측면에서의 효능이 중요했다. 우에무라는 '도덕의 모범'을 보여주는 종교가 올바른 종교라며 「종교의 진가를 판별하는 표준」에서도 "이 표준[=도덕의 모범]에서 보면 종래의 우리 나라 종교는 모두 낙제를 면하지 못할 것이다"라며 도덕과 관련해서는 다른 종교를 배제했다.

우에무라가 「종교의 진가를 판별하는 표준」을 집필했던 1890년 직후에 우치무라 간조 불경 사건(1891년 1월 9일)이 있었고, 이노우에 데쓰지로에서 시작된 교육과 종교의 충돌 문제(1892~1893)가 커다란 논쟁이 되었다. 이와 관련해 우에무라는 종교 관련 문제를 더욱 의식하여 문제 삼았다. 우에무라는 종교론·기독교론에 집중했으나 이 문제는 뒤에서 다루겠다(제8장). 여기서는 종교와 도덕을 밀접한 것으로 여겼다는 점과 종교는 도덕의 실천을 담당하는 상위의 것으로 상정하고 있었다는 점을 지적해두고자 한다.

4. 메이지 20년대의 종교와 기독교

우에무라는 「종교의 진가를 판별하는 표준」에서 우선 종교의 영역을 초월성(=자연 이상의 유심자)과 교섭을 다룬다는 독자적 영역으로 명확히 설정하고 있었다. 그리고 그 영역 내에 있는 모든 종교를 일정한 가치를 지닌 종교로 인정한 다음에 '정사진가正邪眞假'를 구별하고 복수의 종교에서 진정한 종교로 나아가는 진보의 도식을 적용하여 정리했다. 종교 간 '진가'의 판단은 종교의 영역에 입각한 종교적 진리에 따라서 해야 했다. 하지만 실천적 측면으로서는 도덕과 관련하여 초점이 맞춰졌다.

우에무라가 종교의 실천적 측면으로서 도덕에 초점을 맞췄다는 점에서 도덕에 의거해 종교를 말했다고 이해할 수도 있다. 하지만 그가 도덕을 종교적인 영역에서 도출된 것으로 말하고 있다는 점에 주의하지 않으면 안 된다. 1870년대 후반에 종교를 말하는 경우의 참조 축인 문명은 종교 그 자체와 명확하게 분리되어 있지 않았다. 이에 비해 1880년대 후반에 도덕은 종교를 종교로 말한 후에 거기에서 도출되는 것으로 자리한다. 따라서 이 절에서 살폈던 논의에서는 먼저 종교의 본질을 초월성과 교섭한다는 독자적 영역을 설정하고 있다는 점, 그리고 인간과의 교섭에서 여러 측면이 나온다고 하는 점에서 메이지 10년대와는 다른 논의 방식이라고 생각할 수 있다.

만들어진 종교

제
5
절
결론
문명에서 종교로

이와 같이 「종교론」(1880)과 「종교의 진가를 판별하는 표준」(1890) 사이에서 논의 방식의 차이점을 살펴봤다. 메이지 10년대에는 진화론에 대항하는 관계 설정이 중요했다. 우에무라는 기독교와 분리할 수 없었던 문명과 관련하여 여기에 초점을 맞추어 논하고 있었다. 그리고 메이지 20년대에는 일본의 독자성을 모색하는 풍조와 관련하여 파악하는 것이 중요했고 우에무라는 역으로 문명과 분리된 보편적인 종교적 진리에 초점을 맞추어서 논했다.[50] 또한 이와 같은 논의의 전환을 가능하게 한 계기에는 우에무라 개인의 서양 체험과 일본 기독교계로 유입된 자유기독교가 있었음을 고찰했다.

이 변화에 대해 우에무라 개인에게 초점을 맞춰보자. 그는 종교의 본래성에 대한 확신을 대전제로 했다. 또한 기독교의 변증이라는 명확한 목적을 위해 시대의 조류에 대응하는 형태로—기독교 비판에 반론했으나 쟁점은 공유되었다—종교를 논의했다고 할 수 있다.

그렇다면 우에무라 개인에서 벗어나 조금 넓은 시야로 본다면 그의 주장의 변화는 어떤 의미가 있을까. 우에무라는 메이지 20년대 이후에 종교의 독자적 영역을 확실하게 의식하고 종교의 영역에서 복수의 종교를 비교하는 자세를 보였다. 그 자신의 목소리로 말했듯 이러한 사고방식은 비교종교학의 성립과 밀접했다. 하지만 이는 또한 메이지 10년대부터 20년대에 걸쳐서 종교를 종교라는 영역에서 논하기 위한 틀이 모색되던 것과 아울러 이해되어야 할 것이다.

또한 종교의 영역이 명확해짐으로써 종교인 것과 종교가 아닌 것이 분리되었다. 개별 종교 전통은 이른바 '종교화'[51]를 요구받게 된다. 이러한 관점에서 1880년대 후반 이후 기독교를 종교로 재해석하는 시도로 우에무라의 기독교 이해를 파악할 수 있다. 이 문제는 우선 유보하고 나중에 종교론의 위상과 관련하여 상세히 다루기로 하겠다.

만들어진 종교

제 3 부

종교와
도덕의 재배치

제 8 장
도덕과
종교의 위상

제
1
절

서론
도덕과 종교라는 문제

앞서 말한 대로, 메이지 초기의 논의에서 도덕과 종교의 관계는 줄곧 중요하게 논의되었다. 기본적으로 양자는 조화롭게 인식되었다고 할 수 있다.

그렇다면 만일 도덕과 종교가 어긋나는 경우라면 어떠한 종교·도덕론을 구성할 수 있을까. 이 장에서는 1891년에 발생한 우치무라 간조의 불경 사건과 1892년에서 1893년에 걸쳐서 나타난 교육과 종교의 충돌 문제를 다루면서 거기에서 도덕과 종교를 어떻게 논하였는가를 우에무라 마사히사의 논의에 주의하면서 살필 것이다.

이는 1890년에 교육칙어가 나온 이후 그 운용에서 드러난 국민통합 목적의 사상적·실천적인 방향성, 즉 국민도덕이 종교, 특히 기독교와 어떻게 관련을 맺고 있는가를 생각하기 위해 중요하다. 이 문제를 전제로 종교가들이 어떻게 도덕과 종교라는 문제를 반성적으로 파악했고, 이를 자기 이해 안에 편입시켰는가를 살펴보고자 한다.

<table>
<tr><td>제
2
절</td><td>교육칙어와 우치무라 간조의
불경 사건 – 도덕과 종교 1</td></tr>
</table>

1. 우치무라 간조의 불경 사건 개요

이 사건의 자세한 내용은 오자와 사부로小澤三郎의 상세한 연구(오자와 1961)가 있어서 여기서는 그 개요만 말하겠다.

우치무라 간조는 1890년 9월에 제1고등중학교(이하 '일고一高')의 촉탁교원이 되었다. 같은 해 12월에 메이지 천황의 서명이 있는 신서宸署로서 교육칙어가 학교에 배부되었다.[1] 이듬해인 1891년 1월 9일의 시무식에서 교육칙어 봉독식을 하고 교원과 학생들이 신서에 배례를 했다. 하지만 우치무라는 개인적인 양심의 갈등 속에서 순간적으로 판단해 '절'을 하지 않고 "머리를 조금 숙였다"[2]고 한다.

이러한 우치무라의 태도에 대해 "본교 교원인 우치무라 간조는 경례하지 않고 신성한 식장을 더럽혔다"[3]는 말이 퍼져나가 각종 저널에서 다루어졌다.[4] 그래서 "침소봉대하여 잘못 보도를 하고 각종 헛된 말을 널리 유포"[5]하는 상태가 되었다. 우치무라는 사건 후 감기에 걸렸다가 폐렴으로 발전하여 병상에 있었다. 사건이 대대적으로 보도되는 가운데 친구들[6]과 상담 끝에 사건 수습을 위해 신서에 대한 존경의 마음으로 경례할 것을 결의했다. 그러나 와병상태였기 때문에 동료이자 기독교도인 기무라 슌키치木村駿吉[7](1891년 1월 29일)가 대신 실행했다. 그러나 비판이 전혀 수그러들지 않자 친구들이 작성한 우치무라 명의의 해명서(1월 30일자)를 낸 후에 최종적으로는 의뢰 해촉(2월 2일자)의 형태로 일고를 사직했다. 형식적으로는 사건이 일단락되는 듯 보였다.

2. 사건은 어떻게 회자되었는가?

이 사건은 다양한 매체를 통해 전국적으로 보도되었다. 하지만 사실관계에 대한 부정확한 기술이 많았다는 점이 지적되고 있으며[8] 비판의 칼날은 우치무라 개인에서 기독교로 방향을 바꿨다.[9]

논의의 초점에 기독교가 있었기에 불교 교단과 관계하는 출판물이 이를 크게 다루었다. 예를 들면 "기독교가 우리 나라 국체의 본성에 맞지 않는다. 나라의 안녕질서를 방해하는 사교임을 알았다"(『국광國光』, 1891년 2월 12일)는 비판이 있었다.[10]

기독교는 일본의 국체에 맞지 않으며, '안녕질서'를 방해하는 것이라고 비판받았는데 '안녕질서'라는 말은 대일본제국헌법에 있는 신교의 자유 규정과 관련이 있다. 즉 1889년 2월에 공포된 대일본제국헌법은 28조에서 "일본 신민은 안녕질서를 방해하지 않으며 신민의 의무에 위배되지 않는 한에서 신교의 자유를 갖는다"고 하고 '안녕질서'

와 '신민의 의무'의 조건을 달아서 '신교의 자유'를 인정했다. 그러므로 기독교가 '안녕질서'를 어지럽힌다는 비판은 기독교는 신교의 자유 범위를 일탈하고 있다는 비판이었다.[11] 그 연장선에서 기독교를 믿고 싶다면 "일본인의 호적을 버리고 멀리 외국으로 나가" 거기서 가르침을 지켜야 한다고 말했다.[12]

3. 기독교 입장의 반론

예식과 종교라는 논의

기독교 입장에서 비판에 반론을 제기했으나 통일된 견해는 없었다. 예를 들면 일본 하리스토스 정교회의 모리타 료森田亮는 우치무라가 '신교新教'의 입장에서 '존영'에 예배를 하지 않았던 것을 불경하다고 비판했다. 하리스토스 정교회의 입장은 '존영'에 예배하는 것은 당연한 일이라고 말했다.[13]

또한 사건 이후에 우치무라에게서 상담을 받은 가나모리 미치토모 金森通倫는 "진영" 등을 신으로 모시고 "기원기도祈願祈禱"하는 것은 정부의 명이라도 "복종할 수 없"지만 실제로 "조금도 종교적인 요소를 포함하지 않는", 단순한 "외형의 예식"이기 때문에 기독교 신자로서 "군신상하의 의리"에서 "적당한 경례"를 하는 데에는 문제가 없다는 입장을 『기독교신문』에 발표했다.[14]

여기에서 가나모리는 '외형의 예식'과 '종교적인 요소'로 나누고 '군신상하의 의리'는 전자이고 종교와 다른 위상에서 이해되어야 할 것이라고 했다. 또한 뒤에서 다루겠지만, 우에무라 마사히사와 같이 신서 예배를 반대하는 입장에 대해서 "보통의 경례와 종교적 예배의 구별을 잘못 인식"하고 있으며 이는 "많은 일본인 앞에서 복음의 문을 닫는" 것이라는 비판적 평도 있었다.[15]

모리타와 가나모리의 견해를 명확하게 반대한다는 입장 표명이 사건 후인 2월 20일 전후로 나온 「감히 세상의 식자에게 고백함」이라는 공동성명이다.[16] 먼저 "일본 신민 누가 황실에 충성을 품지 않을 것인가"라고 했으나 그것은 어디까지나 '정치적 군주'에 대한 것이며 그 예식에 '종교적 요소'가 있다면 기독교도로서 거행할 수 없다고 말하고 있다. 이미 보았듯이 가나모리는 신서宸書에 대한 예가 '종교적 요소'를 포함하지 않는다고 봤다. 하지만 공동성명에서는 이 예에서 '종교적 요소'를 간파하고 있으며 "모든 예식에서 종교적 요소를 제거하는" 것이 헌법상에 보증된 신교의 자유를 지키는 것이라고 주장한다.

이와 같이 가나모리의 논의와 공동성명에서는 '종교(적) 요소'의 존재 여부가 문제가 되지만 무엇이 '종교(적) 요소'인지는 깊이 논의되지 않았다. 그러나 양쪽 주장의 논리에 초점을 맞추자면 가나모리의 '외형의 예식'이기 때문에 할 수 있다는 입장과 공동성명에서 나온 "모든 예식에서 종교적 요소를 제거한다"는 주장은 종교와 분리된 '예식'은 승인한다는 인식 또는 예식과 종교를 구분하는 틀을 공유하게 된다.

이에 대해서 가나모리는 예식을 '외형'의 것이라 하고 그 이면에 종교를 내적인 것이라 했다. 이것은 외면적 실천과 내면적 규범을 구별하고 후자를 종교로 보는 가나모리의 자기 이해를 제시한 것이라고 말할 수 있다. 그러나 여기에서 '외형'이라는 예식은 '군신상하의 의리'라는 가치가 들어 있는 것이다. 이러한 의미에서 가나모리의 주장은

만들어진 종교

외면적 실천과 내면적 규범의 구별이 아니다. 어떤 규범을 담은 실천과 어떤 규범(과 거기에 동반되는 다른 종류의 실천)의 구별로 이해하는 것이 보다 타당할 것이다.

예식과 종교를 분리할 수 있다는 가나모리 논의의 배후에는 '군신 상하의 의리'를 개별적 종교 전통에서 말하는 규범의 상위에 두는—종교가 아닌 것으로서[17]—사고방식이 자리한다. 우치무라와 기독교에 대한 많은 비판도 이 사고방식을 공유하고 있었다. 또한 '종교적 요소'를 문제시하는 공동성명에서도 '정치적 군주'에 대한 '충'은 자명한 것이라고 말했다.[18] 일종의 규범이 개별적 종교 전통의 상위에 상정되어 있었던 것이다.

예식 그 자체의 문제화 – 우에무라 마사히사 「불경죄와 기독교」

공동성명에 참여했던 우에무라 마사히사는 개인적 견해를 「불경죄와 기독교」[19]라는 글로 『복음주보』에 게재했다. 이로 인해서 주보는 발행 금지 처분을 받았다.[20] 이 글은 가나모리의 논의나 공동성명의 예식과 종교라는 문제의 입론 방식과는 다른 형태로 논의가 전개되었다.

먼저 우에무라는 "나는 신교도로서 모든 왕의 왕인 그리스도 초상에조차 예배를 하지 않는다. 따라서 인류의 영상影像에 배례하는 도리가 있을 수 있겠는가"라고 하며 '신교도'로서의 신념으로 예식을 올리지 않는다고 했다. 이는 예식 그 자체를 문제화하는 시점이라고 할 수 있다. 이어서 다음과 같이 말했다.

나는 굳이 종교라는 점에서 이를 비난하지 않는다. 천황에게 충량한 일본 국민으로서 문명적 교육을 찬성하는 한 사람으로서 인류의 존귀를 유지하고자 하는 한 사람의 사내로서 이러한 폐해를 박격駁擊하지 않을 수 없다. 이를 박격할 뿐 아니라 중학교와 소학교에서 이들 습속을 일소하는 것이 국민의 의무라고 믿는 바다.

우에무라는 그러한 예식은 종교를 떠나서 '문명적인 교육'이나 '인류의 존귀'라는 입장에서 보아도 '폐해'라고 했다. 더욱이 "천황에게 충성하며 선량한 일본 국민"으로서 이를 배격하는 것이 오히려 "국민의 의무"라고 말하고 있다.

이러한 우에무라의 논의는 프로테스탄트 기독교에서 우상숭배·의례를 부정하는 입장[21]에 따른 것이다. 그러나 그는 이 주장을 그대로 말한다면 단순히 한 종교 전통의 입장에서 말하는 것으로 설득력이 없다고 자각했다. 그런 까닭에 후반에 종교가 아니라 '문명'[22]과 관련시킨 보다 일반적인 논의를 전개하고 있다. 결국 예식은 "부동명왕의 신부神符, 스이텐구水天宮의 영상을 귀히 여기기"[23]는 것과 마찬가지로 '악폐'이며, 그들은 '문명'적이지 않기 때문에 폐지해야 한다고 했다.

더욱이 우에무라는 원래부터 이러한 "아이들 장난"과 별반 다름없는 비슷한 예식은 "당국자의 우매함, 두뇌의 망상에서 일어난" 것으로 "폐하를 공경하는 뜻을 잘못" 알고 있다고 했다. 즉 진실로 천황의 뜻에 따른다면 문명적이지 못한 습속은 폐지되어야 할 것이라면서, 그것이 오히려 국민의 의무라고 '반어'[24]를 사용하여 예식을 문제화했다. 이러한 논리를 펼쳐 불경 사건을 계기로 기독교를 향한 비판을 되받아서 공격했던 것이다.

이러한 우에무라의 논의는, 예식을 '기독교도의 양심' '인류의 존귀

만들어진 종교

와 문명' '천황에 충량한 일본 국민의 의무'라는 세 가지 논점[25]에서 부정한 것이다. 특히 세 번째 논점에서 볼 수 있듯 '천황에 대한 충'을 ―뒤틀린 형태로[26]―논의의 전제로 하고 있다. 앞에서 말한 가나모리의 논의와 공동성명에서는 예식에 담겨 있는 규범이 자명하다고 지적했다. 우에무라의 논의에서도 '기독교도의 양심'과 '천황에게 충량한 일본 국민의 의무'는 상극한다는 생각을 상정하지 않았다. 오히려 '인류의 존귀와 문명'이라는 점에서 양자가 같은 방향을 향하고 있다는 확신을 이 논설에서는 말하고 있다.

4. 소괄 – 예식과 그 가치

지금까지 우치무라 간조 불경 사건을 계기로 기독교 비판이 두드러진 점과 이에 대해 기독교도들이 여러 형태로 대응한 점을 확인했다.

가나모리 미치토모는 천황의 신서에 예를 갖추는 것은 '종교적 분자'를 포함하지 않고 인정될 수 있다고 한 데 반해 공동성명은 그러한 '예식'에는 '종교적인 냄새'가 난다고 비판을 가했다. 그러나 양자는 종교 요소를 포함하지 않은 예식은 승인한다는 틀을 공유했다. 또한 이들이 말하는 예식에는 '충'과 같은 어떤 종류의 규범이 자명한 것으로서 함께 자리하고 있었다. 예식을 이렇게 이해하는 방식은 종교의 상위에 어떤 종류의 실천과 규범이 명백하게 존재할 수 있게 한다.

한편으로 우에무라 마사히사는 종교가 아니라 '문명'을 지렛대로 삼아서 예식의 실천을 문제로 삼았으나[27] 그것은 반드시 '예식'의 가치적 측면을 문제로 한 것이 아니었다. 이 가치적인 측면은 다음 절에

서 다룰 교육과 종교의 충돌 문제에서 더욱 분명한 형태로 문제시 될
것이다.

만들어진 종교

이노우에 데쓰지로
『교육과 종교의 충돌』을 둘러싸고-
도덕과 종교 2

1. 이노우에 데쓰지로『교육과 종교의 충돌』과 그 주변

먼저 논의의 계기가 된 이노우에 데쓰지로井上哲次郎(1856~1944)의 주장과 그에 대한 기독교도의 반론을 간단하게 확인하겠다. 이노우에 데쓰지로는 1891년에 공적인 성격이 강한 교육칙어 해설서인『칙어연의勅語衍義』를 썼다. 칙어의 해석에서 상당히 권위를 지닌 그는 우치무라 간조 불경 사건에서 우치무라를 불충불효라고 비판했다.[28]

그리고 1892년 11월에「종교와 교육의 관계에 대한 이노우에 데쓰지로의 담화」(『교육시론』 272호, 1892년 11월 5일)[29]를 발표하여 기독교를 비판하고 이것을 1895년 4월에『교육과 종교의 충돌』[30]로 간행했다. 불경 사건으로 발단된 기독교 비판은 이 무렵에 잠잠해졌지만[31] 이노우에의 저작이 다시 재연시켰다.

그런데 이노우에의 논의는 제대로 수미일관되지 않고[32] 쓰고 있는 논점도 여러 갈래로 복잡했다는 지적이 있었다. 예를 들면 근세부터 있었던 배야론과 배불론의 논리 또한 근대적인 계몽주의와 진화론의 입장에서 나온 종교 비판의 논리가 뒤섞여 있었다.[33] 어느 쪽이든 그의 목적은 기독교 비판이었다.[34] 이노우에 자신은 기독교 비판의 근거를 다음과 같이 정리하고 있다.

위에서 말한 바와 같이 야소교가 동양의 교와 다른 것은 네 가지다. 첫째는 국가를 주요한 것으로 하지 않는다. 둘째는 충효를 중시하지 않는다. 셋째는 중점을 출세간에 두어 세상을 가벼이 여긴다. 넷째는 기독교의 박애가 묵자의 겸애와 같아서 무차별적인 사랑이라는 것이다.(『종교와 교육의 충돌』, 125쪽)

이노우에는 국가주의와 충효도덕을 중시했다. 그래서 기독교의 세상에 초연한 성격이나 보편적인 인류애 등을 비판했다. 이러한 기독교 비판의 이면에는 교육칙어에 제시되어 있듯이 긍정해야 할 도덕—이것은 국민도덕론으로 연결된다[35]—이 존재한다. 더욱이 기독교는 '동양의 교'가 아니라고 했듯이 서양 대 동양이라는 틀을 전제로 했다. 이노우에의 기독교 비판은 서양에 대한 두려움이나 열등의식을 반영하고 있다는 지적이 있다.[36] 여기서 말하는 기독교는 일본이라는 국가에서 배척되어야 할 이른바 서양의 희생양[37]으로 인식되었다.

이노우에의 논의에서는 일본에서 기독교가 성행할 길은 원리적으로 존재하지 않는다. 하지만 만일 이노우에의 비판을 해소시키는 종교로 새로운 기독교를 만든다면 어떨까. 이에 대해서는 이 책 제9장에서 다루기로 하겠다.

기독교 입장에서 제기한 반론

이와 같이 이노우에는 기독교를 서양의 것 혹은 '외교外教'로서 비판했다. 이 비판은 이미 우에무라의 입장에서 보았듯이 서양과 기독교를 직접 연결하는 문제를 재고하고자 하는 일본인 기독교도들에게는 수용하기 어려운 것이다. 여러 가지 형태로 반론을 하게 되지만 하나의 초점은 '칙어 도덕의 골수'[38]인 충효의 두 가지 덕목을 기독교의 입장에서 어떻게 다룰 것인가에 모아졌다.

이에 관해서는 스즈키 노리히사鈴木範久(1979)와 도히 아키오土肥昭夫(1994)가 논했다. 두 사람이 모두 지적한 것은 한편으로는 도덕과 종교의 연결에 부정적인 계기를 보지 않는 논의가 있으며, 다른 한편으로는 도덕을 종교에 의해 상대화하는 계기를 가졌던 논의가 있었다는 점이다.

결국 전자는 논리가 한결같지는 않지만 기독교와 충효도덕은 모순되는 것이 아니라 연결되어 있다는 결론을 도출하고 있다. 예를 들면 요코이 도키오橫井時雄와 혼다 요이쓰本多庸一, 다카하시 고로高橋五郎[39]의 논의에서 찾아볼 수 있다. 후자는 초월성을 근거로 해서 현세적인 도덕규범을 상대화하는 자세가 있다. 예를 들면 우에무라 마사히사, 우치무라 간조, 가시와기 기엔柏木義円의 논의에서도 볼 수 있다.

전자가 일본 기독교계에서 주류가 된 견해이고 후자도 전통적인 충효의 "틀까지는 부정하는 것이 아니"[40]라는 지적이 있다. 이들을 근거로 우에무라 마사히사의 「오늘날의 종교론 및 덕육론」(1893)을 살펴보기로 한다.

우에무라 마사히사의 「오늘날의 종교론 및 덕육론」

1893년에 우에무라는 이노우에의 비판에 답하는 글 「오늘날의 종교론 및 덕육론」[41]을 발표해, 무엇보다 '애국'은 그 자체가 목적이 아니라고 논했다. 우에무라가 생각하는 보다 보편적인 목적은 즉 신의 '정의로운 사랑'을 달성하기 위한 것이므로 신에 대한 사랑과 나라에 대한 사랑은 조화를 이룬다고 말했다.[42]

그에 따르면 올바른 애국이란 나라가 "천직을 완수하게" 하는 것이다. 이것은 단순히 일본이란 나라를 넘어서 '인류의 개화진보' '인성의 완성' '세계의 개운開運' 등 보편적인 목적의 달성으로 이어진다고 여겼다.[43] 우에무라는 이 연장선상에 '신의 나라'를 상정하고 있다. 이는 기독교적 세계관에 따른 인식이었지만 동시에 세계의 문명화는 '신의 나라'로 이어진다는 문명에 대한 신뢰가 있었기에 가능했다.[44]

우에무라는 국가가 목적을 달성하기 위한 개인의 육성이라는 관점에서[45] 덕육德育을 논했다. 우에무라는 프랑스 혁명 이후 세속도덕이 제창되었으나 제대로 힘을 갖지 못했음을 지적했다. 그는 도덕에 관해 "설령 국가가 목사의 임무를 띠고 설교자의 지위에 서도 그 힘이 미약하다는 것이 점점 명확해지고 있다"[46]며, 국가가 도덕에 미칠 수 있는 힘은 제한적이라고 했다. 더욱이 "법문과 다를 바 없는 윤리의 강령[=교육칙어를 염두에 둠]을 배포하여 품격이 높은 성품을 흥기하기에는 미흡하다"며 강령을 배포하여 읽게 하는 것으로는 도덕을 행하게 할 수 없다고 했다.[47] 더욱이 '덕육의 요체'를 "완전하게 하여 활발한 정의자正義者에게 소개함으로써 신의 감화를 받게 하는"[48] 것이라고 했다.

우에무라는 국가를 상대화하는 계기를 포함하는 이상적인 애국의 모습을 논했다. 또한 종교는 주체적으로 도덕을 실행하게 하며, 그것을 제대로 수행하는 것이 기독교라고 말했다.[49] 그러나 한편으로는 교육칙어에서 말한 구체적인 덕목에 대해서는 '인간 보통의 도道'[50]라고 말하고 이에 대한 논점은 제시하지 않았다. 물론 이 논설은 이노우에 데쓰지로에 대한 반론으로 나온 글이다. 여기에서 종교를 도덕보다 상위에 위치시킨 이상, 이 논설에서 굳이 더 이상 충효도덕을 논할 필요는 없었다고 할 수 있겠다. 그럼 애초에 이 시기의 우에무라는 도덕과 종교의 관계를 어떻게 인식하고 있었을까.

2. 메이지 중기 이후 우에무라 마사히사의 도덕과 종교

이 절에서는 메이지 중기 이후의 기독교와 도덕에 관한 우에무라의 논설을 다룰 것이다. 시기적으로 이 논설은 앞서 말한 우치무라 간조의 불경 사건이나 교육과 종교의 충돌 문제와 분리시켜 생각할 수 없다. 하지만 불경 사건이나 충돌 문제를 직접 언급한 논설에는 포함되지 않은 논점도 볼 수 있다. 이러한 논점들을 통해 이 무렵 도덕과 종교의 관계에 대한 우에무라의 기본 인식을 살펴보겠다.

칼라일과 마티노

우에무라 마사히사는 우치무라 간조 불경 사건으로부터 시간이 흐른 1891년 4월에 「종교적 관찰」이라는 논설에서 도덕과 종교의 관계를 다루고 있다.[51] 이 논설은 불경 사건과 분리하여 이해할 수 없음

은 물론이지만, 동시에 시사비평이면서 도덕과 종교의 관계를 재고할
수 있는 계기를 제공한다. 구체적으로는 칼라일[52]과 마티노[53]의 논의
를 원용하면서 도덕의 수행에 종교는 불가결한 것이라고 주장했다.

먼저 우에무라는 당시 일본의 상황을 도덕이 매우 쇠퇴해서 "도덕
교육론이 매우 절박"하다고 했다. 이에 대처하는 것으로 발표된 교육
칙어와 관련된 정부의 정책[54]은 "외형을 강제해서 내면을 옥죄는" 것
이므로 효과가 약하며 오히려 "편벽한 애국심"의 소유자가 함부로 날
뛰어 폐해를 낳고 있다고 했다.

우에무라가 말하는 도덕은 개인이 '정당한 권위'를 인정하고 마음
으로부터 따름으로써 진실로 수행되는 것이다. 단순히 '위력에 복종'
하게 만들어 도덕을 준수하게 한다면 그것은 피상적인 것일 수밖에
없다. 그래서 칼라일이 말하는 '영웅 숭배'가 필요하게 되었다. 우에무
라는 '영웅 숭배'는 "권위를 중요시하고 덕의德義에 기꺼이 순종하며
커다란 것을 우러르고 높은 것을 따르는" 정신을 동반한다고 했다. 그
는 '영웅 숭배'에 의해 개인은 '정당한 권위'를 따르고 주체적으로 도
덕을 실천할 수 있으며 이것이 외적으로 도덕을 강제하는 것을 피하
는 길이라고 했다.[55]

그렇다면 숭배를 받는 '영웅'이란 어떠한 인격일까. 우에무라는 이
것을 설명하기 위해 유니테리언 신학자인 마티노 저작의 초역을 가져
온다.[56] 그에 따르면, 개인의 도덕적인 향상은 덕을 갖춘 영웅으로부
터 감화를 받음으로써[57] 가능하다고 하지만 영웅의 덕은 영웅의 개인
적인 자질로 회수되는 것이 아니다. 즉 영웅이 유덕하다는 것은 영웅
이 '상제上帝'와 교류하여 "자신을 초월한 존재에 자극받기" 때문으로
'상제'를 영웅의 덕의 근거로 여기게 된다.

이와 같이 인간의 도덕적인 향상은 먼저 '상제'를 정점으로 한다. 그 다음에 거기에서 덕을 감득한 영웅이 있다. 또한 그렇게 보다 높은 덕을 지닌 인격에 감화를 받는 인간이 존재한다는 단계적 도식으로 설명하며 사람은 항상 "자신보다 훌륭한 존재"와 교류함으로써 도덕적으로 진보한다고 우에무라는 논하고 있다.

'진정한 사람'으로서의 예수 그리스도

영웅 논의는 예수 그리스도를 염두에 둔 것이 분명하다. 하지만 우에무라의 논의는 칼라일이나 마티노와도 그 위상이 약간 다르다. 이를 다음에서 살펴보겠다.

우에무라가 칼라일로부터 영향을 받았던 점은 지적된 바 있다.[58] 그러나 그는 칼라일의 '영웅' 논의를 그대로 받아들이지는 않았다. 칼라일의 논의에서는 영웅을 영웅으로 여긴 근거가 불명료하고[59] 역으로 '전제 정치의 구실'[60]이 될 수 있다고 우에무라는 인식하고 있었다.

우에무라는 영웅의 '덕'에 초점을 맞추었다. 현실의 정치 문제와 우선 구별되는 문제 설정─이것은 역으로 직접적인 정론으로부터의 후퇴라고도 할 수 있다─을 통해 영웅보다 상위의 궁극선이며 모든 덕의 근거인 '상제'를 두었다. 이로써 영웅도 역시 더 완전한 덕을 향해 향상하고 있음을 강조했다.

후자인 궁극적인 선善의 존재에 대한 주장은 마티노의 논의에 크게 의존하고 있다. 하지만 우에무라는 마티노의 논의에서 '인격'을 읽어낸다. 마티노의 궁극적인 선은 '절대 지고한 객관적 완비' '무한하고 절대적인 완전한 아름다움' 등으로 지극히 이념적으로─유니테리언적인

─이해할 수 있다. 이와 달리 우에무라는 영웅이면서 궁극적인 선을 체현하는 "진정한 사람"[61]으로서 예수 그리스도를 말했고 "페르소나적 위세에 감화"[62]됨으로써 인간은 주체적으로 도덕을 수행한다고 했다.

종교·구제·도덕

이와 같이 메이지 중기 이후의 우에무라는 도덕을 실천하는 것이 종교와 불가분하게─혹은 완전한 덕을 갖춘 초월적인 인격과─관계를 맺는 것을 확인했다. 그렇다면 종교의 실천에서 도덕은 어떤 위치를 차지할까.

「종교적 관찰」에서 우에무라는 인간은 허무한 존재이고 "우울한 진흙 구덩이"에 빠져버릴 수 있다고 말했다. 그는 종교란 인간의 실존적인 고뇌를 해결해줘야 한다며 그 방법에 대해 말했다.

> 인류의 최대 목적은 상제의 영광을 현창하는 데 있다. 상제의 영광을 현창한다 함은 우리가 상제의 완전함과 같이 완전해지려고 노력하고 그 성덕을 각자의 신상에 반영하여 그 영광의 미를 발양하는 것이다. 사람의 성분을 온전히 하고 천직을 다하며 충분한 발육을 이루는 것이 우리의 궁극적인 일대 목적이다.[63]

여기서 인간은 나의 직분을 다하고 자기를 발육하며 온전한 덕을 체현하는 상제를 본받아 도의적으로 그에 근접하도록 노력해야 한다고 말한다.[64] 우에무라에게 이는 의무, 즉 말 그대로 의로운 의무이고 이렇게 해야 사람이 의를 행하는 것이며 구원을 받을 수 있다는 것이다.

이렇게 도의적으로 살아가는 것이 구제로 연결된다는 사고는 우에무라의 논설 「종교의 연구」(1893)에서 한층 명쾌하게 나타난다. 우에무라는 "천국은 왔다. 너희가 죄를 뉘우쳐야 할 것이다"라는 예수의 말을 들어서, 회개를 "덕의德義와 관련해 인식하고 악을 버리고 선에 다가가는 의지를 깊고 간절하게 하는 것을 말한다"라고 했다. 또한 "우리가 덕으로 들어가 도道로 나아가는 문"이라고 말했다. 우에무라는 회개를 '덕의'와 관련해서 인식하고 있었다.[65] 종교적인 '안심'은 단지 안심만을 추구하는 것이 아니라,[66] 먼저 "신의 나라와 그 의로움"을 구함으로써 결과적으로 초래된다고 했다.[67]

메이지 중기 이후의 우에무라는 상제나 영웅 개념을 사용해 도덕은 단순한 행위의 강제라고 하고, 이에 비해 종교는 덕행을 주체적으로 수행하도록 내면의 변혁을 일으키는 것이라고 했다. 개인의 내면에서 종교적인 방향 설정의 외면적 표출로서 도덕이 실천되며, 종교는 이념적으로는 도덕을 담당하고 보다 상위의 위치를 부여받는다고 말하고 있다.[68]

그러나 역으로 말하면 여기에서 종교는 구원에 이르는 다른 길을 말하지 않고 오로지 덕목 실천과 관련해 논해지고 있다. 그렇다면 실천적으로는 도덕을 좀더 잘 지키는 것이 종교를 좀더 잘 신봉하는 것이라는 회로의 길이 열리게 되는 것은 아닐까?

제
4
절

결론

기독교와 국민 도덕의
재배치

이상으로 우치무라 간조의 불경 사건과 교육과 종교의 충돌 문제에서 도덕과 종교의 관계가 문제시되었던 점을 확인했다. 그리고 기독교도들이 어떻게 그 문제를 받아들여 응답했는가도 살펴보았다.

대부분의 기독교계는 종교와 도덕은 모순되지 않고 결부된다는 견해를 취하게 되었으며, 일부 기독교도들은 종교가 도덕을 상대화하는 계기에 대해 논하고 있었다. 후자 중 한 사람인 우에무라 마사히사는 일관되게 종교를 도덕보다도 상위에 두는 방식으로 논의를 전개했다.

이 무렵 우에무라는 칼라일과 마티노의 논의를 원용하면서 궁극적인 선을 체현하는 초월적 인격인 예수 그리스도를 목표로 하여 도덕적으로 향상되는 것이 기독교의 실천이라고 말했다. 또한 그와 같이 도의적으로 살아가는 모습을 기독교에서 말하는 구제와 연결해 논하고 있었다.[69]

우에무라는 종교는 개인의 내면에 방향을 설정해주고 주체적으로 도덕을 실행하게 만드는 것으로 인식하며, 도덕을 관장하는 의미에서

만들어진 종교

종교를 도덕의 상위에 위치시켰다. 이것은 이노우에 데쓰지로가 도덕과 관련하여 종교에서 적극적인 의미를 찾지 않았던 것과 달리, 도덕의 수행에 종교가 불가결하고 오히려 적극적으로 관련될 수 있다는 주장이 된다.

그러나 우에무라는 실천해야 할 도덕적인 덕목의 가치를 거의 논점으로 삼지 않았다. 확실히 그가 말하는 충효에는 초월적인 신에 근거하여 새로이 인식된 충효라는 측면이 있다.[70] 하지만 동시에 교육칙어가 말하는 덕목을 '인간 보통의 도道'(「오늘날의 종교론 및 덕육론」하)라고 했듯이 이것을 비판적으로 되묻는 계기는 약했다. 「불경죄와 기독교」에서도 말하듯 우에무라가 이해하기에 도덕과 종교는 궁극적으로는 조화로운 것이었다.

우에무라의 종교와 도덕의 구분 논의는 한편으로는 도덕의 상위라는 이념적인 위치에 종교를 두는 것이었다. 하지만 다른 한편에서는 도덕의 가치를 묻지 않거나 혹은 캐물을 수 없는 이상, 실천적으로는 종교가 도덕에 봉사하는 것으로 이어질 가능성을 지닌다.

그리고 우에무라 개인의 문제를 떠나서 그 후 근대 일본의 역사 전개에서는 종교가 도덕에 봉사하는 예가 나타난다. 예를 들면 삼교회동三教會同이나 어대전 기념 일본 종교대회御大典記念日本宗教大會 등이 단적으로 볼 수 있는 상징적인 일이다. 또한 보다 넓게는 다이쇼 시기(1912~1926)부터 쇼와 시기의 전반기(1945년 무렵)에 걸친 종교 교육도 이에 해당된다. 예를 들면 공산주의·사회주의에 대항하는 문맥에서도 종교가 민심 유지의 도구로 활용되는 상황과 연결된다.

제 9 장

나카니시 우시오의
『교육과 종교의 충돌 단안』에 대해:
기독교 재해석과 바람직한
종교라는 관점에서

서론
나카니시 우시오의
종교·일본·기독교

이 장은 메이지 중기에 불교의 입장에서 언론 활동을 하던 나카니시 우시오가 교육과 종교의 충돌 문제(제8장 참조)에 즈음해서 쓴 『교육과 종교의 충돌 단안教育宗教衝突斷案』(1893년 7월, 이하 『단안』[1])에 대해 검토한다. 자유기독교와 유니테리언에 대한 나카니시의 견해를 통해, 종교론에 '일본'을 어떻게 위치시키고 있는지를 포함한 그의 기독교 이해를 살펴보고자 한다.

근대 일본에 입각해 '종교'와 '일본'의 문제를 생각하는 경우, 교육과 종교의 충돌 문제는 결정적으로 중요한 일이다. 논의를 미리 살펴보면 나카니시는 『단안』에서 현세와 분리된 점에 종교의 독자적 성격이 있다고 했다. 그러나 동시에 일본과 관련된 특별한 가치를 그러한 종교보다 상위에 두고 규정했다. 이는 단순히 기독교를 배척하는 것이 아니라 일본에 기반한 새로운 기독교를 제안하기 위한 근거였다. 물론 나카니시의 논의는 동시대 종교를 둘러싼 상황을 소박하게 기술한 것이기보다는 오히려 제언으로서 나온 것이다. 또한 불교를 변중하는 입장의 논자로부터 나온 기독교론이 기독교도들에게 준 직접적인 영향은 한정적이었을 것이다.

그러나 나카니시의 논의는 일본과 기독교라는 동시대적인 과제에 하나의 입장을 드러낸 것이며 역시 시대의 문맥 속에 있었다. 그렇기에 나카니시의 논의 역시 근대 일본 사회에서 종교의 위상을 재귀적으로 엮어간 하나의 담론이었다.[2]

『단안』의 주장은 나카니시 나름의 기독교 이해에서 나온 것이었으며, 자유기독교나 유니테리언이 커다란 의미를 갖고 있었다. 그러므로 먼저 시대를 거슬러 올라가서 『단안』 집필 이전에 나카니시가 유니테리언을 어떻게 이해했는지를 확인하고 그 다음으로 『단안』의 내용을 고찰해보자.

『교육과 종교의 충돌 단안』
집필 이전의
나카니시 우시오와
유니테리언

선행 연구에서 나카니시는 사지 지쓰넨佐治實然과 나란히 불교의 입장에서 유니테리언에 참가한 사람으로 거론되며 실제로 1894년 무렵에 기관지 『종교』에 몇 편의 논설을 기고했다. 그러나 한편에서는 1895년에 탈퇴했다고 확인되고 있다.[3]

나카니시가 구체적으로 유니테리언과 어떠한 관계를 맺고 있었는가는 조금 더 조사가 필요하겠으나 여기에서는 시간을 거슬러 올라가서 『종교』에 기고한 사실과 『단안』 집필 이전에 나카니시가 어떻게 기독교와 유니테리언을 인식하고 있었는가를 알아보자.

1. 『종교혁명론』(1889)의 언급

테레는 나카니시가 이미 『종교혁명론』에서 유니테리언을 언급하고 있다고 말했다.[4] 하지만 유니테리언이라는 단어를 포함해 그 내실을 언급한 곳을 보면, 예컨대 미국의 신학자인 부시넬[=호러스 부시먼]의 논의를 소개한 부분에서 범신론汎神論(=범신론凡神論)이나 실리주의 혹은 유물론 등과 나란히 기독교에 반대하는 경향의 하나로서 들고 있다. 유니테리언은 스스로가 기독교도라고 주장하지만 원죄나 기독교에 의한 속죄를 부정하는 경향이 있고 실제로는 "야소교 교리의 정신에 반대하지 않는 것이 전혀 없"다고 말하고 있다.[5]

우선 자유기독교의 신학적 성격을 확인해두자. 기본적인 특징은 기독교의 전통적이며 권위적인 역사적 배경으로부터 자유롭고자 했으며 인간의 이성을 통해 신앙의 본질을 추구하려는 경향이 있다고 지적할 수 있다. 그렇기 때문에 방법론으로 성서의 고등비평을 동반했다. 또한 전통적인 권위·교의신조의 합리화도 시도했다. 하지만 그러한 합리화에 대한 지향성과 맞물려서 신의 초월적인 측면보다도 윤리적인 측면을 강조하는 경향도 지적되고 있다(자유기독교에 대해서는 제7장 참조).

이를 종합적으로 생각해보면 여기에서 나카니시는 스스로 유니테리언에 대한 견해는 거의 말하지 않았지만 유니테리언의 신학적인 위치 설정, 즉 기독교 재해석을 시도한 것이었다는 점을 파악하고 있었다.

또한 다른 곳에서 나카니시는 1887년에 일본에 온 유니테리언 선교사 냅Athur May Knapp(1841~1921)의 연설을 인용하면서 "우리의 뜻을 대단히 잘 이해한 것이다"[6]라고 말했다. 그러나 나카니시가 인용한 냅 연설의 주요한 취지는 서구에서 들어온 문명을 받아서 일본이 신문명을 창조하고 아시아를 빛내야 한다는 것이었다. 인용한 부분을 보면 기독교 문제는 전혀 언급하고 있지 않다.

그 인용 내용을 전제로 나카니시는 불교야말로 새로운 문명의 창조를 담당하는 것이며 그렇게 불교를 개혁해야 한다고 논하고 있다. 그것은 물론 냅이 말하지 않은 논점이다. 역으로 말한다면 나카니시가 호의를 갖고 냅의 연설에서 가져온 것은 "단순하게 다른 것을 모방하는" 것이 아니라 '일본'에 입각해서 새롭게 문명을 "스스로 창조"[7]하는 것이 가능하다는 입장이라고 할 수 있다.

이 점에 관해서는 일본에서 자유기독교가 일본인 기독교도로 하여금 기독교를 주체적으로 재해석하는 하나의 계기를 제공했다는 스기이 무쓰로杉井六郎의 선구적 지적이 있다.[8] 냅의 연설에 대한 나카니시의 호의적인 자세는 기독교를 일본이라는 장소에 근거해서 재해석하려는 시도에 대한 적극적인 평가로 이어지게 된다.

나카니시는 자신이 주필로서 의욕적으로 만든 잡지 『경세박의』에 「일본의 기독교」라는 사설을 게재하여, 일본의 기독교가 일본에 근거하여 재해석되지 않음을 문제시했다. 또한 일본풍의 기독교를 모색한 가나모리 미치토모의 『일본 현재의 기독교 및 장래의 기독교』에 대해 호의적인 서평을 실었다.[9]

2. 「'유니테리언' 두려워하지 않을 수 없다」(1892)

이와 같이 기독교를 재해석할 수 있다는 인식과 일본에 근거해서 주체적인 창조를 할 수 있다는 이해가 어우러져 『단안』의 논의로 직접 이어진다. 이를 고찰하기 전에 나카니시가 특히 유니테리언에 초점을 맞춘 「'유니테리언' 두려워하지 않을 수 없다」를 통해 유니테리언 이해를 다시 확인해두자.

이 글은 『경세박의』 21호(1892년 9월 20일)에 사설로 게재된 논설이다. 글머리에서 나카니시는 '유물론'이나 '회의파' 등이 아니라 "오늘날 불교에서 가장 두려워할 것은 '유니테리언'에 필적할 만한 것이 없다"[10]고 하고, 거기에서 주목할 것이 있으니 보다 경계해야 한다고 말한다.[11] 그리고 유니테리언이 "그리스도 신의 아들 설에 대한 반대, 자연인과의 이법理法으로 종교적인 현상을 해석하여, 인류의 이상은 진화에 있다는 것" 등을 주장한다며 그것은 "기독교에 반대되며 오히려 불교에 밀착하는"[12] 것이라고 지적한다.

한편 나카니시는 '근본적인 사상' 측면에서 유니테리언이 기독교이며, 이를 '학술'로 '윤색'한 것에 지나지 않는다며 불교와 유니테리언을 구별했다. 여기에서는 나카니시가 "자연 인과의 이법으로 종교적인 현상을 해석"한다는 행위—그것은 '진화'라는 당시의 일반 이론에 따른 것이었다—를 바람직하다고 생각했음을 알 수 있다. 말하자면 나카니시는 그러한 행위는 당시의 일본에 강한 소구력을 갖는다고 생각했다.

즉 나카니시는 유니테리언에 대하여 "기독교 정신을 기본으로 하여, 미신을 버리고 인정과 학술의 요소에 종교를 가미한 새로운 모습으로 광채를 발휘하는 것"[13]이라고 했다. 또한 "엄격한 기독교의 도덕과 의식을 주장하지 않기 때문에 중등사회의 학문이며, 식견을 유도하기에는 가장 적당하다"[14]고 평했다. 앞으로 규모를 확대하고 조직을 견고히 한다면 유니테리언이 "우리 나라 다수의 종교가 될 것을 의심하지 않는다"[15]고 그 잠재력을 높게 평가했다.

물론 나카니시는 불교의 진리성을 확신했기에 위에서 말한 유니테리언 평가는 불교의 혁신을 주장하는 문맥과 맞닿아 있다. 즉 "중등 사회의 학문이며 식견"이라는 표현은 이러한 요소를 불교에 받아들일 필요가 있다는 주장으로 이어진다. 유니테리언이 전통적인 기독교를 재해석하려는 시도라고 보는 것인데, 동시에 불교에서도 마찬가지로 그와 비슷한 모델이 상정되어 개혁 시도가 이루어져야 한다는 주장이기도 하다.

3. 소괄

이상으로 나카니시가 유니테리언을 전통적인 기독교를 재해석하려는 시도로 이해하고 그것을 종교의 모습으로 긍정적으로 평가했으며 불교에서도 그러한 재해석이 필요하다고 주장했다는 점을 확인했다. 물론 불교 개혁 주장은 『종교혁명론』에서 일관되게 나타난 나카니시의 지론이고 그것이 유니테리언의 영향을 받아서 형성된 것은 아니다.[16] 그러나 일본에서 유니테리언의 활동은 나카니시의 문제의식을 보다 첨예화했을 것이다.

나카니시는 『단안』에서 기독교 혹은 종교가 어떻게 재해석되어야 하는가를 논하고 있다.

만들어진 종교

제
3
절

나카니시 우시오
『교육과 종교의 충돌 단안』

1.『교육과 종교의 충돌 단안』의 위치

교육과 종교의 충돌 문제의 개요는 다시 거론하지 않겠다(제8장 참조). 다만 이노우에 데쓰지로의 기독교 비판이 기독교에 대한 지식을 결여하고 있다고 지적한 야마지 아이잔山路愛山의 글을 들어보겠다.

그의 기독교 지식 역시 매우 유치한 것이었다. 전문을 읽어보면 그에게는 당시의 기독교회에 있었던 신학 논의에 대한 지식이 전혀 없었다는 것이 드러난다. 그는 성서 비평을 전혀 배우지 않았기 때문에 성서를 만든 이의 목적이나 그 전후의 정당한 관계, 그 진정한 정신에서 떼어내서 마치 단장취의적인 발췌로 성서 문구를 요약하여 기독교 비난의 논의를 만들어냈기 때문이다.[17]

야마지는 이노우에의 논의가 신학적인 측면에서 이루어진 것이 아나라고 지적한다. "성서 비평을 전혀 배우지 않았"다는 것은 이노우에 자신도 인식하고 있던 사항이었다.[18] 이에 비해 나카니시 우시오는 『단안』에서 기독교의 성서 해석 문제 등을 언급하면서 기독교를 비판했다.

나카니시의 논의는 교육과 종교의 충돌 문제가 끝나가는 시점에 나온 것이기도 하지만,[19] 이노우에의 논의를 계기로 이루어진 수많은 비판 중 하나로 이해되어 거의 고찰 대상이 되지 못했다.[20] 그러나 이노우에는 "작문이 유창하고 논의가 쾌활하여 대단히 볼만하다" 혹은 "나카니시 씨의 말은 본디부터 내가 보는 바와 다르지만 성정이 우연히 맞는 데가 있다. 야소교도를 반성하게 만드는 그 논지는 종교학자에게 대단히 도움이 되는 것"[21]이라며 나카니시의 논의를 적극적으로 평가하고 있다.

물론 이러한 긍정적인 평가는 이노우에 등이 기독교를 비판하는 입장에서 했던 것이다. 예를 들면 『이노우에 박사와 기독교도』의 편집자인 세키 고사쿠關皐作는 『단안』을 소개하면서 "자유분방하고 호쾌한 일대 문장이며 논지 또한 주도면밀하고 가려운 곳을 긁어준다. 충돌론의 시비곡직을 판단하여 알고자 한다면 이 책을 일독하라"[22]며 호의적으로 언급했다.

한편 이노우에의 비판과는 조금 다르게 읽혔던 측면도 있었다. 예를 들면 교육과 종교의 충돌 문제와 관련된 논설을 정리한 『동양학예잡지東洋學藝雜誌』 기사에서는 "이미 20여 편의 많은 종류의 비판이 있었다. 그 중에서도 특히 스기우라 주고杉浦重剛, 나카니시 우시오, 이노우에 엔료, 후지시마 료온藤島了穩, 이노우에 소키치井上蘇吉의 저서가 가장 많은 도움을 주었다"라고 하고, 『단안』을 "많은 도움을 준" 것으로

적고 있다. "나카니시 씨의 『단안』은 논의가 쾌활하고 문장이 분명하고 조리가 있으며 근근한 취지를 쉽게 설명하고 누누이 수많은 말을 하는 것은 실로 나카니시 씨 일가의 기량이라고 해야 할 것이다. 그는 주로 야소교는 우리 나라에 동화시키도록 해야 하고 또 동화시키지 않을 수 없음을 판명했다"[23]고 하며, 나카니시가 기독교는 일본적 기독교가 되지 않으면 안 되며 또 될 수 있다고 논했음을 지적했다.

이렇게 보자면 이노우에의 논의가 일본에서 기독교를 신봉하는 것을 원리적으로 부정했던 것에 비해, 나카니시의 논의는 일본에 근거한 기독교 재해석으로 나아간—비기독교도의 입장에서—논의로 이해할 수 있다. 그렇기에 "양쪽 군대[=기독교에 대한 비판과 옹호] 가운데 두드러진 것은 나카니시 우시오의 『단안』이다. 이것이 단안斷案이다"[24]라는 동시대 평을 볼 수 있다. 한편 세키 고사쿠는 "기독교에 다소 영합한 것은 애석할 뿐이다"[25]라고 부언한 바 있다.

2. 『단안』의 논리

기본적인 관점

나카니시도 대전제로서 기독교가 일본의 국체와 충돌하는 점을 비판했다. 하지만 이노우에와의 차이점을 나카니시 스스로 다음과 같이 말했다.

박사는 야소교가 우리 나라의 국가주의에 반하지 않도록 가능하면 동양의 풍속에 동화시켜야 한다고 말하는 데 그쳤다. 그런데 과연 동화는 가능한 것인지 또 어떠한 방법으로 동화시켜야 하는지를 명시하지 않았다. 우리는 동화가 가능한 이유와 그 방법에 대해서도 세밀한 의견을 진술하겠다.[26]

박사의 논의는 야소교가 과연 우리 나라의 국체와 충돌하지 않을 것인가의 문제로 기점을 삼았다면, 우리의 논의는 야소교가 과연 우리 나라의 국체에 동화될 수 있는가의 문제를 기점으로 삼는다.(『단안』 104쪽)

위의 인용은 나카니시가 이노우에의 논의와 대비시켜 자신의 논의를 정리한 부분이다. 여기에서 나카니시는 이노우에가 다루지 않았던 논점, 즉 어떻게 하면 기독교가 국체에 동화될 수 있는가라는 문제를 동화 방법을 포함해 논하겠다고 말했다.

국체와 기독교

『단안』의 서두에서는 국가주의나 국체라는 개념과 기독교가 원리적으로 어떠한 위치 관계에 있는가를 말하고 있다. 나카니시는 먼저 종교 그 자체를 문제로 삼고 종교와 국가주의의 관계를 다음과 같이 설명했다.

만약 야소교의 교리 정신이 지상에 있지 않고 천국에 있으며, 현세에 있지 않고 미래에 있으며, 충군애국에 있지 않고 인류박애에 있기 때문에 국가주의와 반대된다고 하고, 이로써 야소교를 공격하는 구실로 삼는다면 오로지 야소교뿐이 아니라 모든 종교 역시 다소라도 공격받을 구실이 없을 수 없다. 왜냐하면 모든 종교는 공히 지상의 일은 중요하지 않고 천국이 중요하며 현세가 중요하지 않고 미래가 중요하며 국가를 중요시하지 않고 인류를 중요시하는 경향을 벗어나기 어렵기 때문이다. 그렇다면 이러한 경향을 억제하고 비국가주의라고 해서 공격을 가하려고 한다면 불교든 이슬람이든 모든 종교는 비국가주의라는 공격을 피하지 못해야 할 것이다. 이렇게 공격을 오직 야소교에만 가하려고 하면 이역시 가장 심한 불공평이 아니겠는가.[27]

나카니시는 만일 기독교의 내세주의나 인류박애의 설을 이유로 들어 기독교가 국가주의가 아니라고 비판한다면, 그러한 비판은 다른 종교 전통에도 적용되므로 그것을 이유로 기독교만을 비판하는 것은 '가장 심한 불공평'이라고 했다. 그래서 먼저 "우리는 야소교가 비국가주의, 즉 국가를 파괴한다고 하는 것은 인정할 수 없다"라고 잘라 말했다.[28]

나카니시는 "모든 종교는 공히 지상의 일은 중요하지 않고 천국이 중요하며 현세가 중요하지 않으며 미래가 중요하고 국가를 중요시하지 않고 인류를 중요시하는 경향을 벗어나기 어렵다"라고 했다. 단순히 기독교만이 아니라 불교와 이슬람 등의 개별 종교 전통을 다 같이 포함하는 종교라는 영역 자체에 보편적인 현세 초월적 경향을 볼 수 있다고 말했다. 이것은 현세적인 국가나 국가를 주안점으로 하는 국가주의와 구별된다고 인식했다. 『종교혁명론』에서부터 일관된 주장이다(제6장 참조).

그러나 나카니시는 그와 같은 종교로서의 기독교를 일본에서 그대로 행할 수 있다고는 말하지 않았다. 나카니시는 일반론으로서 기독교가 비국가주의적이라고 해서 비난을 받아서는 안 된다라고 했다. 그러나 기독교는 "우리 대일본의 국체와 충돌하여 서로 양립할 수 없고 우리 대일본의 국체에 반대되는 것이며 우리 대일본의 국체를 파괴하는 것이다"[29]라고도 말했다. 즉 기독교는 일본 고유의 모습인 '우리 대일본의 국체國體'와 충돌하는 문제가 있고, 이것이 비국가주의적인가 아닌가하는 점보다 중요하다고 했다.

국체에 대한 나카니시의 국가론을 보면, 국가는 단순히 국민과 계약적 관계로 성립하는 것이 아니라 '정의, 평화, 질서, 진보, 영광의 실체'이고, 국가에는 '신성하고 존엄한 이상'이 없어서는 안 된다고 했다. 그리고 일본에서는 "황통을 천손으로 하고 황운이 천양무궁하다는 역사적인 감정"을 그러한 이상으로 들었다. 이러한 '역사적인 감정'을 국민이 공유함으로써 '충군과 애국의 감정'이 유지되어 일본이라는 나라가 강건하게 성립된다고 논했다.[30]

여기에서 나카니시는 국가주의를 일반적인 국가주의와 일본에서의 특별한 '국체주의'[31]로 나누고 먼저 기독교나 불교 등의 종교 전통은 반드시 국가주의일 필요는 없다고 했다. 종교가 '지상' '현세' '충군애국' 등에서 분리된 독자적 영역을 취급하는 것임을 우선 인정한 것이다. 그러나 다른 한편으로 '국체주의'는 황통에 관계된 일본 국민의 역사적인 감정으로 유지되고 있기 때문에 특별한—혹은 특별해야 할—것이다. 때문에 일본에서 행해지는 종교는 유교나 불교와 같이 국체에 동화되어야 할 것[32]이고 이 점에 관해서 기독교는 문제가 있다고 한 것이다.

나카니시의 종교 이해에서 생각한다면 국가주의와 국체주의의 준별은 필요한 개념 조작이었다. 다만 기독교가 '국가를 중요시하지' 않

만들어진 종교

는다고 반드시 비난받아야 하는 것은 아니지만 그럼에도 비'국체주의'적이라는 문제가 있다고 하는 그 논리가 명확히 알기 쉽지 않다는 것도 분명하다. 예를 들면 어느 불교 잡지에 실린 『단안』에 대한 서평은 분명하게 기독교가 비국가주의적이라고 하면 좋았을 것이라고 지적했다.[33]

그러나 그 서평에서 볼 수 있듯이 기독교를 단순하게 비국가주의적이라고 비난하는 명쾌한 논의는 종교가 국가주의, 즉 현세에서 '국가'에 종속된 것이라는 주장으로 이어질 수 있다. 그것은 이노우에의 주장에는 적용될지 모르지만 나카니시의 종교에 대한 이해와는 양립할 수 없다. 또한 종교란 초월성과 관련되는 자율적인 영역을 다루는 것이라는 동시대에 형성된 합의와 정합을 이룰 수도 없다.

그러므로 나카니시는 종교를 보다 상위에 있는 가치로 두고 일반적인 국가주의와 구별되는 특별한 '국체주의'를 설정하는 굴절된 논의를 펼치기에 이르렀던 것이다.

쟁점으로서의 역사

『단안』에서 말한 종교론의 핵심을 확인했다. 이어서 그 국가주의의 내실에 있어 '역사'가 특별히 문제가 된 부분을 살펴보겠다. 나카니시는 이와 같이 국체의 기초를 '역사적인 감정'에 두고 교육칙어의 내용을 말했다. 한편으로는 보편적인 덕목을 말했고[34] 다른 한편으로는 국체를 말했다.[35] 전자는 기독교(또는 군주국이나 공화국)에도 적용이 되지만 '충' '효' 등의 덕목이 할당된 후자에서는 충돌이 생긴다고 했다. 그 이유는 국체의 기초가 황통의 역사와 얽혀 있는 '역사적인 감정'에 있다는 것에 호응하는 형태로 기독교가 지니고 있는 '역사'가 문제가 된 것이다.

나카니시는 기독교도도 일본 국민으로서 국체를 지탱하는 '역사적인 감정'을 유지하고 그 다음에 기독교를 믿는다면 문제는 생기지 않는다고 했다. 하지만 그러기에는 무엇보다 '역사적인 경전'인 구약성서(=구약전서)가 문제라고 했다.

구약성서에 기술되어 있는 인류 창조를 포함한 세계 창조의 역사는 천손강림에서 이어지는 황통의 역사와 서로 맞지 않음을 지적하고[36] "야소교는 구약을 포기하고 오로지 신약을 근거로 한다면 오히려 오늘날 백배 공고한 기초를 얻을 수 있다. 오히려 오늘날 백배 순정한 종교가 될 수 있다"[37]며 기독교도는 구약을 버리고 신약을 근거로 해야 '순수하고 바른 종교'일 수 있다고 했다.

성서 해석에 대한 인식

신약성서를 중시하는 것은 가톨릭에 대한 대항으로 프로테스탄트가 새롭게 신약성서를 중시한 점을 근거로 한 것이다. 더욱이 나카니시는 가톨릭과 프로테스탄트의 근본적인 차이에 대해 "신교에서는 교도들이 경전의 이치를 따지며 연구하는 자유를 허용하며 누구라도 자기 양심에 따라 경전의 의의疑義를 판단할 수 있다. 구교에서는 경전의 진리를 판단하는 권한은 오로지 로마 법왕에게 있다"[38]라고 했다. 프로테스탄트에서는 "누구라도 자기 양심에 따라" 성서 해석이 가능해졌다고 말하며, "나는 야소교라고 총칭하지만 오늘날 야소교는 순일한 종교가 아니라 여러 종파로 성립된 집합명사가 되었다"[39]라고 했다. 실제로 기독교 내부에는 다양한 교파가 존재하며 다양한 성서 해석을 할 수 있다고 지적했다.

그리고 "수많은 각 파의 내부에서 선택하고 절충한다면 어찌 정신적 야소교파, 일본적 야소교파, 우리 대일본 천하에 둘도 없을 국가에 동화되어야 할 야소교파를 건설할 수 없겠는가"[40]라고 했다. 기독교가 다양하게 해석될 수 있다면 국체와 동화할 수 있는 기독교의 교리를 세우는 것도 가능하다는 것이다.

나카니시는 기독교가 구약보다 신약에 근거해야 한다면서 성서 해석에 더욱 집중해 말했다.

하지만 야소교를 우리 나라의 국체에 동화시키려 한다면 단지 구약을 포기함으로써 만족하지 말고 경전 해석에 한층 광대한 자유를 줘야 한다. 가급적 '오서독스Orthodox'의 정신을 멀리하여, 문자 해석을 하지 말고 비유적으로 해석하며 유럽에서 천 년이 훨씬 지나는 동안 야소교에 밀착한 땀과 때는 전부 깨끗이 씻어내 정신적이고 순결한 것으로 해야 한다. 또한 우리 것은 비루하고 바깥에서 들어온 것은 존귀하다고 여기는 습관을 버려야 한다. 우리 독립의 원기를 양성하기 위해 비굴한 노예처럼 복종하지 말아야 한다. 신교信敎의 자유를 발달시키기 위해 빠른 시간 안에 외국 교회의 보호를 물리칠 뿐만 아니라 우리 나라의 역사를 공경하고 국체를 보호하며 충군애국의 정신에 이르러서는 특히 일반 국민에게 한 발자국 양보하게 만드는 주의를 받들어야 한다. 우리 국민이 일종의 야소교회를 건설한다면 그것이야말로 이른바 정신적인 야소교, 일본적인 야소교이므로 진리를 사랑하고 국가를 사랑하는 우리 나라의 야소교도가 오늘날 참으로 분기해야 할 일대 위업이 아니랴.[41]

나카니시는 먼저 교회에서 전통적인 해석에 거리를 두고 성서를 비유적으로 해석할 수 있어야 한다고 했다. 이는 이미 유니테리언에 대한 언급에서 볼 수 있었듯이 신학에 대한 지식이 뒷받침된 것이다. 그런데 이와 같이 새롭게 해석된 기독교는 어떠한 것이어야 하는가.

나카니시는 "정신적 야소교, 일본적 야소교"라고 하며 기독교가 '정신적'이고 '일본적'임을 말했다. '정신적'인 것에 대해서는 "유럽에서 천 년이 훨씬 지나는 동안 야소교에 밀착한 땀과 때"를 씻어내 "정신적·순결적인 것"으로 만들어야 한다고 한다. 단적으로는 "외국교회의 보호"라는 말에 표현되어 있듯이, 기독교에 따라붙는 '서양'이라는 역사성을 비판적으로 파악한 것이다. 하지만 여기에서 추구되는 역사성을 떼어낸 순수한 종교로서 기독교는 '일본적'인 것과 접합한다.

다시 말해 '정신적인 야소교, 일본적인 야소교'로서 양자를 설명하지 않고 나란히 놓고 있듯이 나카니시에게 '정신적'인 종교는 국체의 보호와 유지, 국사의 존중, 충군애국의 정신이라는 '일본적'인 것에 모순되지 않고 이어지는 것이었다. 그는 이를 논증의 여지없이 자명한 것으로 여겼다.

종교의 위치

나카니시는 기독교의 '정신적'인 것과 '일본적'인 것의 관계에 대해 「우리 나라 야소교도에게 고함」이라는 제목의 장에서[42] 다음과 같이 말하고 있다.

애초에 오늘날 야소교는 철학적으로 바라봐도 역사적으로 바라봐도 결

만들어진 종교

코 절대적으로 완전하지 않다. 그 안에 함축된 교리 및 야소의 품성에 이르러서는 조금도 취할 것이 없거늘 당신들은 이미 그 교를 신봉해서 십자가 아래에 무릎을 꿇었다. 우리도 결코 당신들을 비난하지 않는다. 하지만 당신들은 일본국의 신민임을 기억하라. 독립자유의 사상을 가지고 있음을 기억하라. 당신들은 천양무궁한[43] 황운을 부익扶翼할 의무가 있음을 기억하라.

나카니시는 기독교의 '교리'와 '야소의 품성'을 일정하게 평가했다. 하지만 동시에 기독교도는 외국에서 독립한(=독립자유) '일본국의 신민'이고 '황운을 부익할 의무'가 있다고 했다. 앞에서 나카니시는 '정신적'인 기독교가 즉 '일본적'인 기독교가 되는 것을 자명한 것으로 받아들였다고 지적했다. 하지만 논의의 구조로는 이 인용에서 볼 수 있듯이 '일본적'인 장에서만 기독교가 승인되고 있다.[44] 보다 일반화한다면 종교의 교의나 윤리적인 측면의 의의는 '국체주의'에서 일탈하지 않아야 승인할 수 있다는 것이다.

3. 소괄 – 근거로서의 유니테리언

이와 같이 나카니시의 『단안』에서는 모든 종교 전통이 각각의 자율적인 가치가 있지만 그들은 '국체주의'적인 가치의 하위에 자리매김되어 있기 때문에, 그 자리에서 일탈하지 않아야 개별적인 종교 전통이 승인된다―그때 카테고리로서의 종교가 정립된다―는 구조를 읽어낼 수 있다. 이노우에의 논의에서는 기독교가 배척의 대상이었다.

하지만 나카니시는 기독교 해석의 문제와 관련해서 기독교가 배척의 대상이 아니라 종교 전통의 구조에 편입될 수 있다고 말했다. 그렇게 되어야 한다고 주장한 것이다.[45]

이것은 그러한 기독교 재해석이 불가능하다는 것을 전제로 한 반어적 수사가 아니었다. 나카니시는 다음과 같이 말했다.

> 오늘날 우리 나라의 야소교 교도가 만약 교파 중에서 가장 진보적이며 가장 자유를 중시하는 '유니테리언'파와 같은 자유신학파를 취해서 신봉할 때에는 다소 우리 국체와의 충돌을 피할 수 있지 않겠는가. 하물며 그들의 평소 입버릇인 정신적인 야소교, 일본적인 야소교를 건설하는 데 말이다.[46]

나카니시는 앞에서 말한 것처럼 '정신적인 야소교, 일본적인 야소교'의 설립이 바람직하다고 생각했다. 또한 동시대 일본인 기독교들(=그들)도 이 문제를 과제로 인지하고 있다고 봤다. 그 점에서 "'유니테리언'파와 같은 자유신학파"는 "다소 우리 국체와의 충돌을 피"할 수 있으리라 생각했다.

앞서 확인했듯이 나카니시는 유니테리언에 의한 기독교 재해석, 즉 그 전통이나 권위에 대해 상대화를 시도하는 것이 종교의 바람직한 자세라고 말한 바 있다. 하지만 『단안』의 논의 틀에 따르면 그러한 재해석은 '국체주의'라는 한정된 장에서만 이루어질 수 있다. 그러므로 거기에서 새로이 파악된 순수한 혹은 '정신적'인 기독교는 일정한 자율적인 가치가 인정된 다음에 동시에 그것은 '일본적'인 것이 된다.[47] 그리고 나카니시에게 유니테리언은 기독교 그리고 논리적으로는 종교 그 자체를 새롭게 인식할 수 있게 만드는 하나의 근거가 되고 있다.

결론
종교 배치의 이중성

나카니시는 유니테리언의 신학적 성격을 파악하고 있었으며 그것을 기독교를 재해석하는 시도로 이해했다. 또한 유니테리언을 종교로서 바람직한 모습으로 받아들이고 불교 개혁 논의를 할 수 있는 일종의 모델로 삼기도 했다. 그리고 이러한 유니테리언 이해가 『단안』의 논의로 연결되었다. 즉 『단안』에서 나카니시는 기독교를 포함한 종교에 대해서 독자적인 성격을 우선 인정했으나 그것은 '국체주의'에서 일탈하지 않는 범위라는 입장을 취하고, 그런 다음 실제로 유니테리언을 언급하면서 '국체주의'를 넘어서지 않는 것으로서 기독교를 새롭게 해석하는 것이 가능하다고 주장했다.

이미 자유기독교나 유니테리언이 종교 그 자체를 주목함으로써 비교종교 그리고 종교학의 시도와 결합된 것, 또한 그것과 관련해서 개별 종교 전통을 새로이 해석하는 계기가 된 것을 지적했으며[48] 나카니시도 또한 그러한 종교 그 자체를 주목하고 있었다고 생각된다. 그리고 동시에 『단안』에 입각해서 확인했듯 나카니시는 종교가 '국체주의'라는 장에서만 성립되는 것이라고 받아들였던 것이다.

물론『단안』은 교육과 종교의 충돌 문제에 즈음하여 저술된 것이다. 이것을 일반적인 종교론으로 받아들일 수는 없다. 그러나『단안』이전에 보였던 유니테리언 이해의 연장에서『단안』의 논리가 성립하고 있다. 이러한 의미에서 나카니시의 종교론은 하나의 논리적인 귀결로서 독자적 성격을 지닌 종교의 영역과, 종교가 '국체주의'와 관련하여 제약을 받는다는 이중성이 서술되어 있다고 할 수 있겠다.

나카니시 논의의 직접적인 영향력은 앞으로 더욱 검토할 필요가 있겠으나 확실히 그것은 한정적이었다고 말하지 않을 수 없다. 그러나 그러한 바람직한 종교에 담긴 이중성은 근대 일본에서 종교가 어떤 위치에 배치되었으며 그 배치에서 독자적 영역을 어떻게 확보할 수 있었는가를 잘 드러내준다. 이런 이중성이 또한 재귀적으로 근대 일본의 종교 개념으로 편입된 것이다.

시마조노 스스무는 근대 일본의 종교 구조를 광의의 국가신도와 협의의 종교의 이중성으로 이해했다(시마조노 2001a). 나카니시의 논의가 여기에 딱 들어맞는 것은 시사적이라고 생각된다.

.

제 10 장
『종교 및 문예』로 본 메이지 말기 기독교의 한 측면

제	────	서론
1		
절		

『종교 및 문예』와 그 시대

이 장에서는 우에무라 마사히사가 1911년에 창간하고 주재했던 기독교 잡지[1] 『종교 및 문예』에 대한 고찰을 시도한다.

우에무라는 이 잡지에 법연론 「구로다니의 고승」과 브라우닝논 「두견새의 목소리: 피파의 노래杜鵑一聲: ピッパの歌」를 기고했다. 전자는 불교 전통과 일본적인 것에 대한 우에무라의 태도를 잘 보여주고, 후자는 우에무라와 영문학의 관련성을 드러내는 것으로 우에무라 연구에서 자주 언급되었다. 그러나 이러한 우에무라의 개별 논문이 거론되는 경우는 있어도 『종교 및 문예』에 기고했던 다른 논자의 논설과 잡지 전체의 성격은 그다지 고찰 대상이 되지 못했다.

이것은 『종교 및 문예』가 1년간 8호라는 짧은 기간의 발행으로 끝난 점과 메이지 후반기 이후의 우에무라 말년 연구가 상대적으로 적었던 점[2]과도 관련이 있다. 이에 대해 여기서는 우에무라 연구의 문맥을 염두에 두면서 보다 넓게 『종교 및 문예』의 잡지로서의 방향성과 위치를 메이지 말기 기독교계 상황[3]과 관련지어 살펴보자.

제
2
절

우에무라 마사히사와
『종교 및 문예』

우에무라 연구의 문맥에서 볼 때『종교 및 문예』에 대한 연구는 다케다 기요코武田清子의 평이 대표적이다. 다케다 기요코는 복각판『종교 및 문예』에 실은 해설에서 이 잡지는 ①문화적 영역에 대한 종교의 작용이라는 우에무라의 기본적인 문제의식이 나타나 있는 것으로 ②다이쇼 데모크라시로 향하는 시대사조에 대한 기독교 측의 사상적·학술적 문제 제기이며, 내용으로는 ③젊은 프로테스탄트 학도의 업적이 소개되었고 또한 ④「구로다니의 고승」에서는 토착적 사상과 접촉하는 문제가 다루어지고 있다고 말하고 있다(다케다 2002b).

이러한 견해는 기본적으로 수긍할 수 있다. 그러나 예를 들어 ①에서 말하는 문제의식이 우에무라의 생애를 관통해 일관성이 있다 해도 어디까지가 '문화적 영역'이며 무엇이 '종교의 작용'인가에 대해서는 역시 우에무라에 입각해 파악할 필요가 있다.[4]

『일본평론』과 『종교 및 문예』

이러한 의미에서 『종교 및 문예』의 성격을 동시대적 상황 속에 자리매김하면서 그것을 우에무라가 『종교 및 문예』에 의탁했던 의도와 대조해 볼 필요가 있다. 종래에 『종교 및 문예』의 성격은 우에무라가 1890년에 창간했던 『일본평론』이라는 잡지의 성격을 잇는 것으로 언급된 경우가 많았다.

기독교 신도에게 발신한 『복음주보』와 『복음신보』에 비해, 『일본평론』은 우에무라가 주로 사회평론을 염두에 두고 기독교계 이외로 발신하기 위해 만든 잡지다.[5] 여기서는 다시 한번 우에무라 자신의 의도를 살펴볼 것이다. 창간호에 게재된 「일본평론의 발행에 대하여」에서 그는 다음과 같이 말했다.

> 우리는 다사다망하고 장래도 매우 염려되는 현재의 일본에서 하나의 특수한 천직에서 일하고 있다. 우리는 정치, 문학, 사교, 경제 및 교육 분야에서 세상 사람들에게 말해야 하는 의견을 마음에 품고 있다. 특히 우리 나라의 현재 및 장래의 종교에 대해서는 그 진위와 이해에 관해 절실히 믿고 깊이 깨닫고 열심히 기원하는 바다.[6]

이와 같이 『일본평론』에서는 '정치, 문학, 사교, 경제 및 교육에서의 일들' 그리고 종교에 대한 평론 활동을 한다는 취지를 말하고 있으며 실제로 우에무라는 문학에서부터 시사평론까지 다양한 주제를 광범위하게 논했다.[7]

또한 『일본평론』의 중심적 집필자는 우에무라였으나 이외에도 이타가키 다이스케板垣退助, 오이 겐타로大井憲太郎, 우에키 에모리植木枝盛와

만들어진 종교

같은 정치가와 미야케 유지로三宅雄二郎와 나카에 조민中江兆民 등의 문필가들의 기고문도 싣고 있었다.[8] 나아가 지면 구성에서도 논문과 서평 이외에 시가와 소설이 게재되었다. 한편으로 시사란에 정치와 시사에 관한 평론이 실렸다. 이렇게 보면 『일본평론』에는 기독교 신자로서 사회적 문제와 어떻게 관련을 맺을 것인가의 문제에 대해 당시의 우에무라가 바람직하다고 생각하는 자세, 즉 문예나 사상 문제에 더하여 정치나 사회에 관한 다방면의 문제와도 적극적으로 마주하여 논한다는 자세가 나타나 있다고 말할 수 있다. 이러한 자세는 단순히 기독교계의 외부를 향한 방편적인 자세가 아니었다. 이런 자세는 같은 시기의 기독교 신자를 위해 창간된 『복음주보』에서도 볼 수 있다.[9]

그리고 이런 자세는 『일본평론』이 '정치, 사회, 경제, 문학의 평론'을 표지에 장식한 『국민지우』와 같은 종합잡지를 지향했다는 점[10]에 비추어 생각하면, 메이지 20년대 종합잡지의 독자들이었던 청년들에게 발신된 것이며 그들이 이를 바람직한 것으로 받아들이고 있었음을 알 수 있다.[11]

이런 것이 『일본평론』 창간 당시인 메이지 20년대 전반의 우에무라가 기독교계 내외로 발신한 기독교 신자의 바람직한 모습이었다. 그렇다면 그런 자세는 시대의 경과에 따라 어떻게 연속했으며 또 변화를 겪었을까.

제
3
절

메이지 말기와
기독교

『종교 및 문예』의 내용을 살피기 전에 이 잡지가 창간된 1911년 전
후의 기독교와 그 사회 집단인 기독교회(단적으로 말해 우에무라가 관
여했던 일본기독교회)가 어떤 상황이었던가를 먼저 개관해보자.

1. 일본기독교회의 형성

오우치 사부로大內三郎는 우에무라 마사히사가 교회 형성 이외의 다
양한 활동에도 주목했다는 점을 우선 인정하면서 그의 생애를 교회,
즉 우에무라가 지도자적인 입장에 있었던 일본기독교회의 형성과 관
련지어 고찰하고 있다. 그 시기는 우에무라의 생애를 넷으로 구분하
여 각각 준비기(1858~1889), 제1기(1890~1894), 제2기(1894~1908), 제
3기(1908~1925)로 나누고 있다.[12]

이것은 1890년까지의 일본기독일치교회가 신조·헌법을 개정하여

일본기독교회라는 새로운 조직이 된 것을 하나의 출발점으로 본 것이다.[13] 교회 형성 사업의 획기적인 일로 1894년에 일본기독교회 대회의 전도국傳道局이 독립함으로써 일본기독교회가 직할 전도국을 소유하게 되었다는 점과 1904년 도쿄신학사가 설립됨으로써 일본기독교회가 공식적으로 전도자 양성기관을 확보했다는 점 등이 지적되었다. 그리고 1905년에 외국 미션으로부터 독립한 일본기독교회가 자급자립의 독립을 달성했던 것을 중요한 전환점으로 보고 최종적으로 1908년 무렵, 즉 앞에서 말한 제2기의 말년 무렵에는 우에무라가 생애를 걸고 착수한 "교회 형성이라는 사업이 일단 종결된 것으로 본다"고 오우치는 서술했다.

이렇게 보자면 1890년부터 1908년에 걸쳐서 일본기독교회는 제도와 조직 형태에서 자율적인 집단으로 구축되는 중이었다고 말할 수 있겠다. 즉 1890년에 창간된 『일본평론』이 교회 형성 사업의 개시라는 상황에서 나왔다면, 『종교 및 문예』는 1911년 일본기독교회가 어느 정도 정비된 다음 창간되었다.

그리고 잡지의 기고자에 도쿄신학사와 관계가 깊었던 인물이 많았다. 물론 이 잡지의 영향력이 일본기독교회의 내부에만 머물렀다고 한정할 수는 없다. 하지만 역시 일본기독교회와 분리해서 『종교 및 문예』의 성격을 고찰할 수는 없을 것이다. 그렇다면 사회집단으로서의 일본기독교회는 어떤 특징을 지니고 있었는가. 이어서 일본기독교회를 구성했던 신도층의 성격을 개관하겠다.

2. 일본기독교회의 신도층

일본기독교회가 조직으로 탄생한 1890년부터 『종교 및 문예』가 창간된 1911년까지 일본기독교회의 대회 보고에 의한 기초적 통계를 확인해보자.

표1 일본기독교회의 신도 수와 일요학교 생도 수의 동향[14]

서력	교회 인원	세례자	제명자	생도 수
1890	1만495	수치 없음	수치 없음	수치 없음
1891	1만1253	748	301	수치 없음
1892	1만862	885	474	수치 없음
1893	1만1118	1296	734	수치 없음
1894	1만787	701	503	수치 없음
1895	1만1064	494	미상	수치 없음
1896	1만1324	845	321	수치 없음
1897	1만1131	683	미상	수치 없음
1898	1만609	780	693	수치 없음
1899	1만849	758	481	수치 없음
1900	1만1117	675	288	수치 없음
1901	1만1851	1182	350	5822
1902	1만2467	1187	257	미상
1903	1만3511	1506	612	8183
1904	1만3931	1062	556	8961
1905	1만5076	1441	273	8913
1906	1만6346	1820	345	1만1032
1907	1만8157	2289	516	1만1318
1908	1만9568	2108	446	6595
1909	1만9838	1827	1041	1만215
1910	2만219	1947	461	1만1171
1911	2만917	1799	650	1만3771

위 표를 보면 1890년부터 1900년 무렵까지 1898년의 1만 609명을 최저치로 해서 거의 변동을 보이지 않는다. 일본의 총인구가 거의 일정한 신장률로 증가했던 것에 비하면 (분포 등을 무시한 통계로서의 의미만 지닌다 해도) 약간이라고는 하나 조금 감소 경향을 보이고 있다.[15] 반면에 1901년에 상승으로 전환해 1902년부터 눈에 띄게 증가하고 있다.[16]

이와 같은 교세의 전개 요인으로는 우선 기독교 비판 풍조를 생각하지 않을 수 없다. 일본기독교회가 성립한 1890년 전후에는 서양 열풍에 대한 보수적인 반동이 있었다. 이것이 1891년 우치무라 간조의 불경 사건과 1893년 교육과 종교의 충돌 문제와 결부되면서[17] 기독교에 대한 역풍이 크게 불었다.

또한 이러한 풍조와 경제적 불황이 겹쳐 종래의 농촌 전도가 지지부진한 상태가 되었다.[18] 이와 같은 영향으로 일본기독교회는 도시, 특히 도시 중간층 전도에 초점을 맞춘 교회로서 조직을 만들어갔다. 조직 변화의 방향성은 시대 상황에 대응한 조직 방위로서의 측면을 지녔다. 구체적인 전환점은 일본기독교회 성립 전후인 1890년대 초반이었다는 지적이 있다.[19] 하지만 오우치 사부로는 여기에 선행하는 형태로 우에무라가 전략적으로 도시의 전도를 지향하고 있었다고 지적했다.[20]

결과적으로 일본기독교회는 도시 중간층을 주로 전도 대상으로 삼았고, 청년층 교육에 중점을 두었다. 이미 이카도 후지오井門富二夫가 논했듯이, 전도 대상인 도시 중간층이 자신들의 자녀 교육을 기대한 점과 맞물려 이 무렵의 기독교회는 교육 활동에 초점을 맞추어갔다.[21] 신도 수의 증가로 전환해가는 1901년부터 일요학교의 생도 수를 통계에 기재했던 점은 시사적이라고 할 수 있다.[22] 1900년대의 신도 증가는 학생 등 도시 중간층이라는 새로운 신도층[23]으로의 이행을 의미했던 것이다.

만들어진 종교

제
4
절 ────── 『종교 및 문예』

　이러한 상황에서 창간된 『종교 및 문예』는 새로운 신도층과 연관지어 파악해야만 한다. 과연 이 잡지는 무엇을 발신하려고 했으며 새로운 신도층은 기독교에 무엇을 원하고 있었던 걸까.

1. 『종교 및 문예』의 창간

　창간호에서는 『일본평론』처럼 창간 의도를 명쾌하게 밝힌 글은 찾아볼 수 없다. 하지만 『복음신보』에 게재된 『종교 및 문예』의 발간에 관한 광고에서 다음과 같은 서술을 볼 수 있다.

　바야흐로 세계의 종교적 사상 및 문학은 날로 신국면을 전개하고 우리나라의 요구도 더욱더 계통적이며 근본적인 사상을 낳기 위한 노력을 기울인 지 오래다. 우리 기독교 문학의 사업이 한 걸음 더 진전해야 할

제10장 『종교 및 문예』로 본 메이지 말기 기독교의 한 측면 ──────

필요성이 절박하다. 미력하고 다망한 우리가 이루려는 바의 이상이 멀다는 것을 알더라도 진보적 연구 태도로 게으른 마음을 제거하고 경건한 정신을 바탕으로 신의 나라의 확장에 공헌해야 한다. 또한 너무 전문적으로 치우치지 않고 교양 있는 일반 독자에게 이익과 흥미를 줄 수 있기를 기대한다. 이런 연유로 차츰 개선을 가해 내용의 충실함에 노력하고 그 충실함을 다방면으로 펼쳐 나가길 바란다.[24]

우에무라는 '너무 전문적으로 치우지지 않고 교양 있는 일반 독자'를 독자로 상정하고 있다. '일반 독자'에는 앞서 말한 도시 중간층을 포개어 생각할 수 있다. 그리고 일반 독자를 기독교계 외에서도 상정한다면 앞에서 말한 『일본평론』 창간의 의도와 연속점도 있다. 실제로 『일본평론』의 창간이 도시 전도를 목적으로 한 교회 형성의 방침이 정해질 무렵에 이루어졌다는 것을 고려하면 독자층 상정이 완전히 동일하지는 않더라도 적어도 단절적이지는 않다.

그러나 한편으로 『일본평론』이 '종합평론' 잡지를 목표로 정치, 문학, 사교, 경제, 교육, 종교와 같은 광범위한 문제를 다루려던 것에 비해, 『종교 및 문예』의 광고를 보면 '종교적 사상 및 문학'과 '기독교문학'을 우선적인 문제로 삼는다고 하고 '정치'와 '경제'라는 사항을 언급하고 있지 않다. 실제는 어땠을까?

만들어진 종교

2. 『종교 및 문예』 개관

논문과 기고자

먼저 기고자와 집필자를 살펴보자. 『종교 및 문예』의 중심을 이루는 논문을 기고한 논자[와 그 논문 수]를 열거해보면 우에무라[8] 이외에 가시와이 엔柏井園[10], 이시하라 겐石原謙[5], 다나카 다쓰田中達[5], 가와조에 마스에川添万壽得[3], 사이토 다케시齊藤勇[3], 미나미 군조南薰造[3], 다카쿠라 도쿠타로高倉德太郎[2], 오타니 하카루大谷虔[1], 고자키 히로미치小崎弘道[1], 히노 마스미日野眞澄[1], 와다 린쿠마和田琳熊[1]와 같은 이름을 볼 수 있다.[25]

이들 기고자는 전원 기독교도이며 고자키 히로미치, 히노 마스미, 와다 린쿠마 등 조합교회 소속자도 기고하고 있지만 역시 일본기독교회 관계자가 많았다. 또한 앞서 말했던 것처럼 다케다는 『종교 및 문예』의 특징을 젊은 프로테스탄트 학도의 업적 소개라고 지적하고 있다. 그러나 50대에 다다른 우에무라와 고자키를 별도로 하더라도 연령대는 40대 전후 세대인 가시와이, 다나카, 가와조에 등과 20대인 이시하라, 사이토, 다카쿠라 등으로 구분된다. 이제부터 살펴보듯이 전자의 40대 전후 세대가 『종교 및 문예』의 중심을 이루지만 상정했던 독자층에 가까운 후자의 20대로부터도 기고가 있었다는 특징이 있다.

이어서 논문의 내용을 개관하면 앞에서 말했던 우에무라의 브라우닝론 「두견새의 목소리: 피파의 노래」(5호) 외에도 문학과 그림에 대한 논설이 있었다(예를 들면 사이토와 미나미의 기고). 그러나 주요 논문으로는 우에무라가 게재한 「요하네 제1서」 강독(1~6호)과 가시와이가

제10장 『종교 및 문예』로 본 메이지 말기 기독교의 한 측면

기고한 바울론 「바울의 신학과 구원의 세력」(1, 2, 4, 7, 8호)과 같은 기독교 신학에 관한 논의를 들 수 있다.

또한 기독교를 다루더라도 종교 그 자체를 실질적인 내용으로 논하는 것도 있다. 예를 들어 다카쿠라 도쿠타로의 「종교의 본질에 관한 슐라이어마허 사상」(2, 3호)과 와다 린쿠마의 「종교의 추상과 구상」(4호), 히노 마스미의 「종교생활에서의 감정 요소」(5호) 등을 들 수 있다.

더욱이 다나카 다쓰는 「역사상의 석가와 그리스도」(3호)와 같은 비교종교적인 논고—결론으로는 기독교 변증에 연결되는 경우가 많지만—를 몇 편 기고하고 있다. 또한 이시하라 겐의 기독교사 연구 중 가장 이른 시기의 저술 「로마의 카이사르(황제) 숭배와 기독교」(4~6호)도 기독교라는 종교 전통을 역사적으로 검토한 것이다. 여기서 『종교 및 문예』의 한 특징으로 기독교와 종교를 학문적으로 고찰하려는 자세를 확인할 수 있다.

지면 구성과 집필자

지면 구성을 살펴보면 위와 같은 논문이 4~6호 정도까지 권두에 게재된 다음에 동시대의 국내외 사상계 동향에 대한 단평 「사상계 소식」란과 서평을 실은 「비평 및 소개」란이 이어지는 형식을 취하고 있다.

「사상계 소식」 「비평 및 소개」란은 나중에 고찰하기로 하고 집필자를 보면 제1~3호까지는 무서명 기사가 많다. 『일본평론』과 『복음신보』 등 다른 잡지에서 우에무라가 무서명으로 많은 글을 발표한 것을 생각하면 우에무라의 글도 무서명에 포함되어 있으리라 생각된다. 이어서 제4호 이후에는 소식란과 서평란의 몇몇 무서명 기사를 제외하면 기본적으로 서명 기사이며 가시와이 엔, 다나카 다쓰, 가와조에 마스에 등이 중심 집필자였다.[26] 앞서 언급한 논문 편수를 고려하면 분명 우에무라가 주재했을 터이나 잡지의 중심인물은 오히려 가시와이 엔, 다나카 다쓰, 가와조에 마스에였다고 할 수 있다.

3. 중심적인 집필자들

그렇다면 『종교 및 문예』의 중심적인 집필자였던 가시와이·다나카·가와조에는 어느 정도의 논문과 기사를 집필하고 있었던 것일까. 그들의 개인적인 배경에도 주의를 기울이면서 살펴보자.

가시와이 엔

가시와이 엔(1870~1920)은 도사土佐 지방 출신으로 심상중학교에서 고치공립학교高知共立學校로 전학(1883)하여 그 학교의 교사였던 그린넌 Grinnan에게 세례를 받고 1887년에 졸업했다. 이후 도시샤同志社 보통학부에 진학하여 1891년에 졸업, 고치로 돌아와 고치영화高知英和 여학교에서 교편을 잡은 후 1893년에 우에무라 마사히사의 소개로 메이지가쿠인明治學院의 강사가 되어 상경했고 『복음신보』에 관여했다. 1903년에 일본에 온 유니온신학교 교장과 이야기 끝에 같은 해에 이곳에 유학했다. 1905년 귀국한 후 메이지가쿠인을 그만두고 도쿄신

학사東京神學社 교장이 되어 사망할 때까지 재직했다.[27]

1914년에 간행한 『기독교사』 등 문필 활동도 알려져 있고 『복음신보』와 『종교 및 문예』에 많은 글을 기고했다. 또 1906년에 개별 청년회에서 발행되었던 기관지를 합병하는 형태로 기독교청년회동맹 기관지 『개척자』가 잡지로 창간되었을 때 가시와이는 당시 연맹의 간사로 초대 편집장에 취임해 필명을 떨쳤다.[28] 더욱이 『종교 및 문예』의 간행이 중단된 후인 1914년에 잡지 『문명평론』이 발간되었을 때 가시와이가 초대 편집인을 맡았다. 창간호 서두에서 그는 "『문명평론』은 새로운 기원과 다소 다른 목적을 가졌"지만 "『종교 및 문예』와 『문명평론』의 합병론도 있으니 명예로운 『종교 및 문예』의 장래를 기대하는 뜻을 이어가겠다"고 말했다.[29]

『종교 및 문예』에서는 우선 논문 「바울의 신학과 구원의 세력」을 5회에 걸쳐 연재하고 '구원' 문제를 논했다.[30] 가시와이는 '구원'이란 "개개의 심령 구원"을 중심에 두고 이것이 사회 '구원'으로 이어져야 하며, 이것만이 "사회에 대한 프로그램을 가진 신학"[31]이 수행해야 할 역할이라고 했다.

그러나 가시와이는 직접적으로 사회 개량을 목적으로 하는 운동에 종사한다는 의미에서 '사회 구원'을 생각한 것이 아니다. '개개의 심령의 구원'과 그것을 가능하게 하는 신앙이 우선 이루어져야 한다고 생각했다. 가시와이가 말하는 신앙은 감정적인 측면에서만 추구되는 것이 아니다.[32] 이 점에서 학문적으로 탐구할 필요성을 주장한다 —역으로 말해 그에게 학문적인 탐구는 궁극적으로 신앙에 도달한다—는 특징이 있다. 시대는 다소 거슬러 올라가나 학생들을 위해 쓴 「학교생활과 종교」[33]에서는 이렇게 말했다.

학생 시절은 연구의 시대이며 의문의 시대다. 종교도 역시 연구하지 않으면 안 된다. 의문을 갖지 않으면 안 된다. 연구도 하고 의문도 가진 후에 하나의 신앙에 도달하면 그 신조는 단순해도 좋다. 아니 단순한 것이 가장 좋다. 이에 의거해 일어나서 이를 밝히기 위해 번민하고 이를 세상에 실행하기 위해 싸우자.[34]

가시와이는 '번민'해서 종교를 학문적으로 다양한 형태로 '연구'하는 것, 그것을 통해서 '신앙에 도달'하는 것이 중요하다고 했다. 그는 '세상'이라는 사회와 관련해서는 싸우더라도 그러한 '신앙' 실천에 우선 주안점을 두었다. 앞서 언급했듯이 가시와이에게는 신앙과 학문의 조화라는 사고방식이 있었다. 여기에서 종교의 학문적 연구는 확고한 신앙에 도달하기 위한 단계였다. 이것을 학생들에게 명료하게 제시했던 것이다.

이러한 학술과 종교의 관계에 대한 인식론은 양자의 조화를 호소하는 우에무라의 논의에 영향을 받았다.[35] 그러나 우에무라가 학술을 논할 경우 자연과학을 포함한 학술 일반을 염두에 둔 것과 달리, 가시와이의 학술은 기독교의 본질을 탐구하는 인간의 지적 영위인 신학에 초점을 맞춘 것이었다.

다시 『종교 및 문예』의 가시와이를 보면 「사상계의 소개」란에서는 천리안千里眼 문제와 이탈리아에서 개최된 제4회 만국철학학회를 소개했다. 또한 이마오카 신이치로今岡信一良와 가토 나오시加藤直士가 주고받은 기독교를 둘러싼 논쟁 등 동시대의 종교와 사상 문제를 둘러싼 문제를 다뤘다. 이에 비해 사회평론과 시사 문제를 논하는 글은 보이지 않는다. 또 「비평과 소개」란에서는 신학서를 많이 다루었다.

이렇게 보면 가시와이의 관심은 사회 문제를 포함하고 있다고는 하나 우선은 (단지 신앙만도 아니며 단지 학문 연구만도 아닌) 개인의 신앙을 확립하기 위한 학문 연구의 필요성이었다. 그리고 그 연구는 신앙을 객관적으로 제시하는 것으로 재차 사회를 향할 가능성이 있는—특히 '신학'에서—것이었다. 이 점에서 개인 신앙과 사회 구원의 상호작용을 파악했다고 할 수 있다.

다나카 다쓰

다나카 다쓰(1868~1920)는 기이노쿠니紀伊國의 정토진종 쇼센사勝專寺 주지 시바志場 집안에서 태어나 1883년부터 혼간사本願寺 학교에서 한문, 불교 경전을 공부했다. 이 무렵에 세례를 받은 것인지는 불분명하나 다나카는 우에무라 마사히사의 아내인 스에노季野의 조카였고, 스에노의 오빠 야마노우치 료헤이山內量平가 선교사 벨로부터 세례를 받은(1886) 후에 세례를 받았다고 한다.[36] 그 후 다나카는 1886년에 상경하여 다나카 집안을 잇고 진분학사進文學舍, 공립학교共立學校 등에서 영학英學을 공부했다. 1887년에 도쿄영화英和 학교 예비학교에 입학하여 이듬해에 졸업했고 같은 해 메이지가쿠인에 입학해 1890년에 졸업했다. 이후『일본평론』과『복음신보』의 편집을 맡은 후 교문관教文館 번역주임 등을 거쳐 1902년에 미국 하트퍼드신학교에 유학했다. 이어서 트리니티대학에서 공부했고 1905년에 귀국해서 도쿄신학사 교수가 되었다. 문필 활동으로 저서와 번역서 등 다수를 남겼고 가시와이의『문명평론』에도 많은 글을 기고했다.

앞에서『종교 및 문예』에 비교종교적인 논문을 기고했다고 언급했는데, 「사상계의 소개」와 「비평 및 소개」란에서는 불교와 이슬람 등 기독교 이외의 종교 전통에 관련된 글을 찾아볼 수 있다. 이는 다나카가 한문과 불교 경전의 소양과 아울러 동시대적이었던 비교종교의 관점을 가지고 있었던 데 연유할 것이다. 저작물 중에도 비교종교에 관한 것이 적지 않다.[37] 다나카는 논설에서 막스 뮐러와 리스 데이비즈, 틸러 등 유럽의 종교 연구를 자주 언급했다. 1909년에 쓴 『비교종교잡화』에 수록된 「종교학계의 세 위인」에서는 '세 위인'으로 막스 뮐러, 르낭, 틸러를 들고 있다.[38]

『비교종교잡화』의 서두에서는 자신의 '비교종교'에 관한 입장을 말했다. 그는 비교종교는 엄밀한 의미에서 "종교사와 종교철학의 중간"에 있고 "종교사에서 모은 재료를 취사선택해서 종교학 최고의 목적인 종교철학으로 보내는 것"이라고 했다. 다나카는 이러한 '비교종교'를 협의적인 것이라 한다면 자신의 '비교종교'는 보다 넓은 입장에 서 있다고 한다. 하지만 '취사선택'이라는 역사상의 종교에 대한 가치판단에 그가 관심을 가졌음을 알 수 있다.[39]

그리고 다나카의 논리 전개에서는 이러한 취사선택이 결과적으로 기독교의 변증으로 연결된다. 예를 들면 『종교 및 문예』에 논문으로 게재한 「역사상의 석가와 그리스도」는 석가와 그리스도를 전기·교양·감화의 시점에서 비교한 것이다. 그는 석가를 일정하게 평가하면서도 "그리스도의 지위에 비해서 석가의 지위가 낮은 것을 느끼지 않을 수 없다"라고 결론을 내린다.[40] 또 같은 논문에서 "종교가 있어야 하는 이유"는 "근대를 과학 만능의 시대라고 보는 것이 잘못"이기 때문이라며 종교의 필요성을 주장한다. 그리고 진보적·세계적·포괄적·문명적 등의 이유로 기독교만이 장래의 종교일 수 있다고 논한다.[41]

이와 같은 태도는 다른 비교종교 관련 저작물에서도 볼 수 있으며 다나카의 논의의 바탕을 이룬다. 더욱이 다나카는 일본의 동시대 종교 연구에도 관심을 가지고 『종교 및 문예』의 독자에게 알리고자 했다. 예를 들면 1910년 7월에 간행된 아네사키 마사하루姉崎正治의 『근본불교根本佛敎』 서평에서 "여러 가지 유감스러운 점도 있으나 종래에 불교 신자가 쓴 불교서에 비해서는 엄연하게 한발 앞선 것"이라고 논했다.[42] 「비평 및 소개」란에서는, 이노우에 데쓰지로의 것을 호리 겐토쿠堀謙德가 증보해서 1911년에 출판한 『석가모니 소전釋迦牟尼小傳』을 들어서 "사실을 공평하게 연구하려는 사람에게는 아마도 가장 적당하다"라고 평했다.[43]

다나카는 복수의 종교 전통을 비교한다는 학문 행위(=비교종교)에 의해 올바른 종교(결론으로는 기독교에 중첩되는[44])에 이를 수 있다고 생각했던 것이다. 가시와이가 종교의 본질에 관한 학문적 탐구가 신앙의 획득에 연결된다고 했던 점과 연속선에 있다. 다시 말해 학문적 탐구는 종교(기독교)와 조화적이며 그 조화로움으로 인도되는 것으로 제시된 것이다.

가와조에 마스에

가와조에 마스에(1870~1938)는 도사 지방에서 태어나 1888년에 세례를 받고 고치교회에 소속되었다. 1892년에 상경해서 메이지대학 신학부에 입학, 1896년에 졸업한 후 나가노현 사쿠군佐久郡에서 선교했고 1897년에 안수按手를 받았다. 1902년부터 미국 오번신학교에서 공부했고 1905년에 귀국했다. 그 후 도쿄 미타三田에서 전도를 하면서『복음신보』에 관여했다. 또한『종교 및 문예』창간 당시는 도쿄신학사에서 강의를 맡고 있었다.

가와조에는 1910년부터 시작된 신약성서의 개역改譯 위원으로 선출되었으며, 1917년에 완성할 때까지 개역사업에 관여했다. 그 영향으로『종교 및 문예』에 기고한 논문도 성서의 개역 사업에 관한 것이 많다.[45] 또한 동시대의 영어권 신학서와 설교집에 대한 서평을 「비평 및 소개」란에 게재했다.

이들 논문과 서평 이외에 가와조에는 흥미로운 글을『종교 및 문예』에 기고하고 있었다. 그것은 「목사의 서가에 갖추어야 할 근간 서적」[46]으로 가와조에가 유학했던 오번신학교의 학보에서 그 학교 교수진이 다양한 분야에서 추천한 신학서 일람을 수정하면서 자신이 추천하는 서적을 추가한 것이었다. 이 리스트에 영어권 서적이 많은 것은 가와조에 자신도 지적하고 있는데, 그 후 다이쇼 시기의 신학 연구에서 독일계 신학이 영향력을 갖게 된 점을 함께 생각하면 흥미롭다. 여기서는 이 일람의 게재가 '교역자 강학의 길잡이' 역할을 했다는 점에 주목하고 싶다.

가와조에는 모든 독자가 아니더라도 독자들 중에 신학 연구를 원하는 일부 사람들, 특히 교역자가 있다는 것을 전제로 그 사람들에게 신학 연구의 지침을 제시하고 있었다고 할 수 있다. 이러한 가와조에의 집필자로서의 자세는『종교 및 문예』의 성격을 생각하기 위한 하나의 참고 자료가 될 수 있을 것이다.

4. 『종교 및 문예』와 학술

지금까지『종교 및 문예』는 종합잡지를 목표로 한『일본평론』과 관련해서 논의되어 왔다. 하지만 이 잡지는 기독교와 종교에 대한 학적 연구에 초점을 맞췄고 논문과 서평, 시평을 게재하고 있었다는 점을 확인했다. 이러한 의미에서 종합잡지라기보다는 학술적인 색채가 농후한 잡지로 파악할 수 있다.

이는 지면 구성에서 '사상계'와 거리가 있는 시사문제나 사회평론을 다루는 지면이 애초에 없었다는 데에서도 알 수 있다. 또한 가시와이·다나카·가와조에 등이 이 잡지에 집필한 글은 학술적 지향이 강했다.

양자의 차이를 지적함으로써 시사 문제나 사회평론에 대한 우에무라의 태도가 근본적으로 변화했다는 주장을 펼치려는 것은 아니다.[47] 그러나 1890년에 창간된『일본평론』과 1911년에 창간된『종교 및 문예』는 창간에 큰 역할을 한 우에무라의 의도나 잡지 내용에 공통된 점이 있다고 해도 역시 동일한 문맥에서 말할 수 없다. 그렇다면 왜 『종교 및 문예』는 학술적 색채가 한층 짙어졌는가. 아래에서 '신학 연구의 발흥'과 '종교의 탐구'라는 상호 관련한 두 사항을 제시하고, 다시『종교 및 문예』의 위치를 동시대적 문맥 속에 살펴보겠다.

신학 연구의 발흥

앞서 다룬『종교 및 문예』의 중심 집필자였던 가시와이·다나카·가와조에 등은 모두 1902~1905년 무렵 미국의 신학교에서 신학을

만들어진 종교

공부하고 귀국한 후, 창립한 지 얼마 지나지 않은 도쿄신학사(東京神學社)
(1904년 개교)에 각각 관여하게 된다.[48] 도쿄신학사는 앞서 언급했듯
이 일본기독교회의 전도자 양성기관으로 설립되었다. 창립 후 바로
가시와이 등 학식이 풍부한 교수진으로 정비한 점에서 교장이었던
우에무라가 전도자 양성에 의욕적이었으며 그 양성에서 지적 측면을
중시했다는 것을 알 수 있다.

가시와이 등은 교육 활동에 종사하고 있었으나 저작과 잡지에 실
은 논문에서 볼 수 있듯이 기독교의 학문적 연구를 하고 이를 발표했
다. 이러한 의미에서 도쿄신학사는 교육의 장이자 연구의 장이었다.

사토 도시오(佐藤敏夫)가 말한 것처럼 "1907년 이후는 일본의 신학 연
구가 드디어 본격화되던 시기"에 해당된다. 사토 도시오는 우에무라
와 우치무라 간조 등 초대 신도들의 다음 세대에 의한 학문적 저작
이 1907년 이후 들어서면서 신학교가 아닌 관학교와 신학교 양쪽에
서 나오기 시작했다고 지적했다.[49]

우선 이 시기 관학의 대표적 연구자는 하타노 세이이치(波多野精一), 이
시하라 겐(石原謙) 등이다. 하타노는 일본에서 학문적 기독교 연구의 효
시라고 하는 『기독교의 기원』을 1908년에 간행했다.[50]

다른 한편에서는 신학을 배우는 사람들이 다양한 형태의 업적을
내놓았다. 『종교 및 문예』가 창간된 1911년 전후로 간추려 보면, 가
시와이 엔의 『기독교소사』(1909), 도미나가 도쿠마(富永德磨)의 『기독교신
해』(1909), 무라타 쓰토무(村田勤)의 『종교개혁사』(1909), 다카기 미즈타
로(高木壬太郎)의 『기독교대사전』(1911), 이마이 도시미치(今井壽道)의 『구약성
서신학』(1911)[51] 등이 있다. 특히 『신학의 연구(神學之研究)』(1909년 창간)와
『종교세계(宗敎世界)』(1912년 창간), 『신학평론(神學評論)』(1914년 창간) 등 신학

연구를 다룬 잡지가 『종교 및 문예』와 같이 창간된 점도 지적할 수 있다.[52]

또한 기독교 문서를 발행하기 위한 초교파적 미션 협력조직인 일본기독교흥문협회日本基督教興文協會가 1913년에 발족했으며 나중에 가시와이와 다나카의 저술이 여기에서 간행된다.[53]

이렇게 보면 『종교 및 문예』나 이 잡지와 밀접한 관계의 도쿄신학사라는 교육·연구기관은 당시의 기독교 신학 연구 부흥이라는 분위기 속에서 그 의미를 이해할 수 있을 것이다.

종교의 탐구

그렇다면 왜 이와 같은 신학 연구가 이 시기에 이루어졌을까. 메이지 초기부터 기독교에 대한 연구가 축적된 것을 바탕으로 보다 깊은 고찰이 이루어졌다는 배경도 물론 있으며, 이는 개별 교과 및 각각의 신학교에 입각해서 좀더 상세하게 고찰되어야 할 문제다. 여기서는 신학 연구를 하는 자들, 그리고 이 연구를 받아들이는 자들이 특히 이 시기에 어떤 의식을 갖고 있었는가를 살펴보겠다.

당시 스물여섯 살이었던 다카쿠라 도쿠타로는 『종교 및 문예』에 「종교의 본질에 관한 슐라이어마허의 사상」이라는 논문을 게재했다.[54] 이 논문은 1910년에 도쿄신학사에 제출했던 졸업논문의 일부다. 다카쿠라는 도쿄제국대학 법과를 중퇴하고 도쿄신학사로 옮긴 이력이 있다. 그 방향 전환의 계기에 관한 우에무라와 다카쿠라의 대화를 미마쓰 슌페이三松俊平는 다음과 같이 회고했다.

〔다카쿠라가 상담할 일이 있어서 우에무라를 방문했다고 한다.〕

〔다카쿠라〕 "제게 곤란한 문제가 생겼습니다."

〔우에무라〕 "그 곤란한 문제란 무엇입니까."

〔다카쿠라〕 "종교에 관한 책을 읽고 싶습니다. (…) 학업보다 신앙 문제 쪽에 흥미가 많아져 정신이 이상해져버렸습니다. (…) 왠지 신앙에 관한 일에 마음이 강하게 끌린다는 생각이 듭니다. 이것을 어떻게 하면 좋을 지, 고민하고 있습니다."

〔우에무라는 그것을 다카쿠라가 "방향을 전환"해서 "신앙의 길에 전념 하고 종사"하도록 하려는 신의 소명이라고 하고 다카쿠라는 그에 대해 시인했다고 한다.〕[55]

물론 회고이므로 액면 그대로 받아들일 필요는 없으나 다카쿠라가 '학업'보다 '신앙 문제'를 중요한 일로 생각했고 '신앙에 관한 일에 마음이 강하게 끌린다는 생각'에 고민하고 있었다는 점을 알 수 있다.

이것을 동시대 학생들의 문제로 생각한다면 그 전형을 후지무라 미사오藤村操에게서 볼 수 있다. 러일전쟁 전후에 해당하는 메이지 말기에 자아의 문제를 고민하는 소위 번민청년이 등장했다는 점을 지적할 수 있다. 물론 당시의 청년들 중에는 자기와 사회의 관계에 관심을 가진 사람들도 존재하며 일부는 (종교적·비종교적인) 사회주의 운동으로 유입되었다. 그러나 여기에서 자기 내면의 신앙 문제에 초점을 맞춘다면 역시 그러한 번민청년과 그에 대응하는 형태로 발생한 수양이라는 운동에 주목하지 않을 수 없다. 이 수양운동은 일반적으로 인격 도야에 주안을 둔 복합적인 운동이다.[56] 그래서 자주 종교적인 것에 초점이 맞춰진다. 이것은 기독교라는 종교에 관여하는 청년들과 무관한 일이 아니었다. 앞에서 말한 기독교청년동맹회의 기관지 『개척자』에는 1910년부터 '수양'이라는 란이 신설되어 "평신도이지만 이름이 알려진 사람에게 신앙담, 일상의 수양법을 물어 매호 게재"하고 있었다.[57]

이러한 수양운동 속에는 쓰나시마 료센綱島梁川에게 그 전형을 볼 수 있는 것처럼 정신주의적·신비주의적인 경향을 강하게 가진 자들도 있었다. 이들은 '감정주의'로서 반이성적·반도덕적 성격을 지녔다고 비판받는 일도 있었다.[58] 이와 비교하면 다카쿠라도 역시 자기 내면 문제를 고민하는 번민청년의 한 사람이었지만 '신앙의 문제'에 대한 몰입은 "종교에 관한 책"을 읽고 싶다고 했듯이 학문적 탐구와 떼어놓을 수 없는 것이었다. 그리고 이것을 『종교 및 문예』와 관련해서 본다면 다카쿠라가 종교에 대해 내면·심정적인 '신앙'과 그에 대한 학문적인 탐구를 일체로 추구했던 자세는 앞에서 언급했던 가시와이와 다나카의 논술에서 보인 바람직한 종교 탐구의 자세와 호응하는 것이었다. 더욱이 다카쿠라 자신도 신학 연구의 논문을 『종교 및 문예』에 기고함으로써 그 자세를 독자에게 제시하고 있었다.

제
5
절

결론
종교의 학문적 탐구의 행방

 『종교 및 문예』 창간 당시의 1911년이라는 시대에는 자기 내면에 문제를 품은 젊은이들이 상당수 존재했다. 이 단계에서 『종교 및 문예』가 독자로 상정하던 도시 중간층에는 학생을 전형으로 해서 그와 같은 젊은이들이 포함되어 있었다고 할 수 있다.

 그들 중 어떤 이는 그 실존적인 번민에 대한 답을 수양운동 안에서도 보다 신비주의적 방향에서 추구했다. 이에 대해 이 장에서는 도쿄신학사와 밀접한 관계였던 『종교 및 문예』가 그러한 젊은이들 및 그들과 만나는 교역자들에게 기독교 신앙과 기독교 탐구를 하나의 전체로 제시했다는 점을 지적했다. 그리고 그러한 제시를 바람직한 것으로 수용하던 젊은이들이 스스로의 연구를 발표함으로써 이번에는 발신하는 측이 되는 순환이 『종교 및 문예』 지상에서 보였다는 점도 확인했다.

 이러한 순환을 도쿄신학사에 입각해서 파악하면 이것은 모체였던 일본기독교회라는 교회 조직의 한 특징이었다고 말할 수 있다. 즉 신앙과 학문적 탐구의 조화라는 기본적인 인식은 우에무라·가시와이·다카쿠라와 같은 일본기독교회의 지도자적인 개인에게도 계승되어 발신되었다. 이렇게 보자면 『종교 및 문예』라는 잡지는 단명으로 끝났지만 일본기독교회의 그러한 특징—우에무라와 가시와이의 차이는 앞에서 말한 바와 같이 완전하게 겹치지는 않는다—을 잘 체현했던 잡지였다고 생각할 수 있다.

다른 한편으로는 앞에서 말한 것처럼 신학 연구의 발흥은 기독교계에서 동시대적인 사건이었다. 이는 단지 일본기독교회의 특징으로만 설명할 수는 없다. 더욱이 동시대의 종교 탐구라는 보다 넓은 문제와 다시 연결지어 생각해보면, 거기에서는 신비주의적·체험주의적인 방향성과 학문적·반성적인 방향성이 서로 얽혔던 지점이 문제시되고 있었다.

예를 들면 신비주의적 경향의 대표자로 간주되는 쓰나시마 료센도 그 사색의 전개 과정에서 신앙과 이성의 관계를 문제삼았다.[59] 또한 당시 쓰나시마에게 끌렸던 이마오카 신이치로는 "종교의 본질을 터득한 것 같은, 초능력 같은 신비가 아니라 철학과 일치하는 것 같은 신비를 동경한 것이었죠"[60]라고 회고했다.

다시 말해, 이 시기의 종교 탐구는 반드시 신비주의적 경향만으로 회수되지는 않는다. 종교 탐구는 반성적인 파악이 겹쳐지는 형태로 시도되었다. 이것은 역으로 종교의 학문적 탐구도 체험주의적 지향과 불가분한 것이었음을 의미한다. 이것은 애초에 종교 탐구가—다카쿠라가 그랬듯이—개인의 실존에서 도출되었기 때문이기도 했을 것이다.

이 책의 1부와 2부에서 다룬 종교에 대한 지적 파악의 시도는 가상의 적을 다른 종교 전통이라고 하거나 혹은 반종교적인 학문이라고 하면서 변증이라는 동기 부여를 배후에 두는 경우가 많았다. 그러나 이 장에서 살펴본 것처럼 다나카 다쓰에게 변증이라는 측면이 전혀 없었던 것은 아니지만 그 동기 부여는 보다 실존적인 성격이 강했다. 이 시기에는 학술이나 도덕과는 우선 분리된 곳에 종교의 독자적 영역이 있었다는 데 유연하게 합의가 이루어졌다. 그래서 실존적 감각은 그와 같은 종교로 직접적으로 연결될 유력한 회로가 되고 있었던 것이다.

물론 어떤 종교 전통에 대한 지적인 고찰과 연구가 그 종교 전통에 대한 실존적인 관여를 동반한다는 점은 이 시기에 한정되지 않는 인간의 영위일 것이다. 그러나 거기에 일반 개념으로서 종교라는 문제를 대입시키면 이러한 실존적인 종교와 대면하는 문제는 근대 일본에서는 이 책에서 본 것처럼 역사적인 전개를 거쳐 성립한 태도였다. 또한 그것은 근대와 종교라는 문제계로 파악되어야 한다. 그리고 이는 단지 개별의 종교 전통에만 관련되는 것이 아니라 종교 그 자체를 반성적으로 파악하려는 종교학과 종교철학의 행위—아네사키 마사하루의 『부활의 서광』(1904), 니시다 기타로西田幾多郎의 『선의 연구』(1911)—도 같은 입장에 자리하고 있었다.

종교 개념과
종교의 영역을 둘러싸고

수많은 세월을 굳게 버티던 종교라는 단단한 요새도 철학, 과학, 교육 등 여러 방면의 공격으로 차츰 그 외곽을 약취당하고 이제 마지막 남은 본루本壘도 신세력에 함락되려 한다. 예전부터 내 편이라고 생각해서 의지하던 도덕은 '윤리교'라는 커다란 깃발 아래 육박해오고 스스로 종교 세력을 대신하여 주인이 되려 하는 형국이다. 이러한 이유로 종교 세력도 '초월'의 깃발을 요새 위에 휘날리고 있다. 이에 임하기를 우리는 철학, 과학, 교육의 여러 부대는 물론 도덕부대라 해도 결코 도달할 수 없는 높은 곳에 있다. 그들 속병俗兵의 공격은 아무 것도 아니다. 우리는 진정 역으로 밀어붙여서 쫓아버릴 태세를 취한다.(다나카 지로쿠田中治六, 「종교와 도덕의 관계」,『신불교』5권 11호, 1904년 11월)

이상으로 이 책은 종교가의 자기 이해에 있어서 종교의 취급 영역이 좁혀지고, 하나의 귀결로서 종교에서 고유 영역이 초월성과 관련하여 추구되었다는 점을 논했다. 그리고 그와 같은 종교의 자리매김이 특히 도덕과 연결되는 지점에서 문제가 발생했다는 점을 고찰했다.

　이러한 관점에서 이 책을 다시 개관해보겠다. 제1부에서는 먼저 종교가 전체론적인 지향을 가진 것으로 결국 문명이나 학술, 도리나 도덕 등과 불가분한 것으로 논해졌던 국면을 살펴보았다. 또한 이 국면이 서양과의 관계에 의한 것일 뿐 아니라 더욱이 특정한 기독교 이해에 의해 제시된 것이라는 점, 그리고 그 지점에 전통적인 세계관과 호응하는 측면이 있었던 점을 살폈다.

　그러나 제2부에서 논한 것처럼 학술에 의한 종교 비판이 중요한 계기가 되어 그러한 종교 이해는 바뀌어야 하는 상황에 몰렸다. 한편으로 그러한 종교 비판에 호응하듯이 보다 학술적으로 세련되며 합리주의적인 종교도 구상하게 되었다. 이것이 종교의 학술적 연구에 커다란 영향을 주었다. 다른 한편으로—전자와 상호적으로 배타성을 띠는 것은 아니지만—선택된 하나의 길은 종교의 본질을 초월성과 관련해 추구하는 방향에서 이루어진 종교의 개념화에 다름아니었다. 이로 인해 우선 이념적으로 다른 어떤 것도 아닌 종교의 독자적 영역을 확보하는 것이 시도된 것이다.

　그렇게 개념화된 종교도 실천에서는 도덕과 깊게 연결되어 있었다. 거기에서는 또한 1부의 논의와 연속해서 종교와 도덕의 조화가 전제되어 있었다. 그러나 3부에서 말했듯 도덕의 측면에서 본 종교의 위상이 거듭 문제시되자 종교가는 종교와 도덕을 별개의 영역으로 나누고 종교는 사람으로 하여금 도덕을 주체적으로 행하게 하는 것이라는 대답을 제출하기도 했다. 이는 이념적으로는 종교를 도덕의 상위에 두는 것이었다. 하지만 실천적으로는 도덕적 수행이 종교의 진정성을 규정하는 것으로 이어질 가능성을 가지고 있었다.

앞의 인용문은 1904년 글이다. 이 글은 종교의 영역이 축소되고 있는 것, 도덕과 상극하는 문제가 커진 것, 그리고 그로부터 종교 스스로가 설 수 있는 근거로서 초월성을 논하고 있다. 또한 그렇게 해서 스스로를 이념적으로 상위에 위치시키는 것이 동시대적인 시평이라고 말하고 있다.[1] 이는 이 책의 논의가 반드시 현대적 관점을 소급해 고찰한 것이 아니라는 하나의 증거가 될 것이다.

이 책은 이러한 전개를 펼쳐 보임으로써 근대 일본, 특히 메이지 시기 종교 개념에 대해 하나의 문맥을 제공하려 했다. 또한 그것은 1장에서 말했듯이 대상에 대한 깊은 이해로 이어진다고 생각한다. 뒤에서는 이 책의 내용을 몇 개의 논점에 따라 보충해보겠다.

학술과 종교

메이지 초기의 나카무라 마사나오나 다카하시 고로의 논의는 자연신학적인 기독교 이해와 호응하는 형태로 유교적 세계관[2]과 연속하면서 기독교와 종교를 파악하는 것이었다. 거기서 종교는 세계를 관통하는 법칙이나 질서와 같은 성격이 있었으며, 그런 문맥에서 종교는 학술, 단적으로는 자연과학적 지견의 논리에 적합하며 동시에 도덕성을 체현하는 것으로 여겨졌다. 다카하시는 학문과의 적합 여부를 종교의 판단 기준으로서 강조했다. 그러한 논법은 반전되어 불교의 변증론에서도 사용되었고 종교라는 것이 도리에 맞는 것이라고 논의되었다.

그러나 그와 같은 일종의 전체론적인 세계관은 전문화·세분화를 전제로 한 근대적 지知의 양태와는 맞지 않는 것이었다. 그런 의미에서 학술이나 도덕을 포함한 포괄적인 개념으로 사용되었던 도리나 리理는 몇갈래 방향으로 분절되었다. 예를 들면 종교를 도덕과 관련하여 논의하는 일도 시작되었다. 관련해서는 아래에서 언급하겠다.

한편, 이성이나 학술이라는 인간의 지적 영위와 관련해서 보면, 종교와 자연과학의 조화를 전제로 종교를 증명하고자 하는 논의들은 신빙성을 잃어버리고 종교 변증의 근거로서 위상을 잃기 시작했다. 단적으로는 진화론에 의한 기독교 비판 즉 과학에 의한 종교 비판이 중요한 계기가 되었다. 보다 거시적인 관점에서 볼 때 이는 역시 근대적 지知, 즉 독자적인 영역을 갖는 자율적인(세속적인) 학문이 이념적, 제도적으로 성립해가는 과정과 연계되어 있었다.

그리하여 학술과 종교의 분리는 종교가 자율적인 것으로 합의를 얻는 과정에서 하나의 중요한 전환점이 되었다. 하지만 종교와 학술이 전혀 다른 것으로 인식되지는 않았다. 예를 들면 이노우에 엔료가 철학을 참조해서 종교를 논하려고 했듯이 종교와 학술을 조화 속에서 인식하는 시도는 계속되었다. 이러한 시도는 종교를 인간지로 파악할 수 있다는 확신 아래 종교학의 활동으로 이어졌다. 또한 기독교 신학과 같이 개별 종교 전통에 대한 반성적인 파악도 시도되었다.

그러나 이러한 시도들은 메이지 전기와 결정적으로 차이점이 있었다. 종교와 학술이 각기 다른 영역을 취급하는 것이라고 이해한 점에서 전제 자체가 달라진 것이다. 종종 학술은 종교의 입장에서는 부차적인 위치에 놓여 있었다. 물론 그렇지 않은 논의도 있었다. 하지만 그들은 대항적으로 형성된 논의이며 종교와 학술이 다른 영역을 다룬다는 합의는 이미 뒤집을 수 없었다.

도덕과 종교

종교와 도덕의 위치 관계가 어떤 변화의 궤적을 그렸는지에 대해 덧붙여두겠다. 메이지 초기의 논의에서 종교는 도덕과 도덕 이외의 것을 전체론적으로 포함하는 형태로 논의되었다. 앞에서 말했듯이 이렇게 말하기가 어렵게 되자 그 하나의 귀결로 종교에서 독자적 영역이 모색되었고, 동시에 도덕과 종교의 연결에 특히 초점이 맞춰지게 되었다. 예를 들면 나카니시 우시오는 종교에 독자적 영역을 설정한 다음 부처나 예수를 도덕의 본보기일 수 있는 유덕한 인격이라고 했다. 또한 1880년대 후반의 우에무라 마사히사도 문명과 종교를 우선 구별한 다음에 종교는 도덕의 모범이 되어야 할 것이라고 말했다.

이들 시도는 도덕과 종교의 조화를 전제로 했다. 하지만 우치무라 간조 불경 사건과 교육과 종교의 충돌 문제가 중요한 계기로 작용하여 이러한 전제에 대한 재해석이 촉구되었다. 예를 들면 나카니시 우시오는 종교 영역의 자율성을 인정하면서도 일본 고유의 국가 존재를 상위에 두었다. 또 교육칙어에 기술되어 있는 덕목에 가치를 부여하고 그것을 넘지 않은 한도에서 개별 종교 전통을 승인할 수 있다고 논했다. 나카니시의 이러한 논의에는 뒤틀림이 있었다. 하지만 종교적 가치보다 (국민)도덕을 상위에 두는 것은 당시 종교가를 포함해서 널리 승인을 얻어가게 된다.

이에 대해 우에무라 마사히사는 다른 의견을 내놓았다. 종교는 도덕을 실행시키는 것이기에 이념적으로 도덕의 상위에 종교가 자리한다는 논의를 시도한 것이다. 이러한 인식 자체는 새로운 것이 아니다. 예를 들면 고자키 히로미치가 『정교신론』(1886)에서 말한 적이 있다. 단, 우에무라는 명확하게 종교의 본질을 초월성에 두고 이를 도덕과 구분했다. 그리고 칼라일이나 마티노의 논의를 이용하여 한층 기독교 고유의 문맥에 입각하여 재해석했다. 이로써 종교와 도덕을 이념적으로 재배치하고자 했다.

한편으로 분명히 우에무라는 종교를 도덕의 상위에 자리매김함으로써 종교를 통해 도덕을 재해석하는 회로를 확보했다. 그러나 여기에서 수행된 것은 도덕과 종교의 분리였다. 그리고 각각 다른 영역을 취급한다고 여겨졌던 도덕과 종교는 각각 자율적인 것으로 도덕은 도덕, 종교는 종교로서 병존하게 되었다. 이러한 구도의 연장선에서 상호간의 몰교섭 상태부터 종교에 의한 도덕의 적극적인 지원까지 여러 가지 진폭의 실천이 있었다. 하지만 실천되는 도덕적 덕목에 대해 이념으로서의 종교가 비판적으로 되묻는 행위를 적극적으로 이끌어내는 일은 어디에서도 없었다.

신앙과 종교

이와 같이 근대 일본에서 종교 개념의 전개는 소극적인 의미로는 다른 영역이 분리됨으로써, 적극적인 의미로는 다른 어느 것으로도 환원될 수 없는 고유한 것의 탐구 결과로 이루어졌다. 이렇게 전선戰線을 축소하면서 초월성을 중심으로 하는 종교라는 자신의 독자적 영역으로 후퇴하는 전투였다고 할 수 있다. 이것은 한편으로는 종교 개념이 이념적으로 견고한(그렇다고 스스로 이해한) 기초 다지기를 획득한 것이며, 다른 한편으로는 독자적인 영역을 확보함으로써 그 외부가 부차적인 것으로 간주되어 외부와 왕래하는 일이 상대적으로 곤란해진 것이기도 했다. 그리고 제10장에서 말했듯 메이지 후기에는 그러한 초월성과의 관계 속에 종교의 본질이 있다는 관념이 널리 합의를 이루었다. 또한 초월적 종교에 대한 실존적인 관계, 즉 신앙이라는 국면이 종교가의 자기 이해에서 중요한 의미를 띠게 되었다.

현대 일본어의 종교宗教라는 말의 어감에서 신앙은 핵심적 요소다. 그리고 이러한 관점에서 근대 일본 종교사를 되돌아본다면 중요한 전환점으로 우치무라 간조와 기요자와 만시清澤滿之를 들 수 있다. 시마조노 스스무는 양자의 '실존적 종교론'에 대해 논의한 바 있으며[3] 와타나베 가즈야스渡邊和靖는 "기요자와는 '비합리'적 영역을 발견함으로써 종교에 고유한 지평을 개척했다"[4]라고 논했다.

이렇게 본다면 우치무라나 기요자와의 신앙을 도달점으로 하여 근대 일본 종교사를 그려보는 것도 가능하다.[5] 이 책에서는 우치무라나 기요자와가 신앙을 논하는 메이지 후기가 아니라 오히려 그 전 단계에서 어떻게 종교가 이야기되어 왔는가를 논했다. 지금까지 봐온 대로 그 시기에는 오히려 신앙을 적극적으로 말하지 않았다—물론 신앙을 실천하지 않았던 건 아니다—는 게 특징이었다.

메이기 후기에 이르는 영위는 역사적인 전개라는 의미에서 확실히 전 단계의 역사다. 특히 제2부에서 보았듯 내용적으로도 1890년대 전반을 전환기로 해서 메이지 후기 그리고 현대로 이어지는 논의가 나온다. 그러나 그 다양한 시행은 고유의 역사적인 문맥에서 받아들여야 할 것이다. 이 책에서는 신앙을 도달점으로 하는 것과 같은 역사 서술로 수렴되는 흐름으로 그리는 일은 하지 않았다. 분명 역사적 전개로서는 신앙에 초점이 맞추어지고 그것이 지금·여기의 종교 개념으로 이어지게 된다. 그러나 이 책의 제1부나 제2부에서 거론한 논의는 처음부터 주로 자기의 종교 전통의 변증이라는 동기에서 종교를 말하고 있었던 것이다. 그것이 결과로서 한층 추상도 높은 종교 개념을 조직해간다는 굴절이 있었다. 그렇기 때문에 그것들을 종교 개념을 둘러싼 예정조화적인 흐름으로 그리는 것이 아니라, 오히려 과거의 다양한 종교 이해가 다양한 동기에서 시도되었다는 것을 보여주고자 했다. 현대에 이르기까지 큰 영향력을 갖게 된 메이지 후기 이후의 실존적 신앙을 중심으로 한 종교 이해는 제10장에서 대략적으로 언급했다. 하지만 약간 애매하게 마무리한 아쉬움이 있다. 이와 관련해 신앙의 역사적인 전개에 대한 동시대의 이해를 조금 보충해두고 싶다.

신불교동지회에서 지도자적 입장에 있었던 사카이노 고요境野黄洋 (1871~1933)는 1905년에 회고하는 글에서 다음과 같이 말했다.

> 지금이야말로 신앙이라는 말이 일반 불교계에서 통용되고 있지만 그즈음〔동지회가 조직된 1899년경〕까지는 아직 신앙이라는 말을 쑥스러워서 사용할 수 없던 시대였다. 불교인은 세속과 접근해야 한다든가, 종교인과 사회 문제 같은 논의를 하기가 까다로웠던 시대에서 조금씩 변화해 신앙이라는 말이 드물게 보이기 시작했다. 우리 『불교』도 신앙의 목소리를 높이는 데 다소 힘을 실었다. 이 조류가 낳은 새로운 신앙론은 신불교를 조직할 때 근본적인 지위를 갖게 되었다.[6]

1905년에는 "신앙이라는 말이 일반 불교계에서 통용되는" 말이 됐지만, 바로 얼마 전인 1899년 전후에는 "신앙이라는 말을 쑥스러워서 사용할 수 없었다"고 한다. 메이지 후기의 어떤 시기부터 종교를 '신앙'과 관련해 말하는 것이 널리 퍼지게 되었다는 것이다.[7] 물론 논의되지 않았던 것을 논증하는 일은 곤란하다. 하지만 사카이노의 시평은 역사적인 전개에 영향을 받으면서 종교가의 자기 이해에서 신앙이나 실존이 중심적인 문제로 부상했음을 잘 보여주고 있다.

마지막으로 확인하지만 이것은 종교가가 종교에 대한 자기 이해를 이야기한다는 이 책이 설정한 국면에서 생겨난 것이지, 신앙이 말해지지 않았던 시기가 있었다는 것이 신앙이 실천되지 않았음을 의미하는 것은 아니다. 우에무라 마사히사는 메이지 초기부터 일관되게 인간이 종교를 희구하는 마음에 대해 말하고 있었다. 나루세 진조成瀬仁藏는 메이지 10년대에 지식보다도 신앙이 중요하다고 논했다. 그리고 원래 신념적인 측면을 강조하는 경향이 있는 프로테스탄트·기독교 외에도 1880년대 초반의 불교 연설에서는 '안심'이나 '오도悟道'의 중요성을 말하고 있었다.

이렇게 보면 당연한 말이지만 신앙의 실천이 메이지 후기가 될 때까지 실행되지 않았던 것은 아니다. 새롭게 실행된 것은 (반성적인 구축물인) 종교라는 개념에 신앙을 중핵으로 편입시킨 일이었다. 또한 그러한 것으로 종교에 대한 자기 이해를 구성해서 제시한 것이었다. 그리고 그것은 이 책에서 말해왔듯 종교가 결과로서 다른 영역과 분리되어 그 본질을 초월과 연관하여 추구한 것으로 논의된 다음의 일이다. 이런 것을 근대 일본에서 전개된 종교 개념의 한 장면으로 생각할 수 있을 것이다.

미

주

한국어판 서문

1   http://jpars.org/online/view-issue/vol-2-2014
2   예를 들어『季刊日本思想史』72, 2008 참조.
3   『近代日本の大學と宗教』, 法藏館, 2014;『戰時日本の大學と宗教』, 法藏館, 2017
4   島薗進·高埜利彦·林淳·若尾政希 編,『日本人と宗教』全6巻, 春秋社, 2014~2015
5   岩田眞美·桐原健眞 編,『カミとホトケの幕末維新—交錯する宗教世界』, 法藏館, 2018
6   末木文美士·林淳·吉永進一·大谷栄一 編,『ブッダの變貌—交錯する近代佛教』, 法 藏館, 2014
7   大谷栄一·吉永進一·近藤俊太郎 編,『近代佛教スタディーズ—佛教からみたもうひ とつの近代』, 法藏館, 2016.
8   『近代佛教という視座—戰爭·アジア·社会主義』, ぺりかん社, 2012
9   『令知会と明治佛教』, 不二出版, 2017, 28쪽.
10 예를 들어『雜誌『國敎』と九州眞宗』, 不二出版, 2016
11 嵩滿也·吉永進一·碧海寿広 編,『日本佛教と西洋世界』, 法藏館, 2020
12 國立國会圖書館デジタルコレクション(http://dl.ndl.go.jp) 참조.
13 http://www.modern-religious-archives.org/
14 예를 들면 中西直樹·吉永進一,『佛教國際ネットワークの源流—海外宣敎会 (1888年~1893年)の光と影』, 三人社, 2015 참조.

서론

1 본문에서 "종교가의 자기 이해"라는 말을 사용하는 것에 대해 약간의 보충 설명을 해두고 싶다. 여기에서 '종교가'라는 말을 사용함으로써, 종교 개념의 역사적 고찰에 선행하여 '종교'라는 것을 상정하는 것이 된다. 그런데 거듭 확인해두고 싶은 점은 예를 들어 불교(또는 좀더 정확하게는 근대 이후 불교라는 명칭으로 일괄적으로 이해되는 일련의 관념·실천 체계를 갖춘 복수의-교단에 반드시 한정되지는 않는-사회집단)에 대해 말하자면, 이는 종교라는 개념이 널리 합의를 얻게 된 근대 이전부터 그 연속성을 갖는다는 점이다. 그리고 그러한 애매한 윤곽을 가진 어떤 특정한 종교 전통을 긍정적으로 이해하고, 무엇인가 적극적으로 관여하려는 사람들을 종교가로 부르기로 한다. 결과적으로 오늘날의 시점에서는 정통적인 신앙을 갖지 않은 것처럼 보이는 사람들도 다루게 되는데, 거꾸로 말하면 이는 어떤 종교 전통의 외연이 오늘날보다 애매했음을 가리키는 것이기도 할 것이다.

2 선행 연구에 대해서는 이 책 제1장에서 정리한다. 스즈키 노리히사鈴木範久의 선구적인 연구에 더하여(스즈키 1979), 이소마에 준이치磯前順一의 연구가 결정적으로 중요한 의미를 갖는 것은 물론이다(이소마에 2003).

3 스즈키鈴木 1979 13~17쪽, 이소마에磯前 2003 31~38쪽 참조. 또한 메이지 10년대에 어느 정도 일반화되었는지를 어떻게 논증할 수 있는가라는 문제도 있어 일률적으로 말할 수는 없다. 하지만 이 책 제3장에서 다루는 다카하시 고로高橋吾良는 1883년 논설에서 religion에 상당하는 말로 '교법教法'이나 '교문教門'이 아니라 '종교宗教'를 선택해야 하는 이유를 설명하고 있어, 다카하시가 그 필요를 느끼고 있었음을 알 수 있다.

4 물론 판단을 내리는 것이 곤란하거나 그 판단이 틀리는 사태는 얼마든지 있을 수 있다. 그러나 여기에서는 예를 들어 "기독교는 종교다"라거나 "사원은 종교시설이다" 또는 "물리 수업에서는 종교를 가르치지 않는다" 등 일상적인 언어 사용에서 널리 합의되어 있(다고 생각되)는 어법을 상정하고 있다. 물론, 이런 어법 그 자체가 문제시되어야 하는데 이를 이 책에서 다룰 수는 없다. 그러나 본문에서도 언급했듯이 역사적인 전개를 꼼꼼하게 살펴보면 현대의 '상식적인' 용법을 풀어내는 작업에 연결되리라 생각한다.

제1장 종교 개념의 역사성이라는 관점

1 논의의 번잡함을 피하기 위해 '종교'라고만 표기했지만, 애초에 이 종교라는 말을 근대적인 'religion'과 그 번역 개념을 지시하는 것 또는 지시할 수 있는 것으로서 소박하게 상정하는 행위 자체를 재고하려는 것이 이 책의 입장이다. 그리고 이는 실천적으로는 근대적 religion과 그 번역 개념의 복잡성 그리고 각각의 다성성多聲性을 가능한 한 길어 올리려는 시도로서 이루어져야 할 것이다.

2 이다飯田 1996 127쪽. 또한 같은 논문에서 이다 아쓰시는 '자연적 종교'나 그에

관련한 개념들의 역사적 위상에 대해 개관하고, 그것이 종교 연구라는 학적 시도에 어떻게 관계되어 왔는지 조감도를 제공해준다.

3 이 natural religion의 번역어로는 '자연종교'도 종종 사용되며, 자연권이나 자연법과의 유비에서는 오히려 자연종교 쪽이 용어의 의미를 파악하기 쉬운 측면도 있다. 그러나 자연종교라는 말은 nature religion과 결부하여 "교조라고 말해지는 최초의 주창자가 없으며, 자연발생적으로 성장한 단순한 미개 종교, 원시종교"(「자연종교」, 『종교학사전』, 233쪽)라는 의미로 사용되기도 한다. 그 경우에는 어떤 특정한 종교 전통(예를 들면 신도나 도교)이나 또는 아마 도시마로阿満利麿의 논의에 보이듯이 종교로는 파악되지 않는 종교성을 함의하게 된다(아마 1996 참조). 어느 쪽이든 이들은 보편적인 종교성을 가리키는 것으로서의 natural religion과는 역시 구별되어야 할 것이며, 그런 이유로 이 책에서는 위의 의미에서 '자연적 종교'라는 번역어를 사용한다.

4 예를 들어 "다종다양한 종교 현상에 내재하는 종교의 본질이나 원형적인 것을 신학적·종교철학적으로 파악한 것"(「자연적 종교」, 『종교학사전』, 237쪽)이라고 한다.

5 Byrne 1989 p.1

6 「로마인들에게 보낸 편지」 제1장 19~20절에 피조물을 통해 신을 알 수 있다고 서술되어 있다.

7 신의 존재 증명을 논하는 안셀름의 『프로슬로기온Proslogion』(1078)의 원제목이며, 널리는 기독교 신학 일반의 표어가 되었다.

8 "1630년대부터 1680년대까지 반세기 남짓에 걸쳐 케임브리지대학을 거점으로 플라토니즘·네오플라토니즘 사상을 기독교 신앙 속에 도입하면서, 영국 혁명기의 동란으로 인해 발생한 다양한 문제를 해결하려고 했던 사상가 집단"인 케임브리지·플라톤 학파에 대해서는 가마이 도시카즈鎌井敏和 등의 논고가 있다(가마이 외 편 1998, 가마이 1998).

9 피치노Marsilio Ficino는 "이성의 연마를 중핵으로 하는 인간의 자기 도야가 신에 근접하는 가능성에 이어진다고 한 플라톤적인 사고법"을 기독교에 들여왔다고 한다(가마이 1998).

10 가마이 도시카즈는 케임브리지·플라톤 학파의 원조인 위치코트Benjamin Whichcote의 "이성을 등지는 것은 신을 등지는 것이다"라는 말을 인용하면서, 이성이 신으로부터 부여된 것이라는 전제를 지적하고 "신앙과 이성"의 "합체"라고 한다(가마이 1998 35쪽).

11 Harrison 1990 p.62

12 Harrison 1990 p.62. deism이라는 말의 내실이 불명료하다는 문제는 피터 번 (Byrne 1989 p.xiii) 및 제임스 M. 번(Byrne 1996 p.100)도 지적하고 있다.

13 Harrison 1990 p.67

14 허버트는 『진리에 대해De Veritate』(초판, 1624)에서 만인에 공통하는 보편적 종교 관념을 "종교에 관한 공통 관념notitiae communes circa religionem"이라고 정식화했다. 이는 다음 다섯 가지다.
① 하나의 지고신至高神/존재가 있다.[라틴어 esse supremum aliquod Numen]

② 지고신/존재는 숭배되어야 한다.

③ 신성神性에 대한 숭배행위[라틴어 cultus divini]에서 가장 중요한 것은 사람의 생득적 [도덕적] 능력을 십분 발휘하는 것이다.

④ 모든 배덕과 악은 회개에 의해 속죄하지 않으면 안 된다.

⑤ 내세에서 상벌이 이루어진다.

오쿠보大久保 1998, Serjeantson 2001 참조.

15 허버트의 '공통 관념'은 진정한 가톨릭 교회를 체현하는 개념이라고 여겨졌다(Harrison 1990 p.64, 67).

16 예를 들면 존 로크John Locke(1632~1704)나 매슈 틴들Matthew Tindal(1657~1733) 그리고 존 톨런드John Toland(1670~1722) 등에 의한 종교론의 전개에서 보다 명확하게 논의되었다(이다飯田 1996, Byrne 1989 참조).

17 이신론의 쇠퇴 배경에 계몽주의에서 낭만주의로 향하는 시대 조류가 있는 것은 물론이나(Byrne 1989 Chap.6 참조), 영국의 상황에서는 조지프 버틀러Joseph Butler(1692~1752)가 인간 이성으로 획득된 지知는 불완전한 개연지蓋然知라 하여 이신론을 비판했다. 버틀러의 종교론에 대해서는 하기마萩間 1999, 미쓰이三井 1999 참조.

18 Harrison 1990 p.67

19 피터 해리슨은 17세기부터 19세기에 걸쳐 잉글랜드에서 기독교의 특수성을 해체하기 위한 형태로 한층 추상도 높은 보편적인 것으로서 종교를 파악하려는 시도가 교회와 성직자에 대한 비판과 병행해서 이루어졌다는 것에 대해, 사회사적인 배경을 언급하면서 논하고 있다(Harrison 1990).

20 "18세기 지식인은 시대에 걸맞은 종교를 발견 혹은 구축하려고 했던 것이다. 그 점에서 전통적인 기독교가 실격이라는 사실은 적어도 유식자 세계에서는 자명했다. 따라서 어떤 사람은 전통적인 기독교를 합리화 혹은 순화하려고 노력하고, 또 어떤 사람은 더욱 확실한 대체물을 만들려고 했던 것이다"(포터 2004 56쪽).

21 19세기의 영어권 특히 영국의 기독교 신학에 대해서는, 당시 일본에 온 선교사의 활동 및 일본인들의 독서 체험 등이 근대 일본에서 종교 개념의 전개에 실질적으로 관계되기 때문에, 뒤에서 다시 다루기로 한다(이 책 제2장 참조).

22 이소마에磯前 2003 11쪽. 또한 이소마에는 주체 편성 문제를 다룬 논집으로 van der Veer and Lehmann eds. 1999를 들고 있다.

23 "주로 식민지배 하에서 서구적 가치관의 영향을 강하게 받으면서 자문화의 전통을 재편하는 등에 엘리트 지식인이 중요한 역할을 한 아시아·아프리카 지역을 중심으로, 종교 개념의 문자 그대로의 번역·재정의 또는 종교 시스템의 재편에 대해 개관한다"(스기모토杉本 2003 57쪽).

24 근대 서양에서 인도·불교 이미지는, 사이드가 밝히고 있듯이 독자적인 타자 표상으로서의 측면이 강하게 보였다고 지적되고 있으며(로제폴 드루아Roger-Pol Droit 2002), 이는 킹의 고찰과 함께 읽어야 할 것이다.

25 예를 들어 러셀 매커천Russell T. McCutcheon은 종교가 그 자체로 자율적인 고유한sui generis 것이라는 주장에 대해 비판이론으로 비판한 다음, 그 비판을 종

교 개념의 구축에 관한 종교학의 정치성을 지적하는 데 사용하고 있다(McCutcheon 1997).

26 가령 종교 개념을 사용하지 말 것을 주장한다 하더라도, '종교'라는 무언가를 선행해서 상정하지 않으면 안 되고, 거기에서 상정된 종교라는 것이 사실성을 갖는 개념으로서의 '종교'와 관계 없을 수는 없다는 구조가 있다(후카사와深澤 2003 18~23쪽 참조).

27 "소수파에 불과했던 빌리프 계열의 '종교'라는 말이, 그때까지 우세했던 종지·종문 등 프랙티스 계열을 능가하기에 이르는 역전 현상이 일어났다"(이소마에 2003 36쪽).

28 "'종교'는 근세 사회에서 통용되었던 '종문' '종지'를 계승한 것이다. 왜냐하면 가시적인 부분과 비가시적인 부분을 함의하며, 불교, 기독교를 전형적인 대상물로 했다는 점에서도 공통성이 있다"(하야시林 2003 188쪽).

29 하야시 2003 189쪽. 전자는 예를 들어 "신도가, 유학자 등의 학예, 학지의 스승이 제자를 앞에 두고 강설하고 교육하는 분야"이며, 후자는 "권신의 예능가, 종교가의 활동"이라고 한다.

30 연속성에 대해서는 엔도 준遠藤潤의 논의도 참조(엔도 2004).

31 하야시 2003 174쪽.

32 하야시 2003 189쪽.

33 후지이 2001 17쪽.

34 정치는 '인위人爲'이며 특수한 것이지만, 종교는 '신의神意'이고 보편적인 것이며 강제할 수 없는 것이라고 여겨졌다고 한다(후지이 2001 20쪽).

35 "신도를 정치가 아니라 종교의 카테고리에 넣음으로써 불교(진종)와 동열의 위치에 놓고, 정치적 권위를 속체로서 받아들일지라도 신도적 요소를 받아들이지 않아도 문제없도록 조작했다는 것이 위에 말한 것과 같은 정치와 종교의 정의와 양쪽의 구별에 깔려 있는 시마지의 의도였다고 생각된다"(후지이 2001 20쪽).

36 물론 불교 교학敎學·종학宗學 및 기독교 신학이 행해지지 않게 된 것은 아니다. 후술하겠지만, 일반 개념으로서의 종교가 널리 합의를 얻게 된 뒤에도 이를 어떤 형태든 참조하면서 병행해간다고 생각한다.

37 "근대화라는 것은 '민속적인 것'으로 구성되어 있던 민중의 생활 세계 속에, 문명화된 질서라는 일상화된 권력이 뿌리를 내려가는 과정에 다름 아니라고도 말할 수 있다"(야스마루 1992 224쪽).

38 가쓰라지마 2005b 23쪽.

39 후쿠시마 2004 257쪽.

40 "당사자가 당사자에게 이야기하는 경우라면, '오미치'라는 말이야말로 한층 실감이 깃든 이야기 방식이다"(후쿠시마 2004 256~257쪽).

41 후쿠시마 2004 279쪽.

42 예를 들어 카를 바르트Karl Barth는 『로마서Der Römenbrief』(제2판, 1921)에서, 근대 자유주의 신학과 그것이 상정하고 있는 일반적 종교성 즉 자연적 종교를 비판 대상으로 하여, 그러한 종교에 회수되는 것으로서 기독교가 있는 것이 아니며,

그 의미에서 기독교는 종교가 아니라고 논하고 있다(바르트의 종교 비판에 대해서는 아사미淺見 2008 참조).

43 후쿠시마는 『개정 천리교사전』의 '천리교' 항목을 인용하고 있다(후쿠시마 2004 255~256쪽).

44 시마조노는 1945년에 GHQ에 의해 발포된 이른바 '신도 지령'의 단계에서 양자의 혼동이 보인다고 지적한다(시마조노 2001a).

45 "신사신도와 종파신도를 구분하여, 후자를 종교의 일부로 하여 불교나 기독교와 병치하는 동시에, 전자를 비종교로서 종교의 카테고리에서 제외하여 국가의 직접 관리 아래 두고자 하는 종교 제도"(시마조노 2001a 323~324쪽).

46 시마조노 2001a 322쪽.

47 시마조노 2001a 327쪽.

48 닛타 히토시新田均는 시마조노가 말하는 광의의 국가신도에 관계된 "천황을 중심으로 하는 국가의 성화聖化"에 대해 "국체사상이라고도 부를 수 있는 분야를 설정하고 실증적으로 연구해갈 필요가 있다"(닛타 2003 97쪽)면서, '광의의 국가신도'가 아니라 '국체사상'이라는 말을 사용해야 한다고 말한다. 확실히 '국가신도'라는 개념은 다양한 함의를 갖게 되었지만, 그러나 '국체사상'이라는 말로는 의례나 제사라는 실천에 관한 측면이 배제된다.
또한, 닛타는 근대 일본에서 정교 관계의 기본적인 발상은 "모든 종교가 천황을 중심으로 한 국민 통합에 공헌한다는 관점에서 다루어가려는 것"(닛타 2003 97쪽)이라 말하고 있는데, 이렇게 보면 한편으로 "천황을 중심으로 한 국가의 성화"가 있으며, 다른 한편으로 그에 입각해서 취급되는 여러 종교가 있는 것이 된다. 이를 '공인 종교 제도'로서 파악할 수 있는가의 문제를 여기에서 논할 수는 없지만, 그 논의의 틀은 후술하는 시마조노의 이중구조의 논의와 반드시 단절된 것은 아니라고 생각된다. 어느 쪽이든 이 책은 "천황을 중심으로 한 국가의 성화" 자체를 다루는 것이 아니며, 오히려 '여러 종교'가 어떻게 "천황을 중심으로 한 국민 통합"에 관계되는가라는 문제에 초점을 맞췄다.

49 시마조노 2001a 329쪽.

50 1868년 3월 13일 태정관太政館 포고에서 '왕정복고'란 "제정일치의 제도로 돌아가는" 것이라고 되어 있다(야스마루安丸·미야지宮地 교주校注 1988 425쪽).

51 이 목적이 반드시 성공하지 못하고 혼란이 있었던 상황에 대해서는 예를 들어 야스마루 1988 「2. 제정일치를 추구하여」 참조.

52 야스마루 요시오는 1882년에 있었던 신관神官과 교도직教導職 분리를 하나의 큰 전환 계기로 하여 일본형 정교분리가 성립했다고 말한다. 또한 일본형 정교분리의 전체상에 대해서는 "국가 이데올로기적 요청에 대해, 각 종파가 스스로 유효성을 증명해 보이는 자유경쟁"이라고 서술하고 있다(야스마루 1979 209쪽).

53 "국가에 관한 '치교'나 '제사'를 관장하는 국가신도와, 사람들의 구원이나 생사 및 사적인 일상생활에 관한 여러 '종교[教義원문 그대로임, 狹義의 오자]'가 이중구조를 이루고 있는 양태"(시마조노 2001a 338쪽)라고 서술하고 있다.

54 시마조노 2001a 339쪽.

55 닛타 히토시는 시마조노의 이중구조 논의는 광의의 국가신도와 협의의 '종교' 각각(특히 전자)의 내실을 단순화시키는 경향이 있다고 비판한다(닛타 2003 93~95쪽). 이 책은 광의의 국가신도의 내실에 대해 논하는 것이 아니며, 협의의 '종교'의 내실에 대해 그 역사적 동태의 한 측면을 논하고자 시도한 것이다.

56 시마조노도 메이지 초기에 그것들이 구분되어가는 '조짐'이 보이지만 "영역 구분이 확정되는 것은 메이지 중기 이후"라고 하면서 그 역사성에 대해 언급하고 있는데(시마조노 2004 195쪽), 구조 자체의 역사성을 논하기 위해서도 개별 사례의 변천에 대한 연구는 축적되어야 할 필요가 있다. 이런 의미에서 닛타의 비판적 지적은 수긍이 간다(닛타 2003).

57 야스마루 1996 29~30쪽.

58 이에 관해서는 다케다 기요코武田清子의 일본 기독교 사상사(예를 들어 다케다 1959, 1967, 1976 등)에서 논의되고 있는 '기독교'가 어떤 '종교' 이해를 전제로 하는 것인가에 대해 논한 바 있다(호시노星野 2003b 또 이를 발전시켜 전개한 호시노 2009도 참조).

59 예를 들어 마크 멀린스Mark R. Mullins는 일본에서의 기독교 토착운동이 거의 연구 대상이 되지 않았다고 서술하고 있으며(멀린스 2005[1998]), 이케가미 요시마사池上良正는 초기 홀리니스가 지금껏 연구되지 않았던 상황을 연구자들의 관점의 한계로 지적하고 있다(이케가미 2006).

60 스에키 후미히코는 주로 『마루야마 마사오 강의록丸山眞男講義錄』 제4책을 거론하면서, 거기에 보이는 불교 이해를 논하고 있다(스에키 2004b 2-2). 또한 스에키는 그러한 불교 이해를 "프로테스탄트·불교"라는 말로 가리키면서, 이는 근대의 불교 일반에서 보인다고 논하고 있는데(스에키 2004a 제1장, 2004b 3-1) 이는 또한 프로테스탄트·기독교를 모델로 한 종교 개념이 강한 규정력을 가지고 광범위하게 유통되고 있었다는 것이기도 할 것이다.

61 오타니 2008, 2009a, 2009b, 2011 참조.

62 가쓰라지마 1999 4쪽.

63 가쓰라지마 2005a 303~304쪽.

64 또한 오타니 에이이치는 이러한 종교 개념의 역사성을 묻는 논의가 '종교사회학'의 영위에 대해 재해석을 촉구하는 것이라는 점을 지적한다(오타니 2005).

65 사카이 나오키酒井直樹의 '일본 사상'에 대한 서술 참조(사카이 1997).

66 와타나베 가즈야스渡邊和靖는 사상사가 다루는 '전통'이란, 비역사적인 것으로 여겨지는 전통이 역사적 문맥 안에서 다시 파악된 이른바 "구성된 전통"이라면서, 이는 "시간의 흐름 속에서 형성되고 붕괴하는 지식 체계"라고 했다(와타나베 1985 13쪽). 이렇게 전통을 동태적인 것으로 이해하는 자세를 이 책도 공유한다.

67 일본인론과 현대 종교의 결부에 대해서는 시마조노 스스무가 논하고 있다(시마조노 2004b). 또한 일본인론과 문화 내셔널리즘의 관계를 요시노 고사쿠吉野耕作가 고찰했다(요시노 1997a, 1997b).

제2장 개화·종교·기독교

1 도히土肥 1994 179쪽.

2 우에무라 마사히사植村正久(1858~1925)는 하타모토旗本 집안(에도시대에 쇼군에 직속된 무사 집안)에서 태어났으나, 대정봉환大政奉還으로 인해 몰락하여 빈곤 속에서 어린 시절을 보냈다. 요코하마에서 선교사 J. H. 발라와 S. R. 브라운에게 교육을 받았다. 1873년 5월에 발라에게 세례를 받았으며 그 후 브라운 숙塾을 거쳐 도쿄일치신학교東京一致神學校에서 공부했다. 1880년에 안수례를 받아 시모타니下谷교회, 반초番町교회(후에 후지미초富士見町교회)를 이끌고 또한 일본기독공회, 일본기독일치교회, 일본기독교회라는 흐름 속에서 지도자적인 역할을 했다.

3 우에무라 마사히사, 「기독교는 비굴한 정신을 양성하는 것이 아님을 논한다基督教は卑屈の精神を養成するものに非ずを論ず」(『칠일잡보七一雜誌』 3권 1호, 1878).

4 우에무라 마사히사, 「기독교는 세속을 현혹하는가基督教は世俗を幼惑するか」(『칠일잡보』 2권 46호, 1877).

5 와타나베渡辺 1997 245쪽. 또한 『일본국어대사전』에 의하면 불교 전통의 문맥에서 '開化 カイガ'라는 말이 있으며 이는 '가르쳐 이끌다教え導く'는 의미로 사용되고 있었는데, 메이지 초기 이후 civilization의 번역어로 사용되게 되었다고 한다.

6 문명의 어원에 대해서는 스즈키 슈지鈴木修次(1923~1989)가 『문선文選』 『역경易經』 『서경書經』 등을 인용하여 고찰하고 있다(스즈키 1981 40~45쪽). 거기에서 문명은 "중국에서도 일본에서도 진정 상서로우며, 인간 사회의 번영에 연결되는 좋은 말"(스즈키 1981 45쪽)이었다고 한다.

7 나오키尚樹 1978, 스즈키鈴木 1981, 이토伊東 1985 등 참조. 또한 ②의 현대 용례에 대해서는 예를 들어 마쓰모토松本 1973 등을, ③에 대해서는 이토 1985 등 참조. 또한, ①과 ②는 각각 문명과 문화의 문제로 이해할 수 있으며, 노르베르트 엘리아스는 애초에 독일적인 Kultur가 프랑스적인 civilisation에 대항해서 형성된 개념이라는 것을 상세히 설명하고 있다(엘리아스 1977~1978). 이러한 엘리아스의 견해에 근거해 니시카와 나가오西川長夫는 '문명(프 civilisation, 영 civilization)'과 '문화(독 Kultur)'가 근대 국민국가와 관련된 이데올로기로서의 성격을 지닌다고 지적한다(니시카와 1992, 1995).

8 스즈키鈴木 1981 참조

9 하라시마 다다시原島正는, 우치무라 간조内村鑑三에게는 문명과 비교하여 문화의 용례가 적다고 지적한다(하라시마 1973 66쪽). 마찬가지로 우에무라 마사히사에게도 문화에 특정된 언급은 보이지 않으며, 중요한 문제로 이해되지 않았다고 생각된다.

10 예를 들어 다카쿠라 도쿠타로, 『기독교와 문명의 정신キリスト教と文明の精神』, 1925, 사토佐藤 1963 참조.

11 헵번의 『화영어림집성和英語林集成』 제3판(1886).
   헵번James Curtis Hepburn(1815~1911)은 장로파 선교의宣教醫로, 중국 전도를 거쳐 1859년 일본에 도착했다. 가나가와, 요코하마에서 진료소를 개설하고 나중에 메이지가쿠인明治學院대학으로 이어지는 사숙私塾을 열어 교육 활동에 종사했다. 또한 『화영어림집성和英語林集成』를 편집했다. 1892년에 미국으로 귀국했다.

12 후쿠자와 유키치福澤諭吉는 『문명론의 개략文明論之槪略』(1875)에서, '文明'은 영어 'civilization'의 번역어라고 말하고 있다.

13 니시카와 나가오西川長夫는 "문명이라는 말은 언제나 계몽주의 또는 진보주의의 문맥 속에 모습을 드러낸다"고 지적한다(니시카와 1995 50쪽).

14 엘리아스 1977~1978.

15 예를 들어 후쿠자와 유키치는 『세계국진世界國盡』(1869)에서 미개·반개·문명의 도식을 사용하고 있다.

16 앞의 글, 후쿠자와 유키치, 『문명론의 개략』.

17 니시카와 나가오는 이 점에 관하여, 물질문명 대 정신문화라는 구도와 혼동하지 않도록 주석을 붙이고 있다(니시카와 1995 50쪽).

18 와타나베 히로시渡辺浩는 19세기 서양의 civilization 개념은 "20세기의 사회과학자가 말하는 modernization이나 development와 다르며, 도덕적인 진보, 사람이 사람으로서 향상하는 것을 함의하고 있다"(와타나베 1997 254쪽)고 말한다. 또한 19세기 유럽의 '진보' 개념은 지식의 증대·사회의 복잡화·산업의 발전과 사람이 사람으로서 향상하는 것을 아울러 포함하는 것이었다고 말한다(와타나베 1997 221·225쪽).
또한, 와타나베는 일본에서 civilization 개념을 문명 개념으로 수용한 것에 관해, 일찍이 중국을 중화로 상정했던 화이질서적인 사고법을, 서양을 중화로 재편한 면이 있는 것은 아닌가라고 지적한 바 있다(와타나베 1997 제9장).

19 쓰다 마미치(1829~1903).

20 쓰다 마미치, 「개화를 진전시키는 방법을 논한다開化を進める方法を論ず」(『명육잡지』 3호, 1874).

21 니시 아마네(1829~1897).

22 니시 아마네 「교문론3」(『명육잡지』 6호, 1874) 이에 관하여, 스가와라 히카루菅原光는 이 시기에 니시의 종교 논의는 종교 그 자체에 관한 것이라기보다 '지智'의 위상을 문제로 하고 있다는 관점에서 고찰한 바 있다. 거기에서 스가와라는, 니시가 콩트의 삼단계설을 원용하여 '지智'가 '신信'을 해명해가는 과정을 서술하고 있으며, 그와 동시에 '지'에 회수될 수 없는 '신'의 영역을 승인하고 있었다고 논한다(스가와라 2003).

23 고이즈미小泉 1975.

24 우에무라 마사히사, 「종교론宗敎論」(『육합잡지』 2호, 1880년 11월 11일).
또한 만년의 「기독교통론基督敎通論」(1924)에서도 "종교는 인심人心이 자연스레 발생하여 멈출 수 없는" 욕구라고 서술하고 있다. 또 오우치 사부로大內三郎도 우에무라의 종교 이해에 대해 "인간의 자연성 속에 '종교심'이 내재한다는 견해는 그의 일생을 통해 명확하다"고 서술한다(오우치 1978 106쪽).

25 도시샤대학同志社大學 인문과학연구소 편 1986.

26 「선교사의 일본파견宣敎師の日本派遣」(『뉴욕타임스』 1859년 3월 21일자).

27 새뮤얼 로빈스 브라운Samuel Robbins Brown(1810~1880). 미국의 네덜란드 개혁파 선교사. 예일대학, 유니온신학교 졸업 후 1838년에 중국으로 건너가 1847년 귀국하기 전까지 중국인 학생 교육에 종사했다. 1859년에 네덜란드 개혁파 선교사로 일본에 도착하여 요코하마를 중심으로 활동했으며, 교육·성서 번역에 큰 업적을 남겼다. 1879년에 귀국하여 이듬해 숨졌다. 브라운의 자료로는 그리피스William Eliot Griffis가 쓴 전기(Griffis 1902)와 다카야 미치오高谷道男가 편집·번역한 서간집이 있다(브라운 1965). 우에무라 마사히사에 끼친 영향에 대해서는 고자키 히로미치小崎弘道 「서序」(아오요시青芳 1992[1935]) 및 구와타 히데노부桑田秀延(구와타 1966 2쪽)가 언급하고 있다.

28 이 시기 미국 기독교의 상황에 대해서는 아리가有賀 1993, 이카도井門 1972, 우사미宇佐美 1981, 우드워드 1989, 오하마大濱 1979, 소네曽根 1974, 노무라野村 1993, 노튼 외 1996, 모리모토森本 2006 참조.

29 다카야·오타 1981.

30 브라운이 교육 활동에 주력했던 점에서 오히려 주지적인 기독교 이해를 볼 수 있으며 이 또한 퓨리턴적인 기독교 전통의 하나였다.

31 예를 들면, 일본에서 불교사원을 숙사宿舍로 삼을 때 "이제 절의 불상이 짐을 싸고 기독교 선교사에게 자리를 내주었듯이, 분명히 일본은 구원되리라 믿습니다. 이는 십자가의 평화의 전사 앞에서 이 나라의 신들이 패주하는 전조라고 말할 수 있지 않을까"라 하여, 현지 전통과의 단절을 말한다(1859년 11월 3일, 아이작 페리스Isaac Ferris에게 보낸 서간 『S. R. 브라운 서간집』 21쪽). 또한 "나무아미타불이라는 기도가 '당신, 높으신 곳에 계시는 신이여' 또는 '하늘에 계신 우리 아버지, 이름을 거룩하게 하소서'라는 기도로 바뀌는 시대는 실제로 오고 있습니다"라고 하여 기독교의 신장을 확신하고 있다(1862년 11월 8일, 필립 베르츠에게 보낸 서간 『S. R. 브라운 서간집』 116쪽).

32 서양 국가들이 일본을 올바른 방향으로 인도하는 것은 신의 의지의 현현이라 하여, 그때 무력행사는 긍정되었다. 예를 들어 제1차 조슈長州 정벌과 시모노세키下關 포격에 대해 "영국은 자유의 목적을 추구하고 있지만, 역시 신의 의지를 행하게 되는 것입니다"라고 말한다(1864년 7월 25일, 필립 베르츠에게 보낸 서간 『S. R. 브라운 서간집』 149쪽). 또한 기독교 금제를 철폐하도록 서양 국가들이 메이지 정부에게 압력을 가했던 것을 "이 국토에 신의 재판을 요청한다"라고 말했다(1866년 3월 1일, J. M. 페리스에게 보낸 서간 『S. R. 브라운 서간집』 176쪽).

33 조지프 M. 헤닝은 이러한 문명이나 미개라는 개념과 더불어, 미국이 일본에 투사한 시선이 어떻게 변천했는지를 논하고 있다(헤닝 2005). 또한 보다 기독교에 입각한 논의로, 시오노 가즈오塩野和夫가 19세기 전반기 아메리칸·보드의 선교 사상에 대해 논한 것이 있다. 이는 일본에서의 전도 활동을 직접 다룬 것은 아니지만, 그 전제로 비기독교 세계인 선교지에 대해 높이 평가하지 않았다는 점, 그리고 미국 국내에서 보드를 지지하는 사람들의 의향이 큰 영향력이 있었기에, 선교사들이 현지에서의 활동을 통해 얻은 지견이 선교 방식으로 환원되지 않았다고 지적되고 있다(시오노 2005).

34 사토佐藤 1996.

35 윌리엄 마틴William Alexander Parsons Martin, 중국명 丁韙良(1827~1916). 미
국 장로교회 미션이 중국에 파견한 선교사. 인디애나대학을 거쳐 뉴·올바니신학
교를 1849년에 졸업하고 1850년에 중국으로 건너갔다. 닝보寧波에서 활동한 후
1863년에 베이징으로 옮겨 활동하다가 1916년에 사망했다. 교육 및 전도에 진력
하면서, 중국과의 외교에도 관계했으며 『천도소원』(1854) 및 『만국공법』(1864) 등
많은 저작을 남겼다. 주원周圓은 주로 『만국공법』과의 관계에서 마틴에 대해 논하
고 있다(周 2010).

36 Peter Duus "Science and Salvation in China: The Life and Work of W. A. P.
Martin," *Papers on China* Vol.10, Harvard university, 1956, pp.98~100.

37 요시다吉田는, 중국으로 간 19세기 프로테스탄트 선교사는 "중국에 서양의 근대
문화를 도입하는 것이 필요하며, 이 간접적 결과로 보다 더 많은 중국인을 기독교
신앙으로 인도할 수 있다고 생각했다"(요시다 1993 「머리말」 ii쪽)라고 한다. 이러
한 마틴의 의식은, 다른 선교사에게도 공유되어 있던 일반적인 의식이라고 할 수
있을 것이다. 그리고 이미 살펴봤듯이 일본에 온 선교사의 의식도 크게 다르지 않
았다.

38 예를 들어, 그의 저작인 『만국공법』은 휘튼의 *Elements of International Law*의
한문 번역이며, 당시 서양에서 통용되던 국제법을 중국에 그리고 니시 아마네의
훈점판을 통해 일본에 소개하는 것이었다. 사토 신이치佐藤慎一는 이 책의 집필
의도가 "포교 활동을 대체하는 것이었다"고 서술하고 있다(사토 1996 70쪽). 적어
도 마틴의 의도에서도 이러한 여러 분야의 저술과 기독교 전도는 가까운 것이었으
며 모순되는 것은 아니었다.

39 요시다 1993, 구리야마 2001 등.

40 "[『천도소원』의] 특색은, 기독교 변증론을 유교적 소양을 바탕으로 하는 중국 지식
인들에게 알기 쉽게 소개하며 서양 근대과학의 성과도 실증적으로 십분 활용한 점
과 기독교의 절대성을 구체적이고 대담하게 주장한 점에 있었다고 할 수 있다"(요
시다 1993 105쪽).

41 요시다 1993 99~100쪽 참조. 구체적으로는 천문학의 지견을 사용하여 제1장 「성
수星宿로 증좌를 삼는다」(『천도소원』)에서는 지구나 혹성이 자전·공전하고 있
다고 지적하고, 그에 관해 "이와 같이 묘한 운용, 이와 같이 좋은 법, 어찌 우연이
랴. 대지大智의 신이 아니면 누가 능히 경영하여 이를 창조했으랴"(요시다 1993
157쪽)라고 말하고 있다. 또한 2장 이후에는 '오행' '생물' '인신' '영혼' '금수·곤충'
에 대해 각각 논하면서, 이들 모두가 주재主宰의 덕을 나타낸다고 결론짓는다.

42 요시다 1993, 105쪽.

43 이신론에 대해서는, 종교 그 자체를 가리키는 자연적 종교 개념과의 관련에서 언급
했다(이 책 제1장 참조). 이와 관련하여 17세기의 이신론과 19세기 자연신학의 다
른 점을 들자면, 우선 후자는 낭만주의의 이성 비판을 거친 것이라고 지적할 수 있
다. 또한 전자는 반교권주의와 결부되어 있는데, 18세기부터 19세기에 걸쳐 비국교
도가 보다 관용적으로 취급받게 된 상황에 영향을 받아, 후자에서 그것은 중심적

인 문제가 되지 않았다.

44 페일리에 관한 선행 연구는, 하시모토橋本 1988, 마쓰나가松永 1996, 아리에有江 2005 등이 있다. 그 논의가 광범위하게 영향력을 가졌던 것은 맥그래스도 지적한 바 있다(MacGrath 1999).

45 시계의 비유는 페일리 『자연신학』(1802) 제1장 첫머리에 나온다(덧붙여, 아리에 2005 4쪽에 초역이 있다. 또한 이 장의 각주 83도 참조).

46 볼러는 일관하여 이러한 측면을 강하게 주장하고 있다(보울러 1987, 1995 등 참조).

47 예를 들면 존 헨리 뉴먼John Henry Newman(1801~1890)은, 1839년에 과학과의 조화로 기독교를 변증하는 일은 거꾸로 과학으로 기독교를 부정하는 일로 이어진다고 하여, "자연신학의 외견 속에 '무신론적인 논조'가 보인다고 비판했다(브룩 2005 246쪽).

48 브룩 2005 241쪽. 이와 관련하여 성서 해석에 역사적 관점이 도입되어, 예수를 역사 속에서 논하는 자세가 나타났다. 예를 들어 슈트라우스David Friedrich Strauss의 『예수의 일생Life of Jesus』은 1835년에 출판되어 1846년에 영어로 번역되었다.

49 예를 들어 리처드 프록터Richard Anthony Proctor(1837~1888)가 일반인을 대상으로 쓴 천문서는 19세기 영어권에서 가장 널리 읽혔다고 평가되는데, 거기에서 프록터는 신에 대한 확신에 근거하여 자연계에는 신의 의도에 따른 목적, 디자인이 있다고 강조했다(Lightman 1996 p.33 참조. 프록터의 독자가 그 말을 호의적으로 받아들였던 상황에 대해서는 ibid. p.39 참조).

50 「동양의 빛」(『뉴욕타임스』 1871년 6월 2일자).

51 1866년 1월 14일 서간((『S. R. 브라운 서간집』 172쪽).

52 와타나베 가즈야스는, "반드시 기독교에 본래적으로 포함되는 것은 아닌" 바의 "세계의 법칙성 안에서 신을 본다"고 하는 자연신학적 기독교 이해를 제시한 제인스Leroy Lansing Janes가 구마모토熊本양학교에서 교육 활동을 통해 큰 영향력을 가진 한편, 성서의 축어 해석이나 무오류설을 주장한 선교사가 도시샤대학에서 일본인 학생에게 좋은 평가를 받지 못했던 상황을 언급한다(와타나베 1978 117~120쪽).

53 오자와小澤 1973, 요시다吉田 1993 108~116쪽 참조.

54 우에무라 마사히사, 「일본의 기독교문학日本の基督教文學」(『복음신보福音新報』 5호, 1892).

55 이부카 가지노스케井深梶之助는 『천도소원』에서 배울 것이 많았다고 회고한다(『이부카 가지노스케와 그 시대井深梶之助とその時代』 제1권, 253쪽). 또한 니지마 조, 야마모토 가쿠마山本覺馬와 이 책의 관련에 대해서는 모리나카 아야미쓰森中章光가 논하고 있다(모리나카 1996).

56 『기독자 열전: 신앙 30년基督者列傳-信仰三十年』, 警醒社書店, 1921년. 또한 요시다 1993 116쪽 참조.

57 요시다 1993 112쪽 참조.

58 구리야마에 따르면 간행 연도가 기재되어 있는 것은 1875년(메이지 8)이 가장 오 래된 것인데, 초판 간행은 그 이전으로 생각된다고 한다. 그 후 개정판 화철본和 綴本이 런던성교서류회사倫敦聖教書類會社에서 1880년에 나왔으며, 이후 개정 판 양장본이 되어 1888년부터 1896년 판본까지 합계 11판이 확인된다고 한다(요 시다 1993 참조. 또한 구리야마는 이들 판본의 계통 분류를 하고 있다. 구리야마 2001).

59 『천도소원해』는 캐러더스카라ゾルス, Christopher Carrothers 번역이라고 되어 있 는데, 실제로는 가토 구로加藤九郎 번역이라고 하며(『우에무라 마사히사와 그 시 대植村正久とその時代』 4권 89쪽), 이에 대해서는 1874년판과 1875년판이 확인된 다. 또한 『계몽천도소원』은 추측건대 야스카와 도루安川亨의 번역이며, 1882년판 부터 1901년판까지 합계 6판이 확인된다고 한다(요시다 1993 129쪽 참조).

60 나카무라 마사나오에 대해서는 다카하시 마사오高橋昌郎가 집필한 전기에서 종 교와의 관계를 크게 다루고 있으며(다카하시 1988[1966]), 고이즈미 다카시小泉 仰는 기독교와의 관계를 주제로 고찰한 바 있다(고이즈미 1965, 1991). 또한 오기 하라 다카시萩原隆는 나카무라의 포괄적인 연구에서 종교론 및 도덕론에 대해 논 하고 있으며(오기하라 1984, 1990), 마쓰모토 산노스케松本三之介는 나카무라의 학문론이 어떻게 기독교와 관련되어 있는가를 언급하고 있다(마쓰모토 1996a 제 3장).

61 영국 유학을 자원하여 유학생 감독으로 유학. 1866년 10월 26일 요코하마를 출발 했으며, 1868년 4월 영국을 떠나 프랑스를 경유하여 6월 21일 귀국.

62 1874년 12월 25일 캐나다·메소시스트파 선교사 G. 코크런George Cochran에게 세례를 받았다.

63 예를 들어 고이즈미 다카시는 다음과 같이 말하고 있다. "제일급 유학자인 나카무 라 게이우는, 그의 유교적 사상 기반에 근거하여 막부 말기부터 메이지 초기에 이 르는 시기 누구보다 빨리 기독교에 접근했고, 만년에는 점차 불교 서적을 가까이 했으며, 본래 그의 전문 영역이었던 유교로 돌아갔다. 결국 그는 유교 사상의 기반 을 지나치게 근거로 삼았기에, 기독교의 복음 사상을 받아들이지 못하고 기독교를 배교했다"(고이즈미 1991 4쪽).

64 오기하라 다카시는 "[나카무라는] 세계를 지배하는 일원론적인 리理를 끝까지 신 봉하고, 서양 문명의 즉자적 동질성卽自的同質性을 의심하지 않았다"고 지적한다 (오기하라 1990 118쪽).

나카무라의 '리理'에 대해 부연하면, 우선 물리법칙으로 서술되어 있다. "물物이 있 으면 반드시 칙則이 있다는 말은 과연 그러하다. 칙이라는 글자는 풀어서 율법이 된다. 타당함을 깨닫고 만물 각각이 반드시 일정한 율법이 있으니, 고금에 걸쳐 결 코 변치 않는다"(『청질소문請質所聞』, 인용은 고이즈미에 의한 풀이. 이하 같음. 고 이즈미 1991 46쪽) 그리고 그 물리법칙이, 즉 선악에 대한 도덕법칙과 중첩된다. "물질의 리理, 수확은 반드시 종자보다 많다. 선악의 보報, 또한 반드시 배가 된다." (『청질소문』, 고이즈미 1991 47쪽) 이렇게 나카무라에게 '리'는 물리법칙과 도덕법 칙을 관통하는 일원인 것으로 이해되고 있었던 것이다.

만들어진 종교

65 오기하라 1990 제3장.

66 오기하라 1990 213쪽.

67 야마다 1978 참조.

68 이 책 제3·4장 참조.

69 다카하시 1988[1966] 59쪽 참조.

70 『청질소문』(인용은 고이즈미에 의한 풀이. 이하 같음. 고이즈미 1991 45쪽).

71 "귀신의 '신神' 자는 상제上帝를 칭하여 신神이라 하는 '신'의 글자와 혼동하여 같은 의미로 해서는 안 된다. (…) 귀신의 '신'은 산천사곡山川社穀 등의 '신'이다"(『청질소문』, 고이즈미 1991 48쪽).

72 '경천'도 '애인'도 이미 유교 전통 안에 사용되던 개념이라는 지적이 있는데, 양자를 아울러 '경천애인'이라고 한 점에 나카무라의 독창성이 보인다고 한다(고이즈미 1991 제1장 3절 참조).

73 "천天은 나를 만들었으므로 즉 나의 아버지다. 사람은 나와 마찬가지로 하늘이 만들었으므로 즉 나의 형제다. 천은 공경해야 하며 사람은 사랑해야 한다"(『청질소문』, 인용은 고이즈미에 의한 풀이. 이하 같음. 고이즈미 1991 25쪽).

74 "상제는 일월을 만들고 인물을 만든다. 어찌 그 박식博埴, 공인工人과 비견하랴. 대저 상제는 형상 없으며 일월성지인물日月星地人物로 자신의 형상을 드러내신다. 오직 그 형상 없음으로 인해 형상 있는 것의 주재가 되어, 은연히 현연하여 상벌출척賞罰黜陟의 권세를 잡으신다. 그 이상 없는 존尊이라 하는 연유다"(『청질소문』, 고이즈미 1991 45~46쪽).

75 고이즈미 1991 42~43쪽, 62쪽.

76 "천은 리理가 살아 있는 것이다. 그러므로 질質이 없고 심心이 있다. 즉 생을 좋아하는 인仁이다. 사람이 이를 얻어 이로써 심心으로 삼으면, 즉 사람을 사랑하는 인仁이다. 그러므로 인仁을 행하면 내 마음은 편안하고 천심은 기뻐한다. 불인不仁을 행하면 내 마음은 편치 않고 천심은 노한다. 천은 육안으로 볼 수 없다. 도리의 눈으로 이를 보면 볼 수 있다"(『경천애인설』, 고이즈미 1991 25~26쪽).

77 고이즈미 다카시는 "나카무라가 말하는 천은, 주자학자가 말하는 자연법칙적 원리와 도덕적 원리의 양면을 배접하여 포괄하는 비인격적 원리가 아니다. 오히려 천과 인간의 관계는, 천이 인간을 낳은 아버지라는 의미에서, 창조신적, 인격신적 성격을 가진다"(고이즈미 1991 40쪽)라고 해 그 인격신적 성격을 지적한다. 그에 비해 오기하라 다카시는 "조물주의 의지성·인격성도 어중간한 상태에 있다"(오기하라 1990 227쪽)고 말한다.
    고이즈미의 "비인격적 원리가 아니다"라는 지적은 중요하지만, 예를 들어 『청질소문』에는 '리'의 존재로부터 논리적으로 요청되는 것으로서 '천'이 논해지는 부분이 있다. 이런 것들을 아울러 생각하면, 역시 오기하라가 지적하듯이 나카무라가 천을 명확하게 인격신으로 파악했다고는 말할 수 없다고 생각한다.

78 "상제의 영靈과 사람의 영은 통하여 하나가 된다. 상제의 영은 만 가지의 한 뿌리다. 사람의 영은 한 뿌리의 만 가지다"(『청질소문』, 고이즈미 1991 54쪽) 이 인용에서는 주자학에서 말하는 이일분수설理一分殊說의 영향을 확인할 수 있다.

79   고이즈미 1991 제1장 제8절, 참조.

80   고이즈미 1991 89~90쪽.

81   고이즈미 1991 제1장 제8절 참조.

82   『격물탐원』(1876) 전3권. 저자인 알렉산더 윌리엄슨Alexander Williamson 중국
     명, 韋廉臣(1829~1890)은 런던선교회에서 파견되어 1855년에 중국으로 건너가,
     그 후 영국에 일시 귀국한 시기를 제외하고 사망하기 전까지(1890) 중국에서 활동
     했다. 이 책은 자연신학 해설서이며, 자연계 현상의 과학적 해설로부터 귀납적으로
     창조신을 논하고 있다. 일본에도 유입되어 1878년 구마노 아타에熊野與가 훈점을
     붙이고 오쿠노 마사쓰나奧野昌綱가 교정한 것이 경성사警醒社에서 출판되었다.
     나카무라 마사나오도 「서」를 기고했다.
       덧붙여, 우에무라 마사히사는 원저를 언급하면서 "스코틀랜드 윌리엄슨韋廉臣의
     『격물탐원』과 같은 것은 나에게 자연신학의 의미를 깨닫게 해줬다"고 회고하고 있
     다(우에무라 마사히사, 「일본의 기독교문학日本の基督敎文學」, 『복음신보福音新
     報』 65호, 1892).

83   나카무라는 숫자가 있고 바늘이 움직이며, 또한 내부에 바퀴가 있어 그것이 맞물
     려 움직이고 있다는 등 상세하게 묘사한 후, "이 [시계=時辰表]와 같이 공묘한 기기
     가 어찌 우연히 나왔으랴, 반드시 절대 지혜의 사람이 있어, 다소의 심사를 기울여
     그런 연후 비로소 이를 만들었으리라"고 한다(「격물탐원 서」, 『메이지계몽사상가집
     明治啓蒙思想家集』 메이지문학전집明治文學全集 3, 지쿠마서방築摩書房, 287쪽,
     원문은 한문).
       한편, 페일리에 의한 시계의 비유에서도, 태엽이나 바퀴 등을 묘사한 후에, 한번
     시계를 관찰하고 이해했다면 그로부터 반드시 얻게 되는 결론은 시계를 만든 사
     람이 존재함에 틀림없다the watch must have had a maker라고 서술되어 있다
     (Paley, William, *Natural Theology; Evidences of the Existence and Attributes
     of the Deity Collected from the Appearances of Nature*, 1809, 12th ed., p.3).
     페일리의 '시계의 비유'는 널리 사용되었기에, 나카무라가 직접 페일리를 참조했는
     지 아닌지 확인할 수는 없지만, 분명히 그 논리를 답습하고 있음을 알 수 있다.

84   "본디 사람은 곧 내 몸이 우연히 생긴 것이 아니며 반드시 이를 만든 자가 있음을
     안다 [⋯중략⋯] 상제가 인물을 만든 주主임을 모른다, 어찌 심히 대소경중을 그르
     친 것이 아니랴"(앞의 책, 「격물탐원 서」).

85   "우주만물의 성질에 이르러, 그 신기공묘함에 놀란다. 모두 우연히 된 것이 아니다.
     반드시 일정한 칙則이 있음을 안다. 그러므로 대주재大主宰의 신神이 존재함을 안
     다"(앞의 책, 「격물탐원 서」).

86   나카무라가 "맹자가 말하건대 순舜은 서물庶物에 밝으며 인륜을 헤아리고 인의
     仁義에 의해 행하지 인의를 행하는 것이 아니라고 하였다. 대저 서물에 밝고 인륜
     을 헤아림은 곧 이로써 상제가 천지만물의 연원됨을 알기에 그러하다"(「격물탐원
     서」)라고 서술하고 있는 등으로부터, 오기하라 다카시는 "유교의 자연에 대한 직관
     적 이해, 사변적 관조"라는 '주자학적 격물'을 읽어내고 있다(오기하라 1990). 오기
     하라는 「격물탐원 서」에서의 신 이해에 관한 기독교의 위상이나 자연신학에는 초

점을 맞추지 않고, 유교와의 관계에서 주자학적 격물의 자세가 일관하여 보인다는 점을 중심으로 지적하는데, 이는 그러한 해석을 가능하게 할 정도로 기독교의 자연신학적인 신 이해가 주자학적 격물론과 잘 호응하는 것이라고 말할 수도 있을 것이다.

또한, 오기하라는 「격물탐원 서」에 대해 "서양의 근대 과학적 방법과 주자학의 방법이 근본적으로 다른 부분을 충분히 이해했다고 할 수는 없다"(오기하라 1990 104쪽)라고 서술한다. 양자가 근본적으로 다르다는 지적 자체는 타당하다고 생각한다. 하지만 같은 논의에서 나카무라가 염두에 두었던 '과학'이라는 것은, 그 자체가 자율적인 것으로서 널리 합의를 얻고 있는 '근대과학'이 아니라, 이 장에서 살펴본 바와 같은 19세기 자연신학적으로 이해된 '과학'이며, 거기에서는 과학과 신의 존재는 조화 속에서 파악되었다는 점도 염두에 둘 필요가 있다.

87 앞의 책, 「격물탐원 서」.

제3장 이학과 종교

1 본명은 '吾良'이며 나중에 '五郎'로 자칭하게 되었다. 이번 장에서 다루는 논설이나 저작의 대부분이 '吾良'로 표기되어 있기 때문에, 이 책에서는 기본적으로 '吾良'를 사용한다. 다만, 교육과 종교의 충돌 문제 무렵에는 '五郎'를 사용하고 있다(이 책 제8장 참조).

2 스즈키鈴木 1979 124~125쪽에 번각되어 있다.

3 류몬사龍門寺에서 가나가키 로분假名垣魯文과 알게 되어, 그의 소개로 우에무라 마사히사를 방문하고 브라운에게 소개되었다고 한다(「해제」, 조동종선서간행회 편, 1981, 431쪽).

4 이에 관해서는 여러 가지 설이 있는데, 적어도 정식 번역위원은 아니었다.

5 이 책 제8장 참조.

6 약력에 대해서는 다음 절에서 거론하는 선행 연구 및 『일본기독교역사대사전』『국사대사전』『일본양학인명사전』『우에무라 마사히사와 그 시대』 등을 참조했다.

7 에비사와 편 1963.

8 에비사와 1989[1981].

9 쇼와여자대학 근대문학연구실 1974.

10 스즈키 1979.

11 스기이 1984c.

12 조동종선서간행회 편 1981.

13 「해제」(조동종선서간행회 편 1981).

14 이케다 1998.

15 이케다 1998 321쪽.

16 도쿄기독교청년회는 고자키 히로미치, 우에무라 마사히사, 유아사 지로湯淺治郎 등이 1880년 3월 조직한 일본 최초의 YMCA. 초대 회장은 고자키.

17 「육합잡지六合雜誌」『일본기독교역사대사전』.

18 잡지 창간 전후의 사정에 대해서는, 도쿄기독교청년회의 창립에 관계한 우에무라 마사히사의 회고가 있다(우에무라 마사히사, 「일본의 기독교문학日本の基督教文學」, 『복음신보福音新報』 67호, 1892년 6월 24일; 우에무라 마사히사, 「기독교도의 신문잡지 및 그 기자キリスト教徒の新聞雜誌及びその記者」, 『복음신보福音新報』 165~168호, 1898년 8월 26일~9월 16일 등 참조).

19 「육합잡지 발행 취지六合雜誌發行の趣意」(『육합잡지』 1호, 1880년 10월 11일)

20 전형적으로는 우에무라 마사히사, 『진리일반眞理一斑』, 警醒社, 1884.

21 도시샤대학 인문과학연구소 편 1984 2쪽.

22 예를 들어 '연설'의 형태로 시행된 것에 대해서는, '불교 연설'의 기획에 관해 논하는 이 책 제4장에서 언급한다. 덧붙여, 거기에서 서술하듯 불교 연설에 있어서도 『육합잡지』와 마찬가지로 지식인 교화가 문제가 되었다.

23 불이출판不二出版에서 1986년부터 1988년에 걸쳐 『육합잡지』 번각판이 나왔다.

24 스즈키 1988.

25 도시샤대학 인문과학연구소 1984. 이는 총론 4편과 각론 17편으로 구성된 논문집이다.

26 예를 들어, 쓰지노辻野 1978, 란데 1978 등.

27 연재 본문의 제목은 한문으로 「논하종교여이학지관섭급기요論下宗教與理學之關涉及要緊」(『육합잡지』 1권 1호부터 1권 4호) 1880년(이하 「요긴要緊」으로 되어 있다. 이하 인용 시에는 『메이지전기학술잡지논문기사집성明治前期學術雜誌論文記事集成』 제4권, 종교·윤리(1)에 수록된 것에 의하며 『집성集成』의 쪽수를 적었다).

28 "그 논의를 보건대 말하는 바 실로 조잡한 유언謬言(fallacy)이며 그의 식견이 좁다는 것을 보여줄 뿐이다"(「요긴」 124쪽).

29 「요긴」 125쪽.

30 "다만 불행히도 인간은 대부분 생활과 직업에 쫓겨 지력을 연마할 기회를 얻지 못한다. 그 때문에 스스로 사물의 리理를 구별할 수 없다."(「요긴」 126쪽)

31 "사회의 상류에 서 있는 지식인, 학자는 각각 편견을 버리고 심력을 다하여 대도원리大道遠理를 추구하여, 가련한 대다수 형제에게 참된 빛眞光을 얻도록 해야 한다. 이렇게 볼 때 지식인, 학자의 임무가 어찌 중대하지 않겠는가."(「요긴」 126쪽)

32 「요긴」 127쪽.

33 "또한 중국에서는 여기에 교문教門, 교법教法 등의 말을 상당하다고 하지만, 이는 모두 불도에서 나온 것이므로 그 글자의 뜻은 오히려 좁다. 왜냐하면 교문의 '문'은 불도에 말하는 심성멸문心性滅門, 심진여문心眞如門 등의 문과 같은 것으로, 교문이란 실은 교教 중의 별문別門을 뜻하기 때문이다. 또한 교법의 '법'은 불도에서 사용하는 아비달마阿毘達磨(無比法), 달마작가라達磨斫迦羅(法輪) 등의 '달마'라는 범어에서 나온 것이다. 그러므로 달마는 중국어의 '법法' 혹은 '전典'의 의미이므로 불법 또는 불의 교법 등을 말하는 것은 좋지만 야소법 또는 야소의 교법 등을 말하는 것은 실은 뜻에서 마땅하지 않다"(「요긴」 129쪽).

34 「요긴」 128~129쪽.

35 「요긴」 129~130쪽. 원문은 일부 한문.

36 '이학理學' 『메이지의 용어 사전明治のことば辞典』. 또한 동시대 '이학'의 용례에는 '궁리의 학문キウリノガクモン' '이치의 학문リヅメノガクモン' '물物의 도리를 연구하는 학物の道理を究る學' '물의 이치를 연구하는 학문もののことはりをきはむるがくもん' 등이 있어, 거기에서도 '리理'의 탐구 즉 총체적인 의미의 학문으로 파악되고 있었음을 알 수 있다.

또한, 마찬가지로 '물리학'도 '물의 리, 물의 도리를 아는 학문'의 의미에서 natural philosophy 또는 physics의 번역어로 이행했다고 한다.

37 「요긴」 194쪽.

38 스즈키 1979 17쪽.

39 현대에 널리 유통되는 (종교와 일단 분리된) '자연과학'과 (자연과학과 일단 분리된) '종교'라는 사고법은, 해당 시기에는 그런 사고법이 성립하는 과정에 있었으며, 무조건적으로 전제할 수 없다고 생각한다. 여기에서는 현대적 시점을 소급적으로 사용하여 당시의 언설을 고찰할 때 누락되는 사항에 주목하고자 한다.

40 앞부분의 주석을 가리킨다: "여기에서 말하는 이학·종교는 각별한 하나의 것을 가리키지 않는다. 여기에서는 모든 형체를 버리고 오로지 그 내용만을 말한다. 이를 깊이 명심하라"(「요긴」 133쪽).

41 「요긴」 136쪽.

42 다카하시는 「요긴」에서 "세간의 이학자, 종교가가 그 도를 망용妄用한 것을 밝히기 위해" 『불도신론佛道新論』과 『신도신론神道新論』을 저술했다고 말한다(「요긴」 137쪽). 『불도신론』은 1880년 5월, 『신도신론』은 1880년 9월에 간행되었으며, 1881년에는 『제교편람諸教便覽』이 나왔다. 또한, 이들 세 저서는 시마조노 스스무 감수, 시마조노 스스무·호시노 세이지 편, 『종교학의 형성과정宗教學の形成過程』 제3권, 크레스출판クレス出版, 2006에 해설과 함께 수록되어 있다.

43 「요긴」 131쪽(원문 한문), 「요긴」 198쪽에도 재인용되어 있다. 야코비는 Friedrich Heinrich Jacobi(1743~1819)로 추정.

44 다카하시는 페스렐의 "이학과 종교는 세상의 별이며 (…) 이 두 별이 비추지 않는 곳 항상 암흑의 밤 있으리"(「요긴」 132쪽, 원문 한문)라는 말을 인용하고 있다. 페스렐에 대해서는 미상.

45 「요긴」 137쪽. 원문은 한문.

46 "경이하는 것에 의해 인간은, 오늘날에도 그러하듯이 저 최초의 경우에도 그렇게, 지혜를 애구愛求하기(필로소페인philosophein, 철학하기) 시작한 것이다"(아리스토텔레스, 『형이상학』, 이와나미서점, 이데 다카시出隆 역, 1959, 제1권 제2장, 28쪽).

47 "그 기이하다는 생각은 인류 천품의 성으로 그런 생각은 주로 주위의 외물에 닿아 생기는 것이다"(「요긴」 138쪽).

48 "세상의 이학은 모두 시초에는 유질有質의 외물을 이해하려는 것이었다"(「요긴」 138쪽).

49 "세상의 이학자는 처음에는 외물의 해설에 전념했다. 그러나 시종 그러하지 못했다. 그 외물들을 생각할 때 자연스레 그 마음을 돌아보고 마침내 정신의 동작을 알기에 이르렀다. 이는 물리를 생각하는 데 먼저 주로 정신을 쓰기 때문이다"(「요긴」 141쪽).

50 「요긴」 139쪽.

51 「요긴」 143쪽.

52 앞에서는 '奇異之念'이었으나 이후 '奇異ノ念'으로 되어 있다.

53 「요긴」 144쪽.

54 후단에 '조물주재造物主宰'(=조화주재)에 대해 "이를 신神이라 부른다. 그리하여 신을 인정하는 것은 종교의 맹아다"라는 주석이 붙어 있다(「요긴」 187쪽).

55 위의 주 참조. 또한 "종교는 아무리 구조가 달라도 모두 신명귀신을 숭봉하는 것이다"(「요긴」 145쪽)라고 서술되어 있다. 이에 관해 다카하시는 외물(=우주만물)의 '절대절미'를 인식한 결과로서 '신명귀신을 숭봉'하는 것이 행해지며, 설사 "만이蠻夷의 종교"라 하더라도 외물의 "절대절미"를 얼마간 인식한다는 점에서 얼마간의 진실을 가진다고 한다.

56 「요긴」 151쪽.

57 Johann Gottfried Seume(1763~1810)로 추측.

58 「요긴」 198쪽.

59 우에무라 마사히사의 『진리일반』(1884)을 염두에 두고 있다. 또한 나카무라 마사나오의 기독교 이해에 그리스도론이 보이지 않는다는 점에 대해서는 이 책 제2장에서 언급했다.

60 "오로지 종교만이 능히 사람의 영혼을 청정하게 하여 이를 구원한다"(「요긴」 200쪽).

61 「요긴」 200쪽.

62 「요긴」 198쪽.

63 「요긴」 200쪽. "사람의 행위를 단정하게 한다" "인간의 소행을 정선하게 한다"는 것이 바람직한 것으로 서술되어 있다.

64 「요긴」 200쪽.

65 분명히 실천적으로는 도덕의 준수가(만) 제시되어 있다고 해석할 수도 있지만, 그런 경우에도 초월성과의 관계가 문제시되지 않을 수 없다. 예를 들어 다카하시는 로마인들에게 보낸 편지 2장 14~15절을 인용하면서, 도덕을 준수하는 것은 즉 신의神意에 따르는 것이며, 그것은 개인의 주체적인 의지와 관계 없다고 논하고 있다(다카하시 고로, 「시비지심을 논함是非之心을論ず1」, 『육합잡지』 1권 6호, 1881년 3월).

66 「요긴」 194쪽.

67 「요긴」 194쪽.

68 「요긴」 194쪽.

69 「요긴」 195쪽.

70 다카하시는 "그 예는 중국인 중에서 인용한다"고 하고, 그 이유를 "왜냐하면 독자

는 모두 중국의 일에 능통하기 때문이다"(「요긴」 195쪽)라 한다. 다카하시가 한문 소양이 있는 사람들을 독자로 상정하고 있었음을 알 수 있다.

71   「요긴」 195쪽. 원문 한문. 원전 미상.

72   「요긴」 195쪽. 원문 한문. 원전은 「격물보전格物補傳」(『대학장구大學章句』 제5장, 시마다島田 1967 104쪽 참조).

73   이와 관련하여 니시 아마네西周는 『백일신론百一新論』(1867稿, 1874刊)에서 '심리心理'와 '물리物理'를 구별하고 있는데 이는 "양자의 상호 교통성을 부정한" 것이며, 동시에 "심리와 물리 양쪽에서 그 근원을 향해 거슬러 올라갈 때 분명 동일한 '천'이라는 관념에 봉착"하며, 거기에는 "유교의 기본적 구조가 보인다"고 지적되고 있다(와타나베 1978 84~85쪽). 이렇게 니시의 논의의 초점이 '심리'에 맞춰져 있는 한편, 후술하듯이 다카하시에게는 '인성의 리人性之理'를 깊이 파고듦으로써 '조화 주재'를 감득한다는 논의는 없어서 양자의 논의를 직접 중첩시킬 수는 없다. 그러나 '천지의 리'와 '인성의 리'를 모두 관통하는 법칙성(과 그 주재)이 상정되어 있다는 기본 틀에서는 공통성을 볼 수 있다. 그리고 그것은 유교의 영향을 강하게 받은 세계관이라고 생각할 수 있다.

74   「요긴」 196쪽.

75   불교에 관해서 다카하시는, 주자의 '성性' 해석은 불교적이라고 비판적으로 언급하고 있다.

76   「요긴」 196쪽.

77   「요긴」 196쪽.

78   「요긴」 196쪽.

79   이학이 개별적 학문체계를 포섭하는 "모든 학문의 학문"(「요긴」 197쪽)으로 파악되고 있는 것은 전술한 바와 같다. 또한, "모든 학문의 학문"에 대해서는 주석에서 "영어로 이를 제너럴 사이언스general science라고도 말한다"고 되어 있다.

80   「요긴」 197쪽.

81   예를 들어 다카하시는 햇빛이나 새 울음소리 등과 접촉함으로써 "스스로 무극 상제의 대혜능大慧能을 느끼기에 이르"며, "영혼은 완전히 경건으로 뜨거워"(「요긴」 198쪽)진다고 하는 시를 인용하고, 또한 야코비의 "사람의 영혼은 진정한 이학에 의해 정태애안靜泰艾安을 얻으며, 마침내 경건하게 신에게 봉사하기에 이른다"라는 말을 재인용(「요긴」 198쪽)하여 논증을 대신하고 있다.

82   다카하시는 일관하여 진화론에 '변천론變遷論'이라는 말을 사용한다. 덧붙이자면 '개발론開發論' 쪽이 보다 어울리는 말이라고 생각했던 듯하다("변천론이라는 이름은 실로 맞지 않는다. (…) 내 생각에는 이 설리設理는 개발론이라 불러야 한다", 「요긴」 197~180쪽) 다카하시의 '개발' 이해에 대해서는 다음 절에서 서술한다.

83   "본디 변천이라는 것은 그 리理가 없지는 않다"(「요긴」 167쪽).

84   "사람의 양심은 교육의 결과이며 단지 소수의 인종에만 있다. 또한 신이 있다고 생각하는 마음은 인류에게 생래적인 것은 아니다([할주] 그렇게 말하는 자 적지 않다) 신을 믿는 마음은 사람의 형신形神이 크게 개발함으로써 일어난 것과 같다([할주] 다윈) 그렇기에 이들의 일은 모두 만들어낸 것에 불과하다"(「요긴」 165쪽).

인용 중에 '형신'에 대해서는 후단에 "형해정신形骸精神 즉 바디body 및 마인드 mind다"(「요긴」 170쪽)라는 할주가 있다. 또한 다카하시가 사용하는 '개발'에는 인지의 발달カイホツ, カイハツ이라는 함의(『메이지의 용어 사전』)에 더하여 "잠재했던 것이 개시되어 간다"고 하는 어감이 포함되어 있다.

85 키케로シセロ나 버질Polydore Vergil, ビルジル을 인용하고 있다(「요긴」 165쪽).

86 예를 들면, 장자에 대해서는 백이伯夷는 인의를 위해 목숨을 버렸기에 군자라 하고, 도척盜跖은 재화를 위해 목숨을 버렸기 때문에 소인이라 하는데, 죽은 것은 마찬가지라는 구절을 인용하고 있다(전거는 『장자』 「외편·병무」 편).

87 "지금 통상의 변천론자는 암암리에 이들 사람의 뒤를 따르는 자와 같다"(「요긴」 166쪽).

88 「요긴」 171~172쪽.

89 다른 곳에서도 "인간의 지식에 따라 증가하고 그 능력을 개발하여(할주: 변경이 아니다) 수많은 성쇠를 거쳐 금일의 개화에 이르렀다"(「요긴」 174쪽)라고 하여, '개발' 과 '변경'이 다른 것으로 인식되고 있었음을 확인할 수 있다.

90 두골頭骨에 관한 논의에 대해 다카하시는 "닥터, 리처드ドクトル リチャルド" "도르히니ドルヒニ—"를 참조하라고 언급했는데, 두 이름 모두 미상. 동물의 조각에 대해서는 전거가 언급되어 있지 않다.

91 「요긴」 181~182쪽. 전거 미상. 드레이퍼는 존 윌리엄 드레이퍼John William Draper이며, History of the Conflict between religion and science(Appleton, 1875)의 저자다. 드레이퍼의 이 저서는 과학과 종교(구체적으로는 기독교)의 충돌을 논한 것이며, 이는 다카하시의 주장과 모순된다고 생각되지만, 이 저서에 관한 다카하시의 언급은 없다. 또한 이 책은 오구리가 번역해 『학교사론 일명 야소교와 실학의 쟁투學校史論一名耶蘇教と實學の爭鬪』로 애국호법사愛國護法社에서 1883년 출판되어 기독교 비판의 문맥에서 읽혔다.

92 「요긴」 182쪽.

93 "우리가 품은 의기義氣를 기승하는 졸연한 생각은 옛적의 입법자(할주: 모세摩西를 가리킴)가 남긴 그의 언약 취지 중에 모두 볼 수 있으리라. 왜냐하면 만약 그 십계 중에서 해설, 책벌責罰의 구절을 제외하고 명령 부분만을 취해서 본다면, 그 말은 모든 나라의 지혜자가 옳다고 할 것이기 때문이다. 즉 신이 유일함을 인식할 것, 또 그 신을 존경할 것, 노동을 쉬는 안식일의 편의, 부모에 대한 효심, 사람을 죽이는 일의 해로움, 간음의 죄, 도적의 죄, 전사허언을 부끄러워할 것, 타인의 물건을 탐하지 말 것 등은 천하의 사람 모두 한결같이 이를 옳다고 할 것이다."(「요긴」 184쪽).

94 「요긴」 182쪽.

95 「요긴」 184쪽.

96 "인간의 심성에는 선악 사정을 변별하는 능력이 있다"(앞의 글, 「시비지심을 논함 1」).

97 "천하의 사람 모두 군부를 죽이는 것을 나쁜 일이라 하고 군부에게 충효하는 것을 좋은 일이라 한다. 미친 사람을 제외하고 누가 이를 허망하고 위험하다고 할 것인

가"(앞의 글, 「시비지심을 논함1」).

98 이는 나카무라 마사나오가 거경居敬을 중시했던 것과 대조적이다.

99 이는 이 시기 다카하시의 논의에 일관되게 보이며, 예를 들어 이렇게 말하고 있다. "우리 부앙천지 우주의 만물을 관찰하매 대조화주의 존재를 실로 명백히 의심할 바 없다. 또한 우리 물리를 연구하매 드디어 깊어지니 그 조물주의 대혜대능을 느끼기에 이르렀다. 이로써 나는 깊이 조물주재신이 계심을 믿는다"(다카하시 고로, 『신도신론』, 1880).

100 야마다 게이지山田慶二는 주자학에서 인간학과 자연학이 도덕론에서 접합되어 있음을 지적하고, 그러나 자연학을 도덕론으로부터 말할 때에는 이신론적 부하負荷가 걸리며, 양자의 접합은 균열 위에 이루어진 것으로, 머지않아 인간학과 자연학이 분화되어갈 것이 예고되어 있음을 지적하고 있다(야마다 1978 종장).

101 「요긴」 152쪽. 프록터에 대해서는 제2장의 주49 참조. 또한 다카하시는 테니슨의 "만물은 인간에게 서적과 같은 것"(「요긴」 151쪽)를 인용하는데, 자연을 제2의 성서라고 하는 수사도 자연신학에서 자주 사용되는 것이었다. 또한 같은 시기에 다카하시 이외의 기독교도에 의한 자연신학 언급으로는, 야마자키 다메노리山崎爲德의 『천지대원인론天地大原因論』(1881)이 있으며, 이에 관해 다시로 가즈히사田代和久(다시로 1977a)나 시마오 나가야스島尾永康(시마오 1988, 1989)에 의한 고찰이 있다.

102 나루세 진조成瀨仁藏의 일기에 아래와 같이 기록되어 있다.

○ 모든 교회(대다수 참 신앙 없는 교회의 모습) (…)

(2) 신앙보다 지식을 더 중시한다 (…)

(5) 전도회사는 어떤가. 돈과 학문에 기대며 신에게 기대는 마음 없는 것 같다.(이하 생략)

(6) 십자가의 길을 어리석다 하고 오로지 학문을 귀하게 여기는 것과 같은 것.(이하 생략)

(나루세 진조 「일기」 메이지 15년 8월 26일. 『나루세 진조 전집成瀨仁藏全集』 1권, 292쪽).

이 일기를 쓴 1882년에 나루세 진조는 바이카여학교梅花女學校의 교사 자리를 사직하고, 전도에 전념하게 되었다. 그리고 이듬해 1883년에 야마토코리야마大和郡山 전도소에 부임하여, 1884년에 야마토코리야마교회의 초대 목사에 취임하게 된다. 이 시기의 나루세의 기독교 이해에 대해서는 별고에서 논했다(호시노 2008).

103 "어떤 길로 회개할 것인가. 그리스도를 알면 신의 뜻과 같이 이루어진다. 이를 추구하라. 이론보다도 실험에 비추어 알아야 한다."(나루세 진조 「일기」, 메이지 15년 8월 26일, 『전집』 1권, 287쪽) 이렇게 이 시기의 나루세에게는 기독교를 지적으로 파악하려는 것에 대한 비판을 볼 수 있다. 이는 성서와 예수에 대한 확신과 결부되어 있던 것인데, 이 책에서는 이러한 지적인 기독교 이해에 대한 비판도 있었다는 점과 그것이 한정된 범위에서만 유통되었다는 점을 지적하는 데 그친다.

104 『우에무라 마사히사와 그 시대』 제2권 546~579쪽 참조.

105 다카하시 고로는 메이지 10년대 중반 무렵에 불교 경전에 상호 모순되는 서술이

있다는 것, 그것이 천문학과 어긋나는 것 등을 지적하면서 불교를 비판하고 있으며, 이에 대해 천태종의 아시즈 지쓰젠蘆津實全(1850~1921)이 반론하여 논쟁이 되었다. 이 논쟁에 대해서는 별고에서 논했다(호시노 2007).

106 제4장 참조.

제4장 불교를 연설하다

1 당시에는 '연설演舌' 표기도 있으나 여기서는 '연설演說'로 통일한다. '연설'이라는 행위의 내실에 대해서는 후술.

2 고바야시·구리야마는 후지시마 료온藤島了穩의 『야소교의 무도리無道理』(1881)가 '불교연설회' 등에서 무료로 대량 배포되었던 것을 지적하고, "료온 개인의 저작 활동이라기보다는 진종결사가 조직적으로 배야 활동의 일환으로 출판·배포한 것으로 간주할 수 있다"고 한다(고바야시·구리야마 2001 참조).

3 오우치 세이란(1845~1918)은 메이지 시기의 불교 사상가다. 환속거사還俗居士이며 같은 시기 거사를 대표하는 인물 중 한 명. 『명교신지明教新誌』 등 신문·잡지의 주재 및 결사 활동 등 폭넓게 활동했다. 그의 언론 활동 성격에 대해 선행 연구에서는 메이지 초년부터 10년대에 걸쳐서는 계몽적·개명적 사상가로 활약하고, 20년대에 들어서는 국수주의적인 경향을 강하게 보인다고 서술된 경우가 많다(이케다池田 1994, 미네시마峰島 1975 등).
   또한 오우치가 주재한 『명교신지』는 1875년 8월 7일호부터 1901년 2월 28일호까지 격일 발행된 불교신문. 전신은 『관준교회신문官准教會新聞』(1874년 4월 발간)이며, 1875년 8월 7일 발행의 제148호부터 『명교신지』로 제목을 바꿨다. 이후 『야마토신문日出國新聞』에 합병되었다(1901년 3월 1일).

4 이케다 히데토시는 "결사 활동의 선구적 역할을 했다"고 평가한다(이케다 1994 90쪽).

5 이케다 1994년 95쪽. 이케다도 화경회和敬會와 그 불교 연설에 대해, 특히 오우치 세이란에 초점을 맞춰서 논하고 있으며(이케다 1994), 아래의 고찰은 이를 참조하여 진행한 것이다. 이 장에서는 동시대적인 상황 속에서 어떻게 불교 연설이 나타났는지를 특히 연설이라는 수법과 설교 등 전통적인 영역과의 관계에 주목하면서 보겠다.

6 동시대 불교도에 의해 '불교 연설'로 파악된 것이 행해지게 된 것은 분명해지지는 않지만 1880년경부터라고 추측된다. '불교 연설'을 비판하는 문맥에서는 "메이지 13년경부터"라고 서술되어 있다(마쓰무라 료칸松村良寬 「불교 연설의 이해를 논함佛敎演說의 利害를 論함」, 『명교신지』, 1344호, 1882년 6월 20일). 또한 가토 에쇼加藤惠証이 "근래 2~3년간은 거의 강담으로 세월을 보냈다"(「서언」, 『변사 필휴 불교 연설 지남』, 1882)고 말한 것은 메이지 15년 8월의 일이었다. 화경회에 관해 말하자면, 이미 언급했듯이 제1회 연설회는 1881년 9월 3일에 있었으며, 『불교연설집지』에 의거하면 그 후 적어도 1883년 3월 10일 개최까지 확인할 수 있다. 또한

1881년 8월에 정토진종 대곡파가 '불교강담회'를 조직한 것이 지적되었다(사카구치 1989 146쪽).

7 예를 들면 사이타마埼玉에서 개최된 불교 연설의 취지문(1883년 3월 13일)에, 기독교는 "심히 교방敎方에 주의하여 인민을 고무하고" 있기 때문에 세력을 뻗치고 있다고 한다. 그리고 이에 대해 "지금 각 절 승려가 같이 일을 도모하여 포교를 왕성하게 하고자 하여 오늘 화경회 회원을 초청하여 불교 연설회를 열고, 교회가 날이 갈수록 늘고 달이 갈수록 융성하도록 도모하고, 또한 사교의 침입을 막고자 한다"고 한다. 즉, 불교의 융성과 사교에 대한 방어를 위해 화경회에서 연사를 초청하여 불교 연설을 행한다는 취지를 서술한 것이다(『신편 사이타마 현사 자료편: 근대·현대7 교육·문화1』, 390쪽).

   또한 이케다 1994 106~122쪽 참조. 이에 대해 이케다 히데토시는 "결사 활동에서 교화 사상의 통일적인 방향을 명시하고 있다고 할 수 있다"(이케다 1994 107쪽)고 평가한다.

8 속기에 대해서는, 다쿠사리 고키田鎖綱紀가 연구 중인 일본방청필기법Japanese phonography을 『시사신보時事新報』에 발표하여, 속기부호의 강습회를 연 것이 1882년 10월 28일이며, 실용화된 것은 그 이후라고 한다. 또한 연설과 연설 필기의 차이에 대해서는, 1882년 5월 13~14일에 있었던 누마 모리카즈沼間守一 연설의 신문 게재문과 연설회장에서의 필기에 보이는 차이를 참조(가토 슈이치加藤周一·마에다 아이前田愛 교정 및 주석, 『일본근대사상체계16·문체日本近代思想体系16·文体』, 이와나미서점, 1989, 334~339쪽).

9 오우치 세이란, 「화경회 불교 연설 개장의 취지和敬會佛敎演說開場の旨趣」, 『명교신지』 1207, 1208호, 1881년 9월 6일, 8일.

10 가토 에쇼(1854~1916), 히고肥後 호운사法雲寺(정토진종 본원사파) 주지. 1884년의 본원사파 제5회 본산집회에 의원으로 참가했으며(다니가와谷川 2008 참조) 같은 교단 중 높은 지위에 있었다고 추측된다. 가토의 연설에 대한 평으로는, 예를 들어 이토 요지로伊東洋二郎의 『고승품평·불교각종高僧品評·佛敎各宗』(1886)에 "소진蘇秦과 장의張儀의 허를 놀리고 부루나富樓那의 변을 토해 도도히 유설하여 사방을 따르게 하고 만장을 감복시키는 것은 스승의 장기인 연설이다" 등이 있다. 아지키 분유安食文雄에 따르면 『일본의 교학日本之敎學』 6호, 1888년 2월에 게재되어 있다고 한다(아지키 2006).

   가토는 1886년 1월, 구마모토에서 2개월 못 미치게 체류한 뒤 떠났으며, 다시 구마모토로 돌아가는 것은 이듬해라고 광고를 냈다. 일본 각지를 돌아다녔던 것 같으며 인기와 다망함이 엿보인다. 또한 그 도중에 도쿄 화경회에 나가겠다는 뜻을 밝히고 있어, 화경회와의 관계도 지속되고 있었던 것 같다(광고는 『자명신보紫溟新報』 992호, 1886년 1월 27일호 등 수일에 걸쳐 게재).

11 가토 에쇼, 『변사 필휴 불교 연설 지남』, 누노베분카이도布部文海堂, 1882.

12 오우치 세이란, 「화경회 불교연설 개장의 취지」(『명교신지』 1207호, 1881년 9월 6일).

13 화경회의 강의에 대해서는 『명교신지』의 잡지란에 고지문이 게재되어 있으며, 예

를 들어 "앞으로 4일은 화경회에서 후쿠다福田 대교정大教正의 유교경遺教經 독강 및 간바라 세이지神原精二 거사의 체관록諦觀錄 개강, 니시무라 겐도西村玄道군의 연설도 있다 함. 유교경은 고쿄 서원弘教書院이 배부한 것이고 체관록은 별도로 인쇄하지 않고 통상의 책을 구매하여 회원에게만 배포한 것이므로, 방청하시고자 하는 분들은 가능한 한 책을 지참하도록 하실 것. 다만 천태사교의天台四教儀라는 제목의 본문만으로 족함"(『명교신지』 1147호, 1881년 5월 2일, 잡보란)이라고 있듯이 기본적으로는 회원을 대상으로 (비회원 방청은 가능했다) 경전 강의와 연설이 시행되었던 것 같다.

14 예를 들어, 스즈키 1979.

15 가토 에쇼, 「불교연설 개회의 이유」(『지남』 수록). 일시는 분명하지 않지만 연설의 필기. 『지남』에 연설 예시의 하나로 수록되어 있다. 이 연설의 필기자는 임제종의 후지모토 다이고藤本大悟이며, 정토진종 본원사파의 가토와 종파를 초월해 연설회 활동을 하고 있었음을 추측할 수 있다.

16 불교는 영혼의 불사를 설파하지만 인간의 신체는 14원소로 구성된 것이라는 비판이 있다고 하면서, 이에 대해 그러한 인간의 개체 차이를 발생시키는 것이야말로 인연사因緣事라 하여 인연을 메타 이론으로 제시하여 반박하고 있다.

17 후자에 관해, 가토에게는 '완고한 중頑僧' 등 구태의연한 승려에 대한 비판이 보인다.

18 여기서 불교가 '이학'으로서 서술되어 있는 것에 대해, 오우치는 "불교는 원래 이학을 바탕으로 성립하는 종교이므로 이른바 필로소피와 릴리전의 두 가지 성질을 포함하는 것"이라고 말한다. 덧붙이자면, 같은 시기에 이학의 위치 설정에 대해서는 제3장에서 언급했다.

19 1881년 2월 17일 일련종日蓮宗의 후루야 닛신古谷日新의 법화사기연기法華私記緣起 강의가 있었으며, 또한 같은 해 3월 17일 간바라 세이지神原精二의 마가지관원돈장摩訶止觀圓頓章 강의가 있었다고 한다.

20 이 장 주18 참조.

21 설교의 정형화는 에도 시기에 완성되었다고 한다(세키야마 1973 참조).

22 세키야마 가즈오関山和雄는 설교를 인용한 다음 "이런 명문 구절은 결코 한 사람의 설교자가 창안한 것이 아니라 긴 역사 속에서 많은 설교자가 몇 번이고 실연實演하면서 이렇게 세련된 형식이 된 것이다"라 하고 있다(세키야마 1973 379쪽).

23 "이들 미문美文은 모두 '절담설교節談說教'로서 효과를 발휘하는 것이며, 당연히 예능적인 표출을 하지 않으면 안 되었다. 그러므로 그 기술을 익히기 위해, 뛰어난 기술을 가진 스승에게 입문하여 수행하든지, 도보류東保流 설교 훈련과 같이 합숙하면서 수행 수업을 하든지 둘 중 하나의 방법을 택할 필요가 있었다"(세키야마 1973 380쪽).

24 "종래 설교로 이름 떨친 노승일수록 연설은 서툴다. 그 말투는 연설이지만 음성은 여전히 설교성이므로 매우 어색하다. 따라서 설교에 능한 사람은 젊은 승려에게 진 것을 분해하고 연설할 때 오히려 다른 이의 웃음을 사서 설교로 얻은 명성을 떨어뜨리고 있다. 대저 연설이라는 것은 노승이 종사할 것이 아니더란다"(『지남』 제

16장 32정丁). 또한 '노승'에 대한 비판이 반복되는 것을 알 수 있다.

25 이야기라는 신체 실천에 관해, 노승은 한자를 오음吳音으로 읽는 경우가 있으나, 세간에 통용되는 숙어를 읽을 때 한음漢音인 경우에는 틀리지 않도록 해야 한다는 지적이 있으며, 예를 들어 權(ゴン)利, 共(グ)和政治, 新聞(モン)紙 등이 열거되어 있다(제16장 「주의 몇 건 및 설교자에게 충고함注意數件及び說敎者へ忠告」, 『지남』).

26 여기에서 청중의 문제를 언급하자면, 설교에서는 청중이 맞장구를 치면서 서사의 진행을 돕고 있었다는 점("이야기 도중에 맞장구치는 것을 '상대역을 하다あどをうづ'라고 말하며, 그 역할을 상대역あど이라 말했다. 이 상대역은 이야기의 진행계進行係로서 중요한 역할이었다." 세키야마 1973 382쪽), 또한 도중에 중요한 곳에서 청중이 염불을 외는(호응염불受け念佛) 것에 의해 설교의 자리에 적극적으로 참여하고 있었다고 지적되고 있다("설교의 요소요소에 개입하는 청중의 느낌이 벅차오른 '호응염불'은 설교자의 이야기를 고조시키는 데 매우 중요한 역할을 하는 것이었다."(세키야마 1973 382쪽).
당시의 연설에서도 청중이 참여하는 구호가 있었다고 지적되고 있으며, 연설에서는 청중이 연설 자리에 참여하지 않았다고 할 수는 없다. 그러나 '설교'에서처럼 정형화된 이야기를 전제로 하여 정해진 곳에서 맞장구나 염불과 같은 정형구를 삽입하는 참여방식과는 다른 것이었다고 할 수 있다.

27 가토 에쇼, 「불교연설 개회의 이유」(『지남』).

28 세키야마 가즈오關山和夫도 근대에 들어 설교는 지식인이 꺼리게 되었다고 서술하고 있다(세키야마 1973).

29 사카구치 1989 144~147쪽. 사카구치 미쓰히로坂口滿宏는 메이지 초기의 설교에 대해, 1874년 4월 28일에 나온 교부 성달敎部省達 을乙 제9호에서 설교는 시보 이상의 교도직에게만 인정되었던 규정이, 1877년 교부성 폐지 후에도 승려나 신관들 사이에서 일정한 효력이 지속되고 있었으나, 한편으로는 기독교도들이 이러한 규정에 관계없이 설교(또는 연설)를 한 상황도 있어, 1881년경에 그 규정에 상관없이 불교 연설을 하게 되었다고 한다.
오우치 세이란은 이러한 '설교'에 대해 거의 언급하지 않는데, 가토 에쇼는 『지남』에서 설교는 "신불 교도직의 본무로서 일반 인민이 할 수 있는 것이 아니다. 그러므로 신도가는 에보시烏帽子와 예복을 갖춰 입고 자리에 앉는 것을 본보기로 하며, 승려는 법의 정복을 입고 고대高臺에 앉는 것을 원칙으로 한다"(제2장 「설교연설토론의 조직說敎演說討論之組織」, 『지남』)라고 하여, 이는 연설과는 다르다고 말하고 있다.

30 원래 '연설'이라는 말은 "교의나 도리를 '풀어 말하다'라는 의미였는데, 서양의 스피치 개념을 후쿠자와 유키치가 소개한 이후 speech의 번역어로 보급되었다"(「연설演說·演舌」, 『메이지의 용어 사전』)라고 한다. 이에 대해서는 이나다 마사히로稻田雅洋도 같은 지적을 하고 있다(이나다 2000 230쪽). 후쿠자와 유키치가 '스피ーチ그'를 '演說'로 번역한 것은 1873년경이다.

31 효도 2002 149쪽. 마에다 아이도 '연설'을 "새로운 커뮤니케이션"이라고 한다(마에

다 2004[1983] 251쪽).

32 덧붙이면 메이지 초기에는 '신문=문자' 대 '연설=이야기'라는 단순한 관계는 아니었다는 쓰치야 레이코土屋礼子의 지적이 있다(쓰치야 2002 참조).

33 자유민권운동과 연설의 관계에 대해서는, 이나다 마사히로가 논했으며(이나다 2000 제8·9장), 거기에서 후쿠자와 유키치 등 연설의 주창자들의 기획과 실천 현장의 어긋남을 언급하고 있는데 이는 불교 연설을 생각할 때도 시사적이다(위와 같음 288쪽). 또한 후쿠자와 유키치나 게이오의숙의 사람들이 연설을 어떻게 실천하고 있었는가에 대해서는 마쓰자키 긴이치松崎欣一가 논하고 있다(마쓰자키 1998).

34 덧붙이면, 근대 일본에서 연설의 역사에 관한 대략의 조감도로는, ①우선 메이지 10년대 자유민권운동과 더불어 연설회가 성행하게 되었지만, 특히 집회조례 (1880년 제정, 1882년 개정) 등의 영향으로 정치에 관한 연설은 엄격히 감시의 대상이 되었다. ②그러나 연설 자체는 '정담연설'에서 각종 학술 연설 및 강연회 등의 형태로 다양화되면서 메이지 10년대 말부터 20년대에 걸쳐 계속 행해졌다. 그리고 ③메이지 40년대부터 다이쇼 시기에 걸쳐, 청년변론열이 고조된 것과 더불어 다시 성행했다고 한다(아키타秋田 2004, 미야타케宮武 1929). 전술한 바와 같이 '불교 연설'은 메이지 10년대 중반부터 메이지 20년대 초에 걸쳐 하나의 절정기를 맞이했는데, 이는 주로 ①~②의 시기와 겹친다.

35 또한 효도는 특히 메이지 10년대에는 정치 연설과 예능 사이에 착종된 관계가 있었다고 지적하고, 그 후 오럴적인 것과 리터럴한 것이 분리되어 갔다고 한다(효도 2002).

36 물론 이것이 불교에 관계한 일부 사람들에 의한 기획이었던 것은 말할 것도 없다. 예를 들어 1882년 6월 『명교신지』에 게재되었던 불교 연설의 방식에 대한 투서는 불교 연설이 종전의 설교강담과 구별되어, 전적으로 언론에만 능한 젊은 승려에 의해 행해진다는 점이나, "방청자의 뜻에 맞춰서 시세 풍조에 영합하"는 점 등을 비판하고 있다(무라마쓰 료칸村松良寬 「불교연설의 이해를 논함佛敎演說の利害を論ず」, 『명교신지』 1344호, 1882년 6월 20일). 또한 어떻게 실천되었는가라는 점에 관해서는 전술한 오하마 1979 및 사카구치 1989가 논하고 있다.

37 후쿠다 교카이가 제1회 화경회 연설 개최에 즈음하여 기고한 「접대우담接待偶談」이라는 문장의 인연문因緣文(『명교신지』 1206호, 1881년 9월 4일).

38 예를 들어 폴즈Henry Faulds는 1875년부터 자유담화회를 열고 있었으며, 버베크Verbeck 등이 화자로 참가했다고 한다(사와澤 1998a 85쪽).

39 『칠일잡보』의 기사를 따라가보면, 창간부터 1879년 말경까지 '연설'이라는 말은 산견되는 정도인데, 1879년 12월 도쿄 아사쿠사 스가초須賀町 이부무라로井生村樓에서 연설회를 개최한다는 기사가 게재되고, 이후 같은 곳에서 연설회를 정기적으로 개최해간 도쿄기독교청년회는 이를 전후하여 1880년 3월 12일 설립되었다. 이에 관해서는 같은 회가 창간한 『육합잡지』에 이부무라로에서의 연설필기가 게재되기도 했다. 또한 1880년 10월에 '도시샤연설회同志社演舌會'가 개최되어 이후 정기적으로 열렸다.

40 예를 들어, 다카하시 고로(제3장 참조)는 이미 『불도신론』을 1880년 5월에 간행했는데, 「불도의 기초」라는 연설을 1881년 6월 28일 이부무라로의 도쿄기독교연설회에서 했으며, 이 필기가 『육합잡지』(1권 10호, 1881년 7월)에 게재되었다. 또한 다카하시의 「다시 불도를 논함再び佛道を論ず」은 1882년 5월 13일에 행해져, 같은 잡지(2권 24호, 1882년 5월)에 게재되었으며, 이는 곧장 불교신문인 『명교신지』(1338~1342호, 1882년 5월)에 전재되었다. 이들 불교 비판에 대해서는, 불교 측에서 아시즈 지쓰젠蘆津實全(1850~1921)이 반론하여 논쟁이 되었다(호시노 2007). 덧붙이면 아시즈는 1893년 시카고 만국종교대회에 참가하게 된다(케테라Ketelaar 2006[1990] 참조).

41 공존동중에 대해서는, 사와 오히로의 논고가 있다.(사와 1995a, 1995b) 오우치는 공존동중의 기관지인 『공존잡지共存雜誌』(1875년 1월~1880년 5월)의 편집간행간사이며, 이 회에는 시마지 모쿠라이島地黙雷, 아카마쓰 렌조赤松連城 등도 이름을 올리고 있었다. 또한 가토 에쇼는 『지남』의 서언에서, 시마지 모쿠라이, 아쓰미 가이엔渥美契縁, 오우치 세이란, 간바라 세이지 등이 이 회에서 연설했다고 서술하고 있다. 또한 1879년 5월 31일 『마루마루친분團團珍聞』 110호에 게재된 후쿠자와 유키치를 필두로 하는 연설이 18인의 순위를 매기는데 오우치 세이란의 이름이 있다(마쓰자키 1998 203쪽).

42 기독교에 대한 대항으로, 혹은 애초에 '불교에 적극적인 관심이 없는 청중에게, 우선 총체로서의 불교를 설명할 필요가 있다고 '불교 연설'을 추진했던 자들은 생각하고 있었다. 예를 들어, 가토 에쇼는 불교 연설이란 "불교 통규通規의 연설을 하는" 것이며, "각각의 종宗이 연합하여" 이에 임하는데, 거기에서 연이 닿은 사람들에 대해서는 "각파 분리의 설교"를 하여 각각 보다 깊이 인도해가는 것이라고 한다(가토 에쇼 「화경지회 연설개회의 약지和敬支會演說開會の略旨」, 『불교연설필기佛教演說筆記』, 1883).

43 후쿠다 교카이(1809~1888)는 메이지 초기의 정토종 학승이다. 1868년에 제종의 고덕을 위해 제종동덕회맹諸宗同德會盟을 결성한 당시의 지도자적인 불교가 중한 명이다.

44 후쿠다는 통계게通誡偈에 대해 "경전이 넓고 또 많다고 하지만 필경 근소한 열네 구 열여섯 단어에 지나지 않는다"고 한다. (후쿠다 교카이, 「통계게」, 『집지』 1호, 4쪽. 이하 『집지』의 쪽수는 메이지불교사상자료집성편집위원회 편 『불교연설집지佛教演說集誌』, 同朋社, 1983에 의함) 후쿠다는 칠불통계게가 아니라 '통계게'라 하고 있다. 출전은 『법구경法句經』

45 후쿠다 교카이, 「통계게」, 『집지』 1, 3, 4, 8, 9호, 1882년 1월 20일~5월 25일.

46 「칠불통계게七佛通誡偈」, 『이와나미불교사전岩波佛教辭典』.

47 그러나 다른 경전의 인용을 하지 않았던 것은 아니지만, 이를 자제하고 있었으며 또한 통계게가 '개화'나 '문명'에 적합하다는 주장도 했다는 점 등으로부터, 후쿠다의 '연설'적인 불교의 말에 대한 지향을 확인할 수 있을 것이다.

48 이에 더해 후쿠다의 연령이나 입장, 비교적 장기에 걸친 연재 등을 생각해보면 이 연설은 연설 필기가 아닌 것으로 생각된다.

49 야마모토 간쓰는 화경회 회원으로 『집지』의 연설회 기록에 종종 이름이 보인다. 상세한 사항은 미상이지만, 「메이지 명승거사 일람」(1887)에는 진종대곡파, 시마네현島根縣이라고 되어 있다(가와구치 2002 756쪽). 이 「영향설」이 어디에서 연설된 것인지에 관한 기술은 보이지 않지만, 본문 중에 "나는 오늘 이 자리에 오신 청중 여러분의 얼굴을 보니" 운운이라 되어 있으며, 또한 전술한 것처럼 야마모토가 화경회 등에서 연설을 왕성하게 했다는 점을 고려하면 연설 필기라고 생각할 수 있다(야마모토 간쓰, 「영향설」, 『집지』 7호, 1882년 4월 27일).

그 외에 요시타니 가쿠주吉谷覺壽의 「인과법이설因果法爾說」(『집지』 8호, 1882년 5월 15일)도 "본디 불교는 다문多門하여 대소大小, 점돈漸頓, 권실權實, 반만半滿에 같지 않음이 있지만, 모두 전미개오轉迷開悟로 가는 중요한 길이 아닌 것이 없다. 그러므로 그 중요함을 말하면, 인과의 도리에 지극하다"고 하여 '전미개오'에서 '인과의 도리'로 연계하여 이를 '요要'라고 하고 있다. 또한 아쓰미 가이엔의 「불교대의」(『집지』 1호, 1882년 1월 20일)에서도 '전미개오'에서 인과의 논의로 연결하고 있다.

50 야마모토 간쓰, 「영향설」, 『집지』 7호, 1882년 4월 27일, 63쪽.

51 『집지』 16호의 '잡보'란에 "일찍이 히라마쓰 리에이 씨가 무언가 신앙의 목적이라는 제목으로 메이지 회당에서 연설한 것을 방청하니, 그 대강의 뜻은" 운운하여, 히라마쓰의 연설의 요지가 서술되어 있다. '법교'와 '신信'의 관계에 대해서는 "신앙의 목적이라는 것은, 우내 어떤 교법을 불문하고, 교법은 신信의 한 글자에 뿌리하는 것"이라고 한 다음에, "이제 그 신信은 무엇을 목적으로 성립하는가"를 논하고 있다(「잡보」, 『집지』 16호, 1882년 9월 19일, 144쪽).

52 불교 신자에 우수한 사람이 있다고 하여 불교를 믿는 것은, "불교의 진리를 연구하여 그런 다음 믿는다는 것인지, 일시의 유행을 따라 신앙하는 것인지 분명하지 않다" 이는 "진실한 신앙이라 말할 수 없다"고 한다. 또한 "서양은 문명국이다, 그 문명국에서 행해지는 야소교라고 하여 이를 믿는다는 것은"이라 하여, 그런 식의 기독교 신봉을 비판하고 있다(『집지』 144~145쪽).

53 『집지』 146쪽. 후술하는 '도리'와의 관계를 볼 수 있다.

54 『집지』 146쪽.

55 "아아, 불교의 도리는 만세에 걸쳐 멸하지 않는다, 십만을 관통해도 움직일 수 없는 것이다."(『집지』 146쪽).

56 『야소교의 무도리』에 대해서는 이 장 주2에서 언급했는데, 이 책의 목적은 성서 기술에 보이는 천지창조나 원죄, 또 노아와 홍수 설화가 '무도리'라고 하는 데 있었다. 또한 메이지 초기의 기독교 비판에 관해서는, 기독교는 서양의 앞잡이였으며 일본에 해를 끼친다는 논의나, 성서에 보이는 천지창조 등의 기술은 비합리적이라는 논의가 이루어졌다고 지적되고 있다. 또한 이들은 근세의 배야론을 계승한 것이라고 한다(도시샤대학 인문과학연구소 편 1989 참조).

덧붙여 말하면, 구로즈미 마코토黑住眞는 근세 일본에서의 윤리·종교 공간에 대한 논고에서, '도리'(또는 '천(도)')라는 관념에서 이루어진 배불론이 많이 보인다는 점, 그리고 그러한 비판을 거두어들이는 형태로 불설佛說이야말로 '도리'를 보다 철저히 한 것이라는 논의도 나왔다는 점을 지적한다(구로즈미 2006 302~332쪽). 이러한 근세의 배불론·배야론과 메이지 시기 논의와의 관계는 다시 고찰되어야 할 문제일 것이다.

57 스가 료호(1857~1936)는 진종 본원사파의 승려다. 「외교품평外教品評」은 1882년 10월 7일 유시마湯島 린쇼인麟祥院에서 행해진 화경회 연설회에서 논해진 것이며, 그 필기가 『집지』 18호, 1882년 10월 20일자에 게재되었다.
    스가는 1882년에 제4차 유학승으로 유학 명을 받아 12월에 영국으로 건너가 옥 스퍼드대학에서 2년 반 동안 유학 생활을 했다(현지에서 난조 분유南條文雄와 만 났다). 따라서 이 연설은 도항 직전의 것이라 할 수 있다.

58 스가에게는 "신이 사람들을 만든 것이 아니라, 사람들이 신을 만들었을 뿐"(『집지』 152쪽)이라는 인식이 있었다.

59 『집지』 152~153쪽.

60 『집지』 151쪽.

61 『집지』 153쪽.

62 오우치 세이란, 「파사의 용심破邪之用心(前號之續)」, 『집지』 19호, 1882년 10월 30일, 158쪽. 이 「파사의 용심」도 「외교품평」과 마찬가지로 1882년 10월 7일 유 시마 린쇼인에서 열린 화경회 연설회에서 논해진 것. 그 필기는 2호에 걸쳐 『집지』 (18, 19호, 1882년 10월 20일, 25일)에 게재되었다.

63 같은 글 다른 부분에서도 이러한 성서 기술을 불교 경전과 겹쳐 보는 논의를 볼 수 있다(『집지』 159~160쪽).

64 마태복음 19장 17절의 오기로 보인다.

65 『집지』 159쪽.

66 오우치는 "그런데 마태전 제5장 이하 제7장에 이르기까지의 교계教誡는, 전부 타 인을 이롭게 하고 사람을 구하는 정신이 언외에 가득 차서, 대단히 군자의 기상에 넘치는"이라고 말한다(『집지』 153쪽).

67 오우치가 이렇게 주장하는 배경에는 "대저 동서양을 막론하고 어느 나라 어느 교 라 해도, 고대 미개한 시대에 나온 서적은 해석하기가 매우 어려우며, 우리 나라 상 고의 일을 기술한 『고사기古事記』「신대권神代卷」이라는 것도 실로 기괴한 것으 로, 일언일구도 지금의 사상과 문법으로는 이해할 수 없다"(『집지』 149쪽)라고 하 듯이, 성전聖典을 문자 그대로 해석하는 것을 배척하는 태도를 볼 수 있다. 본문 중에 서술했듯이, 이는 불교의 입장에서 기독교를 비판하는 방법을 세련되게 하려 는 것이었는데, 동시에 기독교도가 불교 경전의 어구에 있는 모순을 비판하는 것 을 봉쇄하는 것이기도 했다(『집지』 159~161쪽 참조).
    오우치의 이러한 자세는 개별 종교 전통의 깊숙한 곳에 자연적 종교와 같은 공통 의 종교성을 발견하는 방향으로 이어질 가능성이 있는 것이었다. 그러나 이 단계에 서 오우치가 끄집어낸 것은 본문 중에 서술했듯이 '수신'적인 측면뿐이며 후술하듯 '안심' 등의 측면이 언급되는 일은 없었다. 이 책 후반에 서술하듯이, 자율적인 '종 교'의 영역은 새로이 모색되지 않으면 안 되었던 것이다.

68 오우치는 '덕행이 천의 보답을 받는다'는 기독교의 생각은, 실은 자업자득이라는

인과론으로 설명해야 한다고 말한다(『집지』 160쪽 참조).

69 불교에 관해서는 이노우에 엔료 등에 의한 불교의 철학적 해석을 염두에 두고 있으며, 기독교에 관해서는 진화론에 대항하기 위한 자연신학적인 변증의 시도를 염두에 두고 있다.

70 가토는 "종교는 형체 이상의 것으로 그 설은 매우 고상하기 때문에 노골적으로 생각할 때에는 종파의 안심 또는 오도와 같은 것은 비단 이해되지 않을 뿐 아니라 오히려 어리석어 보인다"(「이유理由」)고 한다.

제5장 고자키 히로미치의 기독교·종교 이해의 구성

1 영문 원저 *The way the Truth and the Life*는 실리가 1872년 뭄바이에서 한 강연을 바탕으로, 1873년에 출판된 것이며, 부제는 "Lectures to educated Hindus"이다. 고자키 히로미치는 이를 번역하여 1881년에 『종교요론宗敎要論』으로 출판했다. 또한 「서」에서 니지마 조와 고자키 히로미치는 원제목을 『길이여, 참이여, 생명이여途也, 眞也, 生命也』라고 하고 있다.

2 실리Julius Hawley Seelye(1824~1895)는 슈베글러A. Schwegler의 『철학사』를 영어로 번역했으며 1874년에 매사추세츠주 국회의원(~1877)이 되었다. 또한 자신의 모교인 애머스트대학 제5대 총장(1876~1890)을 지냈다.

3 니지마 조, 「서」, 『종교요론』, 2쪽.

4 이노우에 1989.

5 우치무라는 일본에 있을 때부터 실리를 따랐는데(『유찬록流竄錄』), 실제로 1885년부터 1887년에 걸쳐 애머스트대학에서 지도를 받고(실리는 당시 총장이었다), 기독교에 대한 확신과 큰 감화를 받았다고 서술하고 있다(마사이케政池 1977 참조).

6 우에무라 마사히사, 「문전의 소승門前の小僧」, 『복음신보』, 1919년 4월(『우에무라 마사히사와 그 시대』 3권, 511~520쪽) 『종교요론』은 기조의 문명사, 밀의 자유론, 웨일런드의 도덕철학 등의 책과 나란히 당시 독서 목록에 들어 있다.

7 고자키의 회고(『70년의 회고七十年の回顧』)에 근거하여 religion의 번역어로서 '종교'를 처음으로 사용한 것이 고자키라는 설이 있었는데, 이는 명백하게 오류라고 지적되었다. 그러나 "[religion의 번역어로서의 종교는] 고자키의 이 책[『종교요론』]이 나왔을 무렵부터 일반화되었다는 것은 인정할 수 있다"고 한다(스즈키 2000). 이에 관해 나카무라 마사나오는 『70년의 회고』에서 당시 religion의 번역어로서 '법교'가 적당하다고 생각하고 있었기 때문에, 고자키가 종교를 사용하는 것에 반대했다고 서술했다.

8 이는 사망 후에 『성서 연구聖書之硏究』에 번역되었다. 실리 「일본국의 교육과 종교日本國の敎育と宗敎」(『성서 연구』 20호, 1902년 4월 2일).

9 "그 금수와 같은 성질의 만이蠻夷를 변화시켜 사회 번영의 최고 위치로 진보시켰다."(「기독교, 야만을 복종시키다基督敎野蠻ヲ服ス」, 『종교요론』).

10 원저는 인도에서의 실리의 강연을 바탕으로 한 것이며, 인도의 지식인, 즉 식민지 엘리트를 대상으로 말한 것이었다.

11 니지마 조, 「서」, 『종교요론』.

12 고자키는 1871년에 구마모토양학교에 입학하여 신앙 선서에는 가담하지 않았지만, 제인스Leroy Lansing Janes에게 감화를 받아 1876년에 세례를 받고, 같은 해 9월에 도시샤영학교에 입학했다. 여기에서 다루는 시대 이후에는 니지마 조의 사망 후 도시샤사장을 지내고(1890~1897), 이후 일본조합기독교회회장, 같은 교사회장, 일본기독교연맹회장, 일본종교가대회부의장 등을 지냈다.

13 도쿄기독교청년회 조직 전후의 사정에 관해서는, 스기이 무쓰로의 고찰이 있다(스기이 1973). 또한 『육합잡지』에 관한 논문집도 참조(도시샤대학 인문과학연구소 편 1984).

14 구마노 요시다카熊野義孝, 「고자키 히로미치의 『정교론政教論신학神學』」, 『일본기독교신학사상사』, 신교출판사, 1986.

15 「서언」, 『정교신론』.

16 「14장 일기인과 사회一己人と社會」, 『정교신론』.

17 이렇게 문명의 단선적·향상적인 진보를 상대화하는 시점은 있지만, 이는 '비기독교 문명'에 한정된다고 한다. 이러한 이해 방식은 오히려 기독교에서만 단선적·향상적인 문명이 가능해진다는 논리로 이어진다.

18 최종 장인 제14장에서 "이 책에서 기독교를 신봉해야 한다고 주장한 것은 오로지 이것이 사회 문명에 하루도 없어서는 안 되는 것일 뿐만 아니라, 이것이 진정한 종교, 움직일 수 없는 진리임을 믿기 때문이다"라고 하여, 종교적 진리와 개인의 관계에 대해 약간 논하고 있다.

19 이마나카 1982. 덧붙이면 이마나카는 『정교신론』에 부론으로 첨부된 고자키 히로미치 「기독교를 믿는 이유基督教を信ずるノ理由」(『육합잡지』 71~72호, 1886)를 거론하여 논의하고 있다.

20 고자키는 기독교가 국민nation의 단결에 미치는 영향이라는 설을 인용하고 있다.

21 제8장 「종교도덕의 필요宗教道德の必要(二)」, 『정교신론』.

22 이마나카 1982.

23 제13장 「교회와 정부教會と政府」『정교신론』.

24 제4장 「유교의 이해儒教の利害」『정교신론』.

25 제5장 「유교의 이해儒教の利害(二)」『정교신론』.

26 제5장 「유교의 이해儒教の利害(二)」『정교신론』.

27 제9장 「유교와 기독교儒教と基督教」『정교신론』.

28 다케나카 1965.

29 스즈키 1979.

30 고자키 히로미치, 「미래의 설未來ノ說」, 『칠일잡보』 2권 12호, 1877년 3월 23일; 고자키 히로미치, 「종교총론宗教總論」, 『칠일잡보』 4권 38~39호, 1879년 9월 19~27일; 고자키 히로미치, 「종교의 기원宗教の起源」, 『육합잡지』 68, 70호, 1886. 스기이 1973 참조.

31 즉 고자키는 다카하시 고로의 논의에 보인 자연신학적인 기독교 변증론이 아니라, 전술해온 바와 같이 도덕을 보강하는 것으로서 종교를 논하고, 그것을 더욱 잘 수행하는 것으로서 기독교를 변증하고 있었다. 이렇게 보면, 다카하시가 견지하던 세계를 관통하는 질서=법칙성에 대한 확신을 고자키는 말하고 있지 않지만, 그러나 종교·기독교가 도덕과 근본적으로 관계하는 것이라는 입장에서는 공통점을 확인할 수 있다. 이는 한편으로는, 도덕과의 관계라는 보다 한정된 영역으로 전선을 후퇴시킨 것이며, 다른 한편으로는 종교를 둘러싼 논의를 보다 정밀화·세분화시킨 것이라고 말할 수 있다.

32 이는 종교와 정치를 각각 자율적인 영역으로 하여 그 상호작용을 고자키가 어떻게 파악했는가라는 관점에서 서술한 것이다. 고자키에 입각해서 말하자면, 그러한 정치적인 것에 대한 관계가 내재하는 것으로서 기독교라는 종교를 이해하고 있었다고 하는 편이 보다 타당하다고 생각한다.

제6장 나카니시 우시오의 종교론

1 나카니시 우시오(1859~1930). 구마모토번熊本藩의 한학자인 나카니시中西惟格의 장남으로 태어났다. 젊은 시절에 도쿄의 영학교에서 1년 간 공부하고 나가사키에서 먼드렐(영국 국교회의 선교사)에게 서양학을 배웠다. 또한 1880년 무렵에 교토로 나와서 도시샤同志社에서 고든(미국 선교사, 도시샤 교사)에게 영학英學을 배웠고, 공부해서 영어 기독교서를 번역했다고 한다. 나중에 구마모토로 돌아가서 1881년에 부친과 함께 사숙(구와미즈의숙神水義塾)을 열고 영어와 프랑스어를 강의했다. 또한 이 시기를 전후로 야쓰부치 반류八淵蟠龍를 알게 되었다. 1882년부터 1886년 무렵까지 세이세이코(현 구마모토현 세이세이코濟々黌고등학교)에서 교편을 잡았다. 이 교육기관과 관계가 깊은 정치결사체인 자명회紫溟會(훗날 구마모토 국권당 熊本國權党)와 밀접하게 관련을 맺었으며 이 무렵 나카니시는 자명회의 기관지인 『자명잡지紫溟雜誌』 『자명신보紫溟新報』의 주필을 맡았다.

나카니시가 처음으로 간행한 저술 『종교혁명론』을 나카니시 자신은 1887년에 다 썼다고 했으며, 이것이 도쿄 박문관에서 출판된 것은 1889년이고, 자명회의 삿사 도모후사佐々友房가 주선해준 것이라고 한다. 또한 이 책의 초서가 아카마쓰 렌조赤松連城의 눈에 띄어 니시혼간사西本願寺의 주지인 오타니 고손大谷光尊을 소개받았고 아카마쓰의 추천을 받아서 니시혼간사에서 자금을 받은 나카니시는 1889년 6월에 미국으로 건너갔다. 미국으로 간 목적에는 뉴욕에 있는 신지학협회神智學協會를 방문하려는 것도 있었으며, 이듬해 다시 구마모토로 돌아오면서 귀국했다.

귀국 후 1890년 10월, 교토에서 열린 혼간사本願寺파의 대학림문학료大學林文學寮의 교감 겸 교수로 초빙되었다. 이는 반성회反省會 주변에서는 호의적으로 받아들여졌던 것 같다. 이 시기에는 『종교혁명론』에 이어서 『조직불교론』(1890), 『종교대세론』(1891), 『신불교론』(1892), 『불교대난론佛敎大難論』(1892)을 출판했다. 또한 잡지인 『경세박의經世博議』(1890~1892)의 주필을 맡았으며 이러한 일들을 통해서 '구불교'를 대신하는 '신불교'를 호소했다. 신불교 호소에 찬동하는 사람도 많았지만 한편으로는 격렬한 비판도 있었다. 아마도 이것이 하나의 원인이 되어서 문학료文學寮에서 해직되었다(1892).

그 후에 교육과 종교의 충돌 문제가 일어났을 때 『교육과 종교의 충돌 단안教育宗教衝突斷案』(1893)을 집필했으며(제9장 참조), 1894년 무렵부터 1895년에 걸쳐서 한때 유니테리안에 참가했다. 1897부터 다음해까지 오타니파의 기관지인 『상엽常葉』의 주필을 맡았으며 또한 『엄호법성嚴護法城』(1897)을 내고 기요자와 만시清澤滿之의 교단 개혁을 비판했다. 1899년에 천리교의 의뢰로 경전 편찬에 종사했다. 또한 1914년 무렵에는 이타가키 다이스케板垣退助 등과 함께 타이완동화회台湾同化會와 관계를 맺었다. 만년에는 신도인 부상교扶桑教에 초빙되어서 대교정大敎正이 되었다고 한다. 묘는 덴리시天理市에 있다. 1930년에 72세로 사망했다.

2   이노우에 엔료(1858~1919)는 불교철학자, 도요東洋대학 창설자다. 1885년에 도쿄대학 철학과를 졸업. 1887년에 철학관(나중에 도요대학) 창설, 1888년에 『철학회잡지』를 창간했고 또 정교사政教社에 참가했다.

3   선행 연구가 많지 않지만 예를 들면 가네코金子 1976, 가미가와上河 2005, 고사카上坂 1937a, 1937b가 있으며 사쿠라이櫻井 1944, 1971, 스즈키鈴木 1979, Thelle 1987에도 언급이 있다. 또한 졸고에도 나카니시에 대한 것이 있다(호시노 2002, 2006, 2010, Hoshino 2009. 이 중에 2002와 2006을 수정해 이 책에 수록했다).

4   예를 들면 『반성회잡지反省会雜誌』에 게재된 기사에서 참 불교를 알기 위한 것으로 다음 여섯 권의 나카니시의 저작을 골랐다(사이토 몬쇼齊藤聞精의 『불교혹문佛教或問』(1889), 무라카미 센쇼村上專精의 『불교일관론佛教一貫論』(1890), 나카니시 우시오中西牛郎의 『종교혁명론』(1889), 이노우에 엔료井上円了의 『불교활론』(1887), 나카니시 우시오의 『조직불교론』(1890), 샤쿠 운쇼釋雲照의 『불교대의佛教大意』(1889). (YB, 「불교계의 진저眞著」, 『반성회잡지』, 1890년 6월). 또한 이노우에 엔료와 나카니시를 함께 칭찬하는 말도 보였다(예를 들면 묵묵거사黙〻居士, 「나카니시 씨의 신불교론이 바야흐로 나오려고 한다」, 『반성회잡지』, 1891년 7월; 東京冷〻居士, 「불교계의 쌍벽」, 『반성회잡지』, 1891년 9월호 등) 또한 후루카와 로센古河老川도 나카니시를 호의적으로 평했다(「24년 이후의 2대교도」, 『반성회잡지』, 1891년 1~6월) 호시노 2010 참조.

5   예를 들면 오타니 에이이치大谷栄一의 논의(오타니 2009b, 2011)와 졸고(호시노 2010) 참조.

6   「나라를 강탈하고 토지를 빼앗는 간사한 속임수掠國奪地의 詭術」, 『야소교국해론』 1881(사카구치坂口 1989 참조).

7   야스마루安丸 1992 제7장.

8   다시로田代 1977a 52쪽.

9   볼하체트는 진화론에 의한 기독교 공격이 일본인 기독교도들에게 준 커다란 영향에 대해서 "그들 자신의 내적 관련과 일본사회에 대한 외적 관련의 양면에서, 기독교가 서양 문명의 기초라는 과학적인 주장이 그들의 개종과 개종의 정당화에서 중

요한 역할을 했다"고 지적했다(Ballhatchet 1996).

예를 들면 마쓰무라 가이세키松村介石는 진화론을 이야기할 때 "실로 망연자실해서 어쩔 바를 몰랐을 만큼"(56쪽)이라고 했고 메이지 20년이 되어서도 "진화론과 기독교의 조화에 대해서 대단히 괴로워했다"(109쪽)라고 한다(『松村介石』道會, 1989). 그러나 문명과 기독교라는 문제들이 기독교를 수용하는 일반 교도들에게 어느 정도로 작용했는가는 다른 단계의 문제일 것이다. 잇시키 아키一色哲는 이러한 '문명의 종교'가 아닌 기독교의 모습을 지역과 관련하여 새로이 인식하고자 한다(잇시키 2002).

10 이와 같은 기독교 변증론의 전개에 대해서는 제2장 참조. 또한 우에무라 마사히사의 『진리일반眞理一斑』(1884)도 19세기의 자연신학을 염두에 두고 유신론적·목적론적인 진화론을 논한 것이다.

11 우에무라 마사히사가 기독교와 문명을 우선 분리된 것으로 인식하는 과정은 제7장에서 논한다.

12 세리카와芹川 1987.

13 미네시마峰島 1975. 또한 미네시마가 말하고 있듯이 학문적 지견, 특히 서양 철학을 받아들여서 논하는 방법은 획기적이었다. 하지만 기독교 입장에서의 불교 비판과 그 결과로서 쟁점을 공유하는 불교의 변증론이 이미 이루어졌다는 점을 이 책 제4장에서 말했다.

14 이노우에 엔료의 기독교 비판의 논의에 대한 선행 연구로서는 세리카와芹川 1987, 가사하라笠原 1989, 이토伊東 1989 등이 있으며 여기에서는 간단하게 언급했다. 또한 인용은 『이노우에 엔료 선집』에서 했다.

15 이토伊藤 1998 참조.

16 나카니시 우시오中西牛郎, 『종교혁명론』, 박문당, 1889년 2월 7일 출판. 이하 『혁명론』.

17 『경세박의』는 나카니시中西를 주필로 해서 교토의 박의사博議社에서 1890년 11월에 창간되었고 24호(1892년 12월 20일)까지 확인할 수 있다. 또한 『경세박의』에 대해서는 과학연구비(若手B)의 「나카니시 우시오의 기초적 연구」(2009~2010)에서도 현재 확인할 수 있다. 1호~24호와 호외를 디지털 데이터화했다.

18 『종교혁명론』의 「서언」에서 말하고 있다. 또한 이와 같이 세계 종교의 동향—나카니시에게 범신교·범신론인 불교의 승리—을 근거로 하는 논법은 2년 후에 저술된 『종교대세론宗敎大勢論』에서도 선택된다(나카니시 우시오, 『종교대세론』, 흥교서원興敎書院, 1891 참조).

19 『혁명론』 2쪽.

20 『혁명론』 10~11쪽.

21 『혁명론』 2~3쪽.

22 『혁명론』 16~17쪽.

23 above의 오자인가?

24 『혁명론』 17~18쪽.

25 『혁명론』 24쪽.

26 『혁명론』 27쪽.

27 『혁명론』 28~29쪽.

28 『혁명론』 24쪽.

29 『혁명론』 41쪽.

30 『혁명론』 28쪽.

31 『혁명론』 50쪽.

32 『혁명론』 50~51쪽.

33 『혁명론』 52~54쪽.

34 『혁명론』 51쪽.

35 나카니시가 어떻게 '현시교'와 '자연교'를 구별하기에 이르렀는가에 대해서는 미상
이다. 이미 제1장에서 개관했듯이 종교의 본질과 같은 것을 가리키는 자연적 종교
natural religion 개념은 일반적으로 계시종교revealed religion 개념과는 대조적
인 것으로 받아들여진다. 하지만 뒤에서 말하듯 나카니시는 종교가 종교인 이유를
오히려 계시종교의 측면에서 구하게 된다. 이러한 나카니시의 종교론의 배경에 대
해서는 나카니시가 기독교에서 무엇을 배웠는가를 포함해서 앞으로 더욱 조사할
필요가 있다.

36 이 책 제5장 참조.

37 『혁명론』 121~122쪽.

38 나카니시 우시오, 「나의 종교에 대한 감정予が宗教に対するの感情」, 『국교國教』
5호, 1891년 1월 25일.

39 이와 같은 경향은 조금 시간이 흘러도 유지되어서 「불교 비평적 연구의 방법」(『종
교』 31호, 1894년 5월 5일)에서는 역사의 석존과 교리의 석존을 변별한 다음에 엄
연한 역사적인 사실로서 석존을 연구할 필요가 있다고 말했다. 이것은 성서의 고
등비평이나 근대적 불교 연구와 관련지어서 이해되어야 할 것이다.

40 나카니시 우시오, 「불교징증론서론佛教徵証論緒論」, 『국교』 3호, 1890년 11월
25일.

41 나카니시 우시오, 「불교징증론서론」, 『국교』 4호, 1890년 12월 25일.

42 스즈키鈴木 1979, 다카키高木 1987 참조.

43 이와 관련해서 나카니시의 실존적인 신앙 자세는 시마조노 스스무島薗進가 말하
는 메이지 시대 후기의 '실존적 종교론'(시마조노 2008)과도 다르다. 이 점에서 과
도기적인 성격을 지녔다고 이전에 논했다(호시노 2010).

44 이 경우의 '일본의 내실은 애매한 것으로 서양이나 문명에 대한 대항으로서 비非・
비非일본적인 것의, 즉 '일본적이 아닌 것'이 아닌 것으로서 막연하게 합의를 얻었
다고 할 수 있다. 뒤에서 말하는 나카니시의 인용에서도 '외국인의 사상과 감정을
벗어날' 것을 주장하고 있다.

45 나카니시 우시오, 「일본의 기독교」, 『경세박의』 3호, 1891년 1월 24일. 이것은 우치
무라 간조 불경 사건(1891년 1월 9일) 직후에 나온 것이지만 사건에 대한 직접적
인 언급은 없다.

46 이노우에 엔료, 「일본종교론서언」, 『일본인』 1호, 1888년 4월.

47 자유기독교적 기독교 해석에 대한 하나의 귀결은 기독교의 본질과 역사성을 분리하는 것이었다. 하지만 이것이 비서양권으로 들어왔을 때는 현지의 역사적인 문맥 위에 기독교의 본질을 중복시킬 수 있다는 논의로 이어지는 경우가 있었다. 이것은 물론 구화주의歐化主義에서 국수주의로 변화하는 시대 상황과 연결되어 있었을 것이다. 예를 들면 동시대에 '신학의 진보적 정신'과 '일본 국민의 특종의 독립된 발달을 도모하는 정신'의 결합을 볼 수 있다고 평가되며(오니시 하지메大西祝 「우리나라 기독교의 신경향」, 『육합잡지』 119호, 1890), 또 유니테리언의 나프와 정교사의 우호적인 관계에 대해서는 스기이 무쓰로杉井六郎가 지적하고 있다(스기이 1967 35쪽).

48 가나모리 미치토모金森通倫(1857~1945)는 구마모토에서 향사鄕士의 자제로 태어나 1872년에 구마모토 양학교에 입학했다. 제인즈의 감화를 받아서 기독교에 입신했다. 1876년에 도시샤에 입학하고 졸업한 후 전도에 커다란 성과를 올린다. 1890년에 도쿄로 가서 고자키 히로미치小崎弘道의 후임으로 반초番町교회의 목사로 취임하지만 1891년에 '신신학新神學'의 입장을 표명하고 목사직을 사퇴했다. 『일본 현재의 기독교 및 장래의 기독교』는 커다란 반향을 일으켰다. 나중에 정계·실업계로 진로를 바꾸지만 다시 1912년에 에비나 단조海老名彈正의 혼고本鄕교회에 출석하고, 1914년에 구세군, 1927년에는 홀리네스교회에서 전도 활동을 했다. 1945년 3월 20일 사망했다.

49 『경세박의』 7호, 1891년 7월 25일.
   또한 나카니시의 일본과 기독교 논의에 대해서는 이 책 제9장에서 다룬다.

제7장 문명에서 종교로

1 우에무라 마사히사에 대해서는 제2장에서 말했다. 제2장 주2 등 참조.

2 저작연표(「植村正久」, 『근대문학연구총서·제23권』수록)는 1877년 10월 『칠일잡보』에 투고한 글로부터 시작된다.

3 우에무라 마사히사 「종교론」(『육합잡지』 2호, 1880년 11월 11일).

4 제2장 참조.

5 예를 들면 일본 선교에서 커다란 자리를 차지한 미국의 해외 선교 활동은 자국 내에서 실패한 기독교의 낙원 구축을 다른 곳에서 구한다는 반동적이며 적극적인 성격을 한편에 갖고 있으며(이카도井門 1972), 미국 내에서 과잉된 종교 열기라는 비판도 있었다고 한다(고히야마小檜山 1992).

6 예를 들면 쓰다 마미치津田眞道는 「개화를 진전시키는 방법을 논한다開化を進める方法を論ず」(『명육잡지』 3호, 1874)에서 일본을 개화시킨다는 관점에서 기독교를 채용해야 한다고 논했다. 또한 정도의 차는 있으나 나카무라 마사나오中村正直도 기독교를 부국강병의 근원으로 보는 견해를 일관되게 갖고 있었다(고이즈미小泉 1975, 요네이米井 1999). 이 책 제2장도 참조.

7 모스는 공개 강의를 통해 널리 영향을 주었다. 그의 반기독교적인 진화론 주장은

모스의 「동물진화론」(요시노 사쿠조吉野作造 편, 『메이지문화전집明治文化全集』 24권, 일본평론사, 1930, 이시카와 지요마쓰石川千代松 역)에 자주 드러난다.

8 제6장 주9 참조.

9 『육합잡지』가 "세상의 오류를 지적해 기독교의 진리를 일반에게 알릴" 목적으로 창 간되었다는 것은 앞서 말했는데, 『육합잡지』는 "기독교와 서양의 힘의 연관을 자신 에 차서 제시하고 있는 좋은 예"(Ballhatchet 1966)라고 평가된다. 이 잡지는 내용 면에서도 진화론과 기독교의 관계에 대해 많은 논설을 게재하고 있다(와타나베渡 辺 1976).

10 인용은 겐도슈진謙堂主人(우에무라 마사히사)의 「과연 종교를 연구하지 않을 것인 가」(『기독교신문』171호, 1886년 11월 3일)에서 했다.

이 밖에 문명과 결부시켜 공리적으로 기독교의 변증을 하는 예로서 「종교를 도외 시하지 말라(1·2)」(『도쿄매주신보東京每週新報』17~18호, 1883년 12월 7일, 14일) 가 있는데, 여기서는 종교가 사회에 필요한 이유를 민심 결합과 관련지어 호소하고 있으며, 「문명의 경쟁에는 이기利器를 선택해야한다」(『도쿄매주신보』13호, 1883년 11월 9일)에서는 기독교를 문명의 경쟁에 있어서 '호국'의 '이기'라고 논하고 있다.

11 자연신학에서 기독교와 자연과학의 관련은 제2장에서 말했다. 일본의 자연신학에 대해서는 제2·3장 참조.

12 예를 들면 야마지 아이잔山路愛山은 "그러니까 겐도謙堂라는 우에무라 씨의 필명 은 그 즈음에 크게 이름이 도쿄 내를 압도하고 우에무라 씨가 저술한 『진리일반』 등의 책은 청년이 좋아하는 양질의 도서로 우리가 책을 입수했을 때에는 하늘의 기운이 엄습해오는 것처럼 하룻밤 동안 읽으며 결국 잠을 이룰 수 없었다"(『태양』, 1910년 12월호)라고 했다.

13 고이즈미小泉 1975 114쪽.

14 여기에서 참조 축이라는 말을 사용했지만 종교를 말할 때에 종교 바깥에 있는 참 조 축을 사용했다고는 생각하지 않는다.

종교를 종교로서 비교해 말하는 방식과 종교를 종교 이외의 것과 관련지어 말하 는 방식을 상정한다면, 메이지 10년대 종교의 언설 방식은 일반적으로 후자에 해 당한다고 할 수 있다(야마구치山口 1999 제1부 제1장). 그러나 원래 자율적인 종 교라는 영역이 아직 미분화된 상태였다는 점을 생각하면 말하는 당사자에게 참조 축은 말하는 종교 바깥에 있기보다는 안쪽에 포함되어 있는 것이 아닐까?

확실히 현대적인 기독교 이해로는 메이지 초기의 기독교 이해를 기독교 본질에 대 한 이해가 미성숙하기에 피상적으로 문명의 종교로 수용했다는 지적도 가능할 것이 다. 그러나 이것을 우에무라의 입장에서 말한다면 메이지 10년대의 기독교 이해 에서는 문명이라는 속성이 분리될 수 없는 것으로 내포된 것으로 보는 것이 좀더 타당하다고 생각한다.

15 우에무라는 1888년 3월 10일에 요코하마를 출항해서 3월 26일에 캐나다 밴쿠버 에 도착하여 4월 3일에 뉴욕에 도착했다. 그 후 6월 26일에 뉴욕을 떠나기까지 주 로 동해안을 중심으로 여행했다. 영국에는 7월 7일 리버풀에 도착하고 이후 런던 으로 옮기고 11월 29일에 일본을 향해서 출발하여 다음 해 1월에 귀국했다.

이러한 체험이 우에무라의 사상 형성에 미친 영향에 대해서는 종래에 크게 다루지 않았다. 다시로 가즈히사田代和久도 이 주제가 예전에 "그다지 문제가 된 적은 없었던" 것이라고 말하면서(다시로 1977b 55쪽) 몇 편의 논고에서 이 문제를 다루고 있다(다시로 1977b, 1979a).

16 『植村全集』 8권 178쪽.

17 같은 서간은 『기독교신문』 259호, 1888년 7월 11일에 전재하고 있다.

18 우에무라의 실망은 잘 알려진 우치무라 간조의 미국에 대한 실망—기독교 문명에 대한 실망—과 동일선상에 있는 것이라고 생각할 수 있다(Uchimura kanzo, *The Diary of Japanese Convert*, 1895, Chapter 6. "원래 이것이 기독교가 타 종교보다 우수한 증거라고 선교사에게 배운 그 문명이란 말인가.", 우치무라 간조, 『나는 어떻게 기독교도가 되었는가』, 제6장).

19 다시로 가즈히사는 우에무라가 영국과 미국의 현상을 보고 배워서 '이상'에서 '현실'로 시점을 바꾸고 "구미 사회의 문명과 종교를 '상대화'할 수 있는 시점을 갖추는 계기를 가졌다"고 했다(다시로 1977b 참조).

20 예를 들면 "그 종교의 공허함에 놀라" 미국에 대해 실망하면서도 "하층 사회를 위해서 진력할 뜻이 있는 기독교도들과 접촉할 때는 바르고 커다란 마음이 충만해서 담백하고 순수한 신앙이 그 실적으로 나타나는 것이다"라고 하고 금주와 창부폐지운동 등에 종사하는 전도국을 높게 평가했다(『기독교신문』 260호, 1888년 7월 18일, 「플로렌스·나이트·미션」 및 뉴욕의 불결함1). 이러한 자세는 귀국 후의 강연 「정치개량에서 영미여성의 경황」(『여학잡지女學雜誌』 147~148호, 1889년 2월 2일, 9일)과 귀국 후에 창간한 『복음주보福音週報』『일본평론日本評論』의 창간사에서도 볼 수 있다.

21 이에 대해 우에무라의 사회론에서 일반적인 '서양'이 아니라 영국을 특히 높게 평가하고 있다는 점이 지적되었고(교고쿠京極 1966, 다시로 1979b, 1989, 곤도近藤 1996), 우에무라의 서양행에서 영국에 대한 평가는 대체로 미국보다 높았다(다시로 1979a 15쪽 참조).
    그러나 이것은 기독교는 곧 영국이라는 주장이 아니다. 기독교와는 일단 구별되는 국가·사회의 모습에서 일종의 모델로 영국이 인식되었다고 볼 수 있다. 우에무라가 영국에서 돌아올 때 스스로 "언젠가 일본이 진정한 동양의 영국이 되어야 할 것이다. 분발하고 또 분연히 일어나라"(『植村全集』 8권, 68쪽)고 말한 것과 귀국 후 1890년에 "이렇게 한다면 일본을 동양의 영국처럼 만들 것을 기대하고 기다리면 국가 경제의 이익은 매우 크지 않을까"(「무주의無主義의 세계, 무신無信의 세계」, 『일본평론』 6호, 1890년 5월 24일)라는 제언 등에서도 그런 자세를 찾아볼 수 있다.

22 보급복음교회Allgemeiner Evangelisch-Protestantischer Missionsverein, 유니테리언협회American Unitarian Association, 유니버설리스트(정식 명칭은 일본동인기독교회, 또는 우주신교Universalist General Convention) 세 교파의 선교 개시 시기 등은 다음과 같다. 1885년 보급복음교회 선교 개시. 스피너 W. Spinner(보급복음교회) 방일. 1886년 야노 후미오矢野文雄가 『우편보지신

文郵便報知新聞』에 영국의 유니테리언을 소개. 1887년 슈미델O. Schmiedel(보급복음교회) 방일. 신교신학교(보급복음교회) 설립. 유니테리언 선교 개시, 냅A. M. Knapp(유니테리언) 방일. 1889년『진리』(보급복음교회) 창간. 매콜리C. MacCauley(유니테리언) 방일. 1890년『유니테리언』창간(이후『종교』). 유니버설리스트 선교 개시, 페린G. L. Perin 방일. 1891년 도쿄자유신학교(유니테리언) 설립(이후 선진학원先進學院).『자유기독교』(유니버설리스트) 창간(이후『우주신교宇宙神教』). 이처럼 자유기독교 여러 교파가 메이지 10년대 후반부터 20년대에 걸쳐서 활동을 시작했음을 알 수 있다.

23 예를 들면 유니테리언은 일본에서 교세 확장을 위한 전략 측면도 있었기에 예수 그리스도를 중요시하지 않고 합리적인 종교 이해를 강조했으나(저머니 1982[1965] 37쪽), 보급복음교회는 기독교 범주 내에 머물렀다는 점이 지적됐다(스즈키鈴木 1979 32~36쪽).

24 Richmond 1983.

25 리치먼드는 프로테스탄트 자유주의의 특징을 다음과 같이 말한다. ①종교의 다원적 병립을 인정하고 그 가운데 기독교를 최고로 한다. ②합리주의적 관점에서 복음서의 기술에서 초자연화를 배제하려 한다. ③동시대 철학이론을 차용하는 경향이 있다. ④기독교 신앙의 본질만을 추구하려는 경향이 있다. ⑤기독교의 도덕적 성격이나 사회에 대한 공헌을 중시하고 그 기초가 되는 기독교 유일의 역사 현상을 경시하는 경향이 있다. ⑥인간의 죄는 무지 또는 영靈에 대한 감각의 둔화라고 간주하고 그것은 교육이나 영감 등으로 교정되고 구원받을 수 있다고 했다.

26 Miller 1983.

27 우리는 복음을 문명화된 이교국(미개국)에 전해야 한다. ①인간의 지혜가 아니라 신의 계시로서 ②유일한 것이 아니라 완전한 계시로서 ③새로운 문화로서가 아니라, 도덕적인 고뇌를 돕는 것으로서 ④당파, 교파적인 것이 아니라, 유일한 구세주가 나타나심으로서 ⑤특필할 만한 교양이 아니라 우리의 구원을 위한 신의 행위로서 ⑥과거의 역사가 아니라 기독교인 자신의 마음에 경험하는 신의 힘으로서(Cary 1909[1987] vol.Ⅱ pp.180~181)

28 「진리」,『진리』1호, 1889년 10월.

29 이에 대해 다시로 가즈히사는 "신신학新神學 각 파의 도입은 외발적이었지만 신신학 자체는 완성기를 맞이해서 외국인 의존에서 탈피하려는 일본 기독교회의 내발적인 요청이었다"(다시로 1978b 53쪽)라고 말하고 있다.

30 우에무라는 최종적으로는 자유기독교적인 기독교 이해를 배척하게 되지만 신학사상의 형성은 자유기독교가 하나의 계기가 되었다고 지적된다(호리코시堀越 1973, 다시로 1975, 1978b). 특히 메이지 20년대에는 자유기독교에 대한 평가도 이를 단순하게 배척하는 것은 아니다. 예를 들면「적극적인가 소극적인가」(『일본평론』1호, 1890년 3월 8일)에서는 엄격하게 비판하는 한편「『육합잡지』의 근황」(『일본평론』46호, 1892년 10월 15일)에서는 유니테리언의 영향이 강해졌던『육합잡지』에 호의적인 평가를 보이고 있다. 또한 우에무라는 유니테리언 신학자 마티노를 높게 평가하고 그것은 자유기독교를 인도하는 사람들에게도 널리 알려졌다고 했다

(『우에무라 마사히사와 그 시대』 5권, 103쪽). 메이지 후기 우에무라의 종교와 도
덕 논의에서 마티노의 영향에 대해서는 뒤에서 논하겠다(제8장 참조).

31 자유기독교와 종교학의 관계에 대해서는 스즈키 노리히사鈴木範久의 선구적인 업
적이 있다(스즈키 1979 제1장).

32 1890년 3월 8일에 『일본평론』이 창간되었고(1894년 9월 19일까지 전 64호 발행),
3월 14일에 『복음주보』가 창간되었다. 『복음주보』는 1891년 2월 20일호까지 전
51호 발행되었고 우치무라 간조 불경 사건 때에 「불경죄와 기독교」(51호)로 발행금
지 처분을 받았다. 우에무라는 계속해서 1891년 3월 20일에 『복음신보福音新報』
로 명칭을 바꾼 잡지를 창간했으며 이것은 우여곡절 끝에 우에무라의 사후에도
계속 되었다. 『복음주보』『복음신보』에 대해서는 이가라시 요시카즈五十嵐喜和의
해설이 있다(이가라시 1992).

33 『일본평론』의 성격에 대해서는 뒤에서 『종교 및 문예』와 비교해 다시 말하겠다(이
책 제10장 참조).

34 예를 들면 두 잡지의 창간호 「복음주보의 발간에 즈음해 한마디 함」, 「강단과 사회」
(『복음주보』 1호, 1890년 3월 14일), 「일본평론의 발행」(『일본평론』 1호, 1890년
3월 8일) 참조. 특히 『일본평론』의 성격에 관해서는 우누마鵜沼 1969와 다시로
1979a의 연구가 있다.

35 「일본평론의 발행」, 『일본평론』 1호, 1890년 3월 8일.

36 이 시기 우에무라의 논의에서는 국가를 주체적으로 형성해가는 국민으로서의 개
인 창출이 의도되었다(요시나레吉馴 1986, 다시로 1989). 그 국민 창출의 시도는
정부의 방책과 친화적인 경우도 있다(우누마 1969). 그러나 이상으로 상정된 국가
는 초월성을 보유하는 것이기도 하고 우치무라 사건에서 전형을 볼 수 있듯이 현
실 국가에 대한 비판으로 이어지는 것이었다.

37 이처럼 우에무라는 개인의 개량이 결과로서 사회·국가의 개량으로 이어지는 것으
로 사회 개량을 생각했다. 이후에 우에무라는 차츰 개인의 내면적 개혁을 강하게
호소했다. 그것은 한편으로는 기독교가 놓인 상황과도 관련이 있고 어떤 의미에서
는 사회적 문제로부터 후퇴한 것이라고 이해할 수 있을 것이다. 그러나 다른 한편
에서는 개인의 개량이 사회의 개량으로 이어진다. 즉 개인을 개량하지 않으면 사회
를 개량할 수 없다는 사회 문제에 대한 자세는 일관되게 유지되었다고 생각한다.

38 우에무라 마사히사, 「종교의 진가를 변론하는 표준(1)」, 『복음주보』 제1호, 1880년
3월 14일; 「종교의 진가를 변론하는 표준(2)」, 『복음주보』 제2호, 1880년 3월 21일.
土岐玄는 우에무라의 필명. 이들 글에서는 각각 종교는 어떠한 것인가, 참 종교와
가짜 종교를 구분하는 기준은 무엇인가에 대한 논의가 이루어졌다.

39 「종교의 진가를 변론하는 표준(1)」, 3쪽.

40 "우상에게 합장하고 무릎 꿇은 자, 산천에 영혼이 있다고 하는 자, 브라만을 공경
하는 자, 부처를 존경하는 자, 기독교를 믿는 자 모두" 여기에 해당된다. 또한 "불교
는 무신론이 아니며, 공자는 무엇으로 자연 이상의 유심자를 제시한 것인가"라는
물음을 상정하고 "석가의 마음은 어떠한 것도 실행할 수 있는 바, 불교는 결코 무
신론이 아니다"라며 불교에서도 신앙자는 실제로 "자연 이상의 존재자"를 숭배하

며 "공리공론은 도저히 인간의 천성을 이길 수 없다"고 하면서 이 종교의 정의를 변증하고 있다.

41 Sharpe 1986 참조.
42 「종교의 진가를 변론하는 표준(1)」, 4쪽.
43 「종교의 진가를 변론하는 표준(2)」.
44 이 절의 인용은 「종교의 진가를 변론하는 표준(2)」 2쪽에 의거함.
45 비교 대상으로서 불교(=불법, 불자), 유교(=공부자, 공자), 스펜서(=스펜셀), 신도, 이슬람(=마호메트교), 유니테리언이 있다. 스펜서를 논하는 것은 메이지 10년대부터 계속해서 진화론과 기독교의 대립을 이은 것이고 유니테리언은 진정한 기독교에는 미치지 못하지만 "기독교에 훌륭한 감화를 받은 국민의 사상에서 나온 것이라면서 그 신을 말하는 것이 일본인 등의 사상과는 다르게 그리스도의 순수한 가르침에 아주 근접한 것"이라며 일정한 평가를 하고 있다.
46 예를 들면 정교사政教社의 시가 시게다카志賀重昂는 "전력을 다하여 열심히 서양의 것을 수입함을 장려한다. 하지만 일본민족의 개화에 아름다움과 장점, 멋진 바가 전혀 없이 그저 서양 것을 모방하고 구미의 개화를 근본도 없이 일본 국토에 이식해야 한다는 이론에는 동감을 표할 수 없다"(「야마토 민족의 잠재력」, 『일본인』, 1888년 7월 3일)라고 말했다. 시가는 반드시 '서양풍泰西風'을 부정하지 않으나 정교사의 지지자에게는 그것이 배외주의로 직접 이어지기도 했다. 또한 파일Pyle은 메이지 10년대부터 20년대에 걸쳐 일본 사상계에 각기 민우사와 정교사로 대표되는 평민주의와 국수주의의 커다란 움직임이 있었다고 하는데, 우에무라는 민우사에 근접한 입장을 취했고 여기에서도 대항의 일면을 볼 수 있다(파일 1986[1969] 참조).
47 우에무라에 따르면 "배외주의의 오류에 끌려들어 기독교를 꺼리는 마음이 조금은 세간에서 힘을 얻었다"(「종교사상의 현황」, 『일본평론』 36호, 1891년 10월 26일) 등.
48 국수주의적 풍조와 자유기독교 사이에 친화적 관계가 생겨나고, 나카니시 우시오의 논의는 그의 관련하여 생긴 것으로 인식할 수 있다(제9장 참조).
49 우에무라의 이른바 일본적 기독교에 대한 대응은 다시로田代 1978b와 스기이杉井 1984a 등 참조.
    또한 우에무라에게 있어서 일본 독자성 문제는 외국 미션으로부터의 독립운동과 관련시켜서 생각할 수 있다. 우에무라는 1894년 7월에 "우리 나라가 청일전쟁이 한창이므로 국운이 바뀌려는 기회에 순응하여 다년간의 숙제였던 일본기독교회 전도국의 독립을 결행"(『우에무라 마사히사와 그 시대』 4권, 453쪽)하지만 이것은 "사실상 외국 미션의 배제를 의미"(호리코시堀越 1973)하는 것이라고 한다.
50 또한 그 후 우에무라의 '문명' 이해에 대해서 덧붙이면 먼저 문명에 대한 신뢰는 일관되게 유지한다. 보다 좋은 문명을 상정하고 현상을 비판하는 논법을 취하기는 하지만 문명을 비판하는 논의는 거의 찾아볼 수 없다. 이는 우에무라가 물질문명 대 정신문화라는 틀을 갖지 않았다는 것과도 연관이 있을 것이다(제2장 참조). 그러나 종교가 곧 문명이라는 논의는 아니다. 즉 종교와 문명을 우선 구별하고 그

다음에 종교에 인도되는 것으로서 문명이 논의된다. 확실히 우에무라는 사회·국가론에서 참조항으로 문명을 지속적으로 이용한다. 하지만 이것은 애초에 사회·국가론이 종교에 관한 논의에서 이끌어낸 종속적인 것으로 말해지게 되었다는 것이기도 하다.

이와 관련해서 우에무라는 우치무라 간조 불경 사건과 이른바 '종교와 교육의 충돌' 문제에서도 문명을 언급하지만(제8장 참조), 메이지 후기의 문명 이해가 흥미로운 형태로 나타나는 것은 우에무라가 청일·러일전쟁을 통해 견지했던 의전론義戰論에서다. 그러나 이 책에서는 이 문제를 다루지 않았다.

51　가쓰라지마桂島 2005b. 아울러 이 책 제1장 참조.

제8장 도덕과 종교의 위상

1　오자와는 당시 일고一高에 국수주의적 경향이 보인 것을 임브리 사건インブリ一事件 등을 예로 언급하면서 말하고 있다(오자와 1961 46쪽). 임브리 사건에 대해서는 『이부카 가지노스케井深梶之助와 그 시대』 제2권 참조.

2　우치무라內村 1949 61쪽. 그때의 심경을 2개월 후에 벨에게 보낸 서간에서 말한다(「우치무라 간조가 벨에게 보낸 서간」, 1891년 3월 6일, 『우치무라 간조 저작집』 18권, 265~266쪽).

3　「칙어배대식勅語拜戴式」(『교우회잡지』, 1891년 1월 27일).

4　오자와 1961 70~71쪽 참조.

5　미야베 긴고宮部金吾, 『우치무라 간조군 소전內村鑑三君小傳』, 独立堂書房, 1932, 24쪽.

6　가나모리 미치토모金森通倫, 요코이 도키오橫井時雄, 기무라 슌키치木村駿吉, 나카지마 리키조中島力造. 앞의 두 사람은 조합교회목사, 뒤의 두 사람은 일고一高의 교사(기무라는 교수, 나카지마는 촉탁교원)이지만 봉독식에는 참석하지 않았다.

7　기무라는 이와 같이 사건 해결에 진력했으나 우치무라와 같은 무리라고 공격을 받아서 마지막에는 휴직했다(오자와 1961 제4장 「일고一高 교수 기무라 슌키치의 수난」 참조).

8　오자와 1961 126~139쪽. 오자와는 우치무라의 성명을 비롯해 사건 경과에 대한 부정확한 인식을 볼 수 있고 신서宸署가 아니라 '어진영御眞影'에 예배 하지 않았다고 비판하는 등 잘못된 기술이 많다고 지적하고 있다.

9　사건 당초에는 주로 우치무라 개인이 '불경' '불충'하다고 비판받았지만 결국 '야소교'나 '외교外教'에 대해서 언급하게 되었다(오자와 1961 139~144쪽 참조).

10　다른 예를 들면 『정토교보淨土教報』(1891년 2월 15일), 『교학논집教學論集』 (1891년 2월 15일) 등. 후자에서도 '안녕질서'가 사용되고 있다(오자와 1961 147~147쪽 참조).

11　다시로田代 1978a 58쪽 참조.

12　"신교의 자유는 결국 안녕질서를 방해하지 않을 것인가? 그렇게 기독교가 고맙다

면 그들은 일본인의 호적을 버리고 멀리 외국에 가서 자유롭게 그리스도의 가르침을 따라 행하면 될 것이다(『교학논집』, 1891년 2월 15일).

13 보로 모리타 료保留森田亮, 「불경사건을 논해서 우리 정교회正敎會의 주의를 확실 하게 한다」(『정교신보政敎新報』, 1891년 2월 15일) 또한 모리타도 신서宸署가 아니라 '존영尊影'에 대한 예배가 문제였다고 오해하고 있다.

14 가나모리 미치토모金森通倫, 「제실帝室 및 선조에 대한 경의」, 『기독교신문』, 1891년 2월 6일.

15 「다시 예배사건에 대해서」(『기독교신문』, 1891년 2월 27일) 이것은 무서명 기사인데 집필자는 가나모리金森 또는 당시 『기독교신문』의 책임자였던 요코이 도키오橫井時雄(1857~1927)로 추측된다.

16 오시카와 마사요시押川方義, 우에무라 마사히사, 미나미 하지메三並良, 마루야마 쓰이치丸山通一, 이와모토 요시하루岩本善治 등 5인이 만든 것이다(오시카와, 이와모토, 우에무라는 일본기독교회. 미나미, 마루야마는 보급복음교회). 게재된 것은 『복음주보』 1891년 2월 27일 등. 발표 후의 반론에 대한 재반론으로 「거듭 고백한다」(『우편보지신문郵便報知新聞』, 1891년 3월 11일)도 나왔다.
또한 이와모토, 미나미는 이 공동성명과는 별도로 개인적인 견해를 각각 발표했다. 이와모토 요시하루의 「교육상, 칙문예배를 논한다」(『여학잡지』, 1891년 3월 8일. 칙어에 대한 '예배worship'는 부당하다는 내용이다), 미나미 하지메 「국수와 기독교」(『진리』, 1891년 2월 7일. 칙어에 대한 경례는 타파되어야 할 우상숭배라는 내용이다).

17 시마조노 스스무島薗進의 '치교治敎'의 논의 참조(시마조노 2001a).

18 공동성명에 이름을 올린 사람들이 실제로 어떻게 생각했는가는 별도의 문제라 하더라도, 적어도 그와 같이 말해야만 하는 상황이었다고 할 수 있을 것이다.

19 우에무라 마사히사, 「불경죄와 기독교」, 『복음주보』, 1891년 2월 20일.

20 이런 이유로 『복음주보』는 1891년 2월 27일 51호를 마지막으로 폐간되었지만, 이어서 1891년 3월 20일에 『복음신보』가 간행되었다.

21 앞서 말한 공동성명에 참가한 미나미 하지메와 마루야마 쓰이치는 우상숭배 부정을 강조했다.

22 우에무라의 '문명' 이해의 전회에 대해서는 제7장 참조.

23 "메이지 시기의 태평성대에 부동명왕의 부적, 수천궁水天宮의 영상을 귀히 여김과 같은 악폐를 양성하려고 한다."(앞의 책, 「불경죄와 기독교」)

24 다시로 가즈히사는 예배행위가 "당국자의 어리석음, 두뇌의 망상"에서 자의적으로 나온 것인 이상, 적극적으로 반대하는 것이야말로 오히려 칙어를 발포한 천황의 뜻에 부합하는 것이라는 그만의 반어법이었다(다시로 1978a 62쪽)고 한다.

25 다시로 1978a 61쪽.

26 "진정한 천황에 대한 충성"을 언급하면서 이뤄지는 현상 비판에서는 "천황에 대한 충성" 그 자체는 문제시되지 않는다는 어긋남이 있다.

27 이것은 물론 '문명'과 기독교가 지향하는 방향이 조화롭다는 우에무라의 확신에 근거한 것─때문에 단순한 방편으로서 '문명'을 꺼내든 것은 아니다─이었지만 「불

경죄와 기독교」에서는 어디까지나 문명을 논하는 자세가 강조되었다. 이것은 기독교와 문명(혹은 종교와 문명)의 친화성을 자명한 것으로 호소할 수 있었던 메이지 10년대와는 다른 점이다.

28 "불충불효한 우치무라 간조는 이미 황송하게도 우리의 지존하신 천자를 모욕했으며, 이와 같은 자는 이미 일본 백성이 아니다."(이노우에 데쓰지로井上哲次郎, 『내지잡거속론內地雜居續論』, 철학서원, 1891년 5월)

29 이후 같은 잡지 279호부터 283호까지 연재했으나 후속 글이 길어져서 책자로 간행하려고 연재를 중단했다.

30 이노우에 데쓰지로, 『교육과 종교의 충돌』, 경업사敬業社, 1893. 이것은 『교육시론』의 연재를 가필해서 정리한 것이다.

31 불경 사건에 관한 논쟁은 1891년 말을 경계로 적어졌다고 한다(스즈키 1979).

32 그 논리에 대해서는 "평범"하고 "유치한 논증 부분마저 있다"(도히土肥 1994 116쪽) 혹은 "자가당착이 많이 보인다"(스즈키鈴木 1979 100쪽) 또는 "분명하게 말해서 상당히 조잡한 것"(스에키末木 2004a 67쪽) 등으로 평가되었으며, 역설적으로 이 책의 주장이 커다란 영향력을 가진 것은 논리적인 설득력에 의한 것이 아니었음을 추측할 수 있다.

33 시마조노島薗 1998. 또 야마지 아이잔山路愛山은 이노우에井上의 논의를 평하여, 명확히 교육칙어를 기반으로 한 것 외에는 야스이 소켄安井息軒의 논의를 사용한 것이라고 말했다(야마지 아이잔, 「현대일본교회사론」, 1906).

34 이노우에 데쓰지로의 기독교 비판 논의에 대해서는 도히 1994, 도코로戶頃 1966, 우누마 1979 등에서 논하고 있다.

35 우누마 1979.

36 오키타沖田 1984, 스즈키 1979 참조. 또한 오키타는 이노우에 데쓰지로의 독일 유학(1884~1890)이 서양, 기독교에 대한 비판적 태도를 강하게 하는 전환점이 되었다고 지적했다.

37 스즈키 1979 97쪽 참조.

38 이노우에 데쓰지로, 『종교와 교육의 충돌』

39 다카하시 고로(이 책 제3장에서 다루던 시기에는 고로吾良. 이 시기에는 한자를 달리해 고로五郎를 사용했다)의 이노우에 데쓰지로 비판은 『배위철학론排僞哲學論』(1893)에 정리되어 있다. 다카하시의 비판은 큰 영향력이 있었으나 (예를 들면 야마지 아이잔, 「현대일본교회사론」, 1906 참조), 이노우에에 대한 인신공격의 정도가 강하다는 평도 있다(이키마쓰生松 1963 252쪽). 내용에 대해서는 기독교 윤리가 충효도덕을 포섭하는 논리라는 지적이 있다(스즈키鈴木 1979 127쪽).

이와 관련해서 이 책 제3장에서 확인했듯이 메이지 10년대 중반의 다카하시의 기독교·종교 이해에는 이전의 도덕적 덕목이 보편적인 도덕률의 명백한 발현으로 승인된 구조가 있다. 예를 들면 "군부君父에게 충효함"이 보편적 선으로 자리하고 있었다. 이 논쟁에서 보이는 충효도덕의 이해도 그 연장에 있으며 다카하시는 교육칙어를 "실천도덕practical morality의 대강大綱"이라고 하고 "세상의 교육자는 이를 쉽게 잘 설명해야 할 것이다"(『배위철학론』, 8쪽)라고 하여 교육칙어에서 말하는 도덕덕목의 가치에 대해서는 이를 소여의 것으로 받아들이고 그 이상 논하지 않았다. 그러나 이미 확인했듯이 메이지 10년대의 다카하시 논의에서 종교는 도덕적 덕목의 수행으로만 환원되는 것이 아니었다. 여기 논의에서도 이노우에를 "종교와 도덕과 정치를 변별하지 못하는 무지한 사람"(『배위철학론』, 10쪽)으로 비판하고 있듯이 종교와 도덕 사이에서 종교를 보다 상위에 두는 방식으로 어쨌든 구별이 이루어지고 있다는 점도 지적하고 싶다.

40 스즈키 1979 199쪽.

41 우에무라 마사히사, 「오늘날의 종교론 및 덕육론」 상·중·하, 『일본평론』 49~51호, 1893년 3월 4일, 4월 8일, 5월 13일.

42 "그리스도는 신을 사랑하는 주의가 첫 번째이며 사람은 그 제한 하에 자신을 사랑하고 또한 타인을 사랑하게 한다. 오직 이와 같이 함으로써 사랑의 길을 완전하게 얻을 수 있다. 우리의 애국 또한 이러하다. 정의로운 사랑으로 국가를 사랑해야 한다. 결코 애국을 절대적인 의무라고 생각하지 말라. 우리는 상제上帝를 거역하고 국가를 위해서 힘쓰는 것은 불가능하다. 상제는 인仁이다. 상제는 의義다. 그는 원만히 실재하는 선이다. 어찌 계속 거역하면서 애국의 길을 완수할 수 있으랴"(「오늘날의 종교론 및 덕육론」 상)

이와 같이 항상 초월성으로 되돌아가서 현상을 반성하는 것이 메이지 20년대 이후 우에무라의 논의에서 일관되게 볼 수 있는 특징이다. 여기에서는 진정한 '애국'을 언급함으로써 이념적으로는 기존의 국가를 상대화하는 기반이 담보된다. 이에 대해서 스즈키 노리히사는 "이 세상의 국가가 그에 위반될 때에는 그러한 국가에 진력하지 않는 것이 애국심이라고 한다"(스즈키 1979 196쪽)라고 평했다.

43 "진정한 애국자는 단지 전대의 역사에 심취해서 역대 선조 이래의 유물을 보유함에만 노력하지 않고 국가의 정수를 보존하여 잘못된 점을 바로잡고 천직을 완수하여 우내에서 인류의 개화 진보를 위해서 진력해야 할 본분을 지키는 데 있다. 생각건대 국가는 스스로를 최종 목적으로 삼지 않으며 인성의 완성, 세계의 개운을 도모하여 사람으로 하여금 신성한 지위에 나아가게 하는 것이 국가 성립의 최대 희망이다."(「오늘날의 종교론 및 덕육론」 중)

44 "정교政敎의 관계는 기독교에 있어서 그 이상에 도달했다. 그 관계가 실제로 나타나서 이상을 역사상 사실로 만들고자 도모하는 것은 얼마나 통쾌한 일인가? 문명국의 사상 및 일체의 변동은 의식적으로 혹은 무의식적으로 그 결과를 지시하며 계속 진보한다."(「오늘날의 종교론 및 덕육론」 상) 또 우에무라는 '국가주의'(『일본평론』 40호, 1892년 2월 25일)에서도 국가의 궁극적인 목표는 '신의 나라'로 이어지는 "인류의 발달과 전 세계의 문명화"라고 했다.

45 예를 들면 "국가의 뜻을 아는 것은 고결한 뜻을 갖지 않으면 이룰 수 없는 바다." (「오늘날의 종교론 및 덕육론」 중)

46 「오늘날의 종교론 및 덕육론」 하.

47 "법문과 다름없는 윤리 강령을 배포하여 이로써 기운을 높이고 품성을 흥기시키고자 해도 충분하지 않다. 승려의 독경과 마찬가지로 교당校堂에서 윤리의 문자를 암송케 하는 것만으로 얼마의 이익이 있겠는가. 주술은 산속에서 야마부시山

伏가 수행하는 것이다. 그러나 오늘날 우리 나라의 덕육계에서는 주술과 같은 수
단으로 세상의 제자들을 감화시키려는 자가 없지 않다. 도덕은 생명이다. 오직 생
명만이 제대로 생명을 전달할 수 있다"(「오늘날의 종교론 및 덕육론」 하). 여기에서
불교의 독경이나 야마부시의 '주술'과 같은 신체적인 실천을 동반한 종교적 행위가
비판적으로 거론되는 것도 흥미롭다.

48 「오늘날의 종교론 및 덕육론」 하.

49 예를 들면 "종교와 덕육은 대단히 밀접한 관계임은 새삼 말할 것도 없다. 덕육과 관
계없는 종교는 맛을 잃은 소금이다. 아무런 이익도 없다"고 하여 종교 일반과 도덕
일반의 관계를 말하고 계속해서 "수만의 신관과 승려는 무엇을 하고 있는가"라며
신도·불교를 비판하고 있다. 또한 기독교에 대해서는 "도의와 풍속에 미치는 감화
가 현저한 것은 이미 세상의 공론에 존재한다"라고 했다(「오늘날의 종교론 및 덕육
론」 중).

50 "그 도덕교육에 관한 칙어와 같은 것은 실로 이를 중외中外에 관통하여 어긋나
지 않으니, 이것이 인간의 보편적 도道에 다름 아니다."(「오늘날의 종교론 및 덕육
론」 하)

51 우에무라 마사히사, 「종교상의 관찰」 상·하, 『일본평론』 27~28호, 1891년 4월
10일, 25일.

52 토머스 칼라일Thomas Carlyle(1795~1881)은 영국의 평론가이자 역사가다. 빅토
리아 왕조 시대의 공리주의·물질주의적 풍조에 반대하고 정의와 영웅이 나타나길
기다렸다.

53 제임스 마티노James Martineau(1805~1900)는 영국 유니테리언 신학자다. 우에
무라는 그를 "도덕의 군자" "우리가 장자와 선배로 경외할 호걸"이라고 높게 평가하
고 있다(「유니테리언」, 『일본평론』 1호, 1890년 3월 8일 참조). 그의 신학은 합리
주의적 유신론에 입각해서 인간의 도덕의식과 자연법칙으로부터 도출된 디자인
Design 논의로 신의 존재를 변증하는 것이라고 한다(『기독교 인명사전』). 이 시기
의 우에무라는 마티노를 많이 인용하고 있었다.

54 구체적으로는 다섯 등급의 귀족 제정, 번잡한 예의식전, 황상皇上의 진영예배를 지
적하고 있다.

55 「종교상의 관찰」 상 '영웅숭배' 절.

56 「종교상의 관찰」의 '흠앙의 마음' 절은 거의 마티노의 *A study of religion: its
sources and contents*(1889)의 번역으로 되어 있으며 영웅적 인격과 신의 관계에
대해서 논하고 있다.

57 "우리의 도덕상 분기는 대인군자에게 가깝게 다가감으로써 생긴다."(「종교상의 관
찰」 「흠앙의 마음」) 또한 영웅과의 조우는 "마치 직접적으로 상제의 엄책을 당하
는 것과 같은" 것이며 그래서 개인은 스스로가 "뜻이 둔탁해서 할 일을 이루지 못"
함을 자각하고 "매우 창피하고 후회"함을 느껴서 도덕적으로 분기한다고 봤다(「종
교상의 관찰」 「흠앙의 마음」).

58 다시로 가즈히사田代和久는 칼라일의 비분강개하는 경세가의 자세는 우에무라의
"문필가로서 자기 확립에 있어서 지극히 커다란 존재였다"고 하며(다시로 1979b

83쪽), 또한 다수자의 전제專制에 대한 칼라일의 비판이나 재능의 귀족주의와 같은 주장을 자신의 무사계급 의식과 결부지어 호의적으로 받아들인 면이 있다(우에무라의 무사계급 의식에 대해서는 도히 1994 44쪽, 184쪽 참조).

59 결국 칼라일은 무엇을 영웅으로 삼을 것인가라는 물음에 명확한 답을 주지 못했다(네프 1968[1926], 215~216쪽). 그 후에 『크롬웰』에서 보듯 성공이야말로 영웅의 증거라는 생각에 도달했고, 이에 대해서는 "힘이야 말로 정의"라는 야유를 받았다.

60 우에무라 마사히사, 「토머스 칼라일」, 『일본평론』 10~11호, 1890년 7월 26일, 8월 9일.

61 "특히 예수 그리스도를 보면 진정한 사람이라고 칭해야 한다. 누가 그보다 위대할 것인가"(「종교의 연구2」, 『복음신보』 106호, 1893년 3월 24일). 또 "그리스도는 진정한 사람이다. 그 감덕은 인류의 모범이 되기에 충분하다."(「사람의 아들과 신의 아들」, 『복음신보』 12~13호, 1891년 6월 6일, 12일) 등.

62 「종교의 연구2」(『복음신보』 106호, 1893년 3월 24일) 또한 우에무라는 종교의 본질을 인간과 "자연 이상의 유심자Persona"와 교섭하는 데 있다고 논했다(제7장 참조).

63 「종교상의 관찰」 하, '인생의 가치·인류의 귀추' 절.

64 역으로 이 의무를 다한다면 상제를 믿을지 말지는 관계없이 실은 상제의 뜻에 부합하는 것이 된다고도 말하고 있어 종교적 실천과 도덕의 수행이 거의 중첩되어 있음을 알 수 있다(「종교상의 관찰」 하, '상제를 섬기지 않는다면 어찌 사람을 섬기랴. 아직 죽음을 모르는데 어찌 생을 알겠는가' 절).

65 「종교의 연구2」, 『복음신보』 106호, 1893년 3월 24일.

66 "그렇지만 단지 안심을 바라서는 안 된다. 안심만을 일삼고 도를 세운다면 불제자의 오류에 빠지는 원인이 된다"라고 하여 불교는 '안심'만을 추구한다고 비판적으로 논했다(「종교의 연구1」, 『복음신보』 105호, 1893년 3월 17일).

67 "인류는 성스러워짐을 기대해야 할 것이다. 예수가 말하기를 먼저 신의 나라와 그 의義를 구하라 했다. 생각건대 이를 얻는다면 안심은 저절로 따라 온다"고 말하고 먼저 "신의 나라와 그 뜻"을 구해야 하며 '안심'은 여기에 수반되어 얻는 것이라고 했다(「종교의 연구1」, 『복음신보』 105호, 1893년 3월 17일).

68 시간이 지나서 우에무라는 "예술의 미묘함, 학술의 진리, 도덕의 정화를 찬미하는 것은 종교에 들어가는 문이다. 그렇지만 진리를 귀히 여기고 선덕을 공경하며 미묘함을 좋아하는 마음은 반드시 종교의 본질이 아니다. 사람의 이성, 미적 취미, 도덕심은 신에게 도달하는 길이다. 그렇지만 종교 그 자체는 아니다"라고 하며 종교는 학술·예술·도덕과 각기 관계를 갖지만, 그들은 모두 종교의 하위에 놓이는 것이고 또한 종교는 그 모두를 추월하는 것이라고 논했다(우에무라 마사히사, 「종교는 과연 미신인가1」, 『복음신보』 415호, 1903년 6월 11일).

69 여기에서 우에무라 마사히사에게 기독교 신앙이란 무엇이었나를 되돌아본다면 가장 중요한 것으로는 역시 그리스도를 본받자는 것이고 완전한 덕을 체현하는 기독교와 교류하는 가운데 자기의 도의적 현상을 스스로 돌아보고 거기에서 완전한

덕을 체현히는 그리스도를 향해서 도의적으로 향상하려는 뜻을 품고, 자기의 덕육을 주체적으로 실천하는 것이었다라고 생각한다. 또한 우누마 히로코鵜沼裕子는 우에무라의 기독교 신앙을 "도의적인 자기 형성을 지향하는 '뜻'을 관철하는 자세라고 한다. 이는 결코 좌절하지 않고 강인한 상승 지향의 정신에 기반한 것이다"라고 했다(우누마 1993).

70 스즈키 1979 195쪽.

제9장 나카니시 우시오의 『교육과 종교의 충돌 단안』에 대해

1 또한 『교육과 종교의 충돌 단안』은 시마조노 스스무島薗進 감수, 시마조노 스스무·다카하시 하라라高橋原·호시노 세이지星野靖二 엮음, 『일본의 종교교육론』 제1권, 크레스출판クレス出版, 2009에 수록되어 있다.

2 이번 장은 제6장의 내용과도 연결되는데, 앞서 나카니시가 불교를 (나카니시에게는 바람직한) '종교'로서 다시 편성하려는 면을 논했다(Hoshino 2009). 또한 이와 관련해서 나카니시의 논의와 그 독자에 대해 검토하고, 그 논의의 의미를 메이지 중기 이후의 불교개량운동의 흐름 속에서 규명하는 연구가 나왔다(오타니大谷 2009b, 2011, 또는 호시노 2010 참조).

3 나카니시와 유니테리언의 관계에 관한 선행 연구로는 스즈키 1979, Thelle 1987 등.
나카니시가 언제부터 유니테리언에 참가했는지는 밝혀지지 않았다. 『종교』에 기고한 것이 확인된 것은 31호(나카니시 우시오, 「축사」, 『종교』 31호, 1894년 4월 5일)부터이며 이 단계에서는 이미 참가하고 있었지만 본문의 뒤에서 말하듯 「유니테리언' 두려워하지 않을 수 없다」(『경세박의』 21호, 1892년 9월 20일) 집필 단계에서는 참가하지 않은 것으로 생각된다.
유니테리언 탈퇴는 『종교』 41호에서 질문서를 내고 탈회를 선언한다(나카니시 우시오, 「매콜리マッコレー군에게 보내는 유니테리언에 관한 의문을 묻는 글」, 『종교』 41호, 1895년 3월 5일). 그러나 스즈키 노리히사에 따르면 동시에 『종교』 편집의 임무 등은 사퇴했지만, 그후에도 유니테리언 협회의 선진학원에서 중국철학 등의 강의는 계속했다(스즈키 1979 61쪽).
또한 나카니시가 『종교』에 기고한 것으로부터는 불교 개량의 추진 문제에 대한 관심을 계속 갖고 있었던 것을 볼 수 있다(Hoshino 2009 참조). 나카니시의 유니테리언 시절은 불교 개량을 호소하던 시기와 연속성에서 인식되어야 한다고 생각하지만, 이에 대해서는 따로 논하도록 하겠다.

4 Thelle 1987 p.203

5 "[기독교 적의 하나는 '유니테리언'다. 어쩌면 이들은 스스로를 야소교도라고 칭한다. 혹은 열심히 기적의 진리를 증명하려 하지만 인류 타락설을 용인하지 않음으로써 야소 초성교超性教의 필요에 관해 거의 그 가치를 상실케 하고, 구원을 발달이라고 해석해버린다. 세계의 인과 이치는 스스로 선악상벌의 조직이 있다고 주

장하고 속죄설을 무용하게 본다. 어느 하나 야소교리의 정신에 반대되지 않는 것이 없다."(『종교혁명론』, 106~107쪽)

6   『종교혁명론』 167쪽.

7   『종교혁명론』 168쪽.

8   스기이杉井 1967.

9   「일본의 기독교」(『경세박의』 3호, 1891년 1월 24일)에서 나카니시는 "외국인의 사상과 감정에서 벗어나 신앙 조항이 속박하고 자기 영성의 발동에 따라 '바이블'을 해석하여, 영묘 활동의 진리를 발휘해서 이를 우리 국가의 특성에 적합하게 할 수 없"음이 일본 기독교의 문제 중 하나라고 했다. 또한 가나모리金森의 저작에 대한 서평은 7호(1891년 7월 25일)에 게재되어 있다(제6장에서도 언급했다).

10 「'유니테리언' 두려워하지 않을 수 없다」 6쪽.

11 나카니시는 유니테리언을 불교와 비교해서 "참에 가까이 다가간다고 할수록 참을 더욱 어지럽힌다所謂愈近於眞而愈亂眞者"(「'유니테리언' 두려워하지 않을 수 없다」, 6쪽)라고 하지만 이것은 주자의 『중용장구』의 서문에 "드디어 노장의 도가나 불교의 무리가 나타나자 그들의 말은 점점 도리에 가깝게 보이면서도 실은 진실을 크게 어지럽히는 것이었다以至於老佛之徒出, 則彌理近而大亂眞矣."(가나야 오사무金谷治 역, 『대학·중용』, 岩波文庫)라는 말을 염두에 둔 것이라고 생각된다.

12 「'유니테리언' 두려워하지 않을 수 없다」 6쪽.

13 「'유니테리언' 두려워하지 않을 수 없다」 7쪽.

14 「'유니테리언' 두려워하지 않을 수 없다」 6~7쪽.

15 「'유니테리언' 두려워하지 않을 수 없다」 7쪽.

16 그러나 한편으로 나카니시는 『종교혁명론』에서 기독교 역사상의 종교혁명을 염두에 두고 '구불교'를 바꾸어 '신불교'로 만들어야 한다고 하며, 거기에서 일종의 모델을 발견했다(Thelle 1987 p. 195). 나카니시의 '종교' 모델과 불교의 '종교'화에 대해서는 Hoshino 2009 참조.

17 야마지 아이잔山路愛山, 「현대일본교회사론」, 1906.

18 시마조노島薗 1998 67쪽.

19 『교육과 종교의 충돌 단안』의 간행은 1893년 7월이지만 같은 해 8월에 「충돌론 잠잠해지다」(『명교신지』, 1893년 8월 12일)라는 기사가 게재되었다.

20 사쿠라이 다다시桜井匡는 『단안』을 언급하면서 그것을 기독교 배척의 논의라고 하는 한편(사쿠라이 1944 278쪽, 1971 186~187쪽), 나카니시가 "기독교의 일본화를 말했다"(사쿠라이 1971 187쪽)라고 했다. 또한 요시다 규이치吉田久一는 나카니시의 논의에 대해 기독교가 일본에 "동화할 수 있다"고 말했을 뿐이라고 했다(요시다 1959 271쪽).
    어떠한 언급에서도 그 이상은 검토되어 있지 않다. 이 장에서는 나카니시가 기독교 비판을 염두에 두고 있었다는 것을 전제로 한 다음에 어떠한 기독교 이해에 근거하고 있으며, 또한 어떠한 논리로 "기독교의 일본화"를 기획했는가를 고찰했다.
    이와 관련해서 가미가와 가즈유키上河一之는 가시와기 기엔柏木義円이 『도시샤문학同志社文學』에 실은 나카니시에 대한 반론을 언급하면서 나카니시와 가시와기의 논의를 다루고 있다(가미가와 2005).

21 이노우에 데쓰지로井上哲次郎, 「나카니시 우시오 씨의 충돌 단안을 읽다」(세키關 1988[1893]).

22 세키 1988[1893] 10쪽.

23 「충돌론에 관한 서류」, 『동양학예잡지』, 1893년 9월 23일(세키 1988[1893] 437쪽).

24 「충돌론 잠잠해지다」, 『명교신지』, 1893년 8월 12일(세키 1988[1893] 397쪽).

25 세키 1988[1893] 395쪽.

26 『단안』 100~101쪽.

27 『단안』 8~9쪽.

28 『단안』 9쪽.

29 『단안』 10쪽.

30 『단안』 13쪽. 또한 별도의 장소에서는 "[일본의 국체가 천하에 비할 바 없이 훌륭한 것은(=환우무비)] 우리 나라의 황통은 천손으로, 일본 국민은 같은 선조를 가지며 모두 함께 조종朝宗에서 분파되었다는 일종의 천계적天啓的 역사가 국민의 뇌리를 지배하고 충군애국의 감정이 만고를 거쳐도 소멸되지 않는 자가 있기" 때문이라고 했다(『단안』, 10~11쪽).

31 나카니시 자신은 '국체주의'라는 말은 사용하지 않지만 『단안』에 대한 서평에서 '국가주의'와 대비해서 '국체주의'라는 말을 사용하고 있다(男山子, 「『교육과 종교의 충돌 단안』을 읽고」, 『불교공론』, 1893년 8월 10일, 세키 1988[1893] 382~389쪽). 이하 이 장에서는 나카니시 우시오가 상정했던 것처럼, 국체에 관계되는 행위는 단적으로는 교육칙어의 운용에서 나타난다고 하는 바 황통을 초점으로 한 국민통합을 지향하는 사상적·실천적 방향 설정에 대해 '국체주의'(주의라는 말은 조금 관념적으로 들리지만)라는 말을 잠정적으로 사용한다.

32 나카니시는 일본 역사에서 불교나 유교가 국체로 동화해나갔다고 논하고 있다(『단안』, 제5장).

33 男山子, 「『교육과 종교의 충돌 단안』을 읽고」, 『불교공론』 1893년 8월 10일(세키 1988[1893] 384쪽).

34 "너희 신민은 부모에게 효도하고 형제와 사이좋게 지내며 부부는 서로 화합하고 협력하며, 친구는 서로 신뢰하며, 공손과 검소함은 스스로 지니고 박애는 모두에게 미치게 하며, 학문을 배우고 일을 익혀서 이로써 직업을 가지며 지혜와 능력을 계발하고 덕기德器를 이루어 나아가서는 공익을 확충하고 세상을 위해서 일하며 항상 국헌을 중시하고 국법을 따르며……"(「교육에 관한 칙어」) 이것들을 '인류 통행의 윤리'라고 여기고 있다(『단안』, 17쪽).

35 "우리 신민은 지극히 충하고 지극히 효하매 억조심億兆心을 하나로 하여 세세손손이 아름다움을 완성했으니 이는 우리 나라 국체의 정화로서 교육의 연원 또한 여기에 있다" "의용봉공義勇奉公으로써 천양무궁의 황운을 부익해야 한다."(「교육에 관한 칙어」)

36 『단안』 11쪽.

37 『단안』 76쪽.

38 『단안』 64~65쪽.

39 『단안』 63쪽.

40 『단안』 64쪽.

41 『단안』 77~78쪽.

42 『단안』 제16장.

43 『단안』 114쪽.

44 나카니시는 먼저 기독교가 국체에 맞지 않는 측면을 "미신적 부분"이라고 하고 이를 여론으로 배척할 것, 그 후에 기독교의 "정신적 부분" 즉 나카니시의 논의에서는 "국체주의"와 적합한 기독교에 대해서는 "관대한 정신으로 그들을 우대"해야 할 것이라고 일본 국민에게 호소했다(『단안』, 제17장 「우리 나라 국민에게 고함」).

45 야스마루 요시오安丸良夫는 "일본형 정교분리"라는 말로 "국가의 이데올로기적 요청에 대해서 각 종파가 스스로 유효성을 증명해 보이는 자유경쟁"을 하는 상황을 지적했다(야스마루 1979 209쪽).

46 『단안』, 69쪽.

47 그러나 그 경우에 '일본'이 반드시 명확한 윤곽을 갖지는 않는다. 예를 들면 정교사에서도 '구화歐化'에 대항적으로 주창된 '국수'의 내실이 애매했음을 지적하고 있다(파일 1969).

48 비교종교와 관련해서 스즈키 노리히사 등의 연구가 있다(스즈키 1979, Thelle 1987 등). 기독교의 재해석과 자유기독교의 관계에 대해서는 본문에서도 말했던 스기이 무쓰로杉井六郎의 연구(스기이 1967)가 있다. 또한 니레이도 가나모리 미치토모金森通倫나 기시모토 노부타岸本能武太 등을 거론하여 개관적으로 논하고 있다(Nirei 2007). 또한 불교에 대해서는 후쿠시마 시키치福嶋信吉가 메이지 후기의 '신불교' 운동에서 유니테리언의 영향이 보이는 점을 논하고 있다(후쿠시마 1998).

제10장 『종교 및 문예』로 본 메이지 말기 기독교의 한 측면

1 『종교 및 문예』는 우에무라 마사히사가 1911년 1월 23일에 창간한 잡지다. 이후 발행일이 일정하지 않았지만 매달 한 권씩 간행되었고 제8호(9월 22일 발행)를 마지막으로 통보 없이 종료되었다. 발행은 복음신보사이며 발행 겸 인쇄인은 미마쓰 슌페이三松俊平, 편집인은 히로세 가이이치廣瀬魁一. 정가는 한 권에 15전. 신교출판사新教出版社에서 복각본이 나왔다(아키야마秋山 편 2001).

2 1901~1902년 에비나 단조와의 복음주의 논쟁을 제외하면 메이지 후반 이후에 논했던 주제는 그다지 없다. 예를 들면 오우치大內의 전기傳記에서는 1908년 이후는 매우 간단하게 기술되었다(오우치 2002 참조).

3 다만 『종교 및 문예』를 중심으로 취급하기 위해 이 장에서 언급하는 '기독교'가 우에무라 마사히사와 그 주변의 '기독교'임을 말해둔다.

4 예를 들면 우에무라 자신의 문장에서는 일관되게 '문화'라는 말을 거의 볼 수 없다

(이 책 제2장 참조). 또한 우에무라가 종교를 자율적인 것으로 받아들이는 시점이 명확해지는 점에 대해서는 이 책에서 말한 그대로다(특히 제7장 참조).

5 『일본평론』과 『종교 및 문예』의 관계에 대해서는 예를 들면 전술한 다케다 기요코 武田淸子의 해설에서 "『육합잡지』『일본평론』 등과 이어지는 성격도 있다고 생각할 수 있다"라고 하고(다케다 2001b), 일본기독교역사대사전에서도 『종교 및 문예』는 독립 항목이 아니라 『일본평론』 항목(우누마 히로코鵜沼裕子 집필)에서 언급하고 있으며, 『일본평론』의 '기독교종합잡지'로서 위치를 잇는 것이라고 한다.

6 「일본평론의 발행」, 『일본평론』 1호, 1890년 3월 8일. 『일본평론』의 성격을 우누마 히로코는 문학 소개, 시사평론, 기독교 변증의 세 가지 점에서 말하고 있다(우누마 1969). 그 외에는 다시로田代 1979a 참조.

7 예를 들면 사설에는 「정치주의에 관한 관견管見(상) 개인주의와 사회주의」 「정치주 의에 관한 관견(하) 국민주의를 논하고 아울러 국수주의에 이르다」라는 정치적인 평론을 볼 수 있는가 하면 한편으로 「유럽 문학」이라는 일련의 논설에서 워즈, 톨스토이, 칼라일 등에 대해서 논하고 있다.

8 이외에도 오에 다쿠大江卓·오자키 유키오尾崎行雄 등도 기고하고 있다. 복잡했던 기독교도와 자유민권운동의 결합에 대해서는 도히土肥 1994 Ⅱ-5 등 참조. 그러 나 『일본평론』의 창간 시기는 기본적으로 자유민권운동이 일단락된 뒤였다고 할 수 있다.

9 "기독교도의 덕을 세우고 지식을 향상시키는 데 유익하도록 노력하여 게을리 하지 않을 것이다. 우리는 또한 사회의 사물, 풍속의 이익과 폐해에 주목하고 경세제민 의 정신으로 세상의 모든 사항을 논구할 것이다."(「복음주보의 발간에 한 말씀 드림」, 『복음주보』 1호, 1890년 3월 14일.)

10 후나오 에이타로船尾榮太郎는 우에무라의 사망 후에 『일본평론』을 회고하여 "메이지 23년 무렵 당시 한 세상을 풍미한 잡지 『국민지우國民の友』『일본인』에 뒤이 어서 나왔다"(『우에무라 마사히사와 그 시대』 3권, 461쪽)라고 말했다.

11 물론 여기에서 이러한 사회평론에 대한 자세를 논하고 있는 것과 직접적으로 사회 운동에 참가하는 것과는 별도의 문제이며 이 시기에 양자는 오히려 이어지지 않 았다. 이에 대해 기무라木村는 정치적인 것을 생각했기 때문에 오히려 직접적인 정 치적 행위에서 멀어졌다고 하는, 자유민권운동이 종언한 단계에서의 청년들의 정 치 관여의 방법을 논하고 있다(기무라 1998 참조).

12 오우치大內 2002 서장. 그 중에 제2기가 왜 (전환점이라고 말하는 1905년이 아니 고) 1908년으로 구분되는가에 대해서 불명확한 점도 있지만 뒤에서 말하듯이 『종 교 및 문예』는 그 이후에 나왔다는 점을 확인해두겠다.

13 일본기독일치교회는 네덜란드 개혁파, 북부장로파, 스코틀랜드 일치장로파를 중심 으로 1877년 10월에 설립되었다. 1890년 12월 제6회 대회에서 신조·헌법을 개정 하여 일본기독교회로 개칭했다.

14 야마모토山本 편 1973[1929]에 의거해 작성했다. 표 가운데 '수치 없음'은 원본에 수치가 존재하지 않음을 의미하고 '미상'은 원본에 미상이라고 기입되어 있음을 나 타낸다.

15 1891년 일본의 인구는 약 4025만1000명이고 비율로 보면 일본기독교회의 신도
    수는 0.0279퍼센트다. 이는 1890~1902년 사이에 가장 높은 수치다. 1898년에는
    각기 약 4288만6000명, 0.0247퍼센트가 된다.

16 인구와의 비율은 1902년에 거의 1891년의 수준이 되었고 그 이후 일본의 인구 증
    가보다 높은 상승률로 늘어났다.

17 이 책 제8장 참조.

18 이 장은 『종교 및 문예』의 위치를 고찰하기 때문에 이하 도시 교회로서의 일본기
    독교회에 초점을 맞추고 메이지 중기 이후 농촌이나 지방에서의 기독교는 별도의
    과제로 취급할 것이다. 이 점에 대해서는 예를 들면 호시노 마사오키星野正興가 문
    제제기해서 논하고 있다(호시노 2005).

19 다시로田代 1972.

20 오우치는 우에무라가 1883년 3월에 시타야일치교회下谷一致敎會를 사임하고 4년
    간 일을 하지 않았고 1887년 3월에 이치반초교회一番町敎會를 설립한 일을 "서민
    동네에서 중산층으로 이행한 의도적 이전"(오우치 2002)이라고 한다.

21 이카도 후지오井門富二夫 1972 제2장.

22 야마모토山本 편 1973[1929] 343~344쪽. 또한 메이지 시기의 일요학교의 전개에
    대해서 다무라 나오오미田村直臣가 회고했던 글이 있다(『우에무라 마사히사와 그
    시대』 3권, 369~389쪽, 원문은 『일요학교의 친구日曜學校の友』, 1933).

23 이카도는 이에 대해 "프로테스탄트 신도의 사회적 특징, 바꾸어 말하면 도시의 중
    산지식층의 성격은 (…) 이미, 메이지 후기부터 다이쇼 초기에 걸쳐서 거슬러올라
    가 실증할 수 있는 사실이다"(이카도 1972)라 하며 현대에 대한 연속성을 말한다.
    여기에 대해서는 실제로 연속하는 면이 있고 또한 그러한 이미지가 현대에 일반적
    으로 유통되고 있는 것도 확실하지만 역으로 말한다면 그렇지 않은 기독교(회)의
    모습을 상대적으로 간과해왔다는 것이기도 하다.

24 「광고」(『복음신보』 808호, 1910년 12월 20일).

25 가시와이(당시 41세), 다나카(당시 43세), 가와조에(당시 41세)에 대해서는 후
    술하겠다. 이시하라 겐(1882~1976) 기독교사학자(당시 29세). 사이토 다케시
    (1887~1982) 영문학자(당시 24세). 미나미 군조(1883~1950) 양학자(당시 28세).
    다카쿠라 도쿠타로(1885~1934) 신학자·목사(당시 26세). 오타니 하카루大谷
    虔(1869~1919) 목사, 도쿄신학사 설립 당시 교수(당시 42세). 고자키 히로미치
    (1856~1938) 도시샤 사장·목사(당시 55세). 히노 마스미(1874~1942) 도시샤대
    학 신학부 교수(당시 37세), 나중에 일본에서 처음으로 기독교 교리사를 썼다(『기
    독교교리사』, 1917). 와다 린유(1871~1944) 쇼와 초기에 도시샤대학 총장(당시
    40세).

26 두 곳(란)의 기사 가운데 전 85편 중에 약 4할에 이르는 36편(그 가운데 32편이
    1호부터 3호까지)이 무기명 기사로 집필자를 알 수 없다. 이밖에 서명기사에 관해
    서는 가시와이柏井로 추정되는 것('EK'柏井生'이라고 표기)이 22편으로 압도적으
    로 많다. 그 다음으로 'T·T'로 표기된 12편이 있는데, 이것은 내용적으로 다나카로
    추정되는 8편, 다나카 혹은 다카쿠라 도쿠타로高倉德太郎라고 추정되는 4편을 포

함한다. 그리고 가와조에川添가 썼다고 추정되는 것('M·K'표기)이 8편이다.

27 『가시와이전집柏井全集』제1권 모두에 나오는 가와조에 마스에川添万壽得가 기고한 「소전小傳」을 참고로 했다. 또한 일본기독교청년회 동맹간사로 1907년 만국학생 기독교청년대회의 개최에 활약했다고 한다.

28 가와구치川口 1968 참조.

29 『문명평론』(전72호, 1914~1920) 가시와이 엔柏井園이 창간한 기독교 잡지다. 창간호 발행 겸 인쇄인은 다나카 다쓰田中達, 편집인은 가시와이 엔이다. 중심적인 기고자는 역시 도쿄신학사 관계자가 많다. 또한 확인되는 최종호(제7권 5호)는 1920년 6월 1일에 나왔다. 다나카 다쓰는 같은 해 6월 3일에 가시와이 엔은 같은 해 6월 25일에 사망했다.

30 「바울의 신학과 구증의 세력」(1~5), 『종교 및 문예』 1, 2, 4, 7, 8호.

31 "구증이란 주로 개개인의 심령의 구증임에 틀림없지만, 한 개인을 구하는 수단일 뿐 아니라 아울러 사회를 구하지 않으면 안 된다. 적어도 사회가 처한 국면을 타개하지 않으면 안 된다. 이를 위해 사회에 대한 프로그램을 갖는 신학이 필요함은 자명하다"(『종교 및 문예』 1호, 4쪽).

32 가시와이는 퀘이커의 '열렬한 신앙'에 일정한 평가를 한 다음에 신학의 결여에 대해 불만을 표했다. 앞의 논문 「바울」 논문(1) 참조.

33 가시와이 엔, 「학생생활과 종교」, 『서창원경書窓園景』, 명도관, 1908. 헨리 드래먼드, 토머스 아널드, 뉴먼을 언급하면서 학생에게 있어서 종교의 의의를 논하고 있다.

34 「학생생활과 종교」, 110~111쪽.

35 메이지 전반기에 신과 학술이 세계의 총체적 설명의 원리로, 즉 조화한다는 논의(예를 들면 우에무라 마사히사의 『진리일반』. 이 책은 진화론에 의한 기독교 공격이나 세속적인 종교 불필요론에 대한 대항이 집필 배경이다. 세계를 주재하는 신으로서 만물의 법칙을 주관하는 신을 논했다)에서 메이지 후반에 종교가 보다 하위의 영역에 있는 학술, 도덕, 미술 등을 포섭한다는 논의(예를 들면 우에무라의 「종교는 과연 미신인가」, 1903)로 변화하지만 우에무라는 일관되게 기독교와 학술의 조화를 주장했다. 가시와이의 주장은 당연히 후자에 더 가깝다.

36 스에노季野의 언니인 다마에가 시바志場 집안(다나카 다쓰의 아버지)으로 시집갔다. 또한 다나카의 형인 시바 구니오志場邦雄도 기독교를 믿게 되고 나중에 메이지가쿠인에서 자진해서 신학을 공부했으나 재학 중에 병으로 사망했다. 시바는 상경 시에 이미 주지였고 단가檀家(신도의 집안)와 의견이 갈라져서 절을 버리고 고향을 떠났다고 한다(『우에무라 마사히사와 그 시대』 제1권 참조).

37 예를 들면 『불교관견』(1895), 『비교종교잡화』(1909), 『불교 윤리와 기독교 윤리』(1911), 『기독교와 불교』(1915), 『신도관견』(1915), 『일본불교』(1917) 등.

38 다나카 다쓰의 『비교종교잡화』, 교문관, 1909. 「종교학계의 세 위인」은 1906년에 요코하마 침례교회 신학교에서 한 강연의 정정필기라고 한다.

39 「서」, 『비교종교잡화』.

40 「역사상 석가와 그리스도」, 『종교 및 문예』 3호.

41 「종교는 없어서는 안 된다」, 『종교 및 문예』 7호.

42 다나카 다쓰의 「아네사키姉崎 박사의 『근본불교』를 읽다」, 『종교 및 문예』 2호, 1911. 인용의 번역문 등 문제가 세세하게 많지만 아네사키의 기독교 이해를 문제로 하는 논점(9쪽)은 흥미롭다.

43 다나카 다쓰의 「이노우에井上, 호리堀 씨 공동저술 석가모니전」, 『종교 및 문예』 7호, 「비평 및 소개」란, 1911. 또한 논자는 불명확하지만 무라오카 쓰네쓰구村岡典嗣의 『모토오리 노리나가本居宣長』와 니시다 기타로西田幾多郎의 『선의 연구善の研究』 등도 서평으로 실려 있다.

44 다나카가 기독교의 우월성을 결론짓는 논리 자체에는 새롭고 독자적인 것을 볼 수 없다. 예를 들면 기독교는 보다 '문명적'이라는 수식어에서는 메이지 초기부터 있었던 변증론의 영향을 확인할 수 있다. 물론 이것은 메이지 중기에는 우에무라의 기독교 변증론이 그렇듯 19세기적 기독교 변증론과의 관련도 상정할 수 있다.

45 가와조에 마스에, 「신약성서의 개역에 대해서」, 『종교 및 문예』 2호; 가와조에 마스에, 「여러 종류의 개역영어성서」, 『종교 및 문예』 6호 등.

46 「목사의 서재에 갖추어야 할 근간 서적」, 『종교 및 문예』 5호.

47 메이지 후반 이후에 우에무라의 사회평론 활동이 소극적이었다는 대략적인 점은 선행 연구에서 지적되었으나(오우치大內 2002 참조), 여기에서는 『복음신보』의 논설이나 대역 사건(1910)의 위치 설정 등 언급하지 않은 점이 많기 때문에 이 문제를 직접 논하지는 않겠다.

48 우에무라를 교장으로 하는 도쿄신학사에서 가시와이는 교감, 다나카는 교수, 가와조에는 강사였다. 『종교 및 문예』 집필자와 관련해서 보면 오타니 하카루가 초기에 교수였으며 또한 이시하라 겐, 사이토 다케시도 나중에 강단에 섰다. 또한 도쿄신학교를 졸업한 다카쿠라 도쿠타로도 바로 강단에 섰고 나중에 교수, 교장이 되었다.

49 후루야古屋·도히 외 1992 제2장 참조

50 후루야·도히 외 1992 제2장 참조. 이시하라石原에 대해서는 앞에서 언급했다. 하타노 세이이치波多野精一(1877~1950)는 종교철학자다. 또한 사토 시게히코佐藤繁彦(1887~1935, 일본 루터 연구의 개척자로 도쿄대 대학원 재학 중에 도쿄신학사에서 공부했다), 소야노 데루오征矢野晃雄(1889~1929, 신학자, 철학자. 1910년에 후지미초富士見町교회에서 가와조에 마스에로부터 세례를 받았다) 등이 관학 출신 기독교 연구의 대표자로 손꼽히며, 사토는 이 모두가 어떠한 형태로든 우에무라 마사히사로부터 신앙 지도를 받았다고 지적했다.

51 이마이今井의 저술에 대한 서평이 『종교 및 문예』 4호에 실려 있다.

52 『신학연구』는 성공회의 스기우라 사다지로杉浦貞二郎가 주간이 되어 1909년에 창간. 『신학평론』은 1914년에 도쿄 아오야마학원, 고베 간사이학원 두 학교의 신학과 교수회에서 창간. 『종교세계』는 1912년에 침례교회 목사인 다카가키 세키지로高垣勵次郎가 발행(침례중앙회관 이사회 발행).

53 일본기독교흥문협회Christian Literature Society of Japan. 1913년에 총간사에 웨인라이트가 취임해서 창간한 초교파 조직. 전신은 1900년 요코하마 초교파의 부인 선교사 모임. 1923년 관동대지진 때 소실되었으며 이후 교문관과 합류.

54 다카쿠라高倉의 같은 논문은 상편이 2호, 하편이 3호에 게재되었다. 도쿄신학사
   에 제출된 졸업논문은 『다카쿠라 전집』 4권, 373~513쪽에 수록되어 있다(사이토
   1968 참조).

55 미마쓰 1935, 140~144쪽.

56 쓰쓰이筒井 1995 참조.

57 『개척자』 5권 2호.

58 쓰나시마 료센綱島梁川의 「견신 체험」(1904)과 또 다른 예를 들면 기요자와 만시
   의 『정신계』 발간(1901), 아네사키 마사하루姉崎正治의 『부활의 서광』(1904), 니시
   다 덴코西田天香의 이토엔一灯園 개설(1905) 등이 있다.
   또한 신불교도 동지회의 중심 인물 가운데 한 사람인 사카이노 고요境野黄洋는
   이들을 '감정주의'이며 반이성적·반도덕적이라고 비판하고(사카이노 고요, 「사상계
   근시의 변조」, 1906), 상식주의·현세주의에 근거한 건전한 불교 신앙을 주장했다.

59 세키오카関岡 1997, 2000.

60 스즈키 노리히사가 이마오카 신이치로今岡信一良를 청취한 것. 「이마오카 신이치
   로씨에게 듣다」, 스즈키 1979.

결론

1 인용한 저자인 다나카 지로쿠田中治六(1869~미상)는 신불교도 동지회의 유력 회
  원이다. 신불교 동지회는 주로 기관지 『신불교』(1900~1915)를 통해서 불교 개혁을
  호소했다.
  이 인용문에 이어서 다나카는 도덕으로 치우친 '윤리교'를 비판하고 이에 더하여
  '초월'과의 관계로 기울어진 종교 이해에 대해서도 그것은 거꾸로 사회와의 관계를
  잃어버리게 된다면서 배척했다. 그리고 스스로는 건전한 불교 신앙에 근거해서 사
  회 개량에 종사하는 불교를 주장했다.
  다나카는 신불교도 동지회의 창립자 가운데 한 사람이며 『신불교』에도 많은 논설
  을 기고했지만 선행 연구에는 거의 언급이 없다. 다나카에 관해서는 다른 논고에
  서 언급하겠다.

2 유교적 세계관에서는 자연철학이 도덕철학과 서로 일체라는 점을 염두에 두고 있
  으며 이것은 리理나 도리에 대한 논의에서 현저하게 보이고 있다.

3 시마조노島薗 2008.

4 와타나베渡辺 1985 165쪽.

5 예를 들면 이케다 히데토시池田英俊는 『메이지의 신불교운동』의 마지막에 '기요자
  와 만시清澤満之와 정신주의 운동' 절을 넣었다(이케다 1976).

6 사카이노 고요境野黄洋, 「신불교 유년시대」, 『신불교』 6권 4호, 1905년 4월.

7 사카이노는 5년 후에도 같은 말을 하고 있다(사카이노 고요, 『신불교 10년사』,
  1910, 8쪽).

参 고 문 헌 ──────

青芳勝久, 『植村正久傳』, 大空社, 傳記叢書 105, 1992[1935](저본은 青芳勝久, 『植村正久傳』, 教文館, 1935)

赤松徹真, 「近代日本思想史における精神主義の位相: 清澤滿之の信仰とその陷窄」(二葉憲香博士還曆記念会 編, 『佛敎史學論集』), 永田文昌堂, 1977

赤松徹真, 「明治中期の「歐化」狀況と佛敎の展開」(二葉憲香博士古稀記念論集刊行會 編, 『日本佛敎史論叢』), 永田文昌堂, 1986

赤松徹真, 「近代日本の佛敎とその諸相」(池見澄隆·齋藤英喜 編著, 『日本佛敎の射程: 思想史的アプローチ』), 人文書院, 2003

秋田摩紀, 「視線の攻防, 視線の快樂: 近代日本の演說指南書にみる知識人の「身振り」」(『近代敎育フォーラム』 13), 2004

秋山繁雄, 『井深梶之助宛書簡集』, 新敎出版社, 1997

秋山憲兄 編, 『復刻『宗敎及び文藝』』 新敎出版社, 2001

アサド, タラル, 『宗敎の系譜: キリスト敎とイスラムにおける權力の根拠と訓練』, 岩波書店, 中村圭志 譯, 2004(원저 Talal Asad, *Geneology of Religion: Discipline and Reasons of Power Christianity and Islam*, The Johns Hopkins University Press, 1993)

アサド, タラル, 『世俗の形成: キリスト敎, イスラム, 近代』, みすず書房, 中村圭志 譯, 2006(원저 Talal Asad, *Formations of the Secular: Christianity, Islam, Modernity*, Stanford University Press, 2003)

浅見 洋, 「宗敎の批判の類型と意義 フォイエルバッハ, バルト, 西田の宗敎批判」(『宗敎硏究』 357), 2008

安食文雄, 『モダン都市の佛敎』, 鳥影社, 2006

芦名定道, 「植村正久とキリスト敎弁証論の課題」(『アジア·キリスト敎·多元性』 5), 2007

阿滿利麿, 『日本人はなぜ無宗教なのか』, 筑摩書房, 1996

網野善彦, 『歷史としての戰後史學』, 日本エディタースクール出版部, 2000

荒木精之, 『熊本縣人物誌』, 日本談義社, 1959

有江大介, 「自然神學の『幸福な世界』: 19世紀前半ブリテンにおける神學的經濟社會把握」 (『エコノミア』50卷1號), 2005

有賀夏紀, 「合衆國における中産階級の形成と近代的家族」(歷史學硏究會 編, 『南北アメリカの500年 第3卷 19世紀民衆の世界』), 靑木書店, 1993

飯田篤司, 「「自然的宗教」概念の歷史的位置をめぐって」(『東京大學宗教學年報』14), 1996

家永三郎, 『日本思想史學の方法』, 名著刊行會, 1992

家永三郎, 『家永三郎集·第1卷·思想史論』, 岩波書店, 1997

井門富二夫, 『世俗社會の宗教』, 日本基督教團出版局, 1972

五十嵐喜和, 「『福音週報』『福音新報』解說」(同志社大學人文科學硏究所 監修, 『キリスト教新聞記事總覽』第5卷), 日本圖書センター, 1992

生松敬三, 『『敎育と宗敎の衝突』論爭』(宮川透·中村雄二郎·古田光 編, 『近代日本思想論爭』), 靑木書店, 1963

池上良正, 「庶民信仰論の射程」(楠正弘 編, 『宗教現象の地平: 人間·思想·文化』), 岩田書院, 1995

池上良正, 「宗教學の方法としての民間信仰·民俗宗教論」(『宗教硏究』325), 2000

池上良正, 『近代日本の民衆キリスト教: 初期ホーリネスの宗教學的硏究』, 東北大學出版會, 2006

池上良正, 小田淑子, 島薗進, 末木文美士, 関一敏, 鶴岡賀雄 編, 『宗教とはなにか』, 岩波書店, 岩波講座·宗敎·1, 2003

池田英俊, 『明治の新佛教運動』, 吉川弘文館, 1976a

池田英俊, 『明治の佛教』, 評論社, 1976b

池田英俊, 『明治佛教教會·結社史の研究』, 刀水書房, 1994

池田英俊, 「近代排佛思想における佛教側の反駁」(『印度哲學佛教學』13), 1998

池田英俊 編, 『論集日本佛教史 第8卷 明治時代』, 雄山閣, 1987

池田英俊 編, 『圖說·日本佛教の歷史·近代』, 佼成出版社, 1996

池見澄隆·齋藤英喜 編著, 『日本佛教の射程: 思想史的アプローチ』, 人文書院, 2003

石田瑞麿, 『日本佛教史』, 岩波書店, 1984

石附 實, 『近代日本の海外留學史』, 中央公論社(中公文庫), 1992

石原 謙, 『日本キリスト教史論』, 新敎出版社, 1967

石原 謙, 「明治·大正期におけるキリスト教學の歷史について」(『日本の神學』16), 1977

石原 謙·松村克美·中川秀恭, 『キリスト教と日本: 回顧と展望』, 日本基督教團出版局, 1976

磯前順一, 『近代日本の宗教言說とその系譜: 宗教·國家·神道』, 岩波書店, 2003

磯前順一, 「〈日本の宗教學〉再考」(『季刊日本思想史』72), 2008a

磯前順一, 「〈日本宗教史〉を脫臼させる: 研究史讀解の一試論」(『宗教硏究』357), 2008b

磯前順一·深澤英隆 編著, 『近代日本における知識人と宗教: 姉崎正治の軌跡』, 岩波書店,

2002

一色哲, 「地域と教會: 近代日本キリスト教研究の批判的檢討(ワークショップ,「日本社會と
　　キリスト教」發題)」, 『宗教と社會』8), 2002

伊東一夫, 「明治時代における井上學祖のキリスト教批判の考察」(清水乞 編, 『井上円了の
　　學理思想』), 東洋大學円了記念學術振興基金, 1989

伊東俊太郎, 『比較文明』, 東京大學出版會, 1985

稲田雅洋, 『自由民權の文化史』, 筑摩書房, 2000

井上円了, 『井上円了選集』全25卷, 東洋大學, 1987~2004

井上勝也, 「アメリカ時代の新島襄研究2: J・H・シーリー教授」(『キリスト教社會問題研究』
　　37), 1989

井深梶之助とその時代刊行委員會 編, 『井深梶之助とその時代』全3卷, 明治學院,
　　1961~1971

今中寛司, 「小崎弘道の『政教新論』について」(『キリスト教社會問題研究』30), 1982

岩井洋, 「比較『民俗/民衆宗教』論の課題: 歐美における『民俗/民衆宗教』概念を中心とし
　　て」(宗教社會學研究會 編, 『いま宗教をどうとらえるか』), 海鳴社, 1992

鵜浦裕, 「近代日本における社會ダーウィニズムの受容と展開」(柴谷篤弘, 他編, 『進化思想
　　と社會』講座・進化2), 東京大學出版會, 1991

植村正久, 『植村全集』全8卷, 植村全集刊行會, 1933~1934

植村正久, 『植村正久著作集』全7卷, 新教出版社, 1966~1977

宇佐美寛, 「特集研究 教育におけるピュータリニズムと『左翼』プロテスタンティズム」(世界
　　教育史研究會 編, 『世界教育史大系 一七, アメリカ教育史 I』), 講談社, 1981

ウッドワード, W・E, 『アメリカ人はどう生きてきたか』, 筑摩書房, 中西秀雄 譯, 1989

鵜沼裕子, 「植村正久と『日本評論』」(『興文』1969年 7月號), 1969

鵜沼裕子, 「國民道德論をめぐる論爭」(今井淳・小澤富夫 編, 『日本思想論爭史』), ペリカン
　　社, 1979

鵜沼裕子, 『史料による日本キリスト教史』, 聖學院大學出版會, 1992

鵜沼裕子, 「大內三郎先生と植村正久研究」(大內三郎, 『植村正久: 生涯と思想』), 日本基督
　　教團出版局, 2002

海老沢有道・大內三郎, 『日本キリスト教史』, 日本基督教團出版局, 1970

海老沢有道, 「明治反動期におけるキリスト教教育の一齣: 立教學校文學會刊『八紘』紹介を
　　兼ねて」(『史苑』22卷3號), 1962

海老沢有道, 『日本の聖書: 聖書和譯の歴史』, 講談社學術文庫, 1989[1981]

海老沢有道 編, 「高橋五郎著譯書目錄」(『史苑』23卷2號), 1963

エリアス, ノルベルト, 『文明化の過程』(上・下), 法政大學出版局, 1977~1978

遠藤潤, 「丸山眞男と宗教史: 宗教からみた『丸山眞男講義錄』」(『現代宗教』), 2002

遠藤潤, 「『神道』からみた近世と近代」(池上良正 他編『宗教史の可能性』, 岩波講座・宗教
　　3), 岩波書店, 2004

大內三郎, 「日本キリスト教思想史における「傳統」の問題」(『季刊日本思想史』6), 1978

大內三郎, 『植村正久: 生涯と思想』, 日本基督教團出版局, 2002

大內三郎, 『植村正久論考』, 新教出版社, 2008

大久保健晴, 「明治初期知識人における宗教論の諸相: 西周と中村敬宇を中心に」(『政治思想研究』4), 2004

大久保正健, 「理神論の系譜」(鎌井敏和 他編, 『イギリス思想の流れ: 宗教・哲學・科學を中心として』), 北樹出版, 1998

大隅和雄・平石直昭 編, 『思想史家・丸山眞男論』, ペリカン社, 2002

大谷栄一, 「宗教社會學者は現代社會をどのように分析するのか?: 社會學における宗教研究の歴史と現狀」(『年報社會科學基礎論研究 第4號 現代社會と〈宗教〉の鏡』), 2005

大谷栄一, 「近代日本の『政治と宗教』のクロスロード」(『南山宗教文化研究所研究所報』16), 2006

大谷栄一, 「近代日本佛教史研究の方法論」(東國大學校佛教文化研究院, 『佛教學報』50), 2008

大谷栄一, 「『近代佛教になる』という物語: 近代日本佛教史研究の批判的繼承のための理路」(『近代佛教』16), 2009a

大谷栄一, 「明治期日本の『新しい佛教』という運動」(『季刊日本思想史』75), 2009b

大谷栄一, 「近代佛教の形成と展開」(『新アジア佛教史 14 日本 Ⅳ』), 佼成出版社, 2011

大谷栄一 編, 「末木文美士『明治思想家論』『近代日本と佛教』を讀む」(『南山宗教文化研究所研究所報』16), 2006

大濱徹也, 『明治キリスト教會史の研究』, 吉川弘文館, 1979

オーベール, ロジェ 他, 『キリスト教史 第9巻 自由主義とキリスト教』, 平凡社, 上智大學中世思想研究所 編譯・監修, 1997

沖田行司, 「井上哲次郎の宗教觀と『六合雜誌』」(同志社大學人文科學研究所 編, 『『六合雜誌』の研究』), 教文館, 1984

萩原 隆, 『中村敬宇と明治啓蒙思想』, 早稻田大學出版部, 1984

萩原 隆, 『中村敬宇研究: 明治啓蒙思想と理想主義』, 早稻田大學出版部, 1990

萩間寅男, 「バトラーの宗教論」(行安茂 編, 『近代イギリス倫理學と宗教: バトラーとシジウィック』), 晃洋書店, 1999

小沢三郎, 『內村鑑三不敬事件』, 新教出版社, 1961

小沢三郎, 『幕末明治耶蘇教史研究』, 日本基督教團出版局, 1973

笠原芳光, 「井上円了の排耶論」(同志社大學人文科學研究所 編, 『排耶論の研究』), 教文館, 1989

柏原祐泉, 『日本佛教史・近代』, 吉川弘文館, 1990

桂島宣弘, 『思想史の19世紀: 「他者」としての德川日本』, ペリカン社, 1999

桂島宣弘, 『幕末民衆思想の研究・增補改訂版』, 文理閣, 2005a(1992년 간행의 增補改訂版)

桂島宣弘, 「近代における〈宗教〉化体驗: 金光教と復古神道を事例として」(西村清和・高橋文博 編『近代日本の成立』), ナカニシヤ出版, 2005b

金子圭介, 「中西牛郎の天理教學研究: 天理教理史研究の一齣」(『天理大學學報』102), 1976

鎌井敏和,「ケンブリッジ・プラトン學派とその周邊」(鎌井敏和 他編『イギリス思想の流れ: 宗教・哲學・科學を中心として』), 北樹出版, 1998

鎌井敏和 他編,『イギリス思想の流れ: 宗教・哲學・科學を中心として』, 北樹出版, 1998

上河一之,「「教育宗教衝突論爭」と中西牛郎」(『近代熊本』29), 2005

川口高風,『明治前期曹洞宗の研究』, 法藏館, 2002

川口善一,「「開拓者』始末記」(『興文』1月號), 1968

木村直惠,《〈青年〉の誕生: 明治日本における政治的實踐の轉換』, 新曜社, 1998

工藤英一,『日本社會とプロテスタント傳道: 明治期プロテスタント史の社會經濟史的考察』, 日本基督教團出版局, 1959

熊野義孝,『日本キリスト教神學思想史』, 新教出版社, 1968

熊本縣立中學濟々黌,『熊本縣立中學濟々黌創立30周年記念多士』, 熊本縣立中學濟々黌, 1912

栗山義久,「丁韙良『天道溯原』にみるキリスト教思想と儒教思想の融合」(『南山大學圖書館紀要』7), 2001

黒住 真,『近世日本社會と儒教』, ペリカン社, 2003

黒住 真,『複數性の日本思想』, ペリカン社, 2006

桑田秀延,「日本神學史における植村正久」(『植村正久著作集付録』4), 1966

ケテラー, ジェームス『邪教/殉教の明治: 廢佛毀釋と近代佛教』, ペリカン社, 岡田正彦 譯, 2006(원저 James Ketelaar, *Of Heretics and Martyrs in Meiji Japan*, Princeton University Press, 1990)

小泉 仰,「啓蒙思想家の宗教觀」(比較思想史研究會 編『明治思想家の宗教觀』), 大藏出版, 1975

小泉 仰,『中村敬宇とキリスト教』, 北樹出版, 1991

上坂倉次,「中西牛郎の佛教革新論」(上)(『佛教』3巻3號), 1937a

上坂倉次,「中西牛郎の佛教革新論」(下)(『佛教』3巻4號), 1937b

小林志保・栗山義久,「排耶書『護國新論』『耶蘇教の無道理』にみる眞宗本願寺派の排耶運動」(『南山大學圖書館紀要』7), 2001

小林功芳,『英學と宣教の諸相』, 有隣堂, 2000

小檜山ルイ,『アメリカ婦人宣教師: 來日の背景とその影響』, 東京大學出版會, 1992

小室裕允,『近代佛教史研究』, 同朋舍出版, 1987

斉藤 勇,「『宗教及び文藝』について」(『興文』), 1968(『復刻『宗教及び文藝』』에 수록)

酒井直樹,『日本思想という問題』, 岩波書店, 1997

境野黄洋,『新佛教十年史』, 新佛教徒同志會, 1910

坂口満宏,「1880年代・佛教系の反キリスト教運動: 排耶書の普及と結社・講談會活動」(同志社大學人文科學研究所 編『排耶論の研究』), 教文館, 1989

桜井 匡,『近世日本宗教思想史』, 惇信堂, 1944

桜井 匡,『明治宗教史研究』, 春秋社, 1971

佐藤愼一,『近代中國の知識人と文明』, 東京大學出版會, 1996

佐藤敏夫,「高倉德太郎における文化の問題」(『神學』24), 1963

佐波亘 編, 『植村正久と其の時代』 全八巻, 教文館, 1976[1937](復刻再版)

澤 大洋, 『都市民權派の形成』, 吉川弘文館, 1998

澤 大洋, 『共存同衆の生成: 文明開化と初期都市民權派の知識人言論結社の航跡』, 青山 社, 1995a

澤 大洋, 『共存同衆の進展と影響: 代表的都市民權派言論結社の航跡』, 東海大學出版會, 1995b

塩野和夫, 『19世紀アメリカンボードの宣教思想 I 1810~1850』, 新教出版社, 2005

島尾永康, 「『七一雑報』にみる科學史と自然神學」(『キリスト教社會問題研究』36), 1988

島尾永康, 「自然神學の時代: 同志社英學校所藏の自然神學書に見る」(『キリスト教社會問 題研究』37), 1989

島薗 進, 「日本における「宗教」概念の形成: 井上哲次郎のキリスト教批判をめぐって」(山折 哲夫・長田俊樹 編, 『日本人はキリスト教をどのように受容したか』), 國際日本文化研究 センター, 1998

島薗 進, 「國家神道と近代日本の宗教構造」(『宗教研究』329), 2001a

島薗 進, 「19世紀日本の宗教構造の變容」(『コスモロジーの近世』, 岩波講座・近代日本の文 化史 2), 岩波書店, 2001b

島薗 進, 「『宗教』と『religion』」(『季刊悠久』87), 2001c

島薗 進, 「近代日本における『宗教』概念の受容」(島薗進・鶴岡賀雄 編, 『〈宗教〉再考』), ペリ カン社, 2004a

島薗 進, 「現代日本と『宗教』: 超越的普遍性の理念とその相對化」(池上良正 他編, 『宗教 のゆくえ』, 岩波講座・宗教 10), 岩波書店, 2004b

島薗 進, 「〈書評〉磯前順一『近代日本の宗教言説とその系譜』」(『日本史研究』499), 2004c

島薗 進, 「宗教言説の形成と近代的個人の主体性: 内村鑑三と清澤滿之の宗教論と超越 的普遍性」(『季刊日本思想史』72), 2008

島薗 進・鶴岡賀雄 編, 『〈宗教〉再考』, ペリカン社, 2004

島田虔次, 『朱子學と陽明學』, 岩波書店, 1967

ジャーマニー, チャールズ, 『近代日本のプロテスタント神學』, 日本基督教團出版局, 布施 濤雄 譯, 1984(원저 Charles H. Germany, *Protestant Theologies in Modern Japan*, The Board of Publications The United Church of Christ in Japan, 1965)

昭和女子大學近代文學研究室, 「植村正久」(昭和女子大學近代文學研究室, 『近代文學研 究叢書』第23卷), 昭和女子大學近代文學研究所, 1970

昭和女子大學近代文學研究室, 「高橋五郎」(昭和女子大學近代文學研究室, 『近代文學研 究叢書』第39卷), 昭和女子大學近代文學研究所, 1974

白井堯子, 『福澤諭吉と宣教師たち: 知られざる明治期の日英關係』, 未來社, 1999

末木文美士, 『近代日本の思想・再考 I・明治思想家論』, トランスビュー, 2004a

末木文美士, 『近代日本の思想・再考 II・近代日本と佛教』, トランスビュー, 2004b

菅原 光, 「『宗教』の再構成: 西周と啓蒙の戰略」(『日本思想史學』35), 2003

杉井六郎, 「明治思想史における自由キリスト教提唱の意味」(『キリスト教社會問題研究』

11), 1967

杉井六郎, 「小崎弘道の東京傳道と『六合雑誌』の發刊」(同志社大學人文科學研究所・キリスト教社會問題研究會 編, 『日本の近代化とキリスト教』), 新教出版社, 1973

杉井六郎, 『明治期キリスト教の研究』, 同朋舎出版, 1984a

杉井六郎, 「東京靑年會の成立と『六合雑誌』」(同志社人文科學研究所 編, 『『六合雑誌』の研究』), 教文館, 1984b

杉井六郎, 「高橋五郎小論」(同志社人文科學研究所 編, 『『六合雑誌』の研究』), 教文館, 1984c

杉本良夫, 「アジア・アフリカ的翻譯」(池上良正 他編, 『宗教とは何か』, 岩波講座・宗教 1), 岩波書店, 2003

鈴木修次, 『文明のことば』, 文化評論出版株式會社, 1981

鈴木範久, 『明治宗教思潮の研究: 宗教學事始』, 東京大學出版會, 1979

鈴木範久, 『內村鑑三とその時代: 志賀重昂との比較』, 日本基督教團出版局, 1985(1975년 간행의 再版)

鈴木範久, 『『六合雑誌』解說・執筆者・作品名索引』, 不二出版, 1988(『六合雑誌』 復刻版 別冊)

鈴木範久, 「解題」(『小崎弘道全集・復刊版』), 日本圖書センター, 2000

鈴木範久, 『日本宗教史物語』, 聖公會出版, 2001a

鈴木範久, 『日本キリスト教史物語』, 教文館, 2001b

関 一敏, 「信仰論序說」(『族』 27), 1996

関 皐作, 『井上博士と基督教徒(正・續)』, みすず書房, 1988[1893]a(1893년 간행의 復刻)

関 皐作, 『井上博士と基督教徒(收結編)』, みすず書房, 1988[1893]b(1893년 간행의 復刻)

関岡一成, 「『普及福音新教傳道會』の日本傳道について: 明治二十年代前半を中心にして」(『宗教研究』 268), 1986

関岡一成, 「プロテスタント・キリスト教受容の諸相: 明治三十年代までを中心として」(『キリスト教文化學會年報』 33), 1987

関岡一成, 「『新人』と綱島梁川」(『キリスト教社會問題研究』 46), 1996

関岡一成, 「綱島梁川のキリスト教受容(その一)」(『神戸外大論叢』 48巻2號), 1997

関岡一成, 「綱島梁川のキリスト教受容(その二)」(『神戸外大論叢』 51巻5號), 2000

関山和夫, 『說教の歷史的研究』 法藏館, 1973

芹川博通, 「明治中期の排耶論: 井上円了を中心として」(池田英俊 編, 『論集日本佛教史・八・明治時代』) 雄山閣, 1987

曹洞宗選書刊行會 編, 『曹洞宗選書・第六卷・教義編・對外來思想』, 同朋舍出版, 鏡島元隆・櫻井秀雄 監修, 1981

曽根曉彦, 『アメリカ教會史』, 日本基督教團出版局, 1974

高木きよ子, 「井上円了の宗教學」(清水乞 編, 『井上円了の學理思想』), 東洋大學円了記念學術振興基金, 1989

高木宏夫, 「解說」(『井上円了選集』 3巻), 東洋大學, 1987

高橋昌郎, 『中村敬宇』, 吉川弘文館, 1988(1966년 간행의 新装版)

高橋昌郎, 『明治のキリスト教』, 吉川弘文館, 2003

高谷道男, 『ヘボン』, 吉川弘文館, 1986(1961년 간행의 新装版)

高谷道男・太田愛人 共著, 『横浜バンド史話』, 築地書館, 1981

武田清子, 『人間觀の相剋: 近代日本の思想とキリスト教』, 弘文堂, 1959

武田清子, 『土着と背教: 傳統的エトスとプロテスタント』, 新教出版社, 1967

武田清子, 『背教者の系譜: 日本人とキリスト教』, 岩波書店, 1973

武田清子, 『正統と異端の"あいだ": 日本思想史研究試論』, 東京大學出版會, 1976

武田清子, 「進化論の受容方法とキリスト教」(『文學』 47), 1979a

武田清子, 『植村正久: その思想史的考察』, 教文館, 2001a

武田清子, 「植村正久の『宗教及び文藝』: その傳道活動の一形態」(復刻『宗教及び文藝』),
    新教出版社, 2001b

竹中正夫, 「小崎弘道における國家思想の展開: 明治前半期を中心に」(同志社大學人文科
    學研究所 編, 『熊本バンド研究』), みすず書房, 1965

田代和久, 「植村正久における『キリスト教』と『武士道』: 初代プロテスタント『福音』理解の一
    典型」(『日本思想史研究』 4), 1970

田代和久, 「都市教會存立の思想的背景: 植村正久の場合」(『日本思想史研究』 6), 1972

田代和久, 「植村正久における神學思想」(『日本思想史研究』 7), 1975

田代和久, 「明治十年代におけるキリスト教の弁証: 山崎爲德『天地大原因論』から植村正
    久『眞理一斑』へ」(『日本思想史研究』 9), 1977a

田代和久, 「植村正久と内村鑑三: 『アメリカ』体験の問題」(『内村鑑三研究』 9), 1977b

田代和久, 「『内村鑑三不敬事件』と植村正久」(『季刊日本思想史』 7), 1978a

田代和久, 「植村正久と金森通倫: 『新神學』問題を中心に」(『日本思想史學』 10), 1978b

田代和久, 「明治二十年代の植村正久: 主として『日本評論』を中心に」(『基督教文化學會年
    報』 25), 1979a

田代和久, 「植村正久と内村鑑三: 明治20年代のトーマス・カーライルをめぐって」(『内村鑑
    三研究』 13), 1979b

田代和久, 「明治キリスト教の歴史思想: 植村・海老名「キリスト論争」を中心に」(『季刊日本
    思想史』 16), 1981

田代和久, 「同時代思想家としての植村正久」(石田一良 編, 『日本精神史』), ペリカン社,
    1988

田代和久, 「ヴィクトリア思想と植村正久」(『日本思想史學』 21), 1989

谷川 穰, 「明治前期における僧侶養成學校と『俗人教育』: 眞宗本願寺派普通教校の設置を
    めぐって」(『日本の教育史學』 46), 2003

谷川 穰, 『明治前期の教育・教化・佛教』, 思文閣出版, 2008

圭室文雄 編, 『民衆宗教の構造と系譜』, 雄山閣, 1995

チデスター, ディヴィッド, 『サベッジ・システム: 植民地主義と比較宗教』, 2010(원저 David
    Chidester, *Savage systems: Colonialism and Comparative Religion in South-
    ern Africa*, University Press of Virginia, 1996)

周 圓, 「丁韙良の生涯と『万國公法』漢譯の史的背景」(『一橋法學』, 9巻3號), 2010

辻野 功, 『『六合雜誌』における片山潜』(『キリスト教社會問題研究』27), 1978

土屋博政, 『ユニテリアンと福澤諭吉』, 慶應義塾大學出版會, 2004

土屋礼子, 『大衆紙の源流: 明治期小新聞の研究』, 世界思想社, 2002

手戸聖伸, 「舊制第一高等學校における教養と宗教: 明治後期から大正期を中心に」(『東京
　　大學宗教學年報』17), 2000

手戸聖伸, 「『新佛教』にみる佛教界の教養化」(『東京大學宗教學年報』18), 2001

同志社大學人文科學研究所 編, 『熊本バンド研究: 日本プロテスタンティズムの一源流と
　　展開』(同志社大學人文科學研究所研究叢書 7), みすず書房, 1965

同志社大學人文科學研究所 編, 『『六合雜誌』の研究・『六合雜誌』總目次』(同志社大學人
　　文科學研究所研究叢書 17), 教文館, 1984

同志社大學人文科學研究所 編, 『『七一雜報』の研究』(同志社大學人文科學研究所研究
　　叢書 19), 同朋舍出版, 1986

同志社大學人文科學研究所 編, 『排耶論の研究』(同志社大學人文科學研究所研究叢書
　　20), 教文館, 1989

東洋大學創立100年史編纂委員會・東洋大學創立100年史編纂室 編, 『東洋大學百年史』
　　全8巻, 東洋大學, 1988~1995

戸頃重基, 『近代日本のナショナリズム』, 富山房, 1966

土肥昭夫, 『日本プロテスタントキリスト教史(第三版)』, 新教出版社, 1994

土肥昭夫, 『歴史の証言: 日本プロテスタント・キリスト教史より』, 教文館, 2004

ドロワ, ロジェ゠ポル, 『虚無の信仰: 西歐はなぜ佛教を怖れたか』, トランスビュー, 島田裕
　　巳・田桐正彦 譯, 2002

尙樹啓太郎, 「文明という言葉をめぐって」(東海大學文明研究所 編, 『文明とは何か』), 東海
　　大學出版會, 1978

長島伸一, 『世紀末までの大英帝國: 近代イギリス社會生活史素描』, 法政大學出版局,
　　1987

中野目徹, 「森有禮における『文明』と宗教: 宗教」(『明六雜誌』第6號所收)の檢討」(『日本宗
　　教史研究年報』7), 1986

西川長夫, 『國境の越え方』, 筑摩書房, 1992

西川長夫, 『地球時代の民族=文化理論: 脱「國民文化」のために』, 新曜社, 1995

西川長夫, 『戰爭の世紀を越えて: グローバル化時代の國家・歴史・民族』, 平凡社, 2002

西川長夫 他編, 『幕末・明治期の國民國家形成と文化變容』, 新曜社, 1995

西田長寿, 『日本ジャーナリズム史研究』, みすず書房, 1989

新田 均, 「島薗進『國家神道』論の吟味1」(『明治聖德記念學會紀要』復刊 36), 2002

新田 均, 「島薗進『國家神道』論の吟味2」(『明治聖德記念學會紀要』復刊 37), 2003

新田 均, 「島薗進『國家神道』論の吟味3」(『明治聖德記念學會紀要』復刊 39), 2004

新田 均, 「『國家神道』研究の整理」(『神道史研究』53巻1號), 2005

ネフ, エメリ, 『カーライルとミル: ヴィクトリア朝思想研究序説』, 未來社, 石上良平 譯,
　　1968[1926]

ノートヘルファー, フレッド・G., 『アメリカのサムライ』, 法政大學出版局, 飛鳥井雅道 譯, 1991(원저 F. G. Notehelfer, *American Samurai*, Princeton University Press, 1985)

ノートン, メアリー・ベス 他著, 『アメリカの歴史 第2巻 合衆國の發展』, 三省堂, 本田創造 監修, 1996

野村達朗, 「19世紀北美民衆史の構造」(歴史學研究會 編, 『南北アメリカの500年 第3巻 19世紀民衆の世界』), 青木書店, 1993

ハーデカ, ヘレン, 「戦後における日本宗教研究の進展」(『季刊日本思想史』61), 2002(원저 Hardacre Helen, "The Postwar Development of Studies of Japanese Religions" in Hardacre ed. *The Postwar Development of Japanese Studies in the United States*, Brill, 1998)

パイル, ケネス, 『新世代の國家像: 明治における歐化と國粹』, 社會思想社, 松本三之介 監譯, 五十嵐曉郎 譯, 1986(원저 Kenneth B. Pyle, *The New Generation In Meiji Japan*, Board of Trustees of the Leland Stanford Junior University, 1969)

ハウズ, ジョン・F, 「日本人キリスト者とアメリカ人宣教師」(マリウス・B・ジャンセン 編, 『日本における近代化の問題』), 岩波書店, 細谷千博 編譯, 1968

羽賀祥一, 『明治維新と宗教』, 筑摩書店, 1994

橋本比登志, 「『自然神學』(1802) 以前のW. ペイリーの自然神學」(『經濟學論究』42巻2號), 1988

林 淳, 「宗門から宗教へ」(池上良正 他編, 『宗教とは何か』, 岩波講座・宗教 1), 岩波書店, 2003

林 淳, 「〈書評〉磯前順一『近代日本の宗教言説とその系譜』」(『宗教研究』340), 2004

原島 正, 「近代日本の文明と基督教」(尙樹啓太郎 編, 『歴史における文明の諸相』), 東海大學出版會, 1971

バルテルミ＝マドール, マドレーヌ, 『ラマルクと進化論』, 朝日新聞社, 横山輝雄・寺田元一 譯, 1993

半澤孝麿, 『近代日本のカトリシズム: 思想史的考察』, みすず書房, 1993

比較思想史研究會 編, 『明治思想家の宗教觀』, 大藏出版, 1975

比屋根安定, 『日本宗教史』, 三共出版, 1925

兵藤裕己, 「明治のパフォーマンス: 政治演説と藝能」(『感性の近代』岩波講座・近代日本の文化史 4), 岩波書店, 2002

平山 洋, 『大西祝とその時代』, 日本圖書センター, 1989

深澤英隆, 「『宗教』の生誕: 近代宗教概念の生成と呪縛」(池上良正 他編, 『宗教とは何か』, 岩波講座・宗教 1), 岩波書店, 2003

深澤英隆, 「『宗教』概念と『宗教言説』の現在」(島薗進・鶴岡賀雄 編, 『〈宗教〉再考』), ペリカン社, 2004

深澤英隆, 『啓蒙と霊性: 近代宗教言説の生成と變容』, 岩波書店, 2006

福島栄寿, 『思想史としての「精神主義」』, 法藏館, 2003a

福嶋信吉, 「明治後期の『新佛教』運動における自由討究」(『宗教研究』316), 1998

福嶋信吉,「〈お道〉として語られる〈宗教〉世界」(島薗進・鶴岡賀雄 編,『〈宗教〉再考』), ペ
    リカン社, 2004

藤井清久,「ダーウィンの宗教観: 大地・人間・動物」(『人文科學研究・キリスト教と文化』
    27), 1995

藤井健志,「近世~近代初期における眞宗思想の展開と『宗教』概念の形成」(『近代的「宗教」
    概念と宗教學の形成と展開: 日本を中心とした比較研究』, 平成10~12年度科學研究費
    補助金・研究成果報告書, 研究代表者・島薗進, 課題番號 10410009), 2001

藤原聖子,「讀書案內・『宗教』とは何だったのか?」(池上良正 他編,『宗教とは何か』, 岩波講
    座・宗教 1), 岩波書店, 2003

藤原聖子,『「聖」概念と近代』, 大正大學出版會, 2005

ブラウン, S. R.,『S・R・ブラウン書簡集』, 日本基督教團出版部, 高谷道男 編譯, 1965

ブルック, J. H.,『科學と宗教』, 工作舍, 田中靖夫 譯, 2005

フルベッキ, G. H. F.,『フルベッキ書簡集』, 新教出版社, 高谷道男 編譯, 1978

古屋安雄・土肥昭夫 他,『日本神學史』, ヨルダン社, 1992

ヘニング, ジョセフ, M.,『アメリカ文化の日本經驗: 人種・宗教・文明と形成期米日關係』, み
    すず書房, 空井護 譯, 2005

ボウラー, ピーター・J.,『進化思想の歴史』(上・下), 朝日新聞社, 鈴木善次 他譯, 1987

ボウラー, ピーター・J.,『進歩の發明: ヴィクトリア時代の歴史意識』, 平凡社, 岡嵜修 譯,
    1995

ボウラー, ピーター・J.,『チャールズ・ダーウィン: 生涯・學說・その影響』, 朝日新聞社, 横山
    輝雄 譯, 1997

ポーター, ロイ,『啓蒙主義』, 岩波書店, 見市雅俊 譯, 2004

星野靖二,「文明から宗教へ: 明治十年代から明治二十年代にかけての植村正久の宗教論
    の變遷」(『東京大學宗教學年報』18), 2001a

星野靖二,「明治前半期における『宗教』:『宗教要論』と『政教新論』」(『思想史研究』 1),
    2001b

星野靖二,「中西牛郎の宗教論」(『思想史研究』2), 2002

星野靖二,「『宗教及び文藝』に見る明治末期のキリスト教の一側面」(『東京大學宗教學年
    報』20), 2003a

星野靖二,「日本キリスト教思想史における『近代化』と『宗教』: 武田清子の研究を振り返る」
    (『思想史研究』3), 2003b

星野靖二,「『宗教』の位置付けをめぐって: 明治前期におけるキリスト教徒達に見る」(島薗
    進・鶴岡賀雄 編,『〈宗教〉再考』), ペリカン社, 2004

星野靖二,「中西牛郎『教育宗教衝突斷案』について: キリスト教の捉え直しと望ましい『宗
    教』という觀点から」(『思想史研究』6), 2006

星野靖二,「明治十年代におけるある佛基論爭の位相: 高橋五郎と蘆津實全を中心に」(『宗
    教學論集』26), 2007

星野靖二,「成瀬仁藏のキリスト教理解: 郡山時代を中心に」(『日本女子大學總合研究所紀
    要』11), 2008

星野靖二,「キリスト歴史と〈宗教〉史の"あいだ"」(市川裕・松村一男・渡部和子 編,『宗教史とは何か』下巻), リトン, 2009

星野靖二,「明治中期における『佛教』と『信仰』: 中西牛郎の『新佛教』論を中心に」(『宗教學論集』29), 2010

星野正興,『日本の農村社會とキリスト教』, 日本基督教團出版局, 2005

堀江宗正,「宗教概念批判論」(『國際宗教研究所ニュースレター』43), 2004

堀越知巳,「植村正久に於ける神學」(仁戸田六三郎 編,『日本人の宗教意識の本質』), 教文館, 1973

前田 愛,『近代讀者の成立』, 岩波書店, 2001(1973년 간행의 岩波書店現代文庫版)

前田 愛,『近代日本の文學空間: 歷史・ことば・狀況』, 平凡社, 2004(1983년 간행의 平凡社ライブラリー版)

政池仁,『内村鑑三傳』, 教文館, 1977(再增補改訂版)

松崎欣一,『三田演説會と慶應義塾系演説會』, 慶應義塾大學出版會, 1998

松沢弘陽,『近代日本の形成と西洋經驗』, 岩波書店, 1993

松沢弘陽,「丸山眞男における近・現代批判と傳統の問題」(大隅和雄・平石直昭 編,『思想史家・丸山眞男論』), ペリカン社, 2002

松永俊男,『ダーウィンの時代: 科學と宗教』名古屋大學出版會, 1996

松村克美,「解說」(『石原謙著作集』第10卷), 岩波書店, 1979

松本三之介,『明治思想における傳統と近代』, 東京大學出版會, 1996a

松本三之介,『明治思想史』, 新曜社, 1996b

松本富士男,「キリスト教と文明論」(斉藤博 編,『文明理論への試み』), 東海大學出版會, 1973

マリンス, マーク,『メイド・イン・ジャパンのキリスト教』, トランスビュー, 高崎恵 譯, 2005(원저 Mark R. Mullins, *Christianity made in Japan: a study of indigenous movements*, University of Hawaii Press, 1998)

丸山眞男,『丸山眞男講義錄・第四册』, 東京大學出版會, 1998

三井礼子,「バトラーと理神論論爭」(行安茂 編,『近代イギリス倫理學と宗教: バトラーとシジウィック』), 晃洋書房, 1999

三竝 良,『日本に於ける自由基督教と其先驅者』, 文章院出版部, 1935

峰島旭雄,「明治期における西洋哲學の受容と展開: 西周・西村茂樹・清澤滿之の場合(續の2)」(『早稻田商學』211), 1970

峰島旭雄,「佛教者の宗教觀」(比較思想史研究會 編,『明治思想家の宗教觀』), 大藏出版, 1975

三松俊平,『植村正久の思ひ出』, アルパ社, 1935

宮武外骨,『明治演説史』, 成光館出版部, 1929

森 和也,「近代佛教の自畫像としての護法論」(『宗教研究』353), 2007

森中章光 譯注・吉野政治 補訂,『『天道遡原』を讀む』, かもがわ出版, 1996

森本あんり,「文脈化神學の現在」(『宗教研究』346), 2005

森本あんり,『アメリカ・キリスト教史: 理念によって建てられた國の軌跡』, 新教出版社,

2006

安丸良夫, 『神々の明治維新: 神佛分離と廢佛毀釋』, 岩波書店, 1979

安丸良夫, 「近代轉換期における宗教と國家」(『宗教と國家』日本近代思想体系 5), 岩波書店, 1988

安丸良夫, 「民衆運動における『近代』」(『民衆運動』日本近代思想体系 21), 岩波書店, 1989

安丸良夫, 『近代天皇像の形成』, 岩波書店, 1992

安丸良夫, 『〈方法〉としての思想史』, 校倉書房, 1996

安丸良夫, 『一揆·監獄·コスモロジー: 周緣性の歷史學』, 朝日新聞社, 1999

安丸良夫, 『日本の近代化と民衆思想』, 平凡社, 1999[1974]

安丸良夫·宮地正人 校注, 『宗教と國家』日本近代思想体系 5, 岩波書店, 1988

山口輝臣, 「宗教の語り方」, (『年報·近代日本研究』18), 1996

山口輝臣, 『明治國家と宗教』, 東京大學出版會, 1999

山田慶兒, 『朱子の自然學』, 岩波書店, 1978

山本秀煌 編, 『日本基督教會史』, 改革社, 1973(1929年刊, 山本秀煌 編, 『日本基督教會史』, 日本基督教會事務所의 復刻版)

行安茂 編, 『近代イギリス倫理學と宗教: バトラーとシジウィック』, 晃洋書房, 1999

吉田久一, 『日本近代佛教史研究』, 吉川弘文館, 1959

吉田久一, 『日本近代佛教社會史研究』, 吉川弘文館, 1964

吉田久一, 『日本の近代社會と佛教』, 評論社, 1970

吉田久一, 『近現代佛教の歴史』, 筑摩書房, 1998

吉田 寅, 『中國キリスト教傳道文書の研究: 『天道遡源』の研究·附譯注』, 汲古書院, 1993

吉馴明子, 「植村正久の國家·社會觀」(『跡見學園短期大學紀要』23), 1986

吉馴明子, 「武田清子氏における楕円の二つの焦点」(『福音と世界』5月號), 1996

吉野耕作, 『文化ナショナリズムの社會學: 現代日本のアイデンティティの行方』, 名古屋大學出版會, 1997a

吉野耕作, 「現代日本の文化ナショナリズム」(中野毅·飯田剛史·山中弘, 編, 『宗教とナショナリズム』), 世界思想社, 1997b

美井輝圭, 「近代化と『宗教』」(『東京大學宗教學年報』17), 1999

ライアン, ワルド, 「明治·大正期大谷派における異安心問題: 今日は地獄落の試験と極樂參りの試験をするのだ」(『東京大學宗教學年報』22), 2004

ランデ, オースル, 「『六合雑誌』における諸宗教に對する態度: 1880年から1890年までを中心として」(『キリスト教社會問題研究』27), 1978

龍谷大學350年史編集委員會 編, 『龍谷大學350年史』全7卷, 龍谷大學, 1987~2000

渡辺和靖, 「キリスト教と儒教との關連」(『季刊日本思想史』6), 1978

渡辺和靖, 『明治思想史: 儒教的傳統と近代認識論』增補版, ペリカン社, 1985

渡辺 浩, 『東アジアの王權と思想』, 東京大學出版會, 1997

渡辺正雄, 『日本人と近代科學』, 岩波書店, 1979

Ballhatchet, Helen, "The Religion of the West versus the Science of the West:

The Evolution Controversy in Late Nineteenth Century Japan" in John
Breen and Mark Williams eds. *Japan and Christianity: Impacts and Respons-
es*, Macmillan, 1996

Byrne, James M., *Religion and the Enlightenment: from Descartes to Kant*, West-
minster John Knox Press, 1996

Byrne, Peter, *Natural Religion and the Nature of Religion*, Routledge, 1989

Cary, Otis, *A History of Christianity in Japan vol. II*, Fleming H. Revell Company,
1987[1909]

Griffis, William Elliot, *A Maker of the New Orient*, Fleming H. Revell Company,
1902(W. E. グリフィス, 『我に百の命あらば』, キリスト新聞社, 渡辺省三 譯, 1985)

Harrison, Peter, *'Religion' and the religions in the English Enlightenment*, Cam-
bridge University Press, 1990

Harrison, Peter, *The Bible Protestantism and the rise of natural science*, Cam-
bridge University Press, 1998

Hoshino, Seiji, "Reconfiguring Buddhism as a Religion: Nakanishi Ushirō and
His Shin Bukkyō" in *Japanese Religions* 34-2, 2009

Josephson, Jason Ānanda, "When Buddhism Became a 'Religion': Religion and
Superstition in the Writings of Inoue Enryo" in *Japanese Journal of Religions
Studies* 33-1, 2006

King, Richard, *Orientalism and Religion: Postcolonial Theory India and 'The
Mystic East'*, Routledge, 1999

King, Winston L., "Religion" in Mircea Eliade ed. *The Encyclopedia of Religion*,
Macmillan, 1987

Lightman, Bernard, "Astronomy for the People: R. A. Proctor and the Popular-
ization of the Victorian Universe" in Jitse M. van der Meer ed. *Facets of Faith
and Science vol.3: The Role of Beliefs in the Natural Sciences*, University Press
of America, 1996

Lindberg, David C. and Ronald, L. Numbers eds., *God and Nature: Historical
Essays on the Encounter between Christianity and Science*, University of Cali-
fornia Press, 1986

McCutcheon, Russell T., *Manufacturing Religion: The Discourse on sui generis
Religion and The Politics of Nostalgia*, Oxford University Press, 1997

McGrath, Alister E., *Science and Religion: an introduction*, Blackwell, 1999(A. E.
マクグラス, 『科學と宗教』, 教文館, 稲垣久和 他譯, 2003)

Miller, Donald E., "Liberalism" *A New Dictionary of Christian Theology*, SCM
Press, 1983

Molendijk, Arie L., "At the cross-roads: Early Dutch science of religion in in-
ternational perspective" in Hjelde, Sigurd ed. *Man, Meaning and Mystery:
Hundred Years of History of Religions in Norway. The Herritage of W. Brede*

Kristensen, Brill, 2000

Nirei, Yosuke, "Toward a Modern Belief: Modernist Protestantism and Problems of National Religion in Meiji Japan" in *Japanese Journal of Religions Studies* 34-1, 2007

Pailin, David A. ed., *Attitudes to other religions: comparative religion in seventeeth- and eighteenth- century Britain*, Manchester University Press, 1984

Peterson, Derek and Darren., Walhof eds. *The Invention of Religion: Rethinking Belief in Politics and History*, Rutgers University Press, 2005

Richmond, James, "Liberal Protestantism" *A New Dictionary of Christian Theology*, SCM Press, 1983

Serjeantson, Richard, "Herbert of Cherbury before Deism: The early reception of the De veritate" in *The Seventeeth Century* 16-2, 2001

Sharpe, Eric J., *Comparative Religion: A History, Second Edition*, Duckworth, 1986

Smith, Wilfred Cantwell, *The Meaning and End of Religion*, Fortress Press, 1991[1962]

Thal, Sarah, "A Religion That Was Not a religion: The Creation of Modern Shinto in Nineteenth-Century Japan" in Derek. Peterson and Darren, Walhof eds. *The Invention of Religion: Rethinking Belief in Politics and History*, Rutgers University Press, 2005

Thelle, Notto R., *Buddhism and Christianity in Japan: From Conflict to Dialogue 1854-1899*, University of Hawaii Press, 1987

van der Veer, Peter and Hartmut, Lehmann eds., *Nation and Religion: Perspectives on Europe and Asia*, Princeton University Press, 1999

후

기

　이 책을 손에 들고 먼저 후기를 펼쳐볼 독자도 적지 않으리라 생각된다. 우선 이 책을 읽고 있는 당신에게 감사의 말씀을 드린다. 이 책은 당신의 사색에 어떠한 형태로든 관련을 맺을 것이다. 그리고 원컨대 이 책의 논의를 비판적으로 뛰어넘어 준다면 매우 기쁠 따름이다.

　이 책의 개요는 '서론'에서 말했고 또 '결론'에서 조금 정리했다. 여기에서는 이 책의 논점과 필자가 왜 그러한 문제를 생각하기에 이르렀는가를 되돌아보겠다.

　먼저 이 책이 전제로 하는 것은 근대 세계의 religion 그리고 '종교'라는 개념에는 역사적으로 구축되어온 측면이 있다는 점이다. 종교 개념의 역사성이라는 논점 자체는 이미 새로운 것은 아니다. 하지만 이 책에 어느 정도의 새로움이 있다고 한다면 그것은 종교가가 스스로 믿는 종교 전통과 종교 개념을 관련지어서 논한 국면에 초점을 맞춘 데에 있다고 생각한다.

　원래 필자는 우에무라 마사히사의 연구로 시작했다. 하지만 그때

　만들어진 종교

느낀 것은 우에무라가 생각한 기독교와 오늘날 연구자가 전제로 하는 기독교가 서로 차이가 있는 것은 아닐까 하는 점이었다. 이에 관해서는 연구 대상인 개인의 삶은 그 삶의 세계에 입각해서 인식해야 한다는 것을 구로즈미 마코토黑住眞 선생님과 우누마 히로코鵜沼裕子 선생님으로부터 배웠다. 이것은 또한 필자가 이해하기로는, 연구자가 가지고 있는 (종종 규범적인) 인식 틀을 대상화하는 작업 그리고 연구 대상과 왕래하면서 그것을 끊임없이 갱신하는 작업과 연결된다.

그리고 필자가 우에무라에게서 보이는 차이를 검토하려 했을 때 종교 개념의 역사성에 대한 논의는 하나의 유용한 도구처럼 생각되었다. 즉 우에무라의 기독교 이해와 그 변천은 동시대적인 종교의 사회적·이념적 배치의 변천을 참조하면서 논해야 했다. 그 연장에서 우선 고찰의 전제로 근대 일본의 종교라는 것에 대한 동시대적인 문맥을 볼 필요가 있다—역으로 말하면 그것은 아직 충분히 이루어지지 않았다—라는 인식에 이르렀다. 이러한 종교 개념을 둘러싼 논의에 대해서는 이소마에 준이치 선생님께 배우는 행운의 기회가 있었다. 이 책이 이소마에의 연구에서 많은 부분 힘입었음은 말할 것도 없다.

이렇게 해서 필자는 근대 일본의 종교 개념을 둘러싼 역사적 전개로 연구의 중심을 옮겼다. 거론한 사례도 기독교와 불교의 상호 교섭 국면이나 각각의 변증론이나 개량 운동을 중심으로 해서 거기에서 말해진 종교에 보다 더 초점을 맞추게 되었다. 그러나 이것은 나중에 재구성한 이야기이며 실제로는 학우들과 논의를 거쳐 시행착오를 반복하면서 연구를 거듭했다고 기억하고 있다. 그러한 모색 속에서 시마조노 스스무 선생님으로부터 마침 연구에 대한 적확한 시사와 따뜻한 격려를 받았다. 이것은 무엇보다도 커다란 도움이 되었다. 이 자리를 빌려 깊은 감사의 말씀을 올린다.

이러한 연구 방향의 연장에 이 책의 바탕이 된 박사논문이 있다. 논문 심사에서는 시마조노 선생님께서 주심을 맡아주셨으며 부심은 구로즈미, 이소마에, 후카사와 히데타카深澤英隆, 가루베 다다시苅部直 선생님께서 해주셨다. 후카사와 선생님께는 '지식인 종교'라는 관점을 배웠으며 가루베 선생님은 정치사상사 연구와 연결할 필요성을 가르쳐주셨다. 이 책이 박사논문 단계에서 조금이라도 발전되었다면 이는 심사의 노고를 아끼지 않으신 여러 선생님의 지도 덕택이다. 다시 한번 이 자리를 빌려 감사의 말씀을 드린다.

다음으로 이 책의 논의가 미치는 범위와 향후의 전망을 말해보려한다. 이 책은 대상을 보다 잘 이해하기 위한 문맥을 제공하는 것을 지향했으나 역으로 말하면 대상을 문맥만으로 환원할 수는 없다. 이러한 의미에서 이 책의 논의는 어느 개인의 종교적인 삶—사람은 추상적인 '종교'로 살아가는 것이 아니다—을 생각할 때 보조적인 의미만이 인정된다. 이 점을 전제로 확인해두고 싶다.

그러나 특히 근대 이후에 지식인—물론 연구자도 포함된다—에 의한 (허구仮構로서의) 종교 개념과 사람들이 실천하고 있는 (실체로서의) 종교 전통이라는 도식으로 단순하게 나눌 수 없다는 것이 필자의 입장이다. 필자의 이해로는 어떤 종교 전통—그리고 어떤 종교가의 삶—에서는 그 중층성에서 개념으로서의 종교를 참조하면서 재귀적으로 재편성되어가는 국면도 존재한다. 물론 그 국면은 단순한 것이 아니라, 거기에 적극적인 의미 부여가 중첩되는 경우와 혹은 억압과 배제가 되는 경우도 있다. 또한 반동적인 (재)구성도 있을 수 있지만

만들어진 종교

그들을 검토할 때 이 책의 논의는 하나의 보조선으로 유용하다고 생각한다. 종교 개념과 종교가(그리고 종교 전통)의 왕래—물론 여기에는 연구자의 개입도 포함된다—를 구체적인 예에 의거해서 깊이 생각하고 보다 설득력 있게 제시하는 것이 앞으로의 과제가 될 것이다.

이 책의 간행은 힘든 학술출판의 상황에서 필자가 근무하고 있는 고쿠가쿠인대학國學院大學으로부터 지원을 받았다. 이에 대해서 감사드린다. 그리고 이 책이 독자인 당신의 손에 한 권으로 다가가기까지 정말로 많은 도움을 받았다. 특히 필자가 현재 근무하는 대학에서 지도해주신 이노우에 노부타카井上順孝, 사카모토 고레마루阪本是丸 선생님께 감사의 말씀을 드린다. 또한 직접 찾아뵙고 인사 말씀을 드리지 못한 분들께 이 자리를 빌려서 감사의 뜻을 전하고 싶다.

마지막으로 사적인 언급이지만 연구를 계속한다는 선택을 일관되게 지지해주신 부모님, 그리고 물심양면으로 지원해준 아내와 딸에게 감사의 마음을 전한다.

2011년 10월 21일
단풍이 물든 케임브리지에서

옮
긴
이
의

말

이 책의 원제는 『근대 일본의 종교 개념—종교가의 말과 근대近代日
本の宗教概念—宗教者の言葉と近代』이다. 저자는 이 책을 통해, 근대 일본의 종
교가들이 새롭게 등장한 '근대적 종교 개념'에 어떻게 대응하며 각자
의 종교 전통에 대한 재해석을 도모했는지, 그리고 그런 자기 이해가
재귀적으로 투영된 것으로서 '근대 일본의 종교 개념'이 어떤 모습으
로 구축되어 갔는지 그 여정을 보여주고 있다.

이러한 내용을 한글 번역본에서는 '만들어진 종교'라는 제목으로
제시한 것인데, 그 이유는 다음과 같이 설명할 수 있다. 우선, 근대적
종교 개념의 형성 과정에 주의를 환기하고자 했다. 이 책의 논의는 메
이지 시기 종교가들에 의해 근대적 개념으로서 '종교'가 발견되어 의
식적으로 발화, 유통되어 간 상황을 기본 전제로 삼고 있다. 개념사
연구의 관점에서 보면, 메이지 시기는 본격적으로 서양 문물을 수용
하고 또 서양 문헌을 번역하는 과정에서 수많은 개념들이 만들어진
시기다. 기존의 개념으로는 설명할 수 없는 새로운 사물과 현상을 설

명하기 위해, 때로는 종래의 용어를 차용하여 새로운 의미를 부여했고 때로는 새로운 용어를 고안해냈다. 그리고 그 가운데 많은 개념이 현재에도 일상적으로 사용되고 있다. 예를 들자면 '문명' '문화' '자유' '권리' '문학' '미술' '경제' '과학' 등 헤아릴 수 없는데, 이 책에서 다루는 '종교'도 같은 시기에 'religion'의 번역어로 만들어진 개념이다.

이 책은 '종교' 개념의 역사성을 종교가들의 다양한 담론을 통해 독해하고 있다. 여기서 말하는 '종교가'란 각 종교에서 주도적인 역할을 한 '지식인'을 가리킨다. 그런 점에서 이들은 특정 종교를 묵묵히 신앙하는 일반 종교인들과 구분되며, 또 관학 아카데미즘의 종교학자들과도 다른 위치에 있었다. 이들 종교가들은 자신이 생각하는 종교를 어떤 추상적인 개념, 예를 들어 문명, 학문, 도덕 등등을 가지고 '자기 말-언어'로 표현한 사람들이다. 그래서 이 책에서는 종교가들의 연설이나 저작물, 종교 관련 잡지가 논의의 주요 대상 가운데 하나로 다루어진다. 연설, 잡지, 출판물과 같은 매체는 종교가들의 말-언어를 공적 언어로 환원시키는 통로라 할 수 있다. 종교가들은 이와 같은 일종의 미디어를 통해 '종교'가 무엇인지 설명함으로써 '종교' 개념 형성에 관여해 간 것이다.

당연한 말이지만, 개념의 생성과 전개는 사회 현상과 연동하며 상호 규율적 관계를 이룬다. 신도, 불교, 기독교 등 개별 종교 전통은 메이지 시기 이전부터 존재했고, 각각을 가리키기 위해 '종문宗門' '법교法敎' '교법敎法' '종지宗旨' '교문敎門' 등의 용어들이 산발적으로 사용되었다. 이런 복잡한 상황은, 1880년대 도쿄기독교청년회에서 적극적으로 '종교'를 사용한 것을 계기로 정리되어 갔다. 근대 일본에서 종교 개념의 형성과 전개는 프로테스탄트·기독교 이해와 연동되어 있었으며, 그 연장선상에서 신도, 불교, 기독교를 포함한 다양한 종교 전통이 포괄적으로 '종교'로 호명되게 된 것이다.

더욱 중요한 점은, 그런 종교의 개념화 과정에서 각 종교의 존재 양태 자체가 상호 규율적 관계를 이루며 전개되었다는 점이다. 메이지 전반기 일본에서 신도 측과 불교 측은 기독교를 국체에 대한 위협으로 경계하는 동시에, '문명의 종교'로 이해했기에 이를 모델로 각자의 종교 전통을 '종교'화하고자 했다. 그 한편으로 기독교 측은 타 종교와의 경쟁 속에서 생존과 교세 확장을 목적으로 교리 및 사상의 일본화, 즉 '일본적 기독교'를 도모했다. 그리고 일본 스스로가 '문명국' 임을 피력하기 시작한 메이지 후반기에 접어들자 기독교, 신도, 불교는 일제히 각자의 '종교'를 '국가' '정치' '도덕' '교육'과의 관련 속에서 모색함으로써 특정한 하나의 방향으로 수렴되는 양상을 보였다. 이 책은 근대 일본의 종교 개념을 추적함으로써 근대 일본의 종교 그 자체의 구축성을, 더 나아가 종교 지형의 구축성을 들춰내고 있다.

저자는 자신의 집필 의도가 근대 일본의 종교의 구축성을 폭로하거나 사장하는 데 있는 것이 아니라, 종교 개념을 역사적 문맥에 입각하여 '지금, 여기'에서 살펴보는 데 있다고 표명했다. 하지만 근대 일본의 종교 개념의 역사적 전개와 종교의 구축성이라는 두 가지 문제를 완전히 분리해서 생각하는 일은 불가능할 것이다. 그렇기에 저자도 자신의 집필 의도를 새삼 강조한 것일 터인데, 그럼에도 이 책이 근대 일본의 종교의 구축성을 생각하게끔 인도하고 있는 것도 분명하다.

마지막으로, 근대 일본에서 형성된 종교 개념 및 종교의 구축성에 관한 문제를 근대 한국과의 관계에서 생각해보지 않을 수 없다. 그때

만들어진 종교

'종교'는 그야말로 '만들어진 종교' 이외에 달리 어떤 말로 표현할 수 있을까. 일본에서 구축된 종교 개념이 한국에 수용되면서 재구축되었다는 측면뿐 아니라, 식민지 시기 조선총독부의 종교 정책에 대해 그와 타협하거나 또는 대항하면서 예민하게 의식적으로 자기 규정하면서 전개된 조선의 종교 상황을 고려하면 '만들어진 종교'라는 제목이 한국 독자들의 이해를 돕는 데 더욱 유효하다고 생각했다.

이 책의 논의는 메이지 시기(1868~1912) 기독교와 불교에 관여한 종교가들의 담론을 심도 있게 다룸으로써 근대 일본에서 종교 개념이 새롭게 등장해 정착하기까지의 일련의 과정을 완결성 있게 제시하고자 했다. 하지만 이러한 한정으로 인해, 메이지 시기 종교 개념의 형성 과정에서 더욱 뿌리 깊은 곳에서 작동하는 신도神道에 관한 논의를 제한적으로밖에 제시할 수 없었던 듯 보인다. 또한 메이지 후반기 이후 국체 관념과 국가주의와 맞물리면서 국가신도가 부상했던 문제에 대해서도 상대적으로 가벼운 비중으로 처리했으며, 국가신도의 본격적인 전개를 논할 여지를 남겨두지 않은 듯 보인다. 즉 이 책은 근대 일본에서 종교가 국가, 정치, 교육, 도덕과 교착되면서 전개되었음을 논의하면서도, 종교 개념을 가능한 한 종교 영역에 한정해 설명하고자 한다. 이는 이 책의 장점인 동시에 아쉬운 점이라고도 생각한다. 아쉬운 점이라 말한 것은, 이후의 역사 전개가 극명하게 보여주듯이 근대 일본에서 그리고 제국 일본과 식민지 조선에서 종교는 온전히 종교 영역에서 전개되었다기보다 정치 영역과 결부되어 작동해 간 측면이 크기 때문이다. 근대 한일의 종교 문제에 관한 기존 논의는 적지 않지만, 이 책의 논의를 비판적으로 읽으면서 제국 일본에서 만들어진 종교 개념 및 종교 상황을 확인하고, 그에 대한 반-작용으로서 식민지 조선의 종교 개념 및 종교의 구축성 문제를 다시 생각해 보는 것도 가능할 것이다.

이 책은 전체 10장으로 이루어져 있으며, 제1장은 종교 개념의 역사성에 관한 그간의 선행 연구를 정리하는 데 할애하고 있다. 이후 제2장부터 제10장까지는 각각 제1부 '문명으로서의 종교', 제2부 '문명에서 종교로', 제3부 '종교와 도덕의 재배치'로 나뉘어져 있다.

제1부는 메이지 초기 '종교' 개념이 '문명' 이해와 긴밀하게 연동하면서 이루어졌음을 보여준다. 서양 문물 수용에 호의적인 입장을 취한 종교가들은 종교가 문명과 불가분의 관계를 맺고 있다고 판단했고, 그에 대한 논의가 일본기독교회의 지도자에 해당하는 우에무라 마사히사 등에 의해 제기되었다. 선교사들에 의해 이입된 기독교는 일본에서는 대체로 '문명의 종교'로 받아들여졌다. 나아가 기독교 이해는 자연신학과 관련을 맺으면서 유교적 세계관과 조응하는 것으로 재해석된 측면도 있었다.

기독교는 '문명'으로 인식되면서도 '학문'과 조화를 이룰 수 있다는 관점이 같은 시기 『육합잡지』에 글을 기고한 다카하시 고로 등에 의해 제기되었다. 당시에는 종교가 학문과 별개로 있었으며 이 둘은 서로 모순되는 관계라는 논의가 있었다. 그러나 다카하시 고로는 학문의 행위와 신앙의 목적은 인간에게 안녕을 제공하는 것이라고 했다. 이러한 종교 이해는 불교를 변증하는 논의에서도 나타났다. 그런데 여기서 '학문'은 '도덕론'으로부터 자유롭지 못했으며, '종교'가 '도덕'과 관련해 논의되는 상황이 메이지 중기까지 이어진다. 불교 연설에서는 새롭게 서구에서 유입된 기독교에 대한 불교의 우위성을 논증하기 위해 불교와 기독교를 비교하는 기준으로 '도리'를 들고 나왔다. 그러나 같은 시기에 기독교 또한 기독교의 진리성을 변증하기 위해 '도덕'을 제시했다. 이 점을 상기하면 '도덕' '도리'의 문제는 '종교'라는 개념 속에서 불교와 기독교 양측에서 공유되고 있었던 것이다. '도덕' '도리'를 통한 종교가들의 '종교' 이해는 자신들의 종교 전통을 지적 영위로 이해하려는 측면을 보였으며, 비합리적인 측면을 어떻게든 제거하려는 종교에 대한 탐구로 이어졌다.

제2부에서는 종교가 단지 문명이나 학문 혹은 도리와의 관련성에서만이 아니라, '총체로서의 종교'라는 관점에서 어떻게 파악되고 있었는가를 살피고 있다. 우선 불교에 관해 보자면 주지적 불교 변증론에 대해 나카니시 우시오는 모든 종교를 자연교Natural Religion와 현시교Revealed Religion의 두 가지 요소를 지니는 것으로 제시한 다음, '현시교', 즉 '초월성'을 전제하는 종교를 본질적인 것으로 파악했다. 이렇게 종교를 '초월성'에서 바라보는 관점은 기독교를 서양 문명과 불가분의 관계에서 파악했던 우에무라 마사히사에게도 보인다. 그런데 우에무라 마사히사는 서양 체험을 통해 서양에 대한 환멸감을 가지면서 기독교·종교에 대해 일본의 독자성을 모색해 가게 된다.

제3부는 제1부와 제2부의 논의를 바탕으로 시기적으로는 메이지 후기까지를 다루면서 '초월성'의 맥락에서 파악되던 '종교'가 어떻게 '도덕'과의 관련 속에서 재배치되는가를 살피고 있다.

일본의 기독교 역사에서 우치무라 간조의 '불경 사건'(1891년 천황이 내린 교육에 관한 칙서에 예를 표하지 않은 기독교 사상가 우치무라 간조가 거세게 비판 받아 학교를 사직했던 사건)은 중요한 위치를 차지한다. 이 사건이 발생했을 당시에는 '종교'와 '도덕'은 모순하지 않는다는 담론이 성행했고, 우치무라 간조는 이러한 논의 속에서 비판 받았다. 이에 대해 당시 대표적인 기독교 측의 종교가 우에무라 마사히사는 '종교'와 '도덕'은 서로 다른 영역에 속한다고 주장했다. 우에무라 마사히사는 종교가 도덕을 행하게 한다고 하면서, '종교'를 '도덕'의 상위 개념에 위치시켰다. 하지만 그는 실천할 도덕 덕목을 구체적으로 말하지 않음으로써 도덕을 준수하는 것이 종교를 올바르게 신앙하는 것이라는 도덕과 종교 사이의 역전 관계를 유발할 소지를 남겼다. 이러한 상황은 불교 쪽에도 해당된다.

한편, 종교의 '초월성'을 제기했던 나카니시 우시오는 당시 일본에 이입된 유니테리언주의를 높이 평가하고, 일본에 들어온 기독교는 일본의 국체와 충돌하지 않는 새로운 형태로 변화할 필요성이 있음을 설파했다. 이러한 흐름 속에서 메이지 말기에 들어서면 '종교'란 무엇인가에 대한 논의가 거의 수그러들었다. 1911년에 『종교 및 문예』가 우에무라 마사히사에 의해 창간되었을 때, 이 잡지에 수록된 글은 기독교 신앙과 기독교 본질에 대한 학문적 탐구가 일체화되어 나타나는 경향을 보인다. 실천적 '종교'라는 감각에서 종교를 추구하는 실존적 지향성이 뚜렷하게 드러나 있다.

이 책 논의의 기본 축 가운데 하나는 종교가들이 '종교'라는 개념이 아직 일본에 정착하지 않았던 시기에 어떻게 '자기 이해'를 도모했는가다. 서구 '문명'으로서 받아들여진 종교 이해로부터 출발해 종교가들은 종교가 다루어야 할 영역을 '초월성'에서 추구하는 방향으로 나아갔다. 하지만 '천황'을 절대 권력으로 상정하고 근대화를 추진하던 일본이라는 공간에서 종교의 '초월성'이란 미묘한 영역이었다. 천황의 신성화와 그러한 천황에 대한 충성과 같은 '도덕'이 '종교'와 불가분의 관계 속에서 자리하는 현상이 벌어졌다. '문명으로서의 종교'가 자취를 감추면서 그 자리에 '도덕으로서의 종교'가 틈새를 비집고 들어섰다. 이와 함께 종교가들의 '자기 이해'는 '종교'라는 영역의 독자성을 '초월성'에서 찾으려는 여정을 놓지 않고 있었다고 볼 수 있다.

이 책은 불교와 기독교를 이끈 지식인으로서의 종교가들의 '말-언어'에 주목하면서 '종교' 개념이 단지 서양으로부터 수용된 것이 아니라 일본의 정치사회적 맥락 속에서 구성된 것임을 당시의 자료를 세밀하게 검토하면서 논증하고 있다. 근대 사료에 대한 구체적 검토와 분석은 이 책이 지니고 있는 백미라 할 수 있다. '종교' 개념이 역사적으로 어떻게 구성되었는가를 단지 담론 상황에만 치우치지 않고 자료에 의거해 꼼꼼하게 고찰하고 있어서 종교가들의 자기 종교 전통에 대한 해석과 이해, 자기 종교에 대한 본질 추구가 어떻게 역사적 구축물로서 자리하고 있는지 그 현장을 보여준다. 근대에 구축된 '종교' 개념이라는 논점은 아마도 전문적으로 종교를 탐구하는 학자뿐 아니라 종교에 조금이라도 관심 있는 독자라면 누구라도 주의를 기울일 문제일 것이다. 그리고 이러한 인식은 역사 속에서 만들어진 구축물로서의 종교라는 오래되었지만 여전히 생각할 만한 문제를 다시금 바라보는 계기를 마련해줄지 모른다.

마지막으로, 이 책이 출판되기까지 도움을 주신 여러 선생님들께 감사의 인사를 드리고 싶다. 이 책은 한림과학원이 기획한 '개념소통 번역시리즈'의 일환으로 번역한 것이다. 이 책의 번역 출판의 의의에 찬동해주시고 격려해 주신 한림과학원 선생님들께 감사의 인사를 드린다. 이 책이 나오기까지 적지 않은 시간이 걸렸다. 우리 번역자 두 사람은 종교학 전공자가 아니라 근대 일본 문학 및 사상 전공자다. 이 책의 번역을 결정할 때 우리는 근대 일본의 문학과 사상을 이해하기 위한 중요한 요소로 종교를 지목했고 이 책의 번역 필요성에 공감했다. 의욕적으로 출발했다. 하지만 곧 근대 일본의 종교에 관한 전문 용어와 각 종교의 사상 이해라는 난관에 부딪혔고 이를 공부하고 한국어로 풀어내기까지 상당한 시간이 걸렸다. 그 과정에서 주위의 여러 전공자 선생님들께 자문도 많이 구했다. 아낌없이 조언을 해주신 전공자 선생님들께 이 자리를 빌려 감사의 인사를 전하고 싶다.

여러 선생님들의 도움으로 이 책이 나올 수 있었지만, 그럼에도 번역자들의 역량 부족으로 미흡한 부분도 남아 있으리라 생각된다. 오류가 있다면 물론 모두 번역자의 책임이다. 독자들의 조언과 질정을 구할 따름이다. 또 번역자들이 수차례에 걸쳐 보낸 번잡한 수정 원고를 싫은 내색 없이 기꺼이 작업해주신 글항아리 편집자 선생님께 고마움의 인사를 전하고 싶다. 여러 선생님들의 혜량으로 이 책은 비로소 한국 독자들과 만날 수 있게 되었다.

최근 몇 년간 한일관계는 악화 일로에 있는 듯 보이고, 일본 서점가에서는 이른바 혐한 서적이 지분을 넓혀가는 한편 한국 서점가에서는 일본 도서 매대가 전체적으로 축소되는 현상이 일어나기도 했다. 이런 현상들이 한일 양측에게 있어 상대방과 바람직한 관계를 형성하는 데 마이너스로 작용할 뿐 아니라, 상대에 대한 성숙한 이해를 어렵게 만들고 결국 각자의 시야를 좁히는 길로 이어진다는 점에는 모두 공감할 터이다. 이 책이 근대 일본의 깊은 내면을 조금이라도 들여다볼 수 있는 작은 창문의 자리에 놓이기를, 그래서 한일의 문명사적 전환의 한 시기를 앞두고 다시 대화하며 좀더 서로를 잘 이해하는 길로 이끄는 작은 디딤돌이 되기를 희망한다.

이예안·이한정

옮긴이의 말

만들어진 종교

만들어진 종교

메이지 초기 일본을 관통한 종교라는 물음

초판인쇄 2020년 8월 10일
초판발행 2020년 8월 21일

지은이 호시노 세이지
옮긴이 이예안 이한정
펴낸이 강성민
편집장 이은혜
편집 이여경
기획 노승현
독자 모니터링 황치영
마케팅 정민호 김도윤 고희수
홍보 김희숙 김상만 지문희 우상희

펴낸곳 (주)글항아리|출판등록 2009년 1월 19일 제406-2009-000002호

주소 413-120 경기도 파주시 회동길 210
전자우편 bookpot@hanmail.net
전화번호 031-955-2696(마케팅) 031-955-2560(편집부)
팩스 031-955-2557

ISBN 978-89-6735-809-9 93210

이 도서의 국립중앙도서관 출판예정도서목록(CIP)은 서지정보유통지원시스템 홈페이지(http://seoji.nl.go.kr)와 국가자료종합목록시스템(http://www.nl.go.kr/kolisnet)에서 이용하실 수 있습니다.(CIP제어번호: CIP2020029816)

잘못된 책은 구입하신 서점에서 교환해드립니다.
기타 교환 문의 031-955-2661, 3580

www.geulhangari.com